中青年学者文库

本书是国家社科基金青年项目"伦理学视阈中的不正当行政行为问题研究"（10CZX038）的阶段性成果
北京航空航天大学985项目资助

谢惠媛 著

善恶抉择

马基雅维里政治道德思想研究

图书在版编目（CIP）数据

善恶抉择：马基雅维里政治道德思想研究/谢惠媛著 . —北京：北京大学出版社，2011.9

（未名中青年学者文库）

ISBN 978-7-301-19203-0

I. ①善… II. ①谢… III. ①马基雅维里，N. (1469～1527) -政治思想－研究 IV. ① D095.463

中国版本图书馆 CIP 数据核字（2011）第 129202 号

书　　名：善恶抉择：马基雅维里政治道德思想研究
著作责任者：谢惠媛　著
责 任 编 辑：黄敏劼
标 准 书 号：ISBN 978-7-301-19203-0/B·0998
出 版 发 行：北京大学出版社
地　　　址：北京市海淀区成府路 205 号　100871
网　　　址：http://www.pup.cn　电子信箱：pw@pup.pku.edu.cn
电　　　话：邮购部 62752015　发行部 62750672　编辑部 62750112
　　　　　　出版部 62754962
印 刷 者：三河市北燕印装有限公司
经 销 者：新华书店
　　　　　 650 毫米×980 毫米　16 开本　19 印张　310 千字
　　　　　 2011 年 9 月第 1 版　2011 年 9 月第 1 次印刷
定　　　价：38.00 元

未经许可，不得以任何方式复制或抄袭本书之部分或全部内容。
版权所有，侵权必究。举报电话：010-62752024　电子信箱：fd@pup.pku.edu.cn

目　录

序　言　政治与道德的吊诡…………………………万俊人 1

第1章　导　论………………………………………………1
　　一　一个学术事件与一个根本问题………………………1
　　二　政治家的哲学与哲学家的政治………………………3
　　三　时代夹缝中的马基雅维里……………………………7
　　四　马基雅维里的多面向：学界研究综述………………16
　　五　文本解读方式…………………………………………26

第2章　文艺复兴时期意大利的危机及其解决之道………31
　　一　社会危机………………………………………………32
　　二　解决之道………………………………………………35
　　三　继承与叛逆……………………………………………46

第3章　政治概念的蜕变……………………………………55
　　一　命运：政治的宇宙论根基……………………………56
　　二　行动的必要……………………………………………66
　　三　政治的苦恼意识………………………………………71
　　四　政治的现实感…………………………………………82
　　五　真实与真知……………………………………………104

第4章 政治的幽暗意识 ………………………………… 109
- 一 权力与必然恶 …………………………… 110
- 二 政治中的道德 …………………………… 112
- 三 国家理由 ………………………………… 127
- 四 政治的道德家 …………………………… 134
- 五 从必然恶到必要恶 ……………………… 146

第5章 政治的现代建构 ………………………………… 157
- 一 平衡的权力结构原则 …………………… 158
- 二 政治制度的建构 ………………………… 169
- 三 作为技艺的政治 ………………………… 187
- 四 政治的艺术家 …………………………… 192
- 五 马基雅维里的微笑 ……………………… 205

第6章 政治"脏手":现代语境中的马基雅维里问题 …… 215
- 一 "不可能"的"应该" …………………… 216
- 二 政治中的道德"残渣" ………………… 222
- 三 价值体系的断裂与道德的边缘化 ……… 236
- 四 我们需要什么样的政治家? …………… 248

结 语 …………………………………………………… 255

参考文献 ………………………………………………… 265
- 外文文献 …………………………………… 265
- 中文文献 …………………………………… 274

人名索引 ………………………………………………… 277

后 记 …………………………………………………… 285

序　言

政治与道德的吊诡

万俊人

如果把正反交互及其无穷的辩难看作古希腊原初哲学意义上的辩证法之本义，那么，政治与道德之间的关系便可以看作一种充满吊诡的辩证关系。如果中国古代政治文化中的所谓"阳儒阴法"多少能够显露政治与道德之间的这种辩证式的吊诡奥秘，那么，文艺复兴晚期意大利最著名的政治思想家马基雅维里的政治伦理主张就是一种彻头彻尾的把玩"阴"谋、并鼓吹用"阴"谋制胜"阳"谋的政治"恶"论。无论人们或者马基雅维里本人可能提供多少或者多么充足的历史语境主义和政治现实主义的辩护，其以阴罚阳的政治"恶"论都足以让人们瞠目结舌，惊讶不已。我相信，正由于此，马基雅维里本人及其政治道德思想才会成为近代以来人们津津乐道、聚讼不断的思想话题。

门下巾帼谢惠媛挥笔参乎陈言，欲给这一思想话题增添一笔。我不知道其言其论究竟会产生怎样的反响，但她刻苦而出色的研究使我不得不确信，无论其言其论反响如何，她的参言或多或少会有投石平湖、甚或久弗平静的效应。这是一定的！我这样自信，倒不是因为她的言论有多大多重的分量，而是——或者更确切地说，更多的是——因为此思想话题本身就是一个是非之地，既若空谷，即便是稍微涉足，便会足音远应；又如烈焰干柴，哪怕是轻微摩擦，也会爝火燎然。

对于这样一个是非颇多而我又惮于触及的话题说三道四，老实说，我是有所顾虑的。但惠媛君反复促我为其新著一序，坚辞不能且不当，思来想去，决定还是借题发挥一番，且为序罢。

一 阴阳两界真与假

直观而论，马基雅维里受人关注和诟病的主要关节似乎是其非道德主义的政治权术学。可实际上问题远比这种直观论断复杂得多。比如，马基雅维里明明是固执于一种非道德主义的政治学立场，为何后人仍然把他视之为西方近代共和主义政治哲学的先行者？这显然并不符合诸如施特劳斯等所理解的正派的古典共和主义政治哲学的义理。又比如，早在古罗马时期，律法主义者们便看出并提出了政治优先并高于道德的类似主张，为何后人仍然把他看作西方古典政治传统转向西方现代性政治哲学的关键人物？即便我们承认道德与政治的分离的确在很大程度上标示了西方现代性政治和政治哲学的转型特征，也似乎不宜把马基雅维里的政治学或政治哲学简单地等同于"把恺撒的归于恺撒，把耶稣的归于耶稣"之政治说辞。最后还比如，单单就马基雅维里的"政治脏手"观念而论，虽然其非道德主义意向不难证明，但承认政治之手的"脏"不也还是对政治道德之真实存在的一种反证么？是否可以将其简单地归于非道德主义范畴而心安理得呢？恐怕不能如此武断罢?!凡此种种，都显露出一种强烈的暗示：马基雅维里及其政治道德学说并不简单，其所留下的疑问和政治思想价值都十分耐人寻味，需要我们耐心谨慎地考究分析。更为重要的是，透过这些分析，很可能还会让我们对现代社会的政治生活和政治哲学形成许多新的有意味的思考，产生触类旁通、举一反三的思想效应。

与多数同类著述不同，谢著对马基雅维里政治道德学说的检视所采取的是一种政治哲学或政治伦理的视角，这使其分析论述有了一种哲学的理论高度。谢著告诉我们，马基雅维里及其政治道德学说的提出本身，构成了西方古典与现代社会转折关节的一个重大学术事件，提出了一个关乎古今政治和道德之间价值翻转的重大理论与实践问题，这就是如何看待现实政治与理想道德的根本价值立场问题。在马基雅维里看来，政治的世界根本只是一个现实的世界，甚至可以说是一个功利的世界。在这个世界里，人们重视和追求的只有成功、优胜和闪耀在皇冠顶上的强权的光芒。因此，政治学和政治哲学——或者，一切关乎政治的学说和理论——所应且所能关注的只能是"事实之真"，甚至很可能还只是成功行动的"事实之真"，而非一般哲学所关注的"哲学真理"亦即"绝对真理"，或"知识之真"、"观念之真"，当然更不会是道德哲学或伦理学所关注的"价值之善"甚或是所谓道德"至善"。由于，政治学和政治哲学的要害只在"真实"而非"真理"，所以，它（们）所应且所能做的事情也只是去弄清楚诸如"实际如何？"一类的事实问题，而大可不必奢望去考究"应该如何？"一类的道德价值问题。

的确，哲学、尤其是道德哲学或伦理学探究的是"意义的世界"，更确切地说，是"理想的世界"，因为它们总是情不自禁地一头走到黑，去追究绝对真理，拷问完善，无论它们从什么地方出发，归宿似乎是注定的：真正的哲学和哲学家、伦理学和伦理学家似乎都是那位不知疲倦的西西弗斯，在不断的挫败中不断地发起对顶峰目标的冲击。这种对真理和至善或完善的执著是如此顽强而坚定，真理与至善又是如此遥不可及，以至于进至现代，就连许多哲学家和伦理学家也产生了一种思想的恐惧，开始"拒绝形而上学"，并悼言"本体论"的话题。可是，政治不是单纯的思想游戏，而是真真切切的行动游戏、权力游戏，一切政治事件或事态都呈现在眼前当下，而且常常还是具有某种紧迫感的、事关重大乃至生死攸关的事态和事件，不仅要求坚决的行动，有时还要求政治人必须采取果敢的决断和重大坚决的行动。不独如此，哲学和伦理学所关注的"意义的世界"总是靠某种形式的"目的"甚至是"终极目的"支撑起来的,目的支撑意义,并形成由某种原则或原理所构成的观念体系,从而自我编织成一个巨大的观念思想的蚕茧,哲学家和伦理学家们因之便习惯于安卧在这个观念思想的蚕茧内死以突破。在此意义上说,政治学和政治哲学是行动的或实践的,而哲学和伦理学则是原则的或理论的。诚然,后者的确是一个温暖祥和的目的论王国,有着深厚坚硬的原则或原则的"茧壳",可问题是,我们的社会政治生活世界却是一个嘈杂喧嚣、乃至充斥着强健肌肉和凶猛搏击的经验世界,要想在这个世界里生存下来并得到发展,实在不是一件容易的事!

政治生活的不易在于它对人类和人类社会常常有着超出"原则或原理"、以生命之躯抗击"必然"和"命运"的特别要求。而这又深刻地警示着人们,尤其是那些活跃在政治舞台上的人们,在政治生活的世界,必然与偶然、命运与幸运、机会或运气、行动与果敢、意志与毅力等具有政治德行的因素又有多么重要!所有这些都是所谓的哲学原理和道德伦理原则所无法解释的,更甭说解决了。

政治的或行动的世界与哲学/伦理的或意义的世界哪一个更为真实?进而更极端一些地问,上述两个世界究竟哪一个是真?哪一个是假?最后也是最极端地问,人类社会生活世界究竟是否还存在真假?马基雅维里好像是没有这样明目张胆地发问,可他对政治与道德之间的近乎血淋淋的分割却一次又一次地让人们禁不住这样发问。在中国远古屈子的《离骚》中,人们应该不难听出这样的拷问;甚至于通过清末崇祯皇帝自缢枯树的行动,人们也不难想象到这类拷问。我想,崇祯的自缢行动一定是绝望的,而且肯定是面对苍穹天命的绝望!

二 阴阳两手硬与软

然而,马基雅维里的用意不在引发人们的问题意识,而在激发人们的政治行动。行动的问题不是原则或原理的问题,而是行为技术的问题,对于政治行动而言,关键是政治权术及其有效运用的问题。

在马基雅维里眼里,权力是政治的核心,成功或者优胜属于强权。职是之故，探究和寻求有效运用政治权力并使之尽可能变得强大有力的基本方法，亦即探究一种功利主义的或曰高效能的政治权术学，便是政治学和政治哲学的根本任务。对此一主张及其隐秘意图，谢惠媛博士可谓是心领神会，她通过仔细梳理马基雅维里对 virtù、fortuna、necessita 和 politica 诸关键词的定义和解释，揭示了其政治学说为何如此注重政治行动和政治行为技术（即所谓"政治权术"）的内在因由。

从某种不可明言的意义上说，政治几乎是专属男性的行动游戏。当代美国哈佛大学的著名政治哲学家、忠实的施特劳斯主义者曼德菲尔斯（Harvey C. Mansfield）关于"男性的气概"之专门研究，以及他关于马基雅维里"德性"（virtue）的研究似乎是对这一论断的最好注释，尽管另一位当代美国著名的哲学家纽丝鲍姆（Martha C. Nussbaum）对曼斯菲尔德的"男性"哲学做出了极为愤怒的反驳和辛辣的讽刺。马基雅维里自然谙熟 virtù 一词的"男子"或"男子气"词根本意，也忠实于这一语词所含的"果敢"、"勇猛"、"力量"等词源学内涵，只不过他的醉翁之意大多集中于政治行动的"男性"游戏特征，这就是果敢决断、大胆行动、无畏而行、有谋而动的政治行动特征。政治行动的这一特征不是自发产生的，而是必然形成的，或者用今天的网络用语来说是"被形成的"。这是因为，人类的政治生活本身充满着 fortuna（运气），政治中的运气或幸运既如空穴来风不可捉摸，又似天命降身难以摆脱。这或许最切近政治生活中 necessita（必然）一词的意味，只是政治家们对"必然"的解释与哲学家们的殊然有别：后者常常将之嵌入严格的因果链中，使之具有一种非如此不可的定力；而前者却将之置于鲜活的政治动态中，赋予它不止一种的不得不如此这般的动力。"天降大任于斯人"是政治生活世界里最生动的 necessita 证明，偶然而必然，必然而偶然，这才是政治天命的真谛所在。因此，如何看待并"生""活"于政治（politica）之中，如同滔海捕捞者如何看待大海和生息于滔滔波浪下的芸芸众生一般。汹涌、颠簸、深不可测甚至弱肉强食都不可避免，所有生命和行动的唯一理由或动力只能是随遇而"生"，迎难而"活"，伺机而"行"，权变而"动"。

政治的生活世界也有一只"看不见的手"，它随时随地都可能扼住我们生命的咽喉。面对这样的世界，我们，尤其是我们中间的那些较为积极活跃的政治人，都必须学会用另一只更为强有力的手扼住这只"看不见的手"，如此才可能真正扼住我们自己的命运咽喉。政治权术学就是让我们能够拥有"一只更为强有力的手"的有效法门。关于"政治权术学"，马基雅维里不是历史上最早的发明者，但肯定是历史上最大胆、最直率的政治倡导者，甚或也称得上是一位少有的政治权术天才。如何筹划阴谋并有效实施之？如何获取、维护政治权力并最大限度地使权力权威化？以及，如何驯化君主、驾驭群臣、掌管军事、组织动员社会、获得权力晋升……？还有，如何巧言令色而免于猜忌责备？如何趋利避害、化害为利并化小利为大利？如何克敌制胜？一言以蔽之，如何以阴克阳、以阳滋阴？都是政治权术学的经义之所在。能否安全和有效且高效地把玩阴阳两手，乃是检验政治人或政治家成败得失的现实尺度。马基雅维里如是说，也如是坚信。对于长期浸淫于中国传统政治文化的中国政治人来说，马基雅维里的这套权术学大概并不陌生，回味一下我们的政治先辈们所谓的"威猛相济"、"阳儒阴法"之类，读一读古代的《韩非子》和当代的《厚黑学》，再检视一下历代宫廷政治的权力更迭和权力转换，乃至现代"文革政治"的那些惊心动魄的风云画卷，我们一定深有感触和体会，即便我们的体会还不如那些弄臣、奸臣，乃至后宫的娘娘们。

三　阳奉阴违德与得

诚然，马基雅维里并没有全然遗忘政治背后的道德，更清楚政治行动主体——政治家和所有社会的政治人，比如政治公民——在政治生活世界里采取行动和把玩权术的道德风险。他也知道，从理论和实践上把政治的世界与道德的世界、进而把政治与道德本身分离开来是一回事，从人类思想和价值评价上能否将这两个方面全然分割开来却是另一码事。中国古代政治思想传统也讲权术权威，也知道政治与道德之间的某些差异，但政治的"道"、"术"、"势"三者之间总是相辅相成的，有时也会纠结得难解难分。一个最为明显的事实是，政治人物也就是那些当权者们无论怎样都难以逃脱现时代和将来世代的道德评价与历史臧否,因此也都或多或少地担心自家身后的名声和名誉。乍看去,政治只是政治家们的权力游戏,但历史实际上终究是由人民书写的。千秋功罪,自由(有)后人评说。于是,人们发现,在人类政治生活世界的背后或其中,仿佛还有两只永远无法逃脱的"可见之手":一只是道德伦理的;一只是历史的。在西方,很可能还有第三只更隐秘的手,那便是宗教神学的无形圣手。

对于所有的政治家或当权者们来说,这三只手都或多或少地具有"如来之手"的意味,不可不顾,不可不惧。毕竟,死后仍让后人指指戳戳,甚至让后人掘墓鞭尸,总归不是一件好事。在这三者中间,道德伦理之手虽然看起来最少受人敬畏——尤其是在当下的中国政坛,但实际上却是最为阳光、最为常见的,或者更确切些说,对于当权的政治人物而言,道德之手是最具纠缠力和日常约束性的,它与政治家及其行动如影随形,甚至寸步不离,政治社会及其公民也最经常、最善于运用这只阳光之手来拿捏政治当权者们的权力行为,用它来"指点江山,激扬文字",表达"粪土当年万户侯"的政治伦理判断。

可见,在政治与道德之间,"剪不断,理还乱"才是常态和恒理。既然如此,无论你取何种立场或视角,都不得不对此有所关注,有所表态。马基雅维里对此心知肚明,但他采取的态度和立场却不是迁就,更不是服膺道德和历史的价值评价,而是一种非道德、非历史的反抗,一种近似于明知故犯的政治权术论和政治功利主义效果论,其"政治脏手"(dirty hands in politics)的观念和主张再典型不过地反映出他的这一有些令人惊异的极端政治学立场。

马基雅维里坦诚地告诉政治家和当权者,如何摄取、掌握和扩张权力是政治家们的毕生功课,但一旦权力在手,如何运用手中的权力就是最紧迫、最关键、最显示才干和胆量的事情,因为在这一关口最能展示当权者的政治智慧,尤其是玩弄政治权术的政治艺术;也最能考验政治当权者们的政治意志和政治行动能力,尤其是考验他们能否冒政治伦理之善恶"大讳"的胆量和勇气。在他看来,政治当权者当然不可能超脱道德伦理的价值评价,但过多地拘泥于道德伦理的条条框框,迁就甚至完全服膺道德伦理的规范要求，政治当权者必定无所作为，浪费权力资源，最终必定会丧失手中的权力。因为权力及其充量化的强力运用不仅必然会冲撞道德伦理的底线，而且在很多时候在很多情形下，权力者摄取、掌握、运用和扩张手中的权力本身就是以超越道德伦理的既定约束为前提条件的，仿佛不下道德伦理的地狱就无法升入政治权力的天堂（高峰乃至顶峰）。这就是说，政治权力行动与道德伦理约束，简言之政治与道德之间原本就是且只可能是此消彼长，甚或有我无你、有你无我、你死我活的关系。在马基雅维里的政治权术学中，政治与道德的共存共荣毫无可能，政治家和当权者必须做出两者择一的抉择：要么遵循权力的政治逻辑，卸脱道德伦理的负担，成就自我的政治抱负；要么遵循道义的伦理规范，放弃政治权力的野心，甘于退出政治权力的角斗场而成就平凡者的所谓美德。

问题的要害在于，马基雅维里眼中的政治逻辑几乎全等于商业社会的<u>市场逻辑和资本逻辑</u>：政坛如同市场，权力有如资本，在政治的市场上，所有参与政治行动游戏的人们只能也只应遵循权力竞力的规则，如同参与市场经济游戏的商人只遵守资本竞争的市场规则一样。权力的竞力是政治野心、阴谋、机会或运气、力量、意志的竞力，也就是权威、权术、权能和政治命运的角逐。自古以来，"胜者为王败者寇"就一直是政治权力角斗场永恒不变的铁律，无人可以超出其外。换句话说，在马基雅维里这里，权力野心、当权无情、铁的手腕和必要的政治阴谋诡计等被人类社会视为非道德和反道德的东西都是绝对必要的，因而自有其政治正确性和必要性，但不必考量它们的道德正当性。结论是：政治的成功和优胜不得不以牺牲道德伦理为代价，权力者的权力之手不得不沾染道德伦理的污点，一如征战沙场的将军手中挥动的长剑不得不沾满血迹和血气一样。这就是马基雅维里所暗示的"政治脏手"的基本含义。

马基雅维里是坦诚而直接的，没有任何掩饰，似乎也不想掩饰什么。"政治脏手"之所以不可避免，是因此政治家和当权者无法逾越严酷的政治现实条件和权力目的，无法因为道德的顾虑而减弱或降低政治目的和权力追求。万一道德伦理恰好有助于政治权术的实现及其效用扩张，那么，政治家和当权者自然也不会拒绝任何有用的道德伦理资源；反之，即便道德伦理有着皇冠和袈裟般的荣耀，只要它们无助于权力政治事功的繁荣发展，也只能弃如敝屣，甚至不得不将之作为政治和权力游戏的祭品。显然，马基雅维里的政治权术学无所禁忌，道德伦理成了托起政治权力风帆的风浪，甚至是权力铁骑脚下的尸体和鲜血。

可是，即便是马基雅维里自己不在乎道德伦理，难道所有的政治人和当权者都能像他那样心安理得、无所顾忌地把政治之手弄脏么？政治家果真能够无视政治伦理、特别是政治家的职业道德么？无论如何，政治家和当权者对于自己的身后骂名还是难以做到若无其事的。再退一步说，即令是政治家和当权者本人可以如此，也不能全然不顾他们的家人和朋友，毕竟，政治家和当权者同其他人并无根本的不同，都不得不受制于人类的社会关系约束，不得不承受道德伦理和历史文化的价值裁量。中国历史上那些权贵、弄臣乃至帝王其实大多深谙此道，他们的后人更是深有体会。只不过在那情那景中，魅力远胜于黄赌毒的权力游戏让他们实在是一时间身不由己，欲罢不能。

金盆洗手不易，把弄脏了的政治脏手洗干净更是难上加难。也许，正由于此，古今中外弄脏了手的政治家和权力者中极少有人能够洗心革面，即便有，能够真心写出《忏悔录》的也一定大大少于他们以外的人群。诚然，这么说很可能有些武断，也需要用事实来具体证明。但我的意思是说，政治家和当权者们的道德之恶同样也是常人所不能比拟的。凡者作恶一般不会惊天动地，可政治家和当权者——尤其是那些权倾一时的当权者——如果作恶，则很可能会导致周天寒彻、血流成河的大悲剧，这也是人们通常所说的政治之恶与道德伦理之恶或平常之恶的重大差别所在。是故，人们通常都坚信，"官德"的重要性远甚于"民德"。

由马基雅维里的"政治脏手"，政治家和当权者们不能不思考他们身后的"功"与"名"问题，而普通人也不能不替他们考虑一下他们的政治身份和道德两难甚至多难的问题。政治家的志向总是非同凡响的，志在当代、功在千秋是每一个政治家和当权者都会梦想的政治归宿。可事实上，参与政治权力游戏如同玩过山车和赌博游戏一般，惊险而刺激之极：上下沉浮，悲喜交加，或者彪炳千秋，永垂青史；或者千夫所指，遗臭万年。所以，政治游戏不仅需要一般的志向和勇气,还需要超凡的野心和坚韧。平实而论,也真是难为政治家和当权者们了,做政治生活世界里的风流人物,还真得有十二分的冒险精神不可,因为政治游戏的的确确是人类生活中一项最具风险和代价的游戏,这或许也是人们常常情不自禁地向往政治权力游戏并对政治家和当权者敬畏三分的社会心理缘由罢?!

四 一阴一阳谓之道

好啦,有关马基雅维里的政治权术学故事差不多叙述完毕,按常理该说说我这个蹩脚的讲故事者的个人意见了。我必须首先申言,我所讲的故事多半是我读过谢惠媛博士的新作之后根据我自己的粗略印象和想象性演绎来架构的,其间多半属于我个人的主观演绎,这显然是受到了时下电视台各式大讲堂风格的影响,不求本真,但求"眼球"。停指一笑,无莞尔,有苦衷。嘿嘿!

其实,我对政治与道德这对仿佛冤家的复杂关系谈不出什么意见,有的只是同普通人一样的疑问。我想,把一些个人的疑问当作公共问题提出来或许有些冒昧,可任何有关政治的疑问无论如何也还是有些公共意义的,能够提出有公共意义的问题多少也会得到人们的理解。记得马克思在评价康德的哲学时说过,康德对哲学的贡献与其说是他解决了一些哲学问题,还不如说是他提出了一些有意味的哲学问题。看来,能够提出真问题也不简单。

我的直觉是,谢惠媛博士的总体判断是有根据的,马基雅维里奋力而为的是把政治的归于政治,把道德的归于道德,以此尽可能减少直至完全防止道德伦理对政治事务的纠缠干扰。但他并没有以此否认政治与道德之间千丝万缕的关联,否则,他不会如此在意道德伦理,或者说在意政治的道德伦理负担;不会大谈所谓"政治脏手"的问题——很明显,如果政治与道德伦理之间真的能够楚汉两界,泾渭分明,无论政治家和当权者如何玩弄权力权术,都不会产生什么"政治脏手"问题。政治家的手之所以会脏,皆因政治生活世界中总是时时刻刻到处都有道德伦理的幽灵,阴谋不断,阳魂不散。于是，我们需要在马基雅维里的解读中体悟和探讨的，不是政治与道德究竟有无干系，而是有怎样的干系，如何理解它们之间的关联和纠结。

我以为，至少有以下三个问题值得注意和思考，在此提出并稍作阐释，以供本书作者和读者参考裁夺。

第一，权力与权利究竟何者优先？权力是一个纯粹的政治概念，但权利则不然，它既是一个政治概念，又是且更根本的是一个道德伦理的概念。将两者相提并论且作先后轻重的次序比较，本身便是在政治与道德之间讨说法，论道理。强调使政治摆脱道德伦理的干扰是马基雅维里的主要意图之一，因为这一主张，他的政治学和政治哲学被看作西方古典政治与现代政治之间的分界标志，从而使他本人成了近代新共和主义——与古希腊柏拉图相对——的先驱，甚至是西方现代性政治的思想先驱。可是，马基雅维里的用意恰恰表明，在他的时代和他所在的意大利佛罗伦萨（记住：那是一个既产生了大批近代意大利名商富贾，又代表文艺复兴时代孕育了许多艺术天才的城市），政治与道德有着多么密切而复杂的关系，因为道德的存在，所以才需要他——或者，他觉得他需要向当权者和政治人民——拒绝或超脱道德，让政治权力游戏免于道德伦理的干扰。问题的关键在于，如果接受马基雅维里的主张，让道德完全摆脱道德伦理的"羁绊"，那么，政治及其权力游戏又该如何实现权力自身的系统均衡？显然，没有哪一个社会和政治共同体能够接受某种不受约束的权力统治。绝对的权力必然导致绝对的腐败，从而最终必将消解权力本身。既然还是一种游戏，就必须有游戏规则。政治权力属于霍布斯所说的"利维坦"（Levitan），因而必须受到制约。

马基雅维里似乎没有解决权力的游戏规则和政治制约问题，他的言行给我们留下的印象是，权力游戏无异于市场的资本游戏，自然竞争创造自然秩序。可是，政治毕竟不是经济——除非我们给两者以某种特殊的修辞修饰，政坛也不等于市场——尽管我们承认政坛上的权力竞力与市场上的资本竞争有着相似的逻辑。17世纪的洛克和18世纪的孟德斯鸠看到了这一点，也承认政治（权力）乃是人类社会"必要的恶"。因此，他们先后提出了分权而治的主张。分权而治的实质是"以权力制约权力",即"以恶制恶"。这一政治观念确乎被近代欧美社会所普遍接受,看起来也相当有效。但是,这一政治观念仍然难以彻底解除人们对权力制衡之合法有效的担忧:仅仅依靠政治内部的权力制衡能否持久有效地防止权力滥用或政治腐败?当分治的权力在某种特定的情形下形成权力合谋,又该如何防止权力滥用或政治腐败?这仍然是一个严肃的问题!

事实上,在现代西方政治实践中,已然多次出现了权力合谋和权力腐败的问题。所以,现代政治学和政治哲学所探讨的主题虽然并没有全然超出"公共权力及其合法运用"的主题,但具体的理论解释和分析论证却已大为改变。一个较具共识的现代民主政治观念是:权力不仅需要权力系统内部的政治制约,还需要权力系统外部的社会制约,包括道德伦理的政治自律和公民社会的外在他律。这就是说,一种真正的民主政治不仅需要"以权力制约权力",同时还需要(甚至更需要)"以权利制约权力"、以政治良知制约权力者的灵魂。"以权利制约权力"的基础是"公民权利(the civil rights)优于且先于政治权力(the political power)",这是基于人权优先的道德原则而确立起来的、真正具有人民民主政治意义的基本政治原则,它是政治的,也是道德伦理的,确切地说是政治伦理的。哲学地说,如果说"以权力制约权力"的政治命题仅仅是基于单纯的政治现实主义的权力理论,那么,"以权利制约权力"的命题则是一个强政治伦理命题,其所强调的是人民(公民)的基本权利优先于政治权力,强调以公民权利——通过日益强健的公民社会——制约政治权力,乃是一种更为合理正当的政治哲学和政治伦理学。很明显,权力理论拒绝政治的道德承担,政治哲学和政治伦理学则坚持政治的道德承诺。这是我在2005—2006年赴哈佛大学做富布莱特项目所研究的课题和最终结论,恰好可以部分地作为我对政治与道德之间关系的理解。

第二,政治的恶——更准确地说,政治的道德之恶——究竟是一种必然的恶还是一种"必要的恶"?如果政治的恶是必然的,那么,人类社会的一切就真的只有等待宗教的天国救赎了;如果政治的恶只是"必要的",那么人们必定会追问:在何种条件、何种情形下,我们可以承认政治是人类社会的一种"必要的恶"呢？既是"必要的"，就得有形成或产生"必要"的前提和条件，否则，"必要"就会成为"必然"！倘若如此，人类社会就会真的陷入万劫不复的灾难深渊了。我想，即使马基雅维里本人也不会乐见这样的后果。

不错，政治是人类进入社会文明所必须承受的代价，但这代价必须是人类自身可以承受得起的。谁胆敢打开潘多拉魔盒，谁就必须先拥有控制魔鬼的宝剑。人类之所以创造社会，志愿以社会的方式生存发展，首先是出于寻求"安宁"和"福宁"的目的，这是人类始祖们通过诸如"围猎"、"群祭"等集体行动的经验逐渐意识到的。因为组织氏族部落，继而创建城邦、国家，组成社会，逐步走进社会文明的人类需要组建诸如政府一类的公共权力组织或机构，来治理自身所创造的社会和社会生活，这就是政治的起源。可见，政治的起源是"人为的"，是人类有自觉意识和自为目的的社会组织管理行为，既如此，政治本身就不可能是一种必然的恶，而最多也只能是一种非如此不可的"必要的恶"——如果说我们接受社会契约论的有关解释并正视政治权力必须受到制约的客观事实的话。

政治之为"必要的恶"是它必须受到制约的政治原因，但却是基于道德伦理所产生的一种政治伦理判断。如果仅仅限于政治本身，所谓"必要的恶"就是一种无稽之谈。说政治是一种"必要的恶"，是说政治权力的形成和行使都在某种特定程度上是以出让、限制乃至牺牲部分公民个体的人权和自由为其前提代价的。公共权力的形成是以全体社会成员让渡部分私人权利为前提和基础的，而公共权力一旦形成，私人权利的让渡就如"嫁出去的女，泼出去的水"无法收回，公权或者政治权力就会行使其对所有社会成员的私权的合法限制。然而，这一意义上的"恶"意仅仅具有纯前提预设的意义，而在实质意义上，公共政治权力及其运用反而应该是有益于公共社会发展和人民的福宁与福利的——当且仅当它的行使始终不渝政治的合法正当性原则。

如此看来，关于政治之恶，关键的问题并不是对其"恶"意的理论探究，而在于人类社会的政治生活实践如何始终确保其政治合法和政治正当。如果能够确保政治权力及其运用的政治合法性和政治正当性，就可以把政治的"必要的恶"降低到最低限度,甚至防止其发生;反之否然。需要注意的是,政治合法性属于政治法律的范畴,而政治正当性则属于政治道德和政治伦理的范畴;前者关乎政治原则,后者关乎政治大"道",即所谓原则的原则。大"道"不正,政治实践的"术"与"势"必定不正,政治之恶便势所必然;大"道"正直,则政治实践的"术"与"势"也当无大谬。诚然,在现代社会结构日趋公共化、制度化和管理技术化的情况下,政治的"术"与"势"也大有讲究,所以,"社会管理"或"公共管理"才会日益凸显,成为当代社会的重大课题,公共(行政)管理学也随之成为现代社会科学知识体系中的"显学"。

第三也是最后最重要的问题是,让我们再一次地重复康德的问题:人类社会所需要的究竟是"道德的政治家"还是"政治的道德家"?权力是政治的显形,最容易夺人眼球。但实际上最关键、最复杂的问题却在权力这一巨大影像的背后,在于权力这架力量强劲的机器的运行过程之中。西方近代以降的多数政治学和政治哲学似乎已经习惯于把政治看作权力游戏,就像西方的多数自由主义经济学大多习惯于把现代经济问题看成纯粹的资本游戏或者市场游戏一样。但另一些人——他们的群体似乎越来越大——则不以为然,从康德、马克思到施特劳斯,甚至包括部分的罗尔斯和哈贝马斯,以及詹姆逊、丹尼尔·贝尔等等,都不同程度地看到了权力的背后和权力运行过程之中的那些更深刻的东西,比如,社会阶级分化和阶级矛盾;经济基础和上层建筑;政治和政治家的道德;以及"文化政治";等等。这其中,权力好像仍然是焦点,但却不再只是形式或抽象的权力概念,而是同权力者本身及其所处社会经济、政治和文化、历史的特殊语境密切关联的活生生的权力行动。在此情形下,政治的焦点与其说是权力,不如说是作为权力主体的权力者及其身后与内心。

我赞同这种新的政治学和政治哲学理念,并不遗余力地为之辩护,努力开拓其言路和理路。因为在我看来,政治学和政治哲学光谈论权力是没有多大意义的,尽管不能不谈。权力是死的,只有权力的形成、把握、运用和制约才是活生生的。纠缠死的东西当然有史学的价值,也可以间接地启迪现实,但毕竟研究活的东西才能更直接深入我们实在生活的堂奥,一切关乎政治的学问和理论都必须首先关注现实才有现实的理论活力。进而还可以说,权力是死的、抽象的,但权力者或当权者总是活的、具体的,他们的周围和心内更是具体而鲜活的。实质地看,政治或权力的恶其实不在权力自身,而在于那些掌握和行使权力的人。因此,政治权力的善恶根本上是当权者的政治德行和社会文化环境的影响问题。政治家和当权者的社会文化环境关涉复杂,我们可以另文再谈。可是,他们的政治德行问题直接关系到我们对马基雅维里政治道德理论的基本理解和判断,必须有所表示才行。

伟大的哲学家康德曾经提出了一个更加伟大的政治道德问题:人类社会究竟需要"道德的政治家"还是"政治的道德家"?他的回答鲜明而坚定:"政治的道德家"只堪玩弄权术,博取个人的政治功名,野心勃勃而醉心于阴谋诡计,他们的所作所为必定是反政治道德的,其所造成的政治权力之恶当然也是势所必然,大为有害的。文明理性的人类社会只需要"道德的政治家",也只有他们才是人类政治文明所需要的公共权力的合法正当的代理者和管理者。如果说,"以权力制约权力"的纯政治自律不足以防止权力之恶,那么,"以制度制约权力"也仍然只是防止政治权力之恶的必要社会条件,而非充分必要条件。要对公共权力实施必要且充分的制约,除了纯粹的政治自律和制度他律之外,还需要政治家自身的政治道德的自律。

政治家或当权者的确是人类的政治精英,这是他们得以被挑选为公共权力代理者、管理者和行使者的基本条件。但他们也是人,同所有人类个体并无根本的区别。因此,他们具有同普通人一样的肉体和心灵,也就是说,他们具有同我们不一样的能力——因此之故,他们在民主政治的自由选举中得以获胜而成为当权者,也同时具有同我们一样的自然天性和社会本质,包括优良的、无限潜在的和劣根性的、有限现实的,一言以蔽之,他们和我们都有着作为人类——作为自然生物和社会生物或"政治动物"——的善性与弱点。换句话说,我们的"有限理性"使得我们所有人都需要自我约束,需要自我修养,需要道德伦理的规导。而且,由于政治家和权力者手中握有政治特权——这或许只能归于他们的政治幸运和道德幸运,他们还需要比我们所需更多的东西,不只是能力,还有德性、公共责任感和社会使命感，以及必要时刻的政治牺牲精神。一般说来，当权者和政治家之所以能够登上政坛，获取或者被授予公共权力，首先也不只是因为他们有过人的智慧和才干，还因为他们有过人的美德和意志，即是说，政治道德和个人美德本身就是他们成为政治家和当权者的一项基本的和重要的资质。这一政治道德资质——通常被称之为政治家的道德或政治美德——绝不仅仅是作为前提条件而对权力者和政治家提出来的，而且也是作为他们所必须具备和保持的职业伦理要求而永久有效的。

或可曰：除了制度的约束之外，政治道德或政治家的美德也是政治家和当权者不可或缺的清洁剂，具备它至少可以提防政治家或当权者把手弄脏，或者在他们不幸把手弄脏之后，帮助他们洗干净弄脏了的手，虽然说"政治脏手"很难彻底清洗干净，更不可能使之脱胎换骨地变成圣洁之手，但手脏了必须得清洗，并且自己洗比让别人洗怎么也会来得舒坦一些，舒心一些。对于长久浸淫于政治游戏和权力竞力场上的人来说，筋疲力尽之后，舒心比什么都珍贵。假如马基雅维里先生仍然健在，不知道他是否也会这样以为？这只是我的恣意推测而已，或许多少有些反思的意味，可不知惠媛博士以为如何？曾经的门下已然是马基雅维里的研究专家，我这是真诚地请教于她，期待于她。正是在这一意义上，我的这篇文字可以说是一篇真正的"序"，即我请益于惠媛君和所有政治道德的研究家与兴趣者的开篇词。

是所望焉！

辛卯年立秋后一周急就于京郊悠斋

第 1 章

导 论

一 一个学术事件与一个根本问题

不论在学术思想意义上,还是在社会实践意义上,马基雅维里及其学说都是西方近现代政治领域的焦点之一。自 1532 年《君主论》(*Il Principe*)出版以来,人们对他做出了褒贬迥异的评价。他时而被贬斥为毒害整个世界的罪恶之师、窃贼、暗杀者的导师、马基雅维里主义者,时而被塑造成政治学中的哥伦布、独一无二的政治家、杰出的人民维护者、伟大的爱国主义者或共和主义者。他的著述曾被希特勒供奉为枕边宝典,却又被卢梭追捧为共和党人的教科书。不同的评价激起了人们的讨论、争辩,甚或是论战。这些争论不仅自始至终没有达成令人满意的共识,而且在各个不同的论战阶段又不断地引发出新的论题和产生极端对立的矛盾分歧。这俨然已成为了西方思想界的一个令人瞩目的学术事件。在这场持续了近五个世纪的学术事件中,人们愈发感到"陌生的熟悉"。① 即便研究者对马基雅维里的著作内容已耳熟能详,也没有人敢自信地认为已经完全理解了他的真实意图。马基雅维里及其思想就像克罗齐所说的那样,似乎是一个永远解不开的谜。

这个谜之所以如此难以解开,除了可归因于马基雅维里思想的二重性和复杂性以外,更重要的是,它提出了一个根本问题,即政治与道德之间的关系。这个根本问题可具体化为,政治能否且应否摆脱其道德维度?政治行为能否且应否超越道德合理性与正当性的评判标准?政治运作是否必然跟道德规范发生冲突?如果两者必然产生冲突,那么,是遵守普遍的道德规范,还是为达到好的政治目的而采用不道德的手段?如果两者并不必然产生冲突,那么,我们如何解决政治"脏手"等问题?如果以好的政治目的为评价依据,那么,它能否成为新的道德标准?正是由于潜藏着的根本问题及一系列具体追问,马基雅维里之谜才既让人百般困惑、不得其解,同时又像政治思想领域的一个支点,始终吸引他身后一代又一代人的关注。

如今,马基雅维里提出问题的背景已发生了巨大变化。即便如此,他的教诲依然深远地影响着现代政治。现代性的理论渊源、政治的道德合理性、政治"脏手"等当代政治哲学家关注的问题,与马基雅维里的政治道德观有着千丝万缕的关联。可以说,马基雅维里仿佛"已从他的世界——人与兽之乡,来到我们当中,对我们讲话"。② 因此,在现代政治哲学语境下继续探讨这一根本问题,仍然具有重大的学术价值与实践意义。

---

① 阿尔都塞认为,马基雅维里其人其言让人难以捉摸,这种感觉就像是弗洛伊德提出的"陌生的熟悉"的感觉。参见阿尔都塞:《哲学与政治》,陈越编,第378页,长春:吉林人民出版社,2003年。在《论"令人害怕的"东西》一文中,弗洛伊德写道:"确实,令人害怕的不是别的,正是隐藏着的熟悉的东西,这些东西经历了被约束的过程,然后从约束中显现出来。"参见弗洛伊德:《弗洛伊德论创造力与无意识:艺术、文学、恋爱、宗教》,孙恺祥译,第154页,北京:中国展望出版社,1986年。

② 阿尔都塞:《哲学与政治》,陈越编,第378页,长春:吉林人民出版社,2003年。

二 政治家的哲学与哲学家的政治

马基雅维里是一个政治家或政治理论家。这一论断在学界并不存在太大分歧。在此无需赘述。引起较大争议的问题是,马基雅维里究竟是不是一个政治哲学家,或者说,我们能否从政治哲学的角度来审视他的政治思想?

对于强调马基雅维里工于算计、专注经验和实证、善于理性分析等特点的研究者而言,他是一名政治科学家,而非政治哲学家,而且他们也更愿意在此意义上把马基雅维里描述为西方近代政治思想的第一人。在马基雅维里那些并不能完全称得上推理严密与逻辑自洽的政治文本中,奥尔茨基似乎领会出一些以归纳方式得出的、具有普遍性的政治规律,而卡西尔则从中看到了"政治统计学"的影子。与这种视角相似的,是维拉里和克罗齐等人对马基雅维里的政治中立立场的评价。他们相信,马基雅维里致力于创立一种新科学,赋予政治必要的独立性,使之从道德中解放出来。这两种视角论证了马基雅维里在近代政治科学中的地位,并否认了他作为政治哲学家的可能性。但施特劳斯显然不赞同这些"精致的"、却又是"混淆视听"的看法,他明确把马基雅维里称为哲学家,[①]执意要把他置于政治哲学的高度进行重新考量,并由此揭示政治哲学的古今断裂。可见,不同的研究视角影响了学者们对马基雅维里其人其言的理解。

学界对马基雅维里思想之定位的争议,使得本书有必要先澄清两个问题:能否把马基雅维里的思想纳入政治哲学的框架中进行解读?为何从政治哲学的角度思考马基雅维里问题?

对这个问题的解答首先涉及我们如何看待政治哲学的特性。与现代意义上的政治学或政治科学相似的是,政治哲学也把目光投向了人世事务,特别是政治生活。不同的是,它们关注的问题与思考的方式有很大的差异。一般而言,政治科学主要探讨事实性问题,它借助实证的分析工具,力图做到去价值性或寻求中立性,从而使结论尽可能客观化。而政治哲学则要对一些根本问题进行刨根问底的反思,即便在大众看来,这些问题是

---

① 施特劳斯甚至把《君主论》称作政治哲学的经典著作。

司空见惯、无需追问的。以"正义"概念为例。在"什么是正义"问题上，苏格拉底对玻勒马霍斯和色拉叙马霍斯等人发表的意见提出质疑，目的是引导对话者重新思考那些一般人早已习以为常的意见。换言之，政治哲学虽然重视意见，但并不满足于此，它希望超越世俗流见而通达真与善。这种超越的方式有多种，或表现为柏拉图与施特劳斯式的对真理的追寻，或表现为伯林式的对政治观念、语词、范畴或表达方式的思考，或表现为罗尔斯式的对理想的社会制度的建构，或表现为斯金纳式的对政治理论史的探求。总而言之，政治哲学始终与政治现实保持着批判性、反思性的距离。从内容来看，它关心的不是具体的行政事务，而是政治的根本问题——如政治的本性、基本结构与基本原则、政治合理性的依据、理想的政治制度等，牵涉到国家政治赖以构建的根本基础。正如万俊人所指出的："政治哲学不仅要追问政治事务本身的技术合理性和政治合法性问题，还要追问政治事务——包括政治行为、尤其是政治家的行为——的政治合目的性和道德正当性等深层的政治伦理意味。"[①] 从学科门类来看，政治哲学属于哲学范畴，而非政治学范畴。作为哲学的一个分支，它具有区别于政治科学、政治神学与政治学的独特性。政治哲学致力于用有别于科学或神学的方式，探寻政治的本质、目的、原则或意义等，它不仅要揭示"是什么"，而且要追问"为什么"。或许，这些问题经历了多个世纪仍无法让人释疑，它们的价值并不随历史的流变而消失。[②]

[①] 万俊人：《我们为何需要政治哲学》，转引自梁晓杰著，《德法之辩：现代德法次序的哲学研究》，第4页，上海：上海人民出版社，2007年。

[②] 在施特劳斯看来，有些政治哲学的基本问题可被看作永恒问题，它们是对永恒秩序的追求，因而不属于历史的范畴。而马基雅维里问题就是其中一个永恒的问题，它背后隐藏了一种根本意义上的抉择。但伯林持有不同看法。在其访谈录中，伯林曾表示，问题之所以难解决，正是因为它属于历史的范畴。"由于滋生新问题的社会是不断变化的，以为所有问题都能找到解决办法的观念即使在原则上也是荒谬的"。参见贾汉贝格鲁：《伯林谈话录》，杨祯钦译，第25页，南京：译林出版社，2002年。此外，就马基雅维里问题与永恒性之间的关联而言，施特劳斯所理解的"永恒"与克罗齐所理解的"永恒"不同。前者从政治基本问题的角度进行言说，而后者则从马基雅维里思想体系的复杂性及其引起的众多分歧等角度把马基雅维里问题看作"永恒之谜"。

就此而言，马基雅维里并非严格意义上的政治哲学家。在其政治论著中，他的研究素材多半来源于现实的政治生活经历和历史的经验教训。他主要专注的问题是，如何在现实世界中切实可行地建立与维护国家政权。因此，他并没有自觉地从古典哲学的角度对政治进行反思，而是在很大程度上停留于经验层面。更有甚者，马基雅维里似乎已从经验事实的强调走向了另一个极端，亦即是，他极有可能隐而不宣地把政治同传统意义上的哲学对立起来。在柏拉图那里，政治、政治家与哲学之间的紧张关系已有所表现——苏格拉底之死深深地触动了柏拉图，这使柏拉图在尔后的论著中始终在哲学家与政治之间保持着必要的距离。在柏拉图看来，最优秀的哲学家并不一定能获得城邦的重用。作为哲学家，他们应当保持沉默而只顾自己的事务，除非有人自愿登门请他们去管理城邦。但即便如此，柏拉图并没有把哲学与政治对立起来。在他看来，最佳的城邦政治必须以哲学家与城邦之间的妥协与和谐为前提。与之不同的是，马基雅维里强调哲学与政治的对立关系：要直面真实的政治状况，唯有从实际状况出发而非依靠想象，才能提供对人有用的知识。应当注意的是，尽管十分重视政治现实，但马基雅维里并没有倾向于以科学的方式来理解政治和建构起政治新秩序。实际上，他并不满足于描述和说明某些政治事实，而是要从现实的角度对政治主体的行为作出新的规范。在他看来，以中立的姿态来思考政治，不仅是不可行的，而且是有害的。他并没有完全否定道德等价值诉求的社会作用，相反，他认为，政治上的道德麻木将削弱人民对国家的忠诚，并危及政权的稳定性。鉴于此，马基雅维里既不是传统意义上的政治哲学家，也不是政治科学家。

然而，这是否意味着我们不能从政治哲学的角度来考察马基雅维里的政治思想呢？其实不然。从问题产生的方式来看，纳入政治哲学研究领域的问题可划分为两种类型。一种是由专业的哲学家肇始于对某些政治现象、理论或原则的反思而提出的政治基本问题。比如，阿伦特基于艾克曼审判而产生对"平庸的恶"问题的思考；罗尔斯基于对如何在民主社会实现社会的普遍正义问题的关注与反思，在超越功利主义与直觉主义的基础上建构起正义的原则。另一种政治哲学问题不是由政治理论家直接提出，而是间接体现在他的政治当中。或许他没有自觉地意识到自身要解决的问题属于政治基本问题的范畴，但他的见解在政治生活和政治研究领域产生相当大的反响，并深刻地影响着政治哲学的发展走向。也就是说，他的思想被动地进入政治哲学的视域，并构成某一阶段的政治哲学研究的基点。正是在后一种意义上，马基雅维里的政治理论被纳入政治哲学的框架。尽管没有明确借助哲学的分析工具来探讨各种政治现象，但他并没有完全抛开柏拉图、色诺芬、亚里士多德和西塞罗等人的政治哲学，他清楚地认识到自己的政治教诲与古典政治哲学体系之间的隐秘关系。从思想影响来看，正是在他的著作中，"而不是在那些更为正式的哲学家的著作中，我们发现了作为哲学家们讨论的既定对象的、处于创制过程中的概念"。[①] 这些具有启发性的政治和道德概念，连同他思考政治的角度，以及"目的证明手段之正当"等基本的政治原则，都尝试性地突破了人们原有的思维模式，为现代政治哲学提供了一种新视角，并且以强烈震撼的方式迫使他们正视那些起初没有获得充分关注的问题。[②] 这对往后的政治哲学家的理论建构产生了深远影响，甚至在一定程度上改变其政治言说的态度和方式。更值得注意的是，他的政治主张反映了对政治及其权力的合目的性、道德正当性等政治基本问题的理解，思想的新异性使其人其言得到了保守主义、共和主义与自由主义等学派的重视。他的政治思想得到了斯宾诺莎、孟德斯鸠、卢梭和黑格尔等近代哲学家的关注，并进入了葛兰西和伯林等现代思想家的视域。而在罗素、施特劳斯、阿尔都塞与普拉蒙纳兹等思想家看来，马基雅维里已形成了自身的政治哲学理论。[③] 基于上述理由，我认为，马基雅维里的政治思想可以在政治哲学的框架中接受审视，同时也应该从这一角度加以研究。

[①] 麦金太尔：《伦理学简史》，龚群译，第170页，北京：商务印书馆，2004年。

[②] 尽管马基雅维里不赞同传统哲学完全从"应当如何"的角度来理解政治概念与政治问题，但他所强调的从"实际如何"的角度来阐释政治真相的研究视角，被看作一种有别于古典哲学的哲学思维取向也未尝不可。而这种思维方式对现代政治哲学的研究有一定的影响。

[③] 当然，这并不意味着马基雅维里必须对后世的相关政治理论或政治实践负责。

三 时代夹缝中的马基雅维里

15世纪中期是共和主义与君主王权两股势力在佛罗伦萨激烈交锋的时期。一方面，经过美第奇家族的统治，佛罗伦萨的政治性质悄然发生变化。虽然它仍保留着共和宪政的形式，但实质上已逐步由寡头掌权。寡头集权在很大程度上缓解了佛罗伦萨内部的党派之争，城市再度呈现繁荣景象。另一方面，作为意大利的共和主义堡垒，佛罗伦萨仍存留着一股追求共和自由的暗流，共和制的支持者利用内忧外患的社会危机多次重建共和政体。在两股对立势力的斗争中，佛罗伦萨的政权几度易主。而马基雅维里正处于这种时代夹缝中，以其短暂的一生见证了佛罗伦萨的起落。

1469年5月3日，马基雅维里出生于有着"鲜花盛开之地"美誉的佛罗伦萨。① 文艺复兴时期的意大利重视古典文化，因此，天资聪颖的马基

---

① 西方学术界研究马基雅维里生平的著作较多。颇有影响的代表作可参见 Pasquale Villari, *The Life and Times of Niccolò Machiavelli*, New York: Charles Scribners, 1891. Erskine Muir, *Machiavelli and His Times*, New York: Dutton and Co., 1936. Roberto Ridolfi, *The Life of Niccolò Machiavelli*, Cecil Grayson (tr.), London: Routledge and Kegan Paul, 1963. John Hale, *Machiavelli and Renaissance Italy*, London: English Universities Press, 1961. Quentin Skinner, *Machiavelli*, London: Oxford University Press, 1980. Sebastian Grazia, *Machiavelli in Hell*, New Jersey: Princeton University, 1989. Maurizio Viroli, *Niccolo's Smile: A Biography of Machiavelli*, Antony Shugaar (tr.), New York: Hill and Wang, 2002。James Atkinson 和 David Sices 编译的书信集也有助于了解马基雅维里的生活与思想发展脉络。Niccolò Machiavelli, *Machiavelli and His Friends: Their Personal Correspondence*, James Atkinson & David Sices (trs. & eds.), Dekalb: Northern Illinois University Press, 1996.国内相关著作参见肖雪慧:《复合人格：马基亚维利》，武汉：长江文艺出版社，2000年。周春生:《马基雅维里思想研究》，上海：上海三联书店，2008年。

雅维里在少年时已开始接受古典教育与人文学训练。① 萨沃纳罗拉事件发生以后，佛罗伦萨共和国完成了一场革命。包括十人委员会在内的多个政府机构被重组，而任职者必须同萨沃纳罗拉修士毫无关联。时年29岁的马基雅维里借此机会步入政坛，被元老院任命为佛罗伦萨共和国第二国务秘书，并在一个月以后兼任自由与和平十人委员会秘书，开始其曲折的政治生涯。自1500年起，除了处理日常公务以外，马基雅维里曾多次受命，以使节身份被派驻到法国、德国、罗马尼亚和教皇宫廷，负责为法佛联盟的失败辩解，展开结盟谈判，以及观察并报告外国宫廷的动态等要务。② 丰富的外交经历为马基雅维里后来的著述提供了充实的素材。正如他在《君主论》和《论李维》(*Discorsi sopra la prima deca di Tito Livio*)的献辞中所指出，这些著作是长期经验与实践的思想结晶。③ 然而，马基雅维里的政治生涯因1512年美第奇家族的复辟与佛罗伦萨共和国的瓦解而中止。

---

① 根据马基雅维里的父亲伯纳尔多的日记，马基雅维里七岁开始跟从老师学习，十一岁时开始学习珠算，十二岁时已精通拉丁语。在1474年—1487年期间，伯纳尔多家里摆放着许多著名的著作，如，亚里士多德的 *Ethics* 以及 *Topica* 的残篇，西塞罗的 *Phillipics*、*de Officils* 与 *de Oratore*，托勒密的 *Cosmography* 与波依修斯的 *On Division*，以及《圣经》等。而出于对劳动的报酬，伯纳尔多还从印书商中获得了提图斯·李维的资料。因此，可以假定，马基雅维里对上述古人的思想应有所涉猎。Ridolfi 认为，通过所见所闻与他人的记忆，马基雅维里可了解到佛罗伦萨古典的生活方式。参见 Roberto Ridolfi, *The Life of Niccolò Machiavelli*, Cecil Grayson (tr.), London: Routledge and Kegan Paul, 1963, pp. 4—6. 马基雅维里在人文学方面的扎实功底还体现在他对语言与修辞学的天赋上。他精通托斯卡纳方言(这是文艺复兴时期的但丁、彼特拉克与薄伽丘常用的语言)，如，在《兵法》一书的序言中，他以托斯卡纳的方式落款 Niccolò Machiavegli。而他撰写政治文本与历史文本也体现其修辞学的造诣。

② 虽然马基雅维里被派驻期间常常承担起大使的职责，但他从未获得大使的身份。出使的介绍信中只是称他为"我们的特使"、"我们的公民"、"我们的秘书"。

③ 在《君主论》中，马基雅维里强调，他将论述关于"伟人事迹的知识"，这是他在总结长期经验与不断钻研古代事情的基础上获得的知识。而实际上，这种长期的经验与思考是他在佛罗伦萨共和国任职期间积累下来的。为了让洛伦佐不注意到他曾经在佛罗伦萨共和国任职的经历，他用"经验"来淡化其实践体验。而在《论李维》当中，他可以直白地说出，这是他"长期的实践"结果。

他被解除职务与限制活动范围,并最终锒铛入狱。对此,他感到前所未有的悲凉与孤苦。这种伤感不仅源于自己忠心耿耿地服务于国家却得到了不公正待遇的下场,而且源于对国家命运的担忧。出狱后,他曾多次向友人兼同事维托利(驻罗马教廷大使)表达希望获得教皇任用的愿望。[1] 但这一愿望始终没有得到实现。马基雅维里被迫深居于圣·安德列阿(Sant'Andrea)农庄,过着拮据窘困、单调乏味的生活。[2] 宁静的生活使他有机会系统地整理从政期间的体会。就像但丁如果没有被放逐就不会写出《神曲》一样,假如马基雅维里没有被革除政职,远离政治事务,那么,他也许不会撰写出《君主论》这部影响深远的旷世名著。

《君主论》这部字数不多的小册子凝聚了马基雅维里1498年至1513年期间的从政经验。故而,他在献辞中强调,这是他历经艰难困苦,以及"对现代事情的长期经验和对古代事情的不断钻研"的积累所得。[3] 正如他在1513年12月10日的信中提到,"这是我花15年的工夫一直研究的'国家艺术'……他们会看到,15年来,我一直在研究这门艺术。我没有睡懒觉与游玩……我的诚实是不用质疑的。由于经常保留诚实的品质,我现在很难违背它。那种像我一样43年来一直保持诚实和良好品质的人是很难改变他的本性的。而我的贫困是我的诚实和善良的见证者"。[4] 为了引起当

---

[1] 1513年3月18日、1513年4月9日和16日,马基雅维里曾多次致信维托利,希望他能向朱利阿诺·德·美第奇推荐自己。

[2] 参见1513年4月16日、6月26日、1514年2月4日、12月4日写给维托利的信,1513年8月4日写给Giovanni di Francesco Vernacci的信,以及1515年8月18日、9月19日、1516年10月10日、1518年1月5日写给Giovanni Vernacci的信。其中,在1513年12月10日写给维托利的信中,马基雅维里描述了他的乡间生活。他早上劳作、晚上挑灯夜读。在农作时,他的衣服沾满泥土与尘灰。在夜晚看书时,他换上整洁的衣服(表明对古人与书的尊重)苦读4个小时,期间,他感到精力充沛。

[3] Niccolò Machiavelli, *The Prince*, Harvey Mansfield (tr.), Chicago: the University of Chicago, 1985, p. 3. 潘汉典根据1927年Guido Mazzoni的意大利文校订本等翻译《君主论》,本书参考了这个版本的中译本。马基雅维里:《君主论》,潘汉典译,北京:商务印书馆,2005年。

[4] Niccolò Machiavelli, *Machiavelli: The Chief Works and Others* (3 volumes), Allan Gilbert (tr. & ed.), Durham: Duke University Press, 1965, p. 930.

权者的注意,并得到赏识与重用,马基雅维里决定把在农庄撰写的这部名为 On Princedoms 的小册子献给朱利阿诺。他把这部小册子看作摆脱厄运的重要契机,以至于他曾小心翼翼地向维托利征询,是否应该把它献给朱利阿诺,以及应当通过何种方式呈献。但朱利阿诺的去世使马基雅维里改变了初衷,想转而把《君主论》呈给佛罗伦萨的另一任统治者洛伦佐。① 他确信,书中讨论的伟人事迹是珍贵且有价值的知识财富。尽管这部小册子并没有引起美第奇家族的重视,马基雅维里也没有如其所愿地获得重用,但《君主论》在后世的影响却是他始料不及的。

在这部论著中,马基雅维里探讨了君主国的性质和类别,以及君主获得与保有政治权力的方式,内容涉及政治、军事、道德与宗教等领域。在《君主论》的开篇,马基雅维里指出,从古到今,只存在君主国与共和国两种政体形式,他着重论述的是君主政体,特别是新建立的君主国。② 与柏拉图、亚里士多德把政体划分为君主制、僭主制、贵族制、寡头制、民主制等政

---

① 究竟这本小册子是否献给洛伦佐,西方学界有不同的意见。斯金纳认为,当马基雅维里告诉维托利写作 On Princedoms 时,维托利似乎愿意支持这个计划,并让马基雅维里把书稿寄给他后,再做是否呈献的决定。当马基雅维里把前几章寄给他时,他表示满意,并要求马基雅维里把剩余部分寄给他。但马基雅维里按要求寄出全书后,换来的却是"不祥的沉默"。参见 Niccolò Machiavelli, *The Prince*, Quentin Skinner & Russell Price (trs.), Cambridge: Cambridge University Press, 1988. 但布克哈特认为,他曾经把这本书呈献给洛伦佐。参见 Jakob Burckhardt, *The Civilization of the Renaissance in Italy*, G. Middlemore (tr.), New York: Harper and Brother, 1958, p.104。

② 《君主论》的第一部分主要论述了君主国的分类及不同类别的君主国的特征。在君主政体当中,按照国家承继的方式、领地人民的特质与获取国家的手段的不同,他把君主国细分为世袭君主国与新君主国、混合君主国与自由王国、依靠他人武力或自己武力建立的君主国、依靠运气或能力获得的君主国。在接下来的十个章节中,马基雅维里详细分析与比较了上述不同类别的君主国的特征、优势以及面临的问题。值得注意的是,与新君主国相比,马基雅维里对世袭君主国并不十分感兴趣。他认为,只要世袭君主不轻易触犯先祖的制度、不得罪人民,那么,他自然能得到人民的爱戴与维持政权,并较容易收复失地。可见,保有世袭君主国的困难远比创建、维护新君主国小得多。加之《君主论》的读者是佛罗伦萨的在位君主。作为一个由外邦人建立、且君主王权与共和体制交替的城市,它不属于世袭君主国。因此,马基雅维里的兴趣所在和着力之处是新君主国。在被征服的(接下页)

权组织形式相比，马基雅维里的划分方式似乎颇显粗陋与武断。而他对君主制的设想与古典政治哲学中的君主制模式也有着相当大的区别。① 但是，单凭马基雅维里对政体的划分方式就得出他与古典政治哲学的传统相背离的结论，显然是不充分的。

　　令古人尤为咋舌、使道德主义者惶恐不安的，是马基雅维里在《君主论》当中对"君主如何获得与保有权力"这一问题的解答。在论述全新君主如何获得新王国的方式时，马基雅维里以摩西、居鲁士、罗慕路和忒修斯为榜样，以萨沃纳罗拉为反面教材，向潜在的君主传授教诲：所有的武装先知都获得胜利，而非武装的先知都失败。武装的重要性不仅在于它有助于击溃敌人，而且在于当潜在君主的权威失效时，它能借助严刑的威慑力或以暴力的方式帮助君主强迫信仰动摇的人民就范。因此，君主要依靠自己的武力和能力获得与保全君主国。相比之下，那些依靠他人武力或凭借运气等"偶然因素"而获得君主国的新君主将苦于维护国家的长治久安。除了借助武力以外，马基雅维里还宣扬要用邪恶之道获取君权。如，叙拉古的暴君阿加托克雷（西西里国王）残忍且不虔诚，他利用杀害平民、背信弃义等手段掌握国家权力，但马基雅维里却把他称作是最优秀的将领。

　　透过这本薄薄的小册子，读者们看到的是充斥着血腥与暴力、阴谋与

（接上页）地区维护新君主政权是困难重重的。这是因为，要在这种情况下保有军权，征服者不仅要熟悉被征服地区的习俗与制度、权力架构的组织形式、被统治人民的特质，而且要正确地选择统治方式。对于文化、制度等方面与征战国相似的国家或地区，征服者只需灭绝被征服国的旧君主的血统，并维持原有的法律与赋税即可。而对于语言、习俗、制度都跟征战国有着极大区别的地区，征服者可采用驻节、殖民或驻军等方式进行统治，并通过与弱小邻国缔结邦交来抵制其他外国势力的侵犯。但相比而言，殖民是成本最小且最有效的巩固政权方式，是首选之策。再者，政权巩固与否还与被征服国原有的权力架构的组织形式相关。假如国家的权力架构由君主与群臣组成，那么，它易守难攻；假如权力架构由君主与诸侯组成，那么，它易攻难守。最后，对人民习惯于自由生活的被征服国而言，为了避免人民因缅怀共和自由生活而产生仇恨与复仇情绪，殖民君主应消灭它，否则等同于坐以待毙。

① 马基雅维里采取这种划分方式可能是因为：（一）文艺复兴时期的欧洲国家主要处于君主王权与共和政治的张力中；（二）马基雅维里极力走出古典政治哲学的束缚；（三）他时常运用二分与对立的思维方式。

诡计的场面。消灭、摧毁、谋杀、残忍、阴谋等悖离传统道德的词汇反复出现,但作者对此毫无愧疚之心和负罪感。就当时佛罗伦萨的社会状况而言,虽然人们对各种道德规范已经产生了怀疑,但他们仍然重视和推崇统治者的德行。即便是不正义的篡权者也会装出正义的外表,他们总是有所顾忌,避免肆无忌惮地公然践踏已有的道德规范。而马基雅维里的《君主论》无疑是在公开宣扬一些离经叛道的政治信条。实际上,在担任国务秘书期间,马基雅维里已经有着与此相关的构想。在一封写给友人的信中,他淡化了西比阿与汉尼拔之间的德行差异,强调了汉尼拔的恶行与功业之间的密切关联,暗示了他对当时受基督教道德约束的政治生活的质疑。①而信中的暗示在《君主论》中则已化为明目张胆的教诲,并在《论李维》中再次得到张扬。

在《论李维》中,马基雅维里继续从政治的角度对传统道德提出挑战。他认为,统治者在不同阶段应采取不同的治国手段。在共和国建立之初,为了尽可能做到独揽大权,统治者要不惜弑杀血亲和亲信。成功的治国者要像罗慕路和布鲁图斯那样杀死一切潜在的敌人,即便所谓的"敌人"是自己的兄弟或亲信。作为军事将领,他应为国家利益而乐于发动战争,并且在战争中不计荣辱、不择手段,懂得用残忍无耻的手段获得靠正常方式无法取得的优势。在整治腐化的共和国时,统治者要采取残暴的方式驯化骄纵之人。至此,不难发现,这些政治手段与《君主论》中的教诲有着许多相似之处。不同的是,这些手段是在共和制的国度内被采用的,而采取这些手段的统治者大部分是以维护公共利益的名义而违背社会规范的。

除了质疑传统道德的政治合理性以外,《论李维》更侧重于讨论共和国的治国之道。从文本体例来看,《论李维》是以史为鉴的产物。在分析李维的《罗马史》基础上,马基雅维里归纳出古罗马获得辉煌和强盛之功业的多个原因。但他的著述意图并不仅止于此。如果说,撰写《君主论》的直接目的是为了向君主提供镜鉴,向在位的新君主传授巩固新政权的方法,

---

① Niccolò Machiavelli, *Machiavelli: The Chief Works and Others* (3 volumes), Allan Gilbert (tr. & ed.), Durham: Duke University Press, 1965, pp. 895—897.

那么,《论李维》的直接目的则是向那些像扎诺比和科西莫一样有能力的潜在君主提供箴规,劝说世人效法古人。[①] 通过比较古人和今人在处理军事、法律、宗教,以及领导者和人民之间的关系等问题上的异同,他试图说服今人复兴古人的品质、并在实质问题上遵循古代典范。在该书前言,马基雅维里开宗明义地指出,他承担的是一项有助于推进"众人之共和利益"的事业,目的是为世人指明一条通达既定目的的捷径——在整饬共和国、护卫国家、统治王国、举兵征战、控制战局、审判臣民、扩张帝国等方面效仿古人。很明显,他所指的古人并不是以苏格拉底、柏拉图和亚里士多德为代表的古希腊人,而是以罗慕路或博儿亚等为代表的古罗马人。

在马基雅维里看来,古罗马的强盛和伟大离不开罗马人对自由的执著追求、合理的制度安排、强大的军事实力,以及统治者的非凡能力。首先,罗马人以合理的权力结构维护了国家的自由。为避免绝对的专制独裁,罗马人设立了元老院与护民官等机构和职位来分散国家权力,确立指控制度来排解民怨,这些政治制度体现了平民和贵族之间的权力制衡,有利于防止因权力过分集中而滋生的腐败。而马基雅维里对这些机制的推崇与同时代的人文主义者反对城市内部纷争的主张形成了鲜明对比。与此同时,罗马人建立和恪守有功必赏、有过必罚的制度,从不允许公民将功抵过,这有效地遏制与惩治了罪恶,维护了社会良序。其次,明智的罗马君主还懂得建立政治化的宗教,知道如何利用民众对宗教的敬畏来整治国家、平息内乱、建功立业。再次,要捍卫国家的自由和强盛还必须依靠自身强大的军事武装力量。罗马人懂得战争的筋骨是精兵良将而非金钱,注重培养士兵勇猛顽强的德行,创建合理的军事体制,建立井然有序的本国军队。因此,他们在战争中所向披靡,不仅保卫了家园,而且通过军事扩张等方式

---

① 《论李维》的献辞表明,马基雅维里决定把此书献给 Oricellari 花园聚会中两位重要的朋友,以表达感激之情。值得注意的是,这篇献辞似乎否定了他曾把《君主论》呈献给洛伦佐的做法,认为这是"著书立说者的俗套"。那些俗套之人"习惯于把自己的著述献给某位君王,他们因野心和贪婪而不辨是非,在本该谴责他的种种劣迹时,却称颂其品德完美"。而他把自己昔日的举动轻描淡写地描述为"过失",而非不义之举。参见马基雅维里:《论李维》,冯克利译,第41页,上海:上海人民出版社,2005年。

大大拓宽了帝国的版图。最后,古罗马的辉煌在很大程度上还离不开统治者的德行和能力。统治者卓越的德行和能力不仅有利于巩固新政权,而且有助于使腐败衰落的国家东山再起。就此而言,古罗马较之其他国家的优势在于,它一开始就由骁勇善战的罗慕路、善用宗教的努马,以及热衷战争的图鲁斯等奠定了坚实的国家根基。这些统治者具有审慎的德性和敏锐的政治判断力。他们能根据本国实力来判断应当主动出击还是远离战事、应当兴建城堡还是摧毁要塞、应当安抚民众还是严厉惩治,避免极为有害的中庸之道;以旧瓶装新酒的方式,在古老模式的掩盖下渐进地推行新政策;在遇到危险时精明地装疯卖傻,必要时委曲求全;当人民有迫切需要时,毫不拖延地予以满足。正是由于具备强大的军事力量,具有捍卫自由精神的公民和德行非凡的统治者,因此,罗马能够成就登峰造极的帝国大业。

与此相比,佛罗伦萨的统治者软弱无力,城市岌岌可危。在军事实力方面,城市不仅缺乏合理的军事建制,没有为城市的自由而战的国民军,而且常常因统治者优柔寡断、采取中庸之道而痛失外交良机。在城市凝聚力方面,佛罗伦萨的统治者不但没有善用宗教的政治功用,反而让教士把意大利人变得既不敬神又邪恶,社会处于四分五裂的状态。通过对比罗马的历史辉煌成就与现今意大利的腐化衰落,马基雅维里劝诫今人要模仿古人,避免国家倾覆。

《论李维》杀青不久,马基雅维里在友人的帮助下终于获得了美第奇家族的赏识。经教皇克莱门特七世的同意,他受雇于比萨大学,负责撰写佛罗伦萨的年鉴。与当时史学界的流行做法——或者为权力者歌功颂德,或者以伟人的故事激发人们的自由精神——不同的是,马基雅维里主要描述的是佛罗伦萨的腐败、衰落与崩溃。在此期间,他还撰写了著名的军事作品《兵法》。此外,他写给维托利、圭奇阿迪尼等友人的书信不仅记述了他的日常生活经历、特别是隐退以后的生活历练,而且记载着他对国家的命运和政治走向等问题的深刻反思。这些材料为研究马基雅维里的思想提供了丰富的素材。

在政治论著中,马基雅维里总是表现出理性与严肃的治学态度,流露出愤世嫉俗的不满。通过创作《曼陀罗》、《克蕾齐娅》与《魔鬼娶亲记》等艺术作品，他以轻松戏谑的方式讽刺了世道的炎凉，并充分地展现其艺术天赋。但跟他冷酷的外表和严肃的写作风格不同，现实生活中的马基雅维里是一个有血有肉、情感丰富、幽默诙谐的人。他特别爱好音乐和诗歌。在隐居期间，他常常随身带着彼特拉克①、但丁和古罗马诗人的诗集，并在闲时创作诗歌来表达自己对人生与世事的感悟，其中包括《金驴记》和《理想的君主》等。而他内心潜伏的激情还表现为对爱情的挚深迷恋。在写给维托利的信中，他时常谈到自己对爱情的看法。在他看来，对爱的依恋是人的本性，追求爱情乃随顺自然本性之所为。②可以说，他的个人生活同他的政治思想一样都极为世俗与真实。

　　生活在时代夹缝中，马基雅维里的政治生涯颇具讽刺性和悲剧性。虽然他在人生的后期最终获得了美第奇家族的任用，但好景不长，1527年美第奇家族的再次垮台令他又一次名誉扫地。此后，他一病不起，抑郁而终。在著作中，他经常鼓励世人要与命运抗争，要勇敢地打击她、征服她。但在现实生活中，他却一次又一次地被命运所打击与征服。虽然他曾在被革职以后试图通过撰书立著来改变命运，但最后不得不等待命运女神善意的安排。这个明确声称"爱祖国甚于爱自己"的时代之子最终被他深爱的祖国所遗弃。尽管他写了多部颇有影响的喜剧，但他的人生却是一部活生生的悲剧。

　　也许，正是悲剧的人生造就了伟大的作品。而真正的作品之所以伟大，是因为它倾注了作者毕生的心力，是血与泪在纸上的凝练；其中由激情浇

---

　　① 彼特拉克（1304—1374）是意大利著名的爱国诗人。他出生于阿雷佐，精通托斯卡纳语，热衷于研究西塞罗的哲学思想与修辞学，并把西塞罗看作古代"最伟大的天才"。

　　② 马基雅维里认为，应当珍惜当下的相互情感，否则爱恋之情一去不可返。有时他也会谈到自己沉浸于爱情时的愉悦，感到爱情的力量让他"忘掉了那些伟大而严肃的事情，（这种感情）甚至让他在读古书与谈论严肃的问题时也不再那么兴奋了"。与这种较为真挚的爱情观形成对比的是，他也劝说侄子Giovanni Vernacci以及圭奇阿迪尼利用婚姻改变自己的命运——或改变经济状况，或改变政治地位。参见1514年2月4日、2月25日、4月20日与8月3日，1525年10月21日、12月19日，1526年6月2日的信件。但Ridolfi认为，马基雅维里的私生活可以用浪荡不羁、"贪恋女色"来形容。参见Roberto Ridolfi, *The Life of Niccolò Machiavelli*, Cecil Grayson (tr.), London: Routledge and Kegan Paul, 1963。

铸而成的刚韧和理性,不仅赋予了作品本身以敏锐的触觉与文学的特质,而且给读者留下了刻骨铭心的意象。

四 马基雅维里的多面向:学界研究综述

马基雅维里去世后的四百多年间,西方学界一直没有中断对其思想的研究与争辩。根据诺萨与费奥列的统计,1740—1935 年间有 2113 条相关的研究条目,1935—1988 年间有 2266 条相关的研究条目。[①] 面对汗牛充栋的研究成果,伯林曾精辟地评价道,这些文献目录不仅数量巨大(完整的目录所包括的条目已超过三千),而且正惊人地以更快的速度增长。[②] 除了成果数量之浩瀚以外,所涉及的研究内容和题材也相当丰富与广泛。其中,关于马基雅维里政治思想的研究角度大致包括:马基雅维里所处的时代背景、他的政治生涯对其政治观的影响;他与但丁、彼特拉克、圭奇阿迪尼等人文主义者之间的关系;《君主论》等著作及其书信的写作时间、对文本真伪的考证;《君主论》的写作缘由与目的;《君主论》与《论李维》两书思想的一致性和矛盾性;喜剧作品的政治意蕴;他对政治与道德、政治与宗教之间的关系的理解;马基雅维里的政治观与古典政治哲学的关系;他的政治观对现代政治哲学、政治科学的影响;他的政治主张对现代共和主义、现实主义、自由主义和民主理论的启示;以及他经常运用的关键词,如,politica、virtù、stato、fotuna、necessità 的含义。鉴于研究角度如此多元,研究成果如此丰富,难以面面俱道,因此,本书主要围绕马基雅维里如何

---

① Norsa Achille, *Il Principio della Forza nel Pensiero Politico di Nicclò Machiavelli*, Milan: Hoepli, 1936. Ruffo Fiore, *Nicclò Machiavelli: An Annotated Bibliography of Modern Criticism and Scholarship*, New York: Greenwood Press, 1990. 近 70 年西方学界对马基雅维里思想的研究概况可参见 Eric Cochrane, Machiavelli: 1940—1960, *The Journal of Modern History*, 1961, 33(2): pp. 113—136. John Geerken, Machiavelli Studies since 1969, *Journal of the History of Ideas*, 1976, 37(2): pp. 351—368. 从 Cochrane 与 Geerken 两篇文章可看出,虽然两个阶段的学者所援引的题材及其观点有所不同,但他们谈论的问题在一定程度上是相似的。

② Isaiah Berlin, *Against the Current: Essays in the History of Ideas*, New York: Penguin Books, 1982, pp. 25—26.

理解政治、道德，以及两者之间的关系等直接相关的论题，对20世纪英美学界产生广泛影响的著作进行简要概述。

大致而言，20世纪上半叶是一个为马基雅维里清洗罪名的时期。那些把马基雅维里斥责为暴君与魔鬼的责难日渐式微。卡西尔把这一时期称为"从一个遭到极端谴责的时代走向另一个受到极度赞扬的时代"；而"马基雅维里从暴君的顾问摇身变成为自由的辩护士，从魔鬼变成了英雄，甚至是圣人"。①

这些辩解理由主要从以下几个方面展开。一方面，辩护者淡化甚至否定了政治和道德之间的必然关联。面对以往学者们大多把马基雅维里描绘为"邪恶导师"的做法，克罗齐早年提出了一个与前人不同且影响较大的观点。克罗齐认为，当以道德的眼光来审视政治生活时，马基雅维里常常感到"道德上的厌恶"，这促使他得出"政治超越善恶"的观点。②这个观点影响了意大利学界近三十年。尔后，卡西尔、布克哈特与萨拜因等人分别从科学、美学与政治学等角度进一步诠释了马基雅维里的政治思想。在《国家的神话》一书中，卡西尔指出，任何把马基雅维里简单地视为英雄圣人或暴君恶魔的看法都会把人引入歧途。他认为，作为价值中立的、客观的科学家与技师，马基雅维里切断了政治生活和道德生活之间的一切关联，使政治"孤独地伫立在空寂的空间中"。③而奥斯切基和雷诺特则把马基雅维里的政治学看作纳入普遍规律体系的"新科学"或纯粹实证论。但萨拜因认为，把马基雅维里归结为科学家的想法是牵强附会的，实际上，马基雅维里眼中的政治以自身为目的，权力是政治唯一的兴趣目标，因此，他对其他因素漠然置之。④与之相似的是，马尔库和戈特曼认为，马

---

① 卡西尔：《国家的神话》，范进等译，第139页，北京：华夏出版社，1990年。

② Benedetto Croce, *Politics and Morals*, Salvatore Castiglione (tr.), New York: Philosophical Library, 1945. 克罗齐的观点与维拉里在19世纪末提出的"政治与道德分离"的观点相似。详见 Pasquale Villari, *The Life and Times of Niccolò Machiavelli*, New York: Charles Scribners, 1891。

③ 卡西尔：《国家的神话》，范进等译，第139、167页，北京：华夏出版社，1990年。

④ George Sabine, *A History of Political Theory*, Hinsdale Illinois: Dryden Press, 1973.

基雅维里自始至终都把国家利益和国家权力的有效运作看作政治的首要目的。① 有鉴于此，布克哈特指出："如果从道德观点上来衡量而对他感到愤怒，那是没有必要的。"他提醒人们不要局限于对马基雅维里做道德评价，而应把研究重点放在马基雅维里如何阐述国家艺术的问题上。② 由此可见，以克罗齐为代表的学者试图从非道德主义的立场论述马基雅维里的政治观，从而突破学界原先秉执两端而论之的探讨方式。

另一方面，通过凸显思想所产生的历史文化背景的特殊性，一些研究者试图换个角度为马基雅维里的政治主张提供辩护。巴里库和夸德里等人在分析意大利和佛罗伦萨的时代危机的基础上指出，马基雅维里是一名试图为解决当时的社会危机和道德危机提供良方的共和主义者与爱国主义者。③ 在《马基雅维里：共和国的公民与〈君主论〉的作者》和《早期意大利文艺复兴的危机》等著述中，巴伦以公民人文主义（civic humanism）为框架，强调了文艺复兴时期的思想流派（特别是共和主义思想）同马基雅维里的政治主张之间的源流关系，从而更浓重地突显出马基雅维里的共和主义者形象。④

---

① Valeriu Marcu, *Accent on Power: The Life and Times of Machiavelli*, Richard Winston (tr.), New York: Farrar and Rinehart, 1939. Peter Godman, *From Poliziano to Machiavelli: Florentine Humanism in the High Renaissance*, Princeton: Princeton University Press, 1998.

② Jakob Burckhardt, *The Civilization of the Renaissance in Italy*, G. Middlemore (tr.), New York: Harper and Brother, 1958, pp. 104—105. 相似的观点可参见 Charles Singleton, The Perspective of Art. *Kenyon Review*, 1953, 15（2）: pp. 169—189. Joseph Kraft, Truth and Poetry in Machiavelli, *The Journal of Modern History*, 1951, 23（2）: pp. 109—121。

③ Edmond Barincou, *Machiavelli*, H. Lane (tr.), New York and London: Grove Press and Evergreen Books, 1961.

④ Hans Baron, *The Crisis of the Early Italian Renaissance: Civic Humanism and Republican Liberty in An Age of Classicism And Tyranny*, Princeton: Princeton University Press, 1955. Hans Baron, Machiavelli: The Republican Citizen and the Author of 'the Prince', *The English Historical Review*, 1961, 76（299）: pp. 217—253. 对巴伦所提出的"公民人文主义"概念，波考克与斯金纳等学者曾有批判性的审视。详见 John Pocock, *The Machiavellian Moment: Florentine Political Thought and the Atlantic Republican Tradition*, Princeton: Princeton University Press, 1975. Quentin Skinner, *Foundations of Modern Political Thought* (vol. 1), Cambridge: Cambridge University, 1978。

此外，还有一些不可忽视的辩护角度来源于现实主义和多元主义所提供的理论视角。① 在区分现实主义与道德主义的基础上，迈内克立足于"国家理由"的理念，论证了马基雅维里的不道德手段的合理性与必要性。② 而伯林则从多元主义的角度解读了马基雅维里的政治思想，并在学界引起了轰动。他认为，马基雅维里的政治思想的原创性主要不在于立足于现实主义的立场或倡导暴力与阴谋，而在于他阐述了两个不同的价值世界及其相异的最高道德准则，体现出两种互相冲突的价值体系之间的根本冲突；由于祖国的福祉是人所能取得的最高的社会存在形式，是道德理想的依归，因此，马基雅维里拒绝采用基督教道德的评价标准，而偏爱那个承认统治者有必要运用诡计和暴力的异教世界。

然而，对马基雅维里的平反运动在 20 世纪中期遭遇强有力的挑战。以施特劳斯为首的施特劳斯学派置主流基调于不顾③，旗帜鲜明地主张重新给马基雅维里贴上"邪恶导师"的标签。在《关于马基雅维里的思考》、《什么是政治哲学》、《现代性的三次浪潮》等论文和著作中，施特劳斯把马基雅维里定格为宣扬邪恶信条的恶魔。在文本比照的基础上，施特劳斯批判他不仅缺乏虔诚和神圣感，而且在理解政治目标、道德与政治之间的关系、人与命运之间的关系等问题上颠覆了整个古典政治哲学的传统，是现代性的第一人。这一观点得到曼斯菲尔德等人的赞同。通过《马基雅维里的新模式与秩序》、《马基雅维里的德性》与《驯化君主》等著作，曼斯菲尔德对马基雅维里的政治思想进行了严厉的清算与猛烈的抨击，并代表施特劳斯

---

① 对于"realism"一词，国内学界或者译为"实在论"，或者译为"现实主义"。在政治学与政治哲学语境下，"realism"多被译为"现实主义"。

② 迈内克：《马基雅维里主义："国家理由"观念及其在现代史上的地位》，时殷弘译，北京：商务印书馆，2008 年。

③ 在施特劳斯研究马基雅维里的著作中，人们很难发现他引证当代有影响力的研究成果。这种学术态度曾被批评为自恃过高的傲慢，这使一些学者暧昧地淡化施特劳斯学派的相关观点。值得注意的是，尽管施特劳斯学派对马基雅维里思想的研究曾在学界引起波澜，但 Cochrane 与 Geerken 的文章都没有提及该学派的研究成果。

学派同剑桥学派进行激烈的唇枪舌战。①

与此同时,讨伐之声激起了剑桥学派的对抗性辩护。他们否认马基雅维里是邪恶的导师,认为他不仅是一个试图光复古罗马传统的共和主义者,而且是一个面对城市腐败而力挽狂澜的爱国主义者。在《马基雅维里时刻》一书中,波考克论述了公民人文主义者如何恢复佛罗伦萨的共和主义,并在此基础上分析了马基雅维里的政治思想。而斯金纳的《现代政治思想的基础》和《马基雅维里》等作品则从政治思想史与人物传记等角度对马基雅维里的人文主义背景和政治思想作了较为全面的梳理。其后,维罗里出版了《马基雅维里的微笑》、《马基雅维里》及《共和主义》等著作来捍卫马基雅维里的共和主义城堡。② 在这场针锋相对且势均力敌的论战中,学界对马基雅维里的研究迎来了一个新的高潮。期间,格拉齐亚与胡利安等也有出色的研究。③

从上述研究概况可以看出,学者们对马基雅维里的刻画展现出令人吃

---

① 施特劳斯学派对马基雅维里思想的研究的代表作包括:Leo Strauss, *Thoughts on Machiavelli*, Illinos: The Free Press, 1958. Leo Strauss, *What Is Political Philosophy? And Other Studies*, Illois: The Free Press of Glencoe, 1959. Leo Strauss, *An Introduction of Political Philosophy: Ten Essays by Leo Strauss*, Hilail Gildin (ed.), Detroit: Wayne State University Press, 1989. Harvey Mansfield, *Machiavelli's New Modes and Orders: A Study of the Discourses on Livy*, Ithaca: Cornell University Press, 1979. Harvey Mansfield, *Taming the Prince: The Ambivalence of Modern Executive Power*, New York: Free Press, 1989. Harvey Mansfield, *Machiavelli's Virtue*, Chicago: The University of Chicago, 1996 等等。

② 剑桥学派的相关论著包括:John Pocock, *The Machiavellian Moment: Florentine Political Thought and the Atlantic Republican Tradition*, Princeton: Princeton University Press, 1975. Quentin Skinner, *Foundations of Modern Political Thought* (vol. 1), Cambridge: Cambridge University, 1978. Maurizio Viroli, *Machiavelli*, New York: Oxford University Press, 1998. Maurizio Viroli, *Republicanism*, Antony Shugaar (tr.), New York: Hill and Wang, 1999. Gisela Bock & Quentin Skinner & Maurizio Viroli (eds.), *Machiavelli and Republicanism*, Cambridge: Cambridge University Press, 1993 等等。

③ 参见 Mark Hulliung, *Citizen Machiavelli*, Princeton: Princeton University Press, 1983. Wayne Rebhorn, *Foxes and Lions: Machiavelli's Confidence Men*, Ithaca: Cornell University Press, 1988. Sullivan Vickie, *Machiavelli's Three Romes: Religion, Human Liberty and Politics Reformed*, Dakalb: Northern Illinois University Press, 1996. Sullivan Vickie, *Machiavelli, Hobbes, and the Formation of a Liberal Republicanism in England*, Cambridge: Cambridge University Press, 2004。

惊的多面性。鉴于此,吉尔肯在1969年做出如下归纳:他是"现代政治科学、元政治学(政治形而上学)与国家理由论(raison d'état)之父;英雄主义道德与现代喜剧之父,马基雅维里主义与反马基雅维里主义之父;激进的、批判性的与自然主义的人文主义之父;现代意大利国家主义之父。他是共和自由、专制主义、恐怖主义与绝对主义的爱国导师;信仰败坏的忠实传播者;精神大危机的建构者(能与路德在宗教领域的影响媲美);原罪神学的反对者;政治理论神话的反对者;精通人心(心术)的分析家;研究历史境况的第一个无情的剖析者;构建政治合作理论的第一人;揭示政治技术之感召力的第一人;第一位'第五纵队'的理论家;社会管理学与人类行为研究的先驱。他是无神论者、实证主义者、自然主义者、现实主义者、存在主义者、实用主义者与科学主义者;他是基督徒,耶稣会、法西斯主义与马克思主义的最初原型;他是雅各宾派、冉森派、布尔乔亚派和革命者。他是政治领域的伽利略、纯政治的英雄般的工艺者、强权政治的悲剧诗人、不求真理而追求确定性的预言家、异教徒的思想教父"[①]。

与国外学界相比,我国对马基雅维里政治思想的研究角度相对集中。[②]

[①] John Geerken, Machiavelli Studies since 1969, *Journal of the History of Ideas*, 1976, 37(2): pp.351—368.

[②] 1925年,我国学界已翻译了《霸术》(现译为《君主论》)等著作,但对其思想的系统介绍与研究则始于70年代末。至今,马基雅维里的《君主论》、《论李维》、《佛罗伦萨史》、《战争的艺术》(又译为《兵法》)、喜剧《曼陀罗》、短篇小说《魔鬼娶亲记》以及诗歌《机会》已有多个中译本。斯金纳的《马基雅维里》、施特劳斯的《关于马基雅维里的思考》、曼斯菲尔德的《驯化君主》、布克哈特的《意大利文艺复兴时期的文化》、《外交理论:从马基雅弗利到基辛格》、《马基雅维里:一个被误解的人》,以及《马基雅维里与君主论》(按照英文题目 *Machiavelli's The Prince*,我认为应当翻译为《马基雅维里的〈君主论〉》更加准确)等著名论著也被翻译为中文。刘训练和应奇等主编的共和主义丛书翻译了波考克与麦考米克等研究者的部分文章,刘小枫等主编的经典与解释系列丛书也翻译了西方学界关于马基雅维里的喜剧的部分研究文章。在大陆较为详尽地介绍马基雅维里政治思想的著作有周春生的《马基雅维里思想研究》、彭顺生的《影响西方近现代思想的巨人:马基雅维里思想研究》、肖雪慧的《复合人格:马基亚维利》,以及于野与李强的《马基雅维里:我就是教你"恶"》,港台地区的译著与专著包括《超越马基雅维利》、阎亢宗的《论外来政权现象:柏拉图与马基维里的哲学思考》、《商鞅与马基维里比较》、《曹操与马基维里》、《马基雅弗里与韩非思想异同》、盐野七生的《马基雅维里语录》和《我的朋友马基雅维里:佛罗伦斯的兴亡》等。

总体而言,他们形成了以下几点基本共识。第一,马基雅维里摆脱了形而上的研究方法,立足于意大利的历史经验和社会现实来阐释政治的具体内涵、目标与运作方式,这种以政治实践为本位的叙述方式置换了以理论构想为主导的传统思维方式,体现了实用主义与现实主义的特征。第二,马基雅维里从佛罗伦萨腐化堕落、人们趋利避害且相互争斗的社会状况推断出人性为恶的结论,这不仅为其政治哲学奠定了一个全新的理论基础,而且也预制了近代以来西方政治哲学的主流思路。第三,马基雅维里塑造了一个半人半兽的理想君主形象。第四,马基雅维里和韩非提出了很多相似的政治主张。① 第五,在国际政治范畴内,马基雅维里把国家安全作为政治基本点,主张非道德主义或超道德主义的价值观,是现实主义的国际政治理论的主要源头。

---

① 一些国内学者对马基雅维里和韩非的政治思想作了比较研究。从这些研究成果来看,他们更多地关注两者的共通之处。他们认为,马基雅维里和韩非的政治理论的相似点主要有以下六方面。(1) 两种理论的时代背景相似。马基雅维里和韩非都生于政坛腐败、社会动荡、阶级(层)矛盾尖锐、战火连绵的时期,因此,他们都十分关注现实的政治状况,主张用强制性的手段来匡治内政。(2) 两者的仕途经历相似。虽然韩非贵为韩宗室的公子,马基雅维里曾担任共和国第二国务秘书等要职,但两人实际上都没有受到统治阶层的重用,皆为不得志之士。前者在出使秦国后被杀——学界对于韩非如何被杀的问题存在较大争议;后者因君主政权和共和国政权的频繁更替而几度被解除职务,最终郁郁而终。(参见钱穆:《先秦诸子系年》,第 513 页,石家庄:河北教育出版社,2002 年。陈奇猷:《韩非子新校注》,第 1211-1213 页,上海:上海古籍出版社,2000 年。)(3) 两者都主张人性恶。在《韩非子》一书中,韩非写道:"医善吮人之伤,含人之血,非骨肉之亲也,利所加也。故与人成舆,则欲人之富贵;匠人成棺,则欲人之夭死也。非舆人仁而匠人贼也,人不贵,则舆不售;人不死,则棺不买。情非憎人也,利在人之死也,故后妃、夫人、太子之党成而欲君之死也,君不死,则势不重。"(《韩非子·备内》)据此,刘家和等学者指出,韩非把人的本性看作恶的,即便是父子、夫妻关系,都建立在利害权衡的基础上。同时,一些研究者从马基雅维里对民众的批评中,得出他主张人性恶的结论,进而认为他和韩非都持有人性恶的观点。(4) 由于认识到道德的有限性,两者都重视法律的作用,表现出非道德主义的倾向。先秦儒家强调"德"和"礼"的作用,认为在治理国家方面道德比法律更有效。"道之以政,齐之以刑,民免而无耻;道之以德,齐之以礼,有耻且格。""为政以德,譬如北辰,居其所而众星共之。"(《论语·为政》)但韩非质疑道德的政治作用,认为法律在治国过程中比道德更有效。故而,他抬高法律的政治地位,凸显法律的强制性、统一性和公平性,并在此基础上建立一套融贯法、术、势的法家理论。(韦政通:《中国思想史》,上海:上海书店出版社,2003 年。)(接下页)

然而，在马基雅维里"如何看待政治的道德正当性"问题上，国内学界有着较大分歧。其中一种观点认为，马基雅维里严格区分了政治和道德的界限，割裂了两者的关系。如，罗国杰和宋希仁通过分析人性自私论与半人半兽的君主形象来说明，马基雅维里否定了道德在政治斗争中的作用，并赤裸裸地宣扬非道德主义。① 也有学者分析了这种非道德主义政治观的根源。姚剑文指出，功利主义的意识与悲观主义的人性论思想使马基雅维里对道德丧失了信心，加之他没有对道德进行类型学的划分，从而导致了政治与道德的两难；当他越关心政治时就越是把道德置于从属地位，最终导致"将道德逐出政治评价领域"的后果。② 肖群忠认为，马基雅维里

（接上页）鉴于韩非重法轻德的思想，有学者认为，韩非的政治排除了道德，认为"私人道德与政治需要根本不相容"，具有马基雅维里所提倡的政道分离的特征。（萧公权：《中国政治思想史》，第216页，沈阳：辽宁教育出版社，1998年。）这种观点在国内学界产生了较大共鸣。一些学者认为，为了实现解放意大利的目的，马基雅维里公开提出了君主应当违背道德的主张，体现出非道德主义者的立场。（5）两者都把现实利益作为行为标准，重视环境的变化和权变。一些学者认为，韩非和马基雅维里都重视法律在政治中的实效性，强调政策的施行要讲求效果，因此，他们的思想具有功利主义倾向。同时，出于对实效性的重视，他们都强调统治者要密切关注时势的变更。（6）两者所理解的法律都是成文法。周勋初、陈启文和陈弱水等人认为，韩非所理解的法律概念不是一般意义上的规律，而是成文法。这与马基雅维里对法律的理解有着相似之处。当然，也有部分国内学者认为，马基雅维里和韩非在治国的侧重点、对待民众的态度、政治的立足点等问题上有着不同的见解。

实际上，学界对韩非的生平和思想也存在着许多争议。在某种意义上，这些争议点并不少于西方学界在马基雅维里思想研究方面存在的分歧。在我看来，韩非提出的问题是，应当以法治国还是以德治国；他论述的重点是，以法治国比以德治国更加有效。而马基雅维里关注的是，应当如何有效地保有和维护政权；他论述的重点不是关于道德和法律何者更有效的问题，而是采用何种道德或法律，以及如何运用道德或法律都应当取决于政治需要的问题。因此，他们的关注点有所不同。此外，可以确认的是，两者的思想植根于相异的时代背景和文化背景，不存在相互作用、相互影响的关系。因此，对两者异同的比较，与本书的主题并没有直接的关联。为了使主题更为突出、论述更为集中，在此，我不打算对两者的政治观进行详尽的比较和论述。

① 罗国杰、宋希仁：《论马基雅弗利的伦理思想》，载《社会科学战线》，1984年第1期，第91—96页。

② 姚剑文：《思想史"减法"中的马基雅维里政治道德观"正名"辨》，载《江海学刊》，2004年第4期，第215—219页。

把政治权术与政治道德对立起来进而"取术弃德"的做法，是继承了中世纪的"目的修正手段"理论，以及狭隘地理解权术的结果。[①]

对非道德主义的权力观，学界的评价也褒贬不一。周春生从批评史的角度指出，人们对马基雅维里的非道德主义政治观的抨击或是以基督教的道德为标准，或是以西方传统的自然权利思想为标准。[②]胡勇认为，马基雅维里使道德成为政治的婢女、把德性政治学改造为权力政治学的做法是对政治学的庸俗化，这使公民教育开始丧失其合法性。[③]但马啸原认为，由于政治与道德截然分离的主张不仅适应早期资产阶级建立和巩固政权的需要，而且适应当时市民阶级反对封建教会与贵族的需要，故而具有时代的进步意义。[④]

与之不同的是，有些学者认为，马基雅维里没有摧毁国家权力的道德基础，而是构筑起政治和道德之间的新型关系。彭定光指出，由于马基雅维里是以国家安全、秩序与存续为目标的目的决定论者，而公共管理者按照公共目的的要求采取强有力的手段是道德的，因此，他没有摧毁政治生活的道德基础，没有提倡政治非道德主义。[⑤]肖雪慧把马基雅维里倡导"恶"、甚或完全割裂政治和道德之间的关系的做法，看作反对分裂割据、教廷统治与外国入侵的被迫之举，而这种爱国之情在《佛罗伦萨史》中表现得淋漓尽致。[⑥]与之相似的是，萧高彦把马基雅维里置于现代共和主义

[①] 肖群忠：《论政治权术与政治道德的关系》，载《齐鲁学刊》，1996 年第 1 期，第 123—126 页。

[②] 周春生：《道德的合理性与国家权力的合法性》，载《史学理论研究》，2005 年第 3 期，第 103—111 页。

[③] 胡勇：《复兴古典政治学与回归公民教育》，载《武汉大学学报》，2005 年第 4 期，第 512—516 页。

[④] 马啸原：《论政治的道德化和道德的政治化》，载《思想战线》，1994 年第 3 期，第 8—13 页。

[⑤] 彭定光：《关于公共目的实现的伦理思考》，载《伦理学研究》，2004 年第 6 期，第 56—60 页。

[⑥] 肖雪慧：《复合人格：马基亚维利》，武汉：长江文艺出版社，2000 年。

的框架中,认为他是具有爱国情操的共和主义者。^①彭顺生认为,马基雅维里区分了私人道德与公共道德,且没有否定一般道德戒律(基督教道德)在个人生活中的作用。^②陈伟采纳了斯金纳对马基雅维里美德概念的分析,认为他把美德等同于在实践中拯救国家生存与维护公民自由的品质,"是政治领域中的公德,是一种公共精神"^③。

关于马基雅维里政治权力的道德合理性问题至今在国内学界仍没有形成共识。学者们之所以有不同的看法,主要原因有两个:一是文本本身的二元性与实践性,二是研究者对马基雅维里的"权力"和"德性"等核心概念的不同理解。从言说方式来看,马基雅维里的政治著作包含了大量似乎相互对立的观点——既有对基督教道德的批评,也有对道德的社会功用的肯定;既有对乐善好施与慈悲为怀等品德的赞扬,也有对吝啬残忍与言而无信等恶行的推崇。正是这种"历史和政治实践在理论内部的到场"导致了不连贯的理论、因时而异的评价方式与评价标准的错位,进而使人们对其思想产生不同的、甚至是相互对立的理解。^④从文本解读方式来看,由于马基雅维里对人性观和理想的君主形象作了明确表述,因此,以何种标准来衡量政治运作过程中的"恶"与国家权力的幽暗意识是关键。如果在道德一元论的框架内,从历史性的角度来理解权力所蕴含的"恶"及其内在价值,那么,国家权力的幽暗意识就消解了古典政治哲学中绝对善的可能性,瓦解了传统道德哲学和政治哲学的内在关联,由此可推断出政治与道德的分离,以及非道德主义的政治观。但如果在道德二元论(或多元论)的框架内打破道德内部的连贯性,强调公共道德与私人道德的区别,并突出国家权力的公共性和价值的多元性,那么,在私人道德领域无法包容的恶行,或许能在公共道德领域获得正当性与合法性说明。可见,由于分析

---

① 萧高彦:《共和主义与现代政治》,转引自许纪霖主编,《共和、社群与公民》,第11—12页,南京:江苏人民出版社,2004年。
② 彭顺生:《影响西方近现代思想的巨人》,天津:天津古籍出版社,1995年。
③ 陈伟:《试论西方古典共和主义政治哲学的基本理念》,载《复旦大学学报》,2004年第5期,第19—24页。
④ 阿尔都塞:《哲学与政治》,陈越编,第475页,长春:吉林人民出版社,2003年。

权力与德性概念时运用了相异的理论框架,因而,学者们在思想研究时产生了很大分歧。

总体而言,国内学界对马基雅维里思想的研究正逐步深入,但在一些问题上仍有很大的研究空间。从研究文献来看,虽然有学者从历史学的角度分析马基雅维里的整体思想,但内地还没有一部系统研究马基雅维里政治思想的专著。在文本解读方面,由于语言和文献翻译等方面原因,大部分研究者依据的文本主要是中英文版的《君主论》《论李维》与《佛罗伦萨史》,而对马基雅维里的公文、书信、喜剧,以及其他政治著作和论文缺乏足够关注。在研究内容方面,virtù 等关键词、马基雅维里的思维方式,以及他对当代政治和道德研究的影响等论题均有待进一步探究。因此,本书将围绕马基雅维里的政治思想,结合相关文本,分析 virtù、fortuna 和 politica 等作为思想坐标的核心概念,揭示他对政治与道德之间的关系的理解和真实意图,并在此基础上揭櫫其政治道德观的时代意义。很显然,本书的立意和探索将是一次颇具学术难度和理论风险的"问学"之旅,然而,对于真理的探索来说,难度和风险也许更多地意味着挑战、希望和荣耀。

五　文本解读方式

如何解读马基雅维里的文本及其政治思想理论历来就是一个充满挑战的问题。正如卡西尔所言,"一本书的运气好坏全看它的读者的才能如何"。[①] 由于马基雅维里在其著作中似乎故意给读者留难,因此,采取何种方式分析文本,以及在何种程度上理解其观点的自洽性等问题,就构成了解读马基雅维里政治思想的首要问题。

在阅读马基雅维里的著作时,读者们不难发现其撰著的特点。如,从未界定关键词的含义;常常做出前后矛盾的论述;历史事例的引证存在多处纰漏;身处一个视柏拉图和亚里士多德等人的思想为经典、以他们的理论来谈论政治的时代,却又甚少提及他们的观点。在语义表达方面,尽管

---

① 卡西尔:《国家的神话》,范进等译,第138页,北京:华夏出版社,1990年。

他的语言风格以犀利和简洁著称，然而，他常常以相同的概念来表述不同的意思，或以不同的概念表达相同的含义，这种表达方式大大增加了研读的难度。而他所探讨的主题之庞杂使理查森这样的研究者都不得不承认，即便通过年代学等方法对《论李维》与李维的《罗马史》做出缜密的对照分析，也无法系统地说明《论李维》结构的整体性和统一性。① 更令人匪夷所思的是，这位出色的政论家竟然说："在很长一段时间里，我没有说出我相信的事情，也没有相信我说出的事情，如果必须说实话，那我会把它藏在许多谎言中，使之难以被发现出来。"② 这段自述道出了马基雅维里思想的隐晦与深邃。

在施特劳斯看来，马基雅维里是一位深藏不露的"智者"，要窥探他的

---

① Brian Richardson, The Structure of Machiavelli's Discorsi, *Italica*, 1972, 49(4): pp. 460—471. 与此相似的是，国内学者冯克利认为，总结出马基雅维里学说的"精神实质"不仅似乎是不可能的，而且也没有必要这样做。马基雅维里思想具有现代性的原因或许就在于："它没有单一而明确的'体系'，而是包含许多信仰失落后的近代社会所必须面对的矛盾，例如客观精神和道德信仰之间的矛盾、民族国家的利益与教会普世主义之间的冲突、个人自由的崛起，以及不同伦理体系之间的痛苦抉择。不作这样的理解，大概就无法解释，为什么马基雅维里的思想，会同时得到培根、斯宾诺莎、休谟、黑格尔、马克思、克罗齐和葛兰西等这样一些思路迥异的思想家的赞扬。"在他看来，尽管《君主论》行文简洁明快，表层含义一目了然，但马基雅维里没有建立系统的政治哲学。"他从政经验丰富、思想敏锐、熟读史书，却不是乐于进行概念思辨的哲学家，从未想过要去建立什么逻辑严整的思想体系。经验观察和归纳，是看待和记录人间事务的基本方式。"参见冯克利：《尤利西斯的自缚：政治思想笔记》，第 70 页，南京：江苏人民出版社，2004 年。

② 这是马基雅维里于 1521 年 5 月 17 日写给圭奇阿迪尼的一封信中的一句话。其时，马基雅维里受羊毛同业公会的委托到卡比遴选斋节宣传人，圭奇阿迪尼告诫他要尽快跟那些修道士分开，以免从他们那里染上了虚伪的毛病，也避免在卡比染上说谎的习惯。参见 Giuseppe Prezzolini, *Machiavelli*, Gioconda Savini (tr.), London: Robert Hale Limited, 1968, p.162. 但马基雅维里写信让圭奇阿迪尼取消顾虑，他自信自己说谎的本领远远超过任何一个僧侣，并以上述这句话作证。至于应当赋予这句话多重的分量，西方学界有不同的看法。如，施特劳斯十分看重这句话，以此作为马基雅维里微言大义的佐证，并试图解读他的真实意图。但维罗利并不看重这句话，他认为，马基雅维里实际上经常说真话，并会继续说真话，因此，文本本身已显白地表露其意图。

内心世界，必须先掌握其"隐秘的写作手法"①。他认为，这种韬光晦迹的写作方式曾使先前许多读者忽视了马基雅维里言论中许多重要的暗示，没有完全领悟他的真正意图。因此，在《关于马基雅维里的思考》一书中，施特劳斯以其独特的政治思想史脉络，深入细致地对比了马基雅维里诸多著作中相互矛盾的地方，还原马基雅维里在字里行间隐藏的信息，揭橥其表达的真实想法，并由此论证"马基雅维里是邪恶之师"的结论。但波考克对施特劳斯的过分自信提出了质疑，认为他"横扫一切"的解读方式是一种"反卡巴拉主义"（Anti-Kabbalistic）的过度诠释。波考克较为谦逊地——与曼斯菲尔德带有敌意的尖锐回应相对比——指出，虽然施特劳斯的解读方法及其结论体现了一种让人深思的生活方式，但他偏执地把自己当作唯一能揭示马基雅维里的真实意图的解读者，毫不关心其他研究者是否也能觉察马基雅维里的用意，这种治学态度并不可取。在波考克看来，或许马基雅维里并没有注意到自身文本中一些矛盾之处，而施特劳斯从诸多矛盾中梳理出来的所谓"真实意图"实则为解读者本人虚构的真实意图，他呈现的"梦幻般的美景"也许是马基雅维里从未设想过的。② 与施特劳斯"我注六经"的志趣相比，波考克、斯金纳和维罗里等剑桥学派更多地

---

① 在《关于马基雅维里的思考》中，施特劳斯以其独特的眼光总结了马基雅维里的多种写作方式，其中包括：假如智者对人们普遍认为重要的事实保持沉默时，这意味着他暗示这一事实并不重要；通过赞美与正统相背离的观点而否定正统观念；通过一些彰明显著的错误来引起读者的注意；文不对题，标题宣称的内容与该章论说的内容不符等。关于施特劳斯对隐微写作方式的论述，详见 Leo Strauss, *Persecution and the Art of Writing*, Chicago：University Of Chicago Press，1988。而阿尔都塞与伯林也都注意到"沉默"所表征的特殊意义。阿尔都塞常用马基雅维里对某些观念的沉默来发掘他背后的真实用意。与施特劳斯相似，他把"沉默"几乎等同于"谴责"，甚或"断裂"。而伯林则指出，马基雅维里对当时最著名的思想家与学者在表达自己的看法时所运用的习以为常的概念和范畴——那些常规性的套话——完全置若罔闻，这确实有点不同寻常。参见阿尔都塞：《哲学与政治》，陈越编，第382页，长春：吉林人民出版社，2003年。Isaiah Berlin, *Against the Current: Essays in the History of Ideas*, New York：Penguin Books，1982，pp. 35—36.

② 波考克指责施特劳斯故意忽视所有研究马基雅维里的历史注疏，这是一种毫无节制的蔑视。对于波考克的指责，曼斯菲尔德做出了针锋相对的回应。参见 Harvey Mansfield, Reply to Pocock, *Political Theory*, 1975, 3(4): pp. 402—405。

表现出"六经注我"的执着。

  我认为,波考克的指责既有合理之处,也有值得商榷的地方。在解读马基雅维里的理论时,我们不应脱离文本而对他的政治思想作漫无边际的揣测和引申,即便或多或少地渗入自己的主观意念是难以避免的。但与此同时,在阅读文本之前,我们不应事先作这样的预设:作者是一个"满身瑕疵"的粗陋之辈,他撰写的文本前后矛盾、错漏百出。在梳理人物的政治思想脉络时,我们应当相信马基雅维里的理论大体上是前后融贯的,并试图以逻辑自洽的方式揭示其著作中出现一些貌似相互矛盾的论点的缘由。这就要求我们尽可能地贴近文本,通过言辞所针对的特定对象、言辞所处的具体语境来分析其观点的真实意蕴,并借助较为全面的著作文本分析来使其观点相互印证。故而,我们也不应忽视一些异常的地方,否则难以把握作者有意留下的暗示。

  另一方面,我们也不应忽略马基雅维里所处的历史语境。尽管他很少对所使用的核心概念进行定义,但如果要使自身表达的思想不至于让世人(或后人)不理解或产生严重的误解,那么,他所运用的概念的含义应在很大程度上与当时人们普遍使用的语汇的意义相一致。因此,考察马基雅维里的时代背景和生活经历将有助于理解文本中的关键词,也有助于借助比照的方式来把握其思想的原创性。就此而言,英国剑桥学派斯金纳的思想史研究方法颇具启发性。他认为,思想家的言论必定是针对某个特定问题的,背后隐含着对某个特定事件的特定意图,因此,这些言论是特定的,而试图超越特定的语境来理解思想家的观点是幼稚的。[①]

  在此意义上,我认为,在研究马基雅维里其人其言时,首先应把他看

---

① Quentin Skinner, *Visions of Politics*, Cambridge: Cambridge University Press, 2002, p. 8. 但 John Plamenatz 对那种过分强调历史感的研究表示怀疑。他认为,为了解一个人说了什么,研究者只需要知道他在何种意义上使用其语汇,而没有必要知道他为什么这样说。尽管对于理论研究而言,明晰一个政治社会理论与它所处的社会与政治状况之间的关联是有必要的,但这个问题与了解政治理论本身是有所区别的,应另当别论。参见 John Plamenatz, *Man and Society: Political and Social Theories from Machiavelli to Marx* (vol. 1), London and New York: Longman Publishing Group, 1992, p. xvi.

作一个历史人物,尽可能地还原其理论的本真面目和言说的真实意图。这是思想研究的第一步,也是最基础的一步。但把马基雅维里看作一个历史人物不等于否认他与所处时代保持的某种特殊的距离,正是这种距离使他的思想有着新异之处,体现其独特的价值。

从研究内容来看,本书并不满足于对马基雅维里的政治思想作泛泛的梳理或重述,而是围绕着政治和道德之间的关系这一主题,着重探讨政治和道德概念的含义,并由此说明他对古典政治哲学的背离,以及对西方现代政治哲学的开启。在此基础上,我试着探讨现代语境中的马基雅维里问题,即政治"脏手"问题。

第 2 章

文艺复兴时期意大利的危机及其解决之道

社会是孕育思想的文化土壤。要全面且准确地研究人物思想，离不开对它所植根的社会状况和时代主题的探究。正如普拉蒙纳兹所言，每个思想家都深受他所处的时代背景的影响；要理解马基雅维里的写作目的，就必须了解 15—16 世纪意大利的社会与政治状况，以及此前已有的争论。[①] 因此，通过比照马基雅维里的政治主张与当时主流思想的异同，我们能更好地把握理论背后的真正含义。而一种理论的价值既体现为它对传统的继承，又表现为它对时代的超越。在继承与超越的张力中，马基雅维里的政治道德思想凸现其独特性。

---

① John Plamenatz, *Man and Society: Political and Social Theories from Machiavelli to Marx* (vol. 1), London and New York: Longman Publishing Group, 1992, p. xv.

一 社会危机

文艺复兴时期的意大利虽然在经济上有了长足的发展,在艺术文化上处于鼎盛时期,但社会中也潜藏着深刻的政治危机、道德危机和宗教危机。政治上的危机主要表现为意大利权力分散的组织结构、城市内部激烈的党派之争、城市间为扩大势力范围而激起的内战、政府和教廷对世俗权力的竞逐,以及境外敌对势力的入侵。这些动荡因素正不断瓦解意大利的共和传统。而道德上的危机则直接表现为社会风气的堕落腐化和罪恶现象的日益严重。这不仅是宗教危机的重要体现,而且反过来进一步动摇了人们的信仰,加剧了社会矛盾。

从政治状况来看,意大利境内过于涣散的权力结构使城市之间常常为扩张地盘而相互侵扰。实际上,近代初期的意大利更多的只是一个地理名词,而非一个统一国家。尽管皇帝在形式上仍掌握最高统治权,但他统治的不是一个中央集权国家,而是众多相对自治的城市联合体,即由佛罗伦萨、那波利、米兰等组成的政治联合体。这些城市是"在各方承认的权力和规定的严格约束下,将不同社会成分结合在一起的统一体",其公共生活的最高机构是具有选举城市执政官、立法和外交权限的市民议会。[①] 故而,各城市按照执政官的意愿而非统治者的意志运作。这种权力过于分散的组织结构在一定程度上造成了意大利动荡不安、四分五裂的格局。在经济和政治利益的双重诱惑下,具有相对主权的城市为扩大本地区版图,经常以各种名义挑起事端,激化与毗邻城市的矛盾,从而导致了城市间冲突不断,战火连绵。即使在1454—1494年这段相对和平的时期也发生了至少四次战争,"每次战争都会扰乱意大利的政治局面"。[②]

在城市内部,宗派之争和雇佣兵制度也对社会的稳定构成了严重威胁。出于扩充家族利益与控制地方权力等原因,不同派别之间纷争不断,使城

---

① 萨尔瓦托雷利:《意大利简史》,沈珩、祝本雄译,第136—140页,北京:商务印书馆,1998年。

② 同上书,第296页。

市内部也陷入了混乱与分割的状态。如，佛罗伦萨的切尔基派与多纳蒂派、圭尔夫派与吉贝林派、比安卡派与内拉派等带有寡头性质的权势家族，在相互倾轧的争斗中轮流操控城市政务，使佛罗伦萨成为了"受帮派之害最为严重的地方"[①]。在军事上，雇佣兵制度也常常使城市防务陷入困境。随着城市经济的发展，愿意履行服兵役义务的公民越来越少。[②] 为了在战争中取得胜利，佛罗伦萨、米兰、威尼斯、那不勒斯等城市，不得不花重金征集雇佣军或外国援军，用于扩充军事实力。至14世纪中期，雇佣兵已取代国民军，成为了佛罗伦萨武装力量的主要来源。然而，雇佣军作战并非出于保家卫国的目的，而是为获得丰厚的军饷，他们在作战中暴露出纪律涣散、贪生怕死等致命缺点。这使城市不仅要花费巨额军费来满足雇佣军的贪欲，而且时常要承担雇佣军随时叛逃变节所带来的沉重代价。

与此同时，意大利政局的动荡也因教廷的干预而加剧。随着教会势力的不断增强，教皇掠取世俗权力的野心日益膨胀。为了使教廷的世俗统治合法化，教皇不仅颁布了"神圣统一"的圣谕，而且在意大利境内扶植亲教廷的势力，并利用与法国、德国、瑞士等国家的结盟关系向意大利各城市施压和宣战，以达到掌控意大利的目的。教会势力的增强与教廷对世俗事务的干预威胁着城市的自由，教权与王权之间的矛盾激化。[③] 其结果是，

---

① 马基雅维里：《佛罗伦萨史：从最早期到豪华者洛伦佐逝世》，李活译，第56页，北京：商务印书馆，1982年。为获得佛罗伦萨的政治主导权，美第奇家族与帕奇家族之间相互较量、积怨甚深。随着佛罗伦萨在战场上捷报频传，科西莫与洛伦佐巩固了美第奇家族在佛罗伦萨的势力。这招致了以帕奇家族为首的其他家族的妒嫉。他们连同教皇与比萨枢机主教密谋了1478年4月26日于圣雷帕拉塔教堂（Church of Santa Reparata）刺杀美第奇家族的朱利阿诺与洛伦佐的阴谋。阴谋落败后，帕奇家族首领雅各布被施以绞刑。

② 斯金纳指出，在13世纪60年代的锡耶纳战役中，佛罗伦萨有800名民兵骑士参与战斗，但在14世纪中期的卢卡战争中，民兵数量减少至40人。

③ 教权与王权之间的关系十分复杂。在不同时期，教廷对国家的影响力有所不同，而各城市对教皇的态度也存在差异。如，罗马尼阿等边境地区对教廷顶礼膜拜，而罗马附近的城市却对教廷较为敌视。但出于维护本地区政治利益的考虑，城市中的贵族对教皇的态度较为反复无常。如，洛伦佐为扩大权势而把女儿嫁给了教皇的儿子，而美第奇家族也曾有两位家族成员先后成为教皇。

教皇开除城市的教权、剥夺贵族的圣职,而城市则把教士驱逐出境。城市间的征战与政教之争削弱了城市间联合抗御外敌的力量,使意大利以北的国外势力时常有机可乘。

与政治动荡相伴的是城市社会风气的败坏。处于这个时期的人很难相信正义或别人有正义行为。对正义等社会道德之可行性的怀疑,导致了人们很少严肃地对待国家政治生活。根据马基雅维里的记载,和平时期的佛罗伦萨已流行奢侈和赌博之风。年轻人终日无所事事,他们常常穿着奇装异服,花天酒地,放荡不羁。除了敬重有权势的人以外,人们往往认为那些说话尖酸刻薄的人是最聪明的,因此也最应受到尊敬。而比奢靡腐化之风更具危害性的是,恐吓与诽谤、盗窃与劫掠、族间仇杀、两性私通、雇凶杀人等屡见不鲜。在政治动乱期间,暗杀与公开行刺更是频频发生,而罪犯竟能逍遥法外。这些现象的出现和流行使人们对国家权力的合法性与正当性产生了怀疑。"每个人都从心里认为他自己已从国家机器警察力量的控制下解放出来,国家本身要求受到尊敬的权利是非法的。"① 可以说,16世纪初期的意大利已处于严重的道德危机中,以至于最好的人也无法置身事外。

除了公众的道德败坏以外,教会腐化也反映了意大利其时的道德危机。那些以信仰虔诚自居的教会修士为人虚伪、贪得无厌、为虎作伥,时常利用其特殊的宗教身份暗地里干着欺诈、偷盗和私通等荒淫无道的勾当。对此,圭奇阿迪尼感到极度厌恶,"没有人比我更憎恶那些教士们的野心、贪婪和放纵生活。这不仅是因为每一种恶行本身都是可恨的,而且是因为,在那些宣称自己与上帝有着特殊关系的人身上,每一种恶行都是最不合适的。它们是如此互不相容的恶行,以至于只有在非常特殊的人身上才能同时存在。"② 针对教会的腐化堕落,但丁也深恶痛绝。他严厉指责那些挥霍无度、贪得无厌的教士,斥责买卖圣职与篡权夺位的教皇"使世界变得悲

---

① 布克哈特:《意大利文艺复兴时期的文化》,何新译,第84、422—446页,北京:商务印书馆,1979年。

② Francesco Guicciardini, *The History of Italy*, Sidney Alexander (tr. & ed.), New York: The Macmillan Company, 1969, p. xviii.

惨，把善良的踏在脚下，把凶恶的捧到天上"①。

市民的堕落和教会的腐化从某种意义上反映了意大利社会中出现的宗教危机。尽管文艺复兴初期大部分人没有敌视基督教及其教会，但随着思想的进一步解放和教会问题的日益严重，基督教在世俗生活中的主导地位逐渐受到了动摇。而邪恶教士的恶劣行径在一定程度上也削弱了民众对基督教道德的信奉。②另一方面，人们开始以一种"摆脱中世纪理论、传统、权威的精神看待古代"③，这使得亚里士多德和西塞罗等人的思想、特别是政治思想重新受到了关注，原本建立在中世纪神学政治基础上的社会结构和习俗不同程度地受到了冲击。

由此可见，尽管意大利各城市享有相对独立的自治权，但城市内部制度的种种缺陷和道德败坏的风气严重危及社会秩序，使城市逐步走向腐化与衰落。由于缺乏统一国家的主导力量，意大利始终处于各城市鼎足而立的状态。而城市间脆弱的邦联关系，以及王权和教权之间的矛盾，严重削弱了意大利抵御外敌侵略的合力，使各城市的主权屡遭侵犯。这些潜在的社会矛盾在1494年的意法战争中集中爆发，意大利的共和自由传统面临着前所未有的威胁。查理八世的入侵暂时中断了意大利各城市间的小吵小闹，却把政治问题由城市间的冲突升级为民族国家之间的主权之争。

二 解决之道

面对意大利的社会危机，人文主义者从修辞学、历史和现实的角度，对宗教、道德、法律、政制、军事、经济等方面进行了深刻反思，力图找到解除危机的有效途径，进而恢复意大利昔日的光辉与荣耀。一批在艺术或政治领域卓有成就的有识之士围绕着城市自由与社会安定等问题提出了各

---

① 但丁：《神曲》，王维克译. 第31—32、84—86、509页，北京：人民文学出版社，1997年。

② Roberto Ridolfi, *The Life of Niccolò Machiavelli*, Cecil Grayson (tr.), London: Routledge and Kegan Paul, 1963, p. 8.

③ 萨尔瓦托雷利：《意大利简史》，沈珩、祝本雄译，第307页，北京：商务印书馆，1998年。

自的见解和主张。

在军事制度和教会问题上，意大利的人文主义者有着较为一致的观点。他们认为，军事武装是维护城市主权的重要手段；但大部分意大利市民却偏好于以雇佣军代替国民军，错误地把自己的命运全盘托付给一帮对城市自由毫无兴趣、只垂涎于丰厚战利品的外国人手里。对此，布鲁尼等人文主义者分析了雇佣军的缺点和雇佣军制度的危害，得出了错误的雇佣军制度和薄弱的军事实力是佛罗伦萨衰落的主要原因的结论。进一步地，他们倡导公民要自觉履行保卫城市自由的义务，鼓励公民像但丁与斯特罗奇那样具有为保卫国家而不顾个人安危的崇高精神，为荣誉而非财富而战斗，而城市也要建立忠诚的国民自卫军来增强自身的军事防御能力，捍卫自由。

在教会问题上，为阻止教廷干预公共生活，但丁等人文主义者对教廷掌控世俗权力的合法性提出了强烈质疑，主张以王权抵制教权。在中世纪，人们普遍相信，世俗王权的合法性源于神圣教权的授予，因此，教会理应拥有操控俗世事务的权力，而教皇的权威相应地从教会内部扩张至整个社会。针对这种观点，帕多瓦的马西利奥从教会性质的角度予以反驳。他认为，教会只是信仰者的宗教组织而非具有强制权的政治组织，因此，教廷干预世俗事务的做法违背了基督的教诲，是不公道的专制，其目的在于否认教士有纳税和受民事法庭约束的义务，并把不公正的专制要求强加给基督徒。这一观点得到了但丁的赞同。在《论世界帝国》(*De Monarchia*，又译《帝制论》、《君主政体》) 中，但丁明确反对那种认为教会兼具世俗权力与神圣权力的观点。他指出，这两种权力的根基相互区别、不能混同；意大利是罗马帝国的合法继承人，王权权威的确立无需依仗教会；而教皇要支配世俗权力的诉求违背了真理，他所篡夺的权力是不合法的。① 这种用王权限制教权的主张不仅削弱了教廷在世俗生活中的地位，而且承认了城市独立于教会的合理性，使国家主权具有不受教廷操控的政治合法性。

---

① Dante, *Monarchy*, Prue Shaw (ed.), Cambridge: Cambridge University Press, 1996, pp. 78—83.

尽管人文主义者在军事武装与王权—教权关系问题上达成了共识,但他们在佛罗伦萨的政治和社会走向等问题上却仍有着很大的分歧。在城市内部应采用何种政权组织形式等问题上出现的对立,直接影响着人们的政治观与道德观,激发了他们对政治和道德问题的讨论兴趣。在15世纪前后的佛罗伦萨,政治与道德问题获得人们的普遍关注。根据立场的不同,我们可粗略地划分出三条不同的观念理路。

(一) 共和自由之道

共和自由在意大利的一些城市、特别是在佛罗伦萨,有着深厚的社会文化根基。共和自由精神主要体现在政治独立与共和自治两方面,强调公民行动的自由和城市主权的独立。佛罗伦萨的部分人文主义者认为,君主统治与教廷干预是危害自由和主权的主要原因,唯有自由的政府才能向人民提供参与共和国事务的平等机会,维护公民之间的平等权,使他们摆脱专制权力的迫害。故而,他们反对君主政体,鼓励市民参与政治事务,培养公益精神,并主张以法律制度等形式保障公民参加公共事务的权利。

为维护城市自由,萨卢塔蒂与布鲁尼等人反对避世修行的消极生活态度,极力倡导市民参与公共事务。他们常常引用西塞罗的名言,"对那些保卫和帮助祖国并使之强大的人,天堂里永远为他们保留着圣人的位置",以此说明,避世的生活方式并不会使人更多地获得上帝的恩宠。与热衷于独自沉思的基督徒相比,他们更敬佩关心公益的罗马人。在一封写给意图出家的朝圣者的信中,萨卢塔蒂奉劝朝圣者要关心家庭,为国效劳,而不要相信那种认为把自己关在修道院里或其他隐居地方便能使人完善的谬见。"你相信上帝真的更喜爱为人孤僻和无所事事的保罗甚于喜爱勤劳的亚伯拉罕吗?……当你想从世界上逃走的时候,你就会从天堂掉下来;而当你生活在尘世中的时候,你的心就可以进入天国。"[①] 而布鲁尼则把与国家、政府事务相关的知识看作人类道德教诲中最重要的组成部分,因为这些事务致力于为所有人谋求幸福。"如果说为一个人争取幸福是一件好事

---

① 加林:《意大利人文主义》,李玉成译,第27页,北京:三联出版社,1998年。

的话,那么为整个国家争取幸福不是更好吗?幸福覆盖的范围越广泛,这种幸福也就越神圣。"① 对参与公共生活的重视体现了佛罗伦萨人文主义者的社会责任感和公民自豪感,彰显出公民人文主义的精神本质。

对公民人文主义精神的塑造与对公共生活的维护,离不开美德培育和法律建构。人文主义者认为,美德和法律是防止公民邪恶与城市腐化的重要保障,因此,他们恢复了古典文化的价值,借此培养公民的道德情操和法律意识。如,在重新阐释西塞罗之美德观的基础上,彼特拉克热烈地赞扬人们对道德的追求,"光阴如矢,岁月如流,多少世纪过去了,但是人们对美德的称颂永无止境,对上帝的爱永不枯竭,对邪恶的斗争永不会终结。"而阿尔贝蒂以罗马的兴衰为鉴,得出了帝国的强大和运气离不开罗马人的德行的结论。他认为,在强盛时期,罗马人"充满坚强的意志,思想放射出智慧的光辉",他们"热爱公共事务胜于对自己私生活的关心,希望祖国繁荣的愿望压倒了个人的贪欲";但后来罗马人"迷恋上了暴政,过着骄奢淫逸的生活,产生了狂妄和野心……帝国也就很快地走向衰亡"②。由此,阿尔贝蒂主张通过教育来培养年轻人对美德和荣誉的追求,使他们真正具有德性与珍视荣誉。③

对德性的推崇还源于人文主义者相信,道德能征服命运与赢得荣耀。与命定(宿命)论不同,一些佛罗伦萨的人文主义者质疑"命运是人的唯一主宰"的观点。他们认为,命运只能操纵随波逐流的人,却无法完全征服有能力的人。"难道让人们经过深思熟虑后的行为任凭命运摆布吗?难道命运就可以对我们所关心的事情生杀予夺吗?正如我们所说,那些依靠

---

① Leonardo Bruni, *History of the Florentine People*, James Hankins (ed. & tr.), Cambridge: Harvard University Press, 2001.

② 加林:《意大利人文主义》,李玉成译,第 19、61—62 页,北京:三联出版社,1998 年。

③ Leon Alberti, *The Family in Renaissance Florence*, Renée Watkins (tr.), Columbia: University of South Carolina Press, 1969, pp. 35—38. Marion Levy 认为,阿尔贝蒂的论说对象主要是社会精英或政治领导者,因此,忽视了占总人口 80% 的普通人的道德状况与教育。参见 Marion Levy, The Family in Renaissance Florence, *Journal of Interdisciplinary History*, 1972, 2(3): pp. 330—332。

我们勤劳所得的东西难道是命运所予？不，这并不是命运的力量。命运绝不像某些蠢人所相信的那样可以战胜不甘心失败的人。命运只能给顺从她的人戴上枷锁。"而摆脱命运掌控的重要途径之一是培养美德。在《崇高的自由》一书中，波焦指出，"道德是崇高的内因……只能从卓有成效的角度来理解道德。这种道德能战胜命运，改变人的世界"。[①] 以德性征服命运的观点改变了人只是被动地服从上帝的顺民的看法，体现了对人的自由意志的肯定。鉴于道德对城市自由的重要作用，有些人文主义者主张恢复古典美德，通过教育来重新塑造正直、平等、勇敢等公民德性。

另一方面，城市的自由也需要公正的法律制度加以维护。在佛罗伦萨的共和主义者看来，法律是抵制专制独裁与君主暴政的有效手段。他们相信，在法律的保护下，公民可避免因个人武断或专政所带来的迫害。尽管法律对人的行为有所限制，但共和主义者并不认为它会对公民的自由构成威胁。相反，具有普遍约束力的法律能以制度的形式确立公民平等地进入公共生活领域的地位和权利，并且减少因个人专制或寡头专断所导致的政治随意性，因此，法律应成为调节公民相互关系的重要方式。

除此以外，人文主义者还从财富等角度反思城市丧失自由的根源，进而得出结论认为，追逐名利与维持自由生活之间存在着难以调和的矛盾，过分地追求财富容易使人忽略公民品德的重要意义，因此，有必要通过制度改革来限制私有财富。

文艺复兴的前期，通过公民共和来维护城市自由是大部分佛罗伦萨人文主义者解决社会矛盾与缓和政治危机的主要方式。他们强调恢复古典的共和传统与建立共和政体，主张培养有德性的公民来参与政治事务，改善和提升公共生活的质量。如，布鲁尼、阿尔贝蒂、帕特齐等共和主义者坚决反对佛罗伦萨采用君主制的政体形式，认为君主统治不仅不利于培养市民的公益精神和公民美德，而且会损害城市的自由，并最终使佛罗伦萨变得腐化堕落。在《共和国制度》一书中，帕特齐比较了共和政体与君主政体的优劣，认为即便公国是由最出类拔萃的君主统领，但建立共和国仍是

[①] 加林：《意大利人文主义》，李玉成译，第43页，北京：三联出版社，1998年。

最能保障国家安全的最好方式,故而,共和国比公国更加可取。① 在文艺复兴后期,虽然共和自由精神曾一度因君主势力占上风而遭到削弱,但佛罗伦萨的人文主义者仍极力捍卫着这座城市自由的最后堡垒。

(二)君主集权之道

在佛罗伦萨的人文主义者积极恢复共和自由传统的同时,意大利的其他城市出现了一股与公民人文主义精神相背离的势力,逆转了城市发展的方向。由于长期的党派内讧和外来战争使城市不断遭受毁灭性的打击,因此,人们主张改变政权的组织形式,通过集权的方式,把重建城市的任务托付给一个有德性的统治者,以此换取社会的稳定与繁荣。

实际上,为解决意大利的政治危机,有少数佛罗伦萨的人文主义者在14世纪已表现出王权政治的倾向。如,彼特拉克认为,共和主义与王政之间没有不可调和的矛盾。他认为,政治的进步主要取决于个人德性,而非依赖于政体制度的性质;在社会危机的困境中,强有力的个人及其权威有助于巩固自治和自由,具备德行和能力的君主能缓解或结束意大利的分裂局面。在15世纪后期,除少数城市仍坚定地捍卫共和制以外,大部分城市都希望借助权力集中的方式消除宗派纷争,以此平息内乱并增强抵御外敌的力量。一些城市甚至宁愿屈从于暴君统治,也不愿意建立权力较为分散的共和国。此外,以科西莫为首的美第奇家族治理城市的成功经验也在一定程度上扩大了君主统治的政体形式在意大利的影响。通过励精图治,美第奇家族使城市在经济上和艺术上达到了空前的繁荣,家族逐步赢得了民心,确立与巩固了它在佛罗伦萨的统治地位。② 在统治之初,家族

---

① 斯金纳:《近代政治思想的基础》,奚瑞森等译,第248页,北京:商务印书馆,2002年。
② 根据圭奇阿迪尼的记载,意大利在1490年前后获得了空前发展,到处洋溢着和平与宁静。它人口众多、商品与物资丰富,到处是富饶的平原而不是荒山或旱地。统治者对艺术与城市建设的重视使城市因其华美而闻名于世。在城市里,常常看到许多出色的人,他们各司其职,既有能熟练地处理公共事务的管理者,也有在艺术上勤奋且有所成就的艺术家。其时,人们普遍认为,城市的富足在很大程度上要归功于洛伦佐的勤劳与才能。参见 Francesco Guicciardini, *The History of Italy*, Sidney Alexander (tr. & ed.), New York: The Macmillan Company, 1969, pp. 3—4。

貌似保持原有的城市秩序，表面上借助众议的形式而非暴力的方式管理国家，尽量避免敌派家族的妒忌与猜疑。故而，在1464年科西莫·德·美第奇去世时，美第奇家族已巩固了它在佛罗伦萨政坛的地位，发挥着不可替代的重要作用。正如马基雅维里在《佛罗伦萨史》中指出，美第奇家族在1466年以后基本控制了佛罗伦萨的政府部门，他们权力之大使其他心怀不满的人只能默默忍受或秘密策划造反，但这些阴谋往往以失败告终。[①]而其继任者洛伦佐·德·美第奇加快了共和国向寡头政制转变的进程。虽然洛伦佐建立了七十人议会，但议员的位置由其支持者担任，并被授予几乎完全操控共和国事务的权力。在洛伦佐去世前，意大利其他地区都把他看作佛罗伦萨的君主。尽管具有深厚共和主义传统的佛罗伦萨曾对专制统治进行了持久的反抗，期间，共和主义精神也因此得到过短暂的复活——共和制的拥护者于1494年与1527年曾两度建立共和政体，但城市贵族势力的壮大和外部城市君主势力的联合包围，使佛罗伦萨陷入孤军奋战的困境，最终未能阻止政权朝着寡头政治的方向发展。随着美第奇家族的二次复辟和政权巩固，佛罗伦萨的共和制在16世纪中期逐步瓦解。

君主势力的增强使共和自由思想在15世纪后期"普遍地难以被人理解"，社会意识形态发生深刻的变化。这主要体现在以下三个方面。首先，以皮科为首的人文主义者对萨卢塔蒂等人提出的公民应当积极参与公共政治生活的观点提出了强烈质疑，主张公民从社会生活退回到沉思生活当中，表现出新柏拉图主义的立场。在《论人的尊严的演讲》一书中，皮科指出，专注于闲暇冥想的生活才是有意义的生活，而追求利益和荣耀的政治生活降低了人的尊严，是一种庸俗的生活。[②]这种对神思生活的偏好，使人们对世俗事务越来越淡漠，政治权力愈发地集中到君主和贵族手中。

其次，君主政体的逐步确立，使一些人文主义者关注的对象从普通公民转向了君主和大臣。值得指出的是，虽然后期的人文主义者提倡君主集

[①] 马基雅维里：《佛罗伦萨史：从最早期到豪华者洛伦佐逝世》，李活译，第353—367页，北京：商务印书馆，1982年。

[②] 斯金纳：《近代政治思想的基础》，奚瑞森等译，第127—128页，北京：商务印书馆，2002年。

权，但这并不意味着国家只服从君主个人及其家族的意志。从"个人权利"向"国家权力"、从"家族政治"向"国家政治"的观念转变，相应地要求君主必须具备足够的德行和能力，懂得如何处理君臣之间、本邦与外邦之间的关系。因此，人文主义者以颂词和箴言的方式，塑造出心目中理想的君主和朝臣的形象，并为在位君主和潜在君主提供关于如何治理城市的忠告。从多本均以《论君主》(De Principe)命名的不同著作的出版不难发现，为君主提供谏言已成为了那个时期的主要潮流。大体上，他们承继了前期人文主义者关于美德有助于获得荣耀、征服命运的观念，认为君主和朝臣应当依靠崇高的美德和完备的素质来管理城市事务。卡斯蒂里奥内指出，朝臣不仅应当具备军事才能，而且应当精通拉丁文、希腊文等，这有助于他们更好地辅助君主管理城市。另一方面，人文主义者也专注于探讨君主应当具备何种品性的问题。在同样名为《君主论》的书中，彭塔诺把正义和虔诚描述为好君主应当具备的重要品格，而在所有德性当中，君主应首先具备的是人道和慷慨等德性。受西塞罗道德思想的影响，普拉蒂纳主张通过神圣的名义和政治德行的名义来强化君主的权威，认为君主要公正地统治他的臣民，给予他们必要的自由，从而使自己成为一个有别于暴君的仁慈君王。卡拉法继承了普拉蒂纳的部分观点。在君主应当让人爱戴还是让人畏惧的问题上，他认为，前一种方式更值得推崇，但他并没有由此而否认借助军事武装来让臣民服从与防止邪恶的必要性。[①] 而帕特齐也在区分了人民的美德与统治者的美德的基础上指出，人民美德主要表现为"服从与善意的态度"，对"国王恩惠的感激之情"；而统治者除了应具备柏拉图意义上的智慧、节制、坚韧和公道，以及基督教意义上的虔诚等美德以外，还应当具有大方、庄严和守信等维护自身尊严与荣耀、有助于获得人民爱戴的德性。[②] 这些忠告为大臣和君主提供了宝贵的借镜。

[①] James Burns (ed.), *The Cambridge History of Political Thought: 1450—1700*, Cambridge: Cambridge University Press, 1991, pp. 31—32.

[②] 斯金纳：《近代政治思想的基础》，奚瑞森等译，第 199—203 页，北京：商务印书馆，2002 年。

最后，共和传统的衰落使城市政治生活的价值取向从维护自由的生活转向维持安全与和平的社会秩序。在《朝臣必读》中，卡斯蒂里奥内借一名对话者之言表达了他对人民追求平等自由之理想的质疑。他把平等自由和纯粹放纵等同起来，认为优秀的统治者的真正职责应该是"使臣民享有法律和法令的维护，以致他们可以过安逸与和平的生活"。[①] 对君主德性的关注、偏好超凡脱俗的生活方式是15世纪后期人文主义的重要特征，它们反映了君主统治的政权形式已获得普遍认同，而共和自由传统正日渐式微。

从共和自由向君主统治的过渡，体现了人们对城市安全和稳定的强烈渴望。与社会权力组织形式的变化相适应的是，文艺复兴后期的意大利人文主义者大部分倾向于接受现实，其关注的对象也从普通公民转向了权力者。他们寄望于有德性的君主能统领臣民结束城市内部的党派之争，摆脱外来侵略。

（三）激进改革之道

值得注意的是，即便文艺复兴时期曾出现宗教危机、基督教的权威受到质疑，但我们不能由此得出结论，认为这一时期已完全摆脱中世纪神学的影响。诚如萨尔瓦托雷利所指出，把反宗教看作文艺复兴、特别是人文主义的特征的观点并不确切，那些认为人文主义有基督教和非基督教的区分的说法与当时的事实情况不符。"无论在理论上还是在实践上，没有一个人文主义者背叛基督教。当时广泛地批评和疏远传统宗教并不一定反宗教；恰恰相反，而是要求具有一种新的、更为亲密、更具个性的宗教感情。"因此，以宗教的方式进行社会改革也曾一度获得人们的支持。[②]

---

① 斯金纳：《近代政治思想的基础》，奚瑞森等译，第197页，北京：商务印书馆，2002年。
② 萨尔瓦托雷利：《意大利简史》，沈珩、祝本雄译，第314—315页，北京：商务印书馆，1998年。与此同时，我们不能忽略，文艺复兴前后，阿奎那等经院哲学家曾对基督教思想作出修正，且基督教内部也出现了多次改革。这在一定程度上缓和了基督教和世俗社会之间的紧张关系。

与佛罗伦萨其他人文主义者相比，圣多明我会的教士萨沃纳罗拉①在解决城市危机的问题上更多地表现出经院哲学的特点。他不仅对社会现状提出了尖锐的批评，而且采取了一系列激进的改革举措来推行其政治主张。他的政治、道德、宗教主张曾一度风靡全城，影响了佛罗伦萨的生活方式。

作为一名神学家和预言家，萨沃纳罗拉扮演着摩西的角色。他向信众宣扬，佛罗伦萨是上帝的选城，"耶稣基督按照元老院和人民的决定被选为佛罗伦萨人民的君主"，②而他则是能领会上帝意旨并负责向世人解释意旨的先知。由于成功预言了1492年"高贵者"洛伦佐之死和1494意大利的浩劫，因此，他在意大利的威信陡增。同时代的历史学家圭奇阿迪尼认为，与其他人文主义者单调乏味的乐观主义演说相比，萨沃纳罗拉的布道给城市带来了一种与众不同的新气息；尽管当时布道者众多，但从未有人像他那样赢得如此多信众的支持。③这使他获得了影响佛罗伦萨政治格局的神道权威。

---

① 萨沃纳罗拉于1452年9月21日出生在费拉拉(Ferrara)，1489年开始在佛罗伦萨布道。他在圣马可修道院的布道十分成功，有大批忠实信众。因教会迫害，他被视为异端，于1498年5月23日被绞杀焚尸。西方学界研究萨沃纳罗拉的生平和思想的代表作有：Pierre Paassen, *A Crown of Fire: The Life and Times of Girolamo Savonarola*, New York：Charles Scribner's Sons, 1960. Pasquale Villari, *Life And Times of Girolamo Savonarola* (Part Two), Linda Villari (tr.), Kessinger Publishing, 2005. Rachel Erlanger, *The Unarmed Prophet: Savonarola in Florence*, New York：Mcgraw-Hill, 1988. Lauro Martines, *Fire in the City: Savonarola and the Struggle for the Soul of Renaissance Florence*, New York：Oxford University Press, 2006。西方学界对萨沃纳罗拉的思想定位有着很大的争议。如，帕森不赞同把他看作革命家的观点，认为他只是一名宗教改革家。查博德认为，他的主张与15世纪佛罗伦萨的传统相背离，是对他所处时代的反叛。参见Federico Chabod, *Machiavelli and the Renaissance*, David Moore (tr.), London：Bowes & Bowes, 1958. 而温斯坦认为，萨沃纳罗拉并没有脱离他所处的时代，而是运用一种近乎改头换面的方式重新阐述佛罗伦萨的流行观念。

② 布克哈特:《意大利文艺复兴时期的文化》，何新译，第467页，北京：商务印书馆，1979年。

③ Pierre Paassen, *A Crown of Fire: The Life and Times of Girolamo Savonarola*, New York：Charles Scribner's Sons, 1960, p. 103.

萨沃纳罗拉的突出之处就在于，在一个道德败坏的社会中，他以单薄的个人之力毫不畏惧地推行道德净化的社会改革运动，目的是建立一个由信仰虔诚和品行淳良的民众组成的神权国家。他试图使"上帝之城的正义"理想从抽象的理论具体渗透到社会各个层面。① 作为一名政治改革家，他严厉批判了雇佣军制度和宗派内乱现象，主张通过建立民兵制和改善税制等途径来完善社会制度，以及建立一个近乎平民化的共和政府来保障城市的政治自由。他援引了托马斯·阿奎那的亚里士多德主义思想和卢卡的托罗曼摩的《君主政制》(De regimine Principum)中的观点，来证明大众议会的神圣性。在他看来，虽然君主制在理论上是最好的政制形式，但共和政府更加符合佛罗伦萨的自然本性。除此以外，萨沃纳罗拉对社会中伤风败俗的恶行和奢靡纵乐的生活方式也十分仇视。他公然揭露教皇的种种恶行，抨击教会的腐败，把艺术和科学视作蛊惑人心之物，用铁腕专制的方式推行道德改革措施，以此达到肃清社会邪恶、恢复基督教禁欲美德、确立文明生活方式的目的。在他的支持下，负责监控城市道德风化的圣军与成人护卫军强行闯入民宅，粗暴地干预人们的私人生活，搜掠与焚毁大量所谓的虚荣品——其中包括大量代表意大利艺术巅峰的作品。但过激的改革使他背腹受敌：对教廷的猛烈抨击促使教皇开除了他的教籍，并禁止他布道；寡头政治势力常对他进行威胁；敌对僧团圣方济各会对他的权威发出了质疑和挑战；过于严酷的手段使以往的支持者产生了厌恶，执政委员会逼迫他流放。最终，这位坚定的殉道者在四面楚歌声中殉难。

在解决佛罗伦萨道德危机的问题上，萨沃纳罗拉选择了一种带有宗教理想色彩的激进方式。他不仅在理论上引导和教化信众，而且在实践上强行实施过于理想化的社会改革。他以基督教的道德王国为模版，试图用近似于极权的方式建立自由独立的国家。然而，他的改革方式和目标脱离了现实，无法被佛罗伦萨的民众所接纳。这种因追求"应当是什么"而忽略了"实际是什么"的做法注定会失败，这位无武力的先知只能以悲剧告终。

---

① Pierre Paassen, *A Crown of Fire: The Life and Times of Girolamo Savonarola*, New York：Charles Scribner's Sons, 1960, p. 171.

尽管马基雅维里并不赞同萨沃纳罗拉的做法，但他的主张、政治实践，以及殉道式的悲惨命运深深地触动了马基雅维里。

三　继承与叛逆

　　从共和自由、君主集权、激进改革三种方式可看出，前期的人文主义者偏好自由平等的公民生活和公民美德教育；而后期的人文主义者则倾向于采用集权的君主统治形式来治理内政，由此更加注重君主美德的培养。这种观念上的转变反映了意大利政治局势的变化，而他们思考社会问题的角度和特点均不同程度地影响了马基雅维里。[①]

　　同佛罗伦萨的其他人文主义者一样，马基雅维里也十分关注如何有效地解决城市危机的问题。《君主论》第 26 章表明，他撰写该书的直接目的正是为了提供有效的治国方略，使意大利人在当权者的带领下摆脱外敌入侵，重建伟大和强盛的国家。在其政治论著和书信中，我们不难发现，马基雅维里关注的问题和他提出的某些政治见解，跟同时代的人文主义者有着相似之处。例如，他们都反对军事上依赖雇佣军，主张建立国民军并加强国家军备力量；反对基督教教会对世俗政治事务的干预，主张实行政教分离。此外，他们还注意到，过多的财富对公民德行和社会良序产生的负面影响，因而提倡适当限制个人私有财产的累增。

　　此外，围绕着主权独立与内政完善的共同主题，马基雅维里对人文主义者提出的三种不同的城市政治发展模式也进行了全面而详尽的探讨。而共和自由与君主统治这两种原本相互对立的治理模式，竟然在他的政治理论体系中获得了同等的重视，如同双峰并立，互不相悖。笼统来看，《君主论》主要针对的是君主统治模式，而《论李维》则侧重于对共和自由模式的考量。在《君主论》中，马基雅维里采纳了君主制的立场，表明他重视

　　[①] 人文主义者在 1450—1530 期间关于政体形式的争论可参见 James Burns (ed.), *The Cambridge History of Political Thought: 1450—1700*, Cambridge: Cambridge University Press, 1991, pp. 30—40。

后期人文主义者的主张。与此同时，对人文主义者呼吁摆脱"个人权力"之束缚的诉求，以及关注君主德行的做法，他也深表赞同。而人文主义者谈到的理想君主的形象、君主应当爱戴臣民还是使之畏惧、君主应否采用欺骗或诡计等问题，在马基雅维里的论著中都有相关阐述。这似乎表明了马基雅维里倾向于在意大利推行君主制的政体形式。但君主制倾向很快就被《论李维》所表现的共和制倾向所取代。在该书中，马基雅维里不仅明确斥责施行专制的君主、推崇共和国的创建者，而且以大量的篇幅论述了共和国领导者的治国之术。与前期人文主义者相似，马基雅维里也看到了公民参与政治的积极作用，并主张通过完善政府机制、建构法律制度等途径保障公民参与政治的权利。乍一看来，两书在基调上的不和谐似乎反映了马基雅维里政治思想的内在矛盾性。在权力分配和统治关系等问题上，君主制所体现的一人统治与共和制所要求的多人治理有着截然相反的诉求。但马基雅维里对这两种相反诉求的糅合，使其真实意图变得更加扑朔迷离，同时也反映了政局的变幻，以及人文主义者的不同政体观在其思想内部的较量。①

通过上述比照可以看出，马基雅维里没有完全脱离其所处的时代背景和理论语境。他探讨的具体论题大部分是当时人文主义者聚焦的热点话题。在分析问题时，他多运用人们所熟悉的概念和词汇。在此意义上，对马基雅维里的人文主义背景进行研究是必要的。正如斯金纳所言："对于一个希望在得到他想要的东西的同时，将正在做的事情合法化的行为者而言，他所面临的问题，不可能单纯是使他的规范词汇适应他的计划这样一个手段性问题。他所面临的问题必然部分是，使他的计划适应现有的规范词汇问题。"② 除了思考的角度和使用的语汇具有相似性以外，马基雅维里

---

① Ridolfi 认为，马基雅维里之所以既为君主提供镜鉴，又为共和主政体的潜在统治者出谋划策，原因在于，他实际上是倾向于人民国家，而罗马共和国的功业也使他怀有这种倾向；但他的远见使他意识到意大利正步入君主时代。因此，他不得不写君主政体。这种观点得到一些学者的赞同。

② 斯金纳：《近代政治思想的基础》，奚瑞森等译，第 6 页，北京：商务印书馆，2002 年。马基雅维里同人文主义传统的关联得到了汉斯·巴伦、波考克、斯金纳与维罗里等人的充分重视。而他们所提出的相关见解颇具启发性与影响力。

对某些问题的解答也在一定程度上同前人有着相似之处。

然而,马基雅维里政治思想的真正价值并不在于他对其他人文主义的附和,而在于其理论的新异性和颠覆性。其理论的原创性主要表现在,用非主流的政治道德理论来建构一个具有普遍性的政治新秩序。在论著中,马基雅维里常常与现实保持着批判性的距离:他斥责世人不懂得珍惜和发扬古罗马人的精神文化遗产,使尚古之风流于形式;当谈及同国家治理原则相关的问题时,如,应否消灭城市内部的阶层分歧或国家应采用罗马式政治模式还是威尼斯式政治模式等,他经常独树一帜,提出有别于主流观念的主张。这种反其道而行的倾向,在马基雅维里论证政治的合理性和正当性问题时表现得尤为突出。

在文艺复兴时期,尽管人们努力走出中世纪神学的阴霾,但不应否定的是,大部分思想家仍然不同程度地信奉基督教。① 虽然人文主义者对教皇和教士的行径极为不满,但他们把基督教本身和教会区分开来,并没有因批评教会的腐化而反对基督教的核心义理。换而言之,教会的堕落没有

---

① 以往学界对中世纪思想的评价不高。很多学者把中世纪视为一个黑暗的时代,并倾向于把文艺复兴看作一个"爆炸性的文化变革时期",进而切断了中世纪和文艺复兴时期之间的关联。如,布克哈特曾在《意大利文艺复兴时期的文化》一书中指出,在中世纪,由于人们对世界和历史的认识受制于信仰、幻想和幼稚的偏见,因此,他们的思维意识一直处于睡眠或半睡眠状态。而意大利最早摆脱这种状态。这使得人们有可能客观地观察和思考世间一切事务,并且把自身看作精神的个体,在主观上强调表现自我。参见布克哈特:《意大利文艺复兴时期的文化》,何新译,第 176 页,北京:商务印书馆,1979 年。而西蒙兹也把文艺复兴称作"思想大解放"运动。这种否定中世纪和文艺复兴之间的渊源关系的做法受到斯金纳等人的质疑。不可否认,文艺复兴时期,人文主义者不仅在艺术、文化和科学等领域做出卓越贡献,而且突显了人的地位和彰显出理性的作用,但是我们不应忽略这样一个事实:作为中世纪和近代社会的联结点,文艺复兴是一个新旧观念相互冲突和协调的社会阶段,因此,它不可能是一个完全与中世纪相分离的时期。正如 Charles Haskins 所言,"中世纪和 15 世纪之间不存在真正的断层。"参见 Charles Haskins, *The Renaissance of the Twelfth Century*, Cambridge: Harvard University Press, 1927, p. 9. 而 Paul Kristeller 甚至认为,文艺复兴在很大程度上是中世纪的直接延续。参见 Paul Kristeller, *Studies in Renaissance Thought and Letters*, Rome: Edizioni di Storia e Letteratura, 1956, pp. 38, 359. 因此,我们不应忽视文艺复兴和中世纪之间的承接关系。

从根本上动摇人们对天国的信仰，也没有导致他们与上帝的疏离。大部分人仍然相信，上帝是世界的主宰、世事万物的终极原因。可以说，人们对政治、道德、政治和道德之间的关系的理解，与他们对基督教的理解相关。政治神学和宗教道德依旧影响着他们的日常生活观念。因此，其时的政治没有完全脱离神学目的论的框架。在宗教和道德的关系问题上，一些经院哲学家依然以神圣律令（Divine Command）的理论来论证道德的权威性。而彼特拉克和但丁等人文主义者也相信，伦理与宗教密切相关，道德是上帝意志的体现。由此可见，在马基雅维里所处的时代，虽然人们对政治的理解渐趋世俗化，王权与教权逐步分离，但完全超脱神学语境来谈论社会问题并不是一种普遍现象。就此而言，文艺复兴并没有完全抛弃中世纪的遗产。

但在马基雅维里的政治论著中，人们很难发现他像同时代人那样对基督教怀有虔诚的信仰。虽然他没有直接把批判的矛头指向上帝，而是指向现实生活中的教会，但他在论及天国等彼岸世界的问题时态度暧昧，对上帝的信奉并不像其他人文主义者那样坚定。尽管在一些作品和部分书信中，马基雅维里曾提及上帝——如《君主论》第26章表达了对本国统治者在上帝的帮助下解放意大利的寄望，《忏悔训诫录》中说明了忏悔的重要性，以及某些私人信件中提到了"愿上帝保佑"、"以上帝的名义"等字眼——但我们不排除这种做法有可能出于惯常的表达习惯。与此同时，马基雅维里在很多语境中也表达了对基督教的质疑，甚至是批判。比如，在1513年12月19日写给维托利的信中，他毫无忌讳地写道："我自己不去听布道，因为我不用这样做。"在喜剧作品《曼陀罗》中，他不仅借助笔下人物之口、以上帝的名义说服虔诚的基督徒违背教规，而且常常把天堂和地狱相提并论；在《论李维》中，他不仅明确批评信教的努马是一个软弱的统治者，多次猛烈地抨击阴柔的基督教教义是危害国家自由和稳定的主要原因，而且公然把不尚武力的上帝改造成为配备刀剑的卫士。正是通过兼用隐晦和显白、轻佻戏谑和严肃凝重等不同的表达方式，马基雅维里大大地削弱了上帝的神圣性和权威性。虽然我们无法从他对基督教的批评中直接推断出他不是一个基督徒的结论，但可以肯定的是，在《君主论》等著作中,他对基督教的论述主要是为了塑造出一个政治化的神(上帝)。就此而言,马基雅维里并不是一个虔诚的基督徒。① 跟这种宗教立场相一致的是,他把信仰理性化,使政治摆脱原来意义上的神学束缚,并反过来使基督教服从于政治需要。

另一方面,在接纳基督教及其道德规范的基础上,大多数人文主义者认为,政治的道德合理性是必要且重要的,违背道德规范的权力缺乏道德正当性。尽管共和制的支持者和君主制的支持者关注的德性对象有所不同——前者更注重绅士(Signore)和公民的美德,后者更注重君主的美德,但他们都认为,德行与高贵之间有着密切关联。在他们看来,政治领导者的德行是政治完善的必要条件。国家的执政者不能满足于避免诸如残忍、欺骗、贪婪或失信等违背道德规范的恶行,而应当致力于培养优秀的品格,并塑造良好的形象;他们不能满足于具备有德行的外表,而应当真正具备并践行德性。故而,大部分人文主义者把诸如仁慈、慷慨、刚正不阿等传统美德看作衡量统治者是否优秀,以及他们的行为正当与否的重要标准,并且认为应当剥夺那些邪恶的统治者高高在上的特殊身份和地位。

但在马基雅维里这里,传统的道德评价标准并没有受到重视。他甚至认为,以基督教道德束缚政治的做法是天真幼稚的,它或者会给统治者带

---

① 马基雅维里是不是一个基督徒的问题,一直是西方学界争论不休的问题。早在16世纪前期,红衣主教 Cardinal Reginald Pole 就曾把马基雅维里和撒旦相提并论,并把前者塑造为反基督的典型人物。尔后,莎士比亚等人都采纳了这种观点。在西方现代学界中,Friedrich Meinecke 等部分研究者也认为,马基雅维里"注定必然是一个不信上帝的人",他"必定不知地狱的恐怖为何物"。参见迈内克:《马基雅维里主义:"国家理由"观念及其在现代史上的地位》,时殷弘译,第86页,北京:商务印书馆,2008年。但 Louis Machon 和 Sebastian Grazia 等人不赞同这种评价。在 Sebastian Grazia 眼中,马基雅维里是一个虔诚的基督徒。他指出,马基雅维里所理解的上帝是"创造者"、"主宰之神"、"法官",他是"实在的、普遍的"、"可祈求的、可感恩的、受敬重的"、"公正的和宽仁的"、"令人畏惧的"、"超凡的"。尽管上帝是一个独立的存在,但他仍然操控着世界,拥有赏罚权。参见 Sebastian Grazia, *Machiavelli in Hell*, New Jersey:Princeton University, 1989, p. 58. 除此以外,John Plamenatz、Ernst Cassirer 和 Samuel Preus 等研究者另辟蹊径,他们从宗教的实用性角度审视马基雅维里的宗教观。参见 Samuel Preus, Machiavelli's Functional Analysis of Religion:Context and Object. *Journal of the History of Ideas*, 1979, 40(2):pp. 171-190.

来杀身之祸，或者会导致国家的颠覆；成熟的统治者应集人性和兽性于一身，懂得如何在大善与大恶之间灵活转变，并在必要时采取残酷、吝啬、欺骗等手段来实现政治目的。为了向在位君主传授治国之道，马基雅维里公然宣扬以下信条：侵害他人的行为应该毕其功于一役，而施恩布惠的行为则应细水长流；灭绝殖民地旧君主的血统；要么安抚殖民地人民，要么把他们统统消灭掉；对他人的伤害要达到无以复加的地步，使自己无需惧怕他们的报复；有效控制自由城市的最佳方式是摧毁这座城市；消灭势必加害自己的敌人；消灭不忠诚的军队；吝啬比慷慨更有利于国家统治，统治者应慷他人之慨，吝自己之啬；不介意背负残忍成性和背信弃义的恶名；不介意悖离人道、违反神道；使臣民畏惧胜于使人民爱戴；运用阴谋和欺诈等方式避免人民的蔑视和憎恨。总而言之，君主应学会兼备人性和兽性的特质，学会如何作恶。优秀的君主应当像博几亚（瓦伦蒂诺公爵）那样依靠武力和诡诈制胜，使人民对自己既爱戴又畏惧；应当像叙拉古的海耶罗那样全部斩杀雇佣军；应当像汉尼拔那样残酷无情，置残忍之名于度外；应当像塞韦罗一样既是一头最凶猛的狮子，又是一只极为狡猾的狐狸。

通过彼特拉克和马基雅维里对汉尼拔、西比阿之德行的不同评价，我们能更好地把握马基雅维里的政治道德主张与主流价值观之间的区别。在1337年撰写的《名人生活录》中，彼特拉克指出，与西比阿在对迦太基人的战役中所表现的德行相比，汉尼拔只算得上是拥有暴力和怒气的野蛮人；品格上的差异使后者无法与前者匹敌。这意味着，是否符合仁慈等传统的道德规范是评价领导者优秀与否的重要准绳。与此不同的是，马基雅维里明确指出，尽管汉尼拔不具备合乎传统美德的品行，但因势利导的审慎使他取得的成就不亚于西比阿，因此，他获得的赞誉不应逊于西比阿。换言之，成就而非德行才是衡量人的根本标准。这种公开的教诲无疑是对大多数人文主义者之政治道德观的挑战和否定，是一个极为"不合时宜"的举动。

这些看似不合时宜的言论后来引起了极大的争议。一些辩护者指出，虽然马基雅维里的主张在许多方面有悖于同时代人文主义者所认同的主流价值观，但它们针对的是意大利的社会现状，符合当时政治实践的特点，是顺应时势的明智之举。他们立足于马基雅维里所处的时代背景，认为用以恶治恶的思维方式来解决现实的政治问题是可以理解的：由于当时佛罗伦萨处于内忧外患之际，统治者在腐化的城市中无法采取正常的治国方法力挽狂澜，因此，在国家利益受到侵害的特殊时期，理应采用非常规的手段来解决社会危机。正是在此意义上，马基雅维里的不道德罪名得以开脱。在这些辩护者当中，布克哈特的辩解颇具代表性。依他之见，在这个私欲横流、颠倒是非的时代，马基雅维里传授不道德的政治主张的做法应该获得宽宥；如果人们仍要执著地从道德的角度来评价他的思想，那么，这种吹毛求疵的偏执将削弱或掩盖马基雅维里政治理论的应有价值。而斯宾诺莎和卢梭等辩护者则旨在阐明马基雅维里宣扬不道德主张的良善意图：表面上，他在教导统治者应当如何通过邪恶的方式建立和维护政权，实际上，他巧妙地向人民揭露了统治者残酷的治国之道。然而，建立在违背传统道德基础上的政治新秩序必然会遭到旧秩序拥护者的声讨。他们视马基雅维里的理论为最典型的反道德、反宗教主张，不仅以最尖酸、最严厉的言辞加以攻击，而且把它作为最具说服力的反面素材，或借此讽喻邪恶的统治者，或以此吁请世人引以为戒。从近代的斯塔基、腓特烈到现代的施特劳斯学派，从意大利本土到法国的伊诺桑·让蒂莱和英国的莎士比亚，都不同程度地把马基雅维里等同于马基雅维里主义者，抨击他的政治主张所具有的破坏性与毁灭性。

马基雅维里所处时代的特殊性、其理论的模糊与复杂性，以及相关评价的多样性，使得还原他的本真面目并非一件容易的事情。但换一种角度来看，正是时代所蕴含的尖锐矛盾动摇了日常习俗的社会根基，触动了原有的信仰，激发了人们的灵感，孕育出新一代的思想家。当时各种不同、甚至对立的社会呼声，或许可以部分地解释马基雅维里思想内部的某些逻辑混乱和观念矛盾。与此同时，这些呼声所涉及的论题也有助于引导人们留意马基雅维里的关注点及其理论的某些细节。通过比较马基雅维里与同时代人在言说方式、概念运用、具体观点等方面的异同，我们可以更好地了解其思想的独特价值。这种思想的独特价值不仅表现在马基雅维里针对某些问题所给出的答案中，而且体现在他的政治思维方式中——提出问题的方式、思考问题的角度和视点，以及超越具体问题而建立普遍秩序的理论自觉。正是他的政治主张背后所隐含的问题意识和思考方式，使其理论具有与众不同的原创性。要诠释他为何在政治和道德问题上公然宣扬同前人相异的观点，并且真正把握其政治理论的新异性，就不能单单满足于对某些结论的探究，而应当把握其政治理论的整体脉络，明晰政治体系赖以建构的核心概念和基本原则。在此基础上，我们才能揭示其真实意图，界定他在古典与现代之间的历史地位，以及确定他留给现代社会的政治思想遗产。鉴于此，让我们现在从马基雅维里对政治本身的理解切入，并展开主题。

第 3 章

政治概念的蜕变

政治是人类社会一种独特的生活方式，其目标是通过制度化的方式，建立社会和国家之政治共同体自主治理的生活秩序。政治为人提供了有别于家庭等私人生活的公共场域，拓宽了行动空间。作为人和人类社会存在的重要方式，政治生活与政治主体之间构成了双向互动关系，政治在接受人构建的同时也塑造着人本身。故而，思考政治时采用的不同视角不仅关系到对政治的实质、目标、特征的理论把握，而且反过来会深远地影响人类社会的实际生活状态。视角上的差异会造成人们对政治的不同理解，马基雅维里对这一点显然已有深刻的认识。他强调了两种思维向度——立足于"真实的事物状况"（veritù effettuale della cosa）还是立足于"想象的事物状况"（immaginazione di essa），追问"实际如何"还是"应当如何"——之间的差别；并且把对思维向度的选择提升至关系到人之境况和国家命运的高度。对此，他坚定且明确地选择了前者。正是基于强烈的现实感，他在政治的内涵、目标，以及政治的正当合理性等方面提出了有别于前人的主张。在阐释、分析和论证这些问题的同时，马基雅维里已悄然地兴起了一场新的政治思想革命和政治理论筹划。

一 命运：政治的宇宙论根基

"命运"（fortuna）是马基雅维里政治理论的基本概念。在他的政治和军事论著、喜剧作品、书信、论说文中，这一关键词频繁出现。它常被用于形容一种影响、甚至在某种意义上主宰人间事务的超验力量。透过马基雅维里对命运的本质、表征以及特点的阐述，我们可以发现，他论说命运的意图，不是仅仅为了渲染命运的威力或人力的微薄，而是要重新确立起人行动的依据，从而建构起新的政治体系和政治秩序。

一般认为，文艺复兴时期是一个以人为中心、彰显人性的时代，对人的能力、创造力的强调是人文主义者的主要特征之一。身处这一时代，马基雅维里的政治思想也凸显出人的德行和力量在社会公共事务中的重要作用。在其论著中，马基雅维里总是以强者的姿态告诫世人，要勇敢地与命运对决，"如果想压制她，就必须打击她与打倒她"①。在其喜剧作品《曼陀罗》中，他借用笔下人物之口重申，人要"面对命运"，"如果不能摆脱它，那就像男人一样打击她；别气馁；不要像女人那样成为缩头乌龟"②。而制服命运的手段有多种，最行之有效的方法是运用德行。马基雅维里提供的典型范例是罗马人建立强盛国家的方式。在《论李维》第2卷第1章中，马基雅维里提出了罗马人建立帝国依靠的是德行（或能力）还是运气的问题。在篇末，他明确总结道："就获取帝国而言，罗马人之德行（或能力）的作用远远大于运气。"③

鉴于此，有学者认为，马基雅维里否定了上帝和命运等不可知因素对世俗事务的支配，解放了人，进而使人成为自身命运的主人。如，内威尔指

---

① Niccolò Machiavelli, *The Prince*, Harvey Mansfield (tr.), Chicago: the University of Chicago, 1985, p. 101.

② Niccolò Machiavelli, *Machiavelli: The Chief Works and Others* (3 volumes), Allan Gilbert (tr. & ed.), Durham: Duke University Press, 1965, p. 801.

③ Niccolò Machiavelli, *The Discourses of Niccolò Machiavelli*, Leslie Walker (tr.), London: Routledge, 1991, p. 306. 本书主要采用了 Leslie Walker 编译的"十论"版本。在翻译过程中，部分译文参看了冯克利翻译的《论李维》。

出，马基雅维里把命运与人对立起来，从人控制命运的角度暗示了人给世界制定秩序的可能性，从而为人类追求荣耀、财富和权力等欲望提供了合理性依据。① 而施特劳斯则以其独特的视角揭示出马基雅维里如何以隐秘的写作手法确立起人在宇宙万物中的主导地位，以及人的强大力量和至尊地位如何为"永久共和国"扫除一切障碍，使人类"一往无前"。立足于马基雅维里对人之力量的放大与对古典政治哲学的背离，施特劳斯与曼斯菲尔德等政治哲学家坚称，马基雅维里是现代性的第一人。② 上述见解反映了马基雅维里的非宿命论立场，强调了他对人的自主性和独立性的肯定。③

不可否认，这些观点在一定程度上有其合理之处。然而，16世纪在意大利出现的政治悲观情绪，以及《论命运》等文本中对人与命运之间的关系的阐述提醒我们，马基雅维里有着更加意味深长的教诲，他所提出的"命运是女人，人必须征服她"的隐喻背后似乎潜藏着更深的暗示。尽管文艺复兴初期流行着以美德战胜命运的观点，但这种对人之力量的自信在16世纪屡遭打击。随着法国的几度入侵和洗劫，以及共和政权的瓦解，彼特拉克和阿尔贝蒂等早期人文主义者所推崇的"人能够以美德控制命运"的

---

① W. Newell, How Original is Machiavelli? A Consideration of Skinner's Interpretation of Virtue and Fortune, *Political Theory*, 1987, 15(4): pp. 628—629.

② 施特劳斯对马基雅维里与现代性之关系的论述见 Leo Strauss, The Three Waves of Modernity, quoted in *An Introduction of Political Philosophy: Ten Essays by Leo Strauss*. Hilail Gildin (ed.), Detroit: Wayne State University Press, 1989. Leo Strauss, *What Is Political Philosophy? And Other Studies*, Illoris: The Free Press of Glencoe, 1959. 曼斯菲尔德对马基雅维里关于以人自身的力量建立永久共和国的观点的剖析，详见 Harvey Mansfield, Machiavelli's Political Science, *The American Political Science Review*, 1981, 75(2): pp. 293—305。

③ Pitkin 从马基雅维里的命运观的角度系统地阐述了人的自主性。参见 Hanna Pitkin, *Fortune Is a Woman: Gender and Politics in the Thought of Niccolò Machiavelli*, Berkeley: University of California Press, 1984。

主张逐步式微,^①人能改变自身命运的雀跃感渐渐消失,取而代之的是人只能随顺命运安排的无奈。这种悲观情绪在马基雅维里的《论命运》一文中得到了充分体现。在他看来,全知全能的命运女神拥有至高无上的地位,她处于世界顶端,无人能逃脱其法眼,而她却能随心所欲地把人类玩弄于股掌之中。相比之下,即便人有非凡的勇气和技艺,也无法击败这位疯狂的女王。面对命运,人似乎只能是任由摆布而无力反抗的木偶。在《论李维》中,我们可以看到,即使罗马人德行出众,在战场上所向披靡,但是,当命运女神不想受控于他们时,她便极力蒙蔽他们的心智,使其失去以往的明智而犯下低级的错误,从而蒙受巨大的耻辱。由此,马基雅维里得出一条颠扑不破的"真理":人能辅助命运女神,却无法与之对抗;人能使命运跌宕起伏,却无法阻止她的意愿。[②]

可见,马基雅维里对命运的态度是复杂的,甚至有时是不连贯的。他时而鼓励世人要征服命运,时而又表现出对命运的屈服与顺从。[③]在他的言说中,人们常常能感受到人与命运之间的张力。这种张力为人的行动设定了界限,并成为了马基雅维里理解人在宇宙中的地位,以及政治与道德之间的关系等问题的基础。为了辨明马基雅维里政治思想的真实意图,我

---

① 就人文主义者在多大程度上赞同"以美德征服命运"之论断的问题,西方学者有不同看法。如,斯金纳赞同加林的观点,认为美德战胜命运是文艺复兴前期与中期的人文主义者普遍持有的观点。对此,W. Newell 予以反驳。他指出,美德战胜命运的论断实质上违背了传统的道德观;较之基督教而言,人文主义者虽然赋予人的自由更大的尺度,但他们仍没有脱离古典范畴,并不认为人可以控制命运。参见 W. Newell, How Original is Machiavelli? A Consideration of Skinner's Interpretation of Virtue and Fortune, *Political Theory*, 1987, 15(4): pp. 612-634。

② 斯金纳认为,马基雅维里基本上接受了16世纪的悲观主义观点,持有宿命论的立场。这一立场主要表现在政体循环论的思想中,即,一切国家都无法避免兴衰循环的规律。

③ Vincenzo Cioffari 在分析马基雅维里的命运观以后得出了两个相互对立的观点:一方面,马基雅维里所理解的命运是世界唯一的统治力量,自由意志处于第二位,人必须顺从命运;另一方面,马基雅维里把人看作自己命运的主宰。由此,Cioffari 不得不承认,在命运问题上,马基雅维里的观点并非在每个方面都是逻辑自洽的。Vincenzo Cioffari, The Function of Fortune in Dante, Boccaccio and Machiavelli, *Italica*, 1947, 24(1): pp. 11-12.

们必须像他说的那样回到其思想的"源头",重新思考他在《君主论》第25章提出的问题:命运究竟在多大程度上影响人类事务,以及人如何与命运相抗衡?

(一) 命运的表征与特质

马基雅维里对人和命运之间的关系问题的反思是基于对一种俗见的不满。这种俗见彰显出命运或上帝对人世事务的绝对支配力量,而否定了人在此中的作用,体现了宿命论的立场。马基雅维里对此作出修正,承认了人的自由意志对尘世事务的影响。他明确指出,命运无法完全主宰人的行动,而只能起到"一半或几乎一半"的支配作用。也就是说,世俗社会是人与命运相互博弈的结果。而要理解命运与人之间的博弈,首先应明晰命运的表征和特性。

就在马基雅维里提出问题的同一章,他刻画了"命运"的两种形象:一是肆虐的洪水,二是掌控人类命运之轮的女神。这两种形象与文艺复兴时期人们对命运的普遍看法相一致。[①]不论是洪水还是女神,它们都拥有摧枯拉朽、变更世道的威力。在《论命运》中,马基雅维里极力渲染命运女神的超凡力量。作为罗马主神朱庇特之女,她以布恩施威、生杀予夺等方式主宰着个人的浮沉和国家政权的易替,影响着人间的兴衰。她既能给人带来权力、荣誉、财富与健康,又能使人遭受苦役、耻辱、疾病与贫困;她既能为一国征服世界而创设各种有利条件,又能反过来催生国家敌人的壮大来毁灭此国。当命运"想让某人肩负起领导伟业的责任时,她会选择一个具备这种精神和德行(或能力)的人,这个人能把握命运给他提供的机遇。同样,当她想某人遭受大灾难时,她会选择帮她促成此事的人;若

---

① 在文艺复兴时期,人们对命运形象的勾勒主要有两种。一是把命运比作风暴,以此说明人间事态发生的突然与不可控。相应地,人们通常以船来象征人适应环境的能力。这意味着,人生就像一艘航行在大海的帆船,随时会遭遇风暴的肆虐。二是把命运比作一位额前垂着一缕头发、后脑却光秃的女神。只有迅速抓住这缕头发的人,才不会被命运所抛弃。详见 Peter Burke, *The Italian Renaissance: Culture and Society in Italy*, Oxford: Polity Press, 1986, p. 187。

有人想加以阻挠,她或者杀掉他,或者剥夺他的卓越能力"①。正是在其意志的操控下,埃及、波斯、希腊、罗马等国家把握不同时机,轮流执掌世界的统治权。为了让人体验她的威力并臣服于她,命运以自然的或超自然的方式展示其力量。通过洪水、瘟疫或饥荒等灭顶之灾,命运以自然的方式对人间进行清洗。这种周期性的挫折一方面削减了人口数量,另一方面激发了人的斗志,使他们奋发自强,过上美好生活。与此同时,命运还能以某种神秘的方式操纵人的天性和心智。②对她所偏爱的人,命运满足他们的需求,而对她厌恶的人,命运能使他们心不在焉、鬼迷心窍地做出种种错误的判断,最终遭受挫败。

就人而言,他可以感知命运的力量,但却无法正确地预测她的意图。这是因为,命运女神是阴柔善变和任意妄为的,她对人的施恩和惩罚全凭自身的喜好而无章可循。尽管她称不上邪恶刻毒,但也并非宽厚仁慈、乐善好施之辈。由于命运喜怒无常,随时会从人手中夺回她所给予的恩赐,因而,即便那些曾经得到命运青睐的人也无法摆脱患得患失的惶恐。对此,波焦曾悲观地指出,人生注定是悲惨的,"所有的好处都是命运赋予的,故而,她能在任何时候收回这些好处,这是绝对合理的。我们从命运女神手中获得越多的礼物,我们就越对她的权力和变幻无常感到畏惧"③。由于命运完全置人类的感受于不顾,并常常在人即将实现目标时予以阻挠,因此,她给人的印象总是冷酷无情、甚至是乖张残忍的。

对于命运的全知全能以及人无法摆脱命运之束缚的事实,马基雅维里有时直言不讳,有时却隐而不宣。在探讨"罗马如何建立帝国"的问题

---

① Niccolò Machiavelli, *The Discourses of Niccolò Machiavelli*, Leslie Walker (tr.), London: Routledge, 1991, pp. 445—446.

② Parel 认为,当时的星象自然哲学相信星宿方位的改变能影响人的灵魂,星宿能以非物理的方式主导着人思想的变化,进而影响人的行为方式。马基雅维里因循了这种星象自然哲学的看法,从而得出了命运具有影响心智的超自然能力的观点。参见 Anthony, The Question of Machiavelli's Modernity, *The Review of Politics*, 1991, 53(2): pp. 320—339。

③ Poggio Bracciolini, On the Misery of the Human Condition, quoted in *Cambridge Translations of Renaissance Philosophical Texts* (Vol. 2), Jill Kraye (ed.), Cambridge: Cambridge University Press, 1997, p. 24.

时，他似乎质疑普鲁塔克把罗马的辉煌功业归因于运气的观点，并拒绝采用李维言必谈命运的做法。表面看来，他要证明罗马人的德行是帝国获得伟大成就的最主要原因。但当我们再次仔细审阅他对罗马人获胜原因的论证时，不难发现，他实际上也像李维那样"一谈到德行就总是提到命运"。在行文中，他把罗马建国的原因归结为罗马人的德行、明智与运气的"混合"。①"混合"一词暗示了，人其实无法脱离命运的掌控，强大和勇敢的德行是取悦于命运女神的重要手段，是得到她的宠幸的先决条件。命运力量之巨大使人根本无法征服它。面对人类这一根本困境，圭奇阿迪尼也驳斥了那种把一切事务都归因于人力和德行而排斥命运的看法。他坚信，在任何时代，世间的俗务都不可避免地要从意外事件中获得巨大的推动力，这并非人力所能预见的或可以逃避的。尽管人们对自身事务有调节性的影响，但这是不足够的；他们至少应承认，生逢德行或品质受人尊敬的时代是更加幸运的。②

至此，我们可以推断出，当马基雅维里作出"人是自身行动的半个主宰"的论断时，他并不是在数量比例意义上论述命运与人的力量对比，而是在构成部分的意义上进行言说的。这个论断的真正意思是，影响人类行为意向和方式的因素有两种，一是命运，二是人自身。行动受命运与人、外在因素与内在因素的共同支配，一方的作用并非以否定另一方的存在为前提。因此，人既不应忽视命运对行为的外在影响，也不应放弃对自身能力的内在支配而完全受控于命运。然而，这并不意味着，在支配行动的问题上，人们可以对命运的力量和人的力量等而视之。确切来说，马基雅维里相信，前者的力量远胜于后者。从《君主论》第25章的隐喻中不难看出，命运始终处于主导者的高位，是使人遭受毁灭性灾难的根本原因。也就是说，人有可能减缓命运的冲击力，却无法真正征服她。如果遇上不好的时局，即便统治者有卓越的能力，也无法取得应有的成效。在此情境中，时

---

① 马基雅维里把命运与德行、能力并行的做法可见于《君主论》第25章、第26章，《论李维》第2卷第1章、第22章、第29章等。

② Benedetto Croce, *History: Its Theory and Practice*, Douglas Ainslie (tr.), New York: Russell & Russell, 1960, p. 235.

运不济却有着非凡德行之人只能把其技艺教授给他人。从马基雅维里的亲身经历来看，他在政坛中的大起大落印证了他的坏运气，为此，他立志成为一个"做好事的人"，"当自己时运不济时，向他人指出可以做好什么事情，以待众人具备能力时，由他们当中最受上天垂爱的人来完成"。①

（二）命运、自然与上帝

命运的全知全能使自身获得了跟上帝、自然同等的地位。通过对自然目的（telos）的沉默，马基雅维里悄然地以命运女神置换了上帝的位置，并赋予命运以人类最高主宰的角色。值得注意的是，这种替换不仅仅是称谓上的变化，命运、上帝和自然之间的根本区别使得置换在本质上具有深刻的意义。

在马基雅维里的概念序列中，命运、上天、上帝均与尘世相对，是人无法企及的超验力量。②从功能的角度来看，命运与上天似乎是等效的。以人间德行之所在为例。命运依其所好决定着德行非凡的明君和良善有效的法律所降临的国度。在《论李维》中，上天也有能力操控人类的德行，她使德行先出现在亚述（Assyria），然后在梅迪亚（Media），接着在波斯，最后出现在意大利和罗马。而天意支配下的德行在人间的流转顺序与《论命运》中命运女神主宰下的世界权力中心的更替顺序几乎是一致的。这说明了，马基雅维里实际上把"命运"同"上天"等同起来，它们只是同一概念在不同场合下的两种称谓。

然而，把命运跟上天等同起来的做法实质上潜藏着对传统目的论的否定。在传统目的论框架内，"天"代表了理性的自然秩序和自然目的，它与

---

① Niccolò Machiavelli, *The Discourses of Niccolò Machiavelli*, Leslie Walker (tr.), London: Routledge, 1991, p. 356.

② 在《关于马基雅维里的思考》一书中，施特劳斯严格区分了上天、命运、天国与上帝等概念，并详细论证了马基雅维里偷换概念的方式。但帕雷尔并没有对此做出明确区分，而是在宇宙论的框架下对这些概念进行了整合。参见 Leo Strauss, *Thoughts on Machiavelli*, Illonos: The Free Press, 1958, pp. 209—223. Anthony Parel, *The Machiavellian Cosmos*, New Haven: Yale University Press, 1992。

命运所表征的随意性、不确定性有着根本区别。而柏拉图—亚里士多德的古典哲学体系正是构筑在这种目的论宇宙观的基础上。它确立了绝对善的理念和宇宙秩序，预设了人间事务和非人间事务、"亦即神圣之物或自然之物"之间的本质差异。[①]自然秩序为包括人在内的世界万物指定了它们在和谐体系中的位置，使宇宙永恒且有序地运行。就基督教神学而言，它也承认最高目的的存在，并把上帝看作宇宙秩序的形而上根基。作为世界的最高主宰，上帝为万物确定了永恒法则，为它们提供了真理性启示，并引导一切事物遵循完美的秩序，实现各自目的。对人而言，上帝是不以人的意志为转移的绝对存在，是人类最终的救赎者。对最高目的的信仰使人追求永恒。他们普遍相信，假如偏爱转瞬即逝的可见之物，那么人就无法崇尚真正伟大的事物。那些受缚于眼前名利而追逐名誉和权势的凡夫俗子，将因卷入争斗或战争中而无法获得安宁和幸福。[②]这表明了，不管在哲学意义上还是在神学的意义上，象征着偶然性的命运都不是第一性的存在或宇宙的最高目的，世间万事万物的兴衰不可能脱离目的而纯粹偶然地发生。

在自然目的论的框架下，命运或被最高目的所消解，或被看作从属于最高目的的非第一性存在。它并不具有独立的神圣性。如，奥古斯丁曾考虑到，对命运的承认极有可能削弱上帝的权威，因此，他以上帝至高无上的地位和全知全能的特质否定了命运的存在。他否认人能够借助好运气而获得财富与荣耀的可能性，而把它们归功于上帝的仁慈与恩赐。[③]从另一角度来看，即使思想家们承认命运的存在，它也只被看作宇宙秩序中偶尔出现的、非理性的"例外"，是正常因果关系暂时无法解释的不确定因素。但这并不意味着，偶然性独立于自然目的论体系，或者偶然性原因先于本质性原因。实质上，偶然事件和运气仍然归属于自然目的论范畴，是"属

[①] 施特劳斯：《自然权利与历史》，彭刚译，第123页，北京：三联书店，2006年。

[②] Francesco Petrarch, On the Remedies of Good and Bad Fortune, quoted in *Renaissance Philosophy: The Italian Philosophers*, A. Fallico & H. Shapiro (ed.), New York: Modern Library, 1967, pp. 17—25.

[③] 奥古斯丁：《上帝之城》，王晓朝译，第183—232页，北京：人民出版社，2006年。

于那些为了某种目的而发生的事物"①。在最高目的的统摄下,宇宙并不会因命运的存在而陷入混沌,人也不会因命运的暂时影响而丧失自然天性或偏离宇宙秩序。在古人看来,偶然性并非人之自由的障碍,他们"倾向于把它等同于虚无,或者是没有实现目标的失败"。②鉴于此,大部分古典思想家把关注点放在理性的因果秩序方面,而较少考虑运气等偶然要素。而在文艺复兴时期,虽然许多人文主义者,如但丁、薄迦丘和彼特拉克等承认命运的相对独立性,并且重视命运对世俗社会的影响,但他们都不赞同把命运和上帝放在同一高位。上帝是最高主宰,命运的权力只能来源于上帝,是上帝的工具。这些看法早已根深蒂固,是其时人们论说命运的理论前提。

显然,马基雅维里背离了传统目的论体系。他不仅把命运看作外在于人的超验存在,而且把她看作宇宙万物的最高主宰。命运不再像古典哲学所界定的那样依赖于更高的目的,而是具有自身内在的独立性。然而,马基雅维里所理解的命运既不是宇宙的至善目的,也没有为世界设定和谐的等级秩序。由于他保留了命运的随意性和不确定性等特征,因而,建立在其命运观基础上的人世事务缺乏永恒性的向度,并受非理性因素左右。在此意义上,帕雷尔论证了马基雅维里对中世纪经院哲学的反叛。"命运不再是上帝意志的执行者,而是人类定数的女主人,而人的定数……服从于偶然性,而非理性。简而言之,马基雅维里的宇宙观从来没有为上帝的恩赐(God's Providence)预留位置。"③古典目的论的缺失使人摆脱了自然秩序的束缚,为人以自身目的取代最高目的埋下了伏笔。

另一方面,马基雅维里的命运观具有区别于自然目的论的特质。在传统哲学框架中,由于自然秩序设定了人及其德性在宇宙中的位置,因此,作为宇宙的存在者,人按照自然目的确定他的义务和责任,进而依此成就自身的完满和幸福,实现目的善。尽管柏拉图之善在一开始是一个源于自

---

① 亚里士多德:《物理学》,张竹明译,第 58 页,北京:商务印书馆,1982 年。

② W. Newell, How Original is Machiavelli? A Consideration of Skinner's Interpretation of Virtue and Fortune, *Political Theory*, 1987, 15(4): p. 627.

③ Anthony Parel, *The Machiavellian Cosmos*, New Haven: Yale University Press, 1992, p. 65.

然的概念，而非严格意义上的伦理概念，但违背正义等道德规范的行为决不会被称作合乎自然的或者合乎善的。同样，在神学义理中，上帝赋予的永恒法是善与正义的神圣源泉，从内在和外在两个维度约束着人的行动。在世俗生活中，永恒法则具体化为各种社会法规，是判断人善恶与否，以及行为正义与否的准绳。根据行为的是非功过，全知全能的上帝对人进行裁判，并决定他在天堂或地狱的位置。这一明显带有善恶评价的终极裁决在但丁的《神曲》与阿尔贝蒂的《对话录三篇》中表现得淋漓尽致。在《神曲》中，心术不正、欺世盗名、作奸犯科的邪恶者要接受狱火的烤炼与折磨，而虔诚谦卑、慷慨仁慈的德行高尚者被允许进入天堂。即便肩负传递上帝意旨的神圣使命的教士也无法逃脱上帝的终极审判。[①] 而阿尔贝蒂则以寓言的方式刻画了上帝抑恶扬善的形象。在上帝意志的支配下，具备不同德行的人有着不同的后果：不忠诚、无耻、贪婪、残忍、工于心计的邪恶之徒被汪洋大海所吞噬，依靠自己力量的人一生都处于挣扎之中，唯有那些虔诚、正义、明智、坦诚和仁慈的人才能安享人生。[②] 这说明了，上帝不仅为人提供了行为法则，而且承担起公正的道德裁判者的角色，是社会正义的终极依据。可见，不论是古希腊哲学和还是基督教神学，它们都以古典目的论的宇宙观为基础。这种目的论体系不仅预设了外在于人的最高目的，而且为人朝着善的目的实现完美提供了形而上的依据。

相比之下，马基雅维里所理解的命运却不具有伦理意义，不能被看作正义之神。她不仅没有为人确立一个善的目的，而且没有为人类设定有章可循的完善秩序，指导人如何达至德性的完满与幸福。如前所述，命运的施恩与惩罚全凭其喜好。因此，马基雅维里把运气和机遇描述为两个没有眼睛和耳朵、却守护着命运之门的看护者。这意味着，命运女神既无法看清所选之人的真实面目，也无法倾听世人对此人品行的评价，她依靠的是感性知觉，即凭借人的力量对她的"冲击"而做出判断。就此而言，命运的喜好同其机能特征是相互吻合的。在施恩或惩罚时，她既不依据正义的

---

① 但丁：《神曲》，王维克译，第 509 页，北京：人民文学出版社，1997 年。

② Leon Albeti, Three Dialogues, quoted in *Renaissance Philosophy: The Italian Philosophers*, A. Fallico & H. Shapiro (ed.), New York: Modern Library, 1967, pp. 35—38.

标准，也不评价人行为的善恶。无法辨清真相的命运女神往往"把好人踩在脚下，而使邪恶之徒高高在上"①。她就像特伦斯笔下的年轻人所说的那样，"随意地统治着人世间的事务，盲目地散发她的礼物，而且常常偏好于最坏的人"②。这意味着，分辨善恶与否或裁决正义与否并不是命运的司职，她不但没有不偏不倚地主持公道，而且时常表现出对传统道德的漠视。可见，命运具有跟上帝、自然截然不同的特质。在命运的支配下，现代社会也相应地有别于建立在古典目的论框架下的古代社会。

通过凸显命运的特质，马基雅维里的命运观就像其政治思想一样区别于传统的见解。为此，克罗齐指出，由于命运观念的复活、甚或部分复活，不仅基督教的上帝消失了，甚至在中世纪时获得肯定的理性、目的和发展等观点都消失了。③ 由此可以发现，马基雅维里思想的颠覆性和原创性在很大程度上始于以命运取代了传统目的论体系，并在此基础上建立起新的政治秩序。

二 行动的必要

马基雅维里的命运观表明，命运取代了上帝和自然的位置，成为了人类生活的最高宰制力量。但这没有完全解决命运和人之间的关系问题。命运的全知全能是否意味着，人在命运面前束手无策，完全失去了行动的可能性呢？人无法彻底地征服命运是否意味着，人不具备自由意志，根本无法掌握自己的未来呢？借助马基雅维里关于"人是自身行动的半个主宰"的论断，可以看出，他并不赞同绝对意义上的宿命论观点。相反，正是通过对命运之威力和癖好的刻画，他赋予人的行动以宇宙论的依据。命运既

---

① Niccolò Machiavelli, *Machiavelli: The Chief Works and Others* (3 volumes), Allan Gilbert (tr. & ed.), Durham: Duke University Press, 1965, pp. 745—746.

② Phormio Terence, *The Mother-in-Law*, John Sargeaunt (ed.), Harvard: Harvard University Press, 1964.

③ Benedetto Croce, *History: Its Theory and Practice*, Douglas Ainslie (tr.), New York: Russell & Russell, 1960, p. 236.

支配着人的抉择和行为结果,又为人的行动提供必要性说明。

尽管命运反复无常,人难以捉摸她的意图,但这并不意味着人对她的脾性一无所知。马基雅维里确信,命运渴望受到力量强大的年轻人冲击。对强力的渴求使她并不青睐那些老成持重、小心谨慎的人,而偏爱谨慎不足却行动迅速、勇敢无畏的青年人。她轻视那些优柔寡断与决断迟疑的弱国,而偏爱富有野心与追求荣耀的强势国家。正是凭借其勇猛的德行、精锐的军队、严明的法律和征伐扩张的强势政策,罗马人获得了命运女神的青睐。当罗马人稍有倦怠的时候,命运女神便会以"激将法"予以警示——打击罗马却不彻底地摧毁它,这使得罗马人变得异常振作与英勇,从而确立起威震四方的霸业。虽然马基雅维里对命运的脾性与国家强盛之关系的论述有循环论证的嫌疑,但可以确认的是,德行或能力不足的弱者必定遭到命运无情的肆虐和打击。身为一国之主,统治者如果完全依靠命运,那么,他所建立的国家将摇摇欲坠,无法承受哪怕是丝毫的冲击。当命运抛弃他的时候,他必将垮台。就如同在自然界中的其他事物一样,如若国家"不能根深蒂固、枝桠交错,那么,狂风暴雨就能使它毁于一旦"[①]。因此,唯有那些最不倚仗命运眷顾的统治者才能最稳固地维护政权。

透过马基雅维里对人与命运之间的关系的阐释,我们发现,两者之间实际上存在着一种张力:一方面,人希望得到命运的眷顾,能终身伴随着好运;另一方面,要得到命运的眷顾,他就不能依赖命运。在某种意义上,命运对人的肯定是建立在人对命运的否定的基础上的。而要实现从否定到肯定的转化,就离不开个体或国家的能力与德性,更根本地,离不开展现这些能力与德性的载体——人的行动,特别是政治行动。

行动是惰怠和闲暇的对立面。对于普通市民而言,行动意味着不消极闲散,不纵情酒色,勤于劳作;他们无需追问为什么这样做,"让每个人做他已经学会做的事情,或者已经习惯做的事情"[②]。对于统治者而言,他不

[①] Niccolò Machiavelli, *The Prince*, Harvey Mansfield (tr.), Chicago: the University of Chicago, 1985, p. 26.

[②] Niccolò Machiavelli, *The Discourses of Niccolò Machiavelli*, Leslie Walker (tr.), London: Routledge, 1991, p. 552.

仅应当懂得如何行动，而且要懂得创造机会鼓励国民行动起来。比如说，他应当让人民始终保持在饥馑状态，以便让他们为生计而奔波忙碌；他应在必要时主动挑起战争，以防止士兵和将领因长期休战而陷入萎靡。就此而言，马基雅维里反对享乐主义。但他对行动的重视并非仅止于此。依他之见，行动的必要性暗示了对政治生活的强调，以及对柏拉图传统所强调的沉思生活的蔑视。作为社会性的动物，人无法长期离群索居地生活。政治领域为人的行动提供了广阔的空间，是人自身的价值得以展现的重要场所。尽管柏拉图与马基雅维里都意识到政治生活和行动的重要性，但在柏拉图看来，政治生活并不是最理想的生活，只有超越政治生活的沉思生活才使人们获得真正幸福，因此才是最值得追求的生活。然而，马基雅维里并不认同这一点。沉思的前提是闲暇。只有那些有足够财富而无需耽于劳作的人才有可能过上真正的沉思生活或哲学生活。对此类生活的好逑或沉溺必定会挤兑政治生活的空间，削弱人们参与政治的积极性，而过多的财富也会滋生闲散、放荡、甚或腐败。故而，马基雅维里强调指向现实生活的政治行动，而极少提到"沉思"或与之相关的"哲学"与"哲学家"。

值得注意的是，马基雅维里指称的行动并不是简单意义上的行动。在政治生活中，命运往往被看作影响国家稳定的、非普通人力所能支配的不确定因素。要减少这些外在因素的滋扰，就需要尽可能地依赖某些可掌控的确定要素，即人的德行与能力（virtù）。唯有那些更多地依赖自身的能力与德行、而更少地依赖命运的人或国家，才会让自己的处境更加安全和稳定。

冲击与压制命运所需的力量是非同寻常的，因此，马基雅维里推崇的政治行动是一种以审慎与强力为特征的行动，是德行非凡之人才有能力采用的行动。政治的成败在很大程度上取决于人的行为是否顺应时势。在书信中，马基雅维里曾批评人们把失败完全归咎于坏运气、却不审视自身行为缺陷的谬见。由于时势是变动不居的，因此，当每个人根据自然赋予他的性情和想象力行动时，便出现了行动能否与环境相适应的问题。如果人能审慎地根据时势变化来采取相应的行动，那么，他是幸运的；否则，他就是不幸的。政治的成败与统治者是否遵循传统的道德规范没有必然关联，而与他能否顺应时势、把握机缘密切相关。适应机缘的行动在很大程度上是一种带有强力性质的行动。这是因为，命运偏爱那些有着英勇德行的强者，而蔑视软弱谦卑的弱者。命运的特殊偏好在人世事务中转化为行动的客观必然性，使得统治者不得不在"必然性"的驱使下采用强力政治的治理模式。一旦统治者轻视行动、放弃强力，那么，国家必将因滋生惰怠之风而日渐腐化堕落，最终无法逃脱沦丧的厄运。因此，马基雅维里崇尚罗马的丰功伟业，抨击基督教的柔顺谦卑。

但迎合命运是一件甚为困难的事情。即便是阴险狡诈、善用暴力的博几亚，在一开始也需要借助亚历山大六世的扶助和法王的支持，离不开对命运的依赖。尽管对博几亚颇为赏识，但在马基雅维里眼中，他仍然不具备足以抗击命运的能力和德行。① 博几亚在选举教皇一事上犯下的错误和亚历山大六世的去世使他不再获得命运女神的眷顾。从这个角度来看，在马基雅维里这里，命运是检验人是否具备足够能力的判官。那些面对命运的变幻莫测——时而让人飞黄腾达，时而让人一败涂地——仍能临危不惧、"心如磐石"、"一如既往地生活"的人是能力非凡的伟人；那些遇到好运便娇纵轻狂、遭逢厄运便低三下四的人则是应当遭唾弃的弱者。前者通明世事，能正视命运的力量，却没有由此而否认自身的能力，能把握时机迅速行动，因而更容易获得命运的垂青；后者完全屈膝于命运，轻视自身能力和德行，因此他们的沉浮完全受命运意志的宰制。就此而言，只有那些始终保持清醒的头脑、善于运用大善大恶的统治者，才能以审慎和强力获得命运的器重。正是借助自身的德行和能力，人在获得命运垂青的同时，也大大削弱了她的影响力。

可见，对命运无所不能的威力的认可，并没有使马基雅维里彻底感到悲观。对于根本无法把握的事情，人无需介怀，他只需要做好自己能影响

---

① 在《君主论》中，马基雅维里曾把博几亚看作新君主的典范，这是由于他在冷酷和慷慨等方面把握得恰到好处，使得臣民对他既爱戴又畏惧，军队既臣服于他又对他顶礼膜拜；懂得在必要时争取朋友，既与其他君主保持友好关系，又使他们诚惶诚恐；善于利用武力和欺诈制胜，消灭那些势必加害自身的敌人；对旧有制度加以革新，懂得以恰当的方式创建新的军队和摧毁不忠诚的军队。

的事情就足够了。不论适逢好运或遭逢厄运,人都应当怀有希望。在命运面前,人并不是无计可施、束手无策的,他应把有限的精力用于扩充自身的力量,以"行动"来证明自己是命运的选民。命运垂青强者的脾性给人以希望,强力是人或国家拯救自身的稻草绳。努力壮大自身力量的人或国家将更有可能获得命运的眷顾,或至少可以尽可能地抵御命运的冲击。鉴于人的能力与命运之间的张力关系,阿尔都塞、迈内克与波考克等研究者都十分注重从命运的角度来反证德行和能力的重要性。如,阿尔都塞把它们看作马基雅维里试图突破历史循环、改变人类命运的理论和实践的切入点。① 迈内克则把人的能力和德性视为拯救业已沉沦的民族、重建国家的必不可少的因素,是"逼退"命运的重要手段。② 而波考克则强调了 virtù 和命运之间的对抗关系,借助 virtù,人能够抵抗命运,并向她施加某种秩序模式。③ 这意味着,在马基雅维里那里,命运不仅没有完全否定人的存在,而且反过来成为了论证人行动之必要性的重要根据。

  对人而言,命运不仅是一种异己的宰制性力量,而且是人行动的外在依据。反复无常的命运女神的特殊偏好,为人类开启了一扇行动之门。唯有通过行动,人们才有可能赢得命运的青睐;唯有通过行动,人们才有能力在遭遇厄运时,仍然能够处世不惊、坚强面对。可以说,行动是人部分地掌握自身未来的先决条件,是人证明自身能力和德行的重要途径。对于统治者而言,行动是赢得才智非凡与卓越伟大之声誉的必要途径。政治生活恰好为行动提供了一个广阔的空间和舞台,使行动的必要性得以彰显。在政治领域中,人借助行动来培养和锻造自己,实现自身的社会价值,满足各种财富与权力等欲望,甚至有机会享有长久的荣耀。

---

① 阿尔都塞:《哲学与政治》,陈越编,第 376—504 页,长春:吉林人民出版社,2003 年。
② 迈内克:《马基雅维里主义:"国家理由"观念及其在现代史上的地位》,时殷弘译,北京:商务印书馆,2008 年。
③ 波考克认为,《君主论》论述的是革新者,以及他们与命运之关系的类型学。由于政治革新将推翻已建立的制度,对许多人及其所属阶层造成伤害,这将冒犯一些人,并搅乱了既定的一切,因此,它向命运敞开了大门,使革新者暴露于命运之下。详见 John Pocock, *The Machiavellian Moment: Florentine Political Thought and the Atlantic Republican Tradition*, Princeton: Princeton University Press, 1975, pp. 160—167。

三 政治的苦恼意识

一般而言，人们对政治生活的刻画是在理想与现实中寻求平衡后的结果。在《君主论》等政治著作中，不难发现，马基雅维里实际上并不缺乏对理想社会的向往，也没有放弃对理想政治模式的构想。他甚至曾设想过，政治领导者应当以合乎传统道德的方式来治理国家，并依靠德行来建立永久共和国。在《君主论》第 15 章和第 18 章，马基雅维里间接地表达了他对理想的统治者的憧憬。"我知道，每个人都会同意，假如在君主身上都能发现上述优秀品质（如慷慨、乐善好施、仁慈、言而有信、矜持高尚、忠贞纯洁、诚恳老实、与人和善、信仰虔诚等），这是多么值得称赞啊！""每个人都明白这样的道理：君主信守承诺，始终以诚实而非狡诈自持，这多么值得褒扬啊！"① 然而，任何政治模式的展开和具体化都需要现实条件的支撑。当理想模式遭遇现实的质疑时，理想与现实之间难以逾越的鸿沟就不可避免地让人产生强烈的苦恼意识，甚至可能走向否定理想的极端。

在马基雅维里这里，理想的生活虽然让人向往，却无法逃避政治现实的审视。相反，现实是理想得以建构的根本基础。政治理论的建构必然要求对政治主体的自然天性进行考察，对人的政治行为能力、目标的可操作性和行为的成效等加以反思。唯有立足于人在现实生活中的各种观念、日常活动，以及由此而形成的人际关系，政治的本真属性才得以展现，政治蓝图的建构才不至于因自恃过高而流于空谈，国家治政才变得行之有效。

---

① Niccolò Machiavelli, *The Prince*, Harvey Mansfield (tr.), Chicago: the University of Chicago, 1985, pp. 62—68. 但即便如此，马基雅维里所理解的理想社会仍有别于古典意义上的理想社会。此外，在表达这些想法以后，他旋即指出，理想化的设想是不切实际的，并奉劝领导者在行动时必须立足于现实状况。而 Neal Wood 和 I. Hannaford 则根据马基雅维里经常在军事战争语境中使用 virtù 一词的事实，得出了他在很大程度上是以理想军队的模式来理解政治的结论。参见 I. Hannaford, Machiavelli's Concept of Virtù in The Prince and The Discourses Reconsidered, *Political Studies*, 1972 (20): pp. 185—189. Neal Wood, Machiavelli's Concept of Virtù Reconsidered, *Political Studies*, 1967 (15): pp. 159—172。

(一) 政治主体的局限性

政治的主体是人,要建构切实可行的政治制度和政治秩序,离不开对人及其本质的深刻认识。在马基雅维里看来,人是天使与魔鬼的复合体,容易受到各种邪恶念头的诱惑,腐化堕落,因此,社会似乎无法避免恶。政治主体的劣根性决定了,政治不应以正义和幸福为目标。

在马基雅维里看来,普通民众缺乏政治判断力,受制于短浅的目光和陈旧的观念,故而,在政治决断时,他们常偏离正确的轨道。这首先表现为,人总是注重一己私利,只看到短期的蝇头小利,因此,他们在事关地位和荣誉分配等细节性事务上不易被欺骗或犯错,却容易在影响国家命运的重大决策上上当受骗,做出错误的决断。在《论李维》中,马基雅维里以执政官的选举和权限问题为例论证了这一点。当人民觉察到贵族无力平息战乱时,他们试图通过重新选举执政官或限制执政官的权力等方式,约束贵族的权限,提高人民的政治地位。但重新选举的结果是,民众所任命的护民官竟然清一色是贵族,贵族势力依然掌控着城市的政权。由此,李维得出了人民具备健全判断力的结论。但马基雅维里不同意李维的观点。他认为,在重大的问题上,普通民众往往满足于表面的得失、缺乏足够的判断力,他们总是容易相信一些表面上大义凛然、而背后却隐藏着导致国家覆灭之危险的谬见,但那些表面上看似引起损失、背后却潜藏着安全和收益的政策却难以让他们信服,因而,他们常常被蒙蔽而错失政治良机。基于民众能力的有限性,马基雅维里不无夸张地指出,"要想使共和国遭遇灾难,最容易的办法是让人民掌权"①。

其次,民众的通病还表现为胆小怯懦、过度谨慎、墨守成规。这种思维惯性构成了政治行动的最大障碍。马基雅维里坚信,政治是一种具有竞争性并讲求时效性的事业,只有具备审时度势的本领、且能把握机遇的明智者,才能通过果断而迅速的行动掌握政治上的主导权。然而,大部分人在处理政治事务时经常囿于陈规,对新的制度将信将疑、优柔寡断,因此,

---

① Niccolò Machiavelli, *The Discourses of Niccolò Machiavelli*, Leslie Walker (tr.), London: Routledge, 1991, p. 331.

他们固守那些曾经有助于实现以往目标的手段或方式，而鲜有在世易时移之时改弦更张、与时俱进。在隐藏政治危机的国家中，这种因过度谨慎而导致的偏执，使人们难以接纳新制度和新的政治秩序。而习惯了以正常手段治理国家事务的统治者也很难改变观念，难以认识到在必要时采用反常手段以匡正政治生活的重要性，故而，导致国家因没有及时推行新的制度而逐渐腐败衰落。

最后，人受制于贪婪的欲望，对权势的渴求常常使人心生嫉妒，患得患失。贪婪是人的天性。"上天在造人之时，便令其欲壑难填，守成乏术。既然欲望总是胜过获取的能力，他对别人的所有便会妒火中烧，心怀不满。"贪欲诱使人的野心节节攀升。"野心之盛，使他无论擢升于何等高位，它也不会放过他们。"① 在野心的驱使下，人与人之间相互争斗。除非他们不断有新的获取，否则，他们对自己的所得永远不会感到满足。这使得人先是谋求不受他人侵害，继而去伤害他人。在人的各种欲望中，对权势的贪欲尤为突出。不论是贵族还是民众，他们都想方设法把对方排除在权力范围以外，以便独揽大权。

除了上述缺陷以外，社会中形形色色的恶行也影响了马基雅维里对政治主体的理解。在他看来，现实生活中，大部分人品性低劣。他们贪婪成性，习惯于勾心斗角、背信弃义、变幻无常、忘恩负义、趋利避害，并且擅长伪装自己或欺骗他人。那些借助暴力或欺骗等手段来获得权势与财富的人，总是善于伪装成用道德的方式获得正当利益。但实际上，在利害面前，他们常常为求自保而违背诺言，甚至相互背叛、反目成仇。就臣民而言，当统治者对他们有好处且暂不需要帮助时，他们会臣服于他，为他流血，承诺会向他奉献自己的财产、生命和子女；但当统治者真正需要他们帮助时，他们就会背叛他。就统治者而言，自保或嫉妒的本能也容易使他们心生猜忌。由于害怕他人功高盖主而对自己构成威胁，因此，当权者时常怀有险恶的猜疑之心，并且变得忘恩负义。历史上的安东尼乌斯·普里穆斯之于韦斯巴森，冈萨沃·费兰特之于阿拉贡的菲迪南都印证了这个"再自然不

---

① 马基雅维里：《论李维》，冯克利译，第 141 页，上海：上海人民出版社，2005 年。

过的"道理。虽然普里穆斯与费兰特在战场上立下了汗马功劳，但由于韦斯巴森与菲迪南心生妒嫉和猜疑，两位勇士或被革职、或被杀害。处于一个无法避免恶的社会，人们时常把他人也设想为坏人，他们无法相信人是善良的。故而，在《论李维》中，马基雅维里教导立法者要把人想象为"恶棍"，这是因为人时常是"邪恶的"，他们会"不失时机地按灵魂中的邪念行事"。① 如果一个人发誓在一切事情上都以善良自持，那么，他必定招来杀身之祸。

　　显然，马基雅维里所设想的灵魂具有两面性，它既能引生出善念，也能滋生出恶念。② 就一般人而言，恶是率性而为，而善则是迫不得已而为之。如，平民的勤劳是迫于生活困顿的结果，军队的井然有序是迫于军纪惩戒的结果。在法纪健全的社会中，人们有可能出于敬畏上帝或畏惧责罚等原因而遵守社会规范。当日用伦常已成为了人际关系的基本纽带时，即便那些试图通过作恶而从中渔利的人，也需要在利益博弈的过程中装出善良与虔诚的外表。但与向善的趋求相比，人往往更倾向于听从魔鬼的召唤与唆使。如果脱离了法律等万不得已的条件约束，人们是不会行善的。一旦能左右逢源，他们必定放荡形骸、腐化不堪。在现实利益的诱导下，即便受过良好教养的善良之辈也有可能成为罪恶的帮凶；即便最虔诚的基督徒也会成为异教徒。③ 在是非颠倒的社会，轻率任性或头脑迟钝者只能受制于人，忠实的奴仆和诚实的人永远没有翻身机会。摆脱受制于人的困局的唯一出路是，随波逐流地变成"既大胆又不忠实"、"既贪婪又奸诈"的人。在他看来，社会中人与人之间的关系就建立在这种脆弱的利益联盟的基础上。人们要么借助可耻的伎俩和腐败的勾当而飞黄腾达，要么因执迷不悟地恪

---

　　① Niccolò Machiavelli, *The Discourses of Niccolò Machiavelli*, Leslie Walker (tr.), London: Routledge, 1991, pp. 216—217.

　　② 就此而言，马基雅维里并非如施特劳斯所说的那样不谈灵魂。应当说，他所理解的灵魂同古希腊传统的灵魂概念有着本质区别。他认为灵魂并不仅包含着善，而且也会滋生恶念。对灵魂概念的这一独特理解也许可以部分地解释为何他如此坚定地宣称自己"爱祖国胜于爱灵魂"。

　　③ 《曼陀罗》中的女主人公卢克雷齐亚在母亲与教士的诱导下，由一开始坚称即便世上只剩她一个女人、她要肩负起人类种族繁衍与复兴的重担，她都不愿意接受通奸行径的基督徒，而蜕变为主动通奸的异教徒。

守所谓的社会规范而沦为贫困者或受奴役者。人容易腐化的自然倾向必定使国家陷入腐败的困境，最终侵蚀自由的信念与动摇社会的稳定。即便是曾经有着辉煌功业的罗马也无法避免因城市腐化而带来的衰落与覆灭。

正是由于作为政治主体的人大部分都具有趋利避害的秉性，容易受恶的诱导，因此，马基雅维里无法脱离人的有限性而构造一个能成就人之完满德行的、长盛不衰的理想国家。他不否认，德行出众的统治者确实能凭借自身的雄才大略而建立一个秩序良好的强盛国家，或者在国家衰落之时力挽狂澜，使之东山再起。然而，对国家而言，德行出众的统治者的诞生和崛起实乃偶然。如果那些致力于让长期习惯于恶劣生活的国家改邪归正的贤明之士，没有足够长的时间完成匡治国家的重任，那么，他的改革功业只能与其寿命共存亡。也就是说，单单依靠个别统治者的德行，无法真正维持一个长治久安的国家。即便是国运亨通的罗马在开国之初有罗慕路、努马、图鲁斯、安库斯，相继为其确立稳定的公民生活模式，使其既能维护国家主权，又能拓宽疆域，然而，如果后继者无法像他们那样有过人的能力，那么，这些非凡的成就将难免被城市的腐化所侵蚀。"从一个杰出的君主那里继承王位的软弱君主尚可自保；但若在弱主身后仍是一个软弱的君主，那么，他就无法维护国家的权力，除非它像法兰西王国那样，有古老的制度加以维系。"[①] 在此，制度看似能使国家暂时避免劫难。例如，良好的选举制度似乎能选出无数个有德行的统治者。但马基雅维里最终暗示了这种想法是不切实际的。一方面，并非任何时代都能发现德行出众者，他的出现是机缘所致；另一方面，由于政治时势的不断变化要求制度有相应的调整，如果缺乏明智的立法者制定有效的法律制度，其公民便容易变得腐化堕落，国家也无法长盛不衰。

在俗世生活中，人们表现出来的种种局限性，无法满足建立理想政治秩序所需要的主体条件。马基雅维里构想的理想政治要求生活于其中的人品性纯良、慈悲为怀、言而有信、诚恳虔诚，他们崇尚高贵的美德，并自觉

---

① Niccolò Machiavelli, *The Discourses of Niccolò Machiavelli*, Leslie Walker (tr.), London: Routledge, 1991, p. 264.

地以此为行动准则。在这种理想的情境中,统治者才能以合乎道德的常规方式治理国家。然而,现实的政治状况恰好相反。因此,统治者不应把适用于理想情境中的政治手段直接套用到真实的政治生活中,而应当审时度势地采用行之有效的治国方式。假如他没有分清理想与现实的界限,没有认清他所面对的政治对象的本真面目,执拗于在一切事物中以善良自持,那么,他将不仅无法保全国家政权,而且随时会招致杀身之祸。

虽然马基雅维里并没有明确提出人性恶的观点,但是,通过强调恶的自然倾向及日常生活中屡见不鲜的恶行,他使自己与那些持有性善论观点的人划清了界线。人无以为善,因为恶者众。基于对人的真实面目和局限性的重新认识,理想社会的构筑似乎无法依赖于普通民众。马基雅维里对理想政治社会的构想使人自然而然地联想到另一种可能性:既然他设想的美德社会所要求的德行与基督教教义所倡导的德行如此接近,那么,通过宗教的方式,人们是否可以实现完美政治的理想,或者说,意大利人能否在教会的引领下实现国家统一的夙愿呢?

(二)基督教的困境

宗教特别是基督教是影响西方政治发展的重要因素。诚如国内学者高全喜所言,古典城邦制解体以后,西方社会便与基督教结下了不解之缘。[①]当政治处于危机或变革时,宗教往往以其独特的方式作用于政治,并在政治的反作用下发生变化。在其政治文本中,马基雅维里曾多次提到宗教、特别是基督教。但他对宗教、特别是基督教的态度是复杂的,甚至是不连贯的。他时而推崇宗教信仰,时而又表现出对宗教的厌恶、甚或鄙夷。在他的言说中,人们常常能看到种种似是而非、相互矛盾的观点。这让研究者难以把握其宗教思想。鉴于此,我们要回到文本,识别出他别有用心的暗示。

在《论李维》第 1 卷,马基雅维里连续用了六章(第 10—15 章)来论证宗教的社会意义。他把宗教首领奉为最值得称赞的人,把笃信宗教的努

---

① 高全喜:《西方"早期现代"的思想史背景及其中国问题》,载《读书》,2010 年第 4 期,第 27 页。

马称作罗马最应感谢的君主,并把宗教视为维护文明生活不可或缺的要素和增进国家福祉的主要原因。而在《忏悔训诫录》等作品中,马基雅维里表现出对上帝的顶礼膜拜,他赞美上帝乐善好施,对宗教予以积极肯定,并常在私人信件中提到了"愿上帝保佑"、"以上帝的名义"等字眼。此外,他还在不同场合斥责某些基督徒忘恩负义,向他们指明了以忏悔来洗刷罪恶的出路。至此,我们似乎可以得出结论,认为马基雅维里是一个虔诚的基督徒,他相信基督教有助于建立一个民风淳朴、乐业安邦的社会。

但得出这一结论的举动很快被证明是轻率的。在赞美宗教的同一卷中,马基雅维里在相隔三章以后,笔锋急转,从赞扬努马转向了对其进行尖锐的批判。他明确指出,人们应效仿具有非凡德行的罗慕路,而非努马。骁勇善战的罗慕路奠定了罗马最初的政治生活模式。相形之下,努马的德行和能力大大逊于前者,他只是一个坐享其成的软弱君主。他之所以能维持罗马的安稳,全仰仗于罗慕路留下的丰厚政治资源。在罗马辉煌的历史中,努马实际上只是一个幸运的过渡人物。之所以说他是"幸运的",是因为前任统治者的战果为努马的和平路线奠定了较为稳固的军事基础,他只需要维持已然确立的制度便能实现自保,故而,与堪称"英雄造时势"的罗慕路相比,努马是时势造就出来的幸运英雄。

更重要的是,努马的政治权威必须依赖于谎言,他需要借助自己同仙女有私情的谎言使自己神圣化,并强化其政策的说服力。[①]但在马基雅维里看来,这种依靠上帝来维持国家的方法并不值得称道。对此,塔科夫评论道,"对马基雅维里来说……上帝乃是国外武装最重要的表征,你招请他为你作战,他却把你置于奴役之中"[②]。在缺乏可靠保障时,一旦遭遇将信将疑的臣民,努马的权威必将大打折扣。此时,他既无法单凭信仰拉拢附庸之众,也无法像罗慕路和布鲁图斯那样以武力迫使他们产生信任。

[①] 相传努马与仙女埃吉里娅经常在神秘园里会面。参见西塞罗:《国家篇、法律篇》,沈叔平、苏力译,北京:商务印书馆,2008年。Titus Livy, *History of Rome*, B. O. Foster (tr.), Mass.: Harvard University Press, 1988.

[②] 塔科夫:《马基雅维利〈君主论〉中的武装与政治》,转引自刘小枫、陈少明主编,《古典传统与自由教育》,北京:华夏出版社,2005年。

只要比照一下努马与萨沃纳罗拉的相似手法，便能看出，前者正把国家推向何等危险的境地。同努马一样，萨沃纳罗拉也相信，无需拥有武力或借助强力政治的手段，而单凭上帝的名义就能把冥顽的佛罗伦萨人调教成忠实厚道的信徒，建立一个道德净化的理想王国。但政治上的天真无知葬送了他的生命，正是那些起初对他一呼百应的所谓信徒亲手把他送上了绞架。萨沃纳罗拉的结局暗示了，努马的治政模式无法保障国家长治久安。就此而言，努马的例子只是马基雅维里用以迷惑世人、特别是基督徒的"烟雾弹"。它实际上削弱了基督教在政治事务中的神圣性和权威性。

其实，就在论述宗教作用的第三个章节中，马基雅维里早已对现世教会的权威性发起了攻击。他指责，一方面，教廷的教士们不仅没有谨守教规，而且信仰殆尽、作恶多端。他们的恶劣行径给意大利造成了极大的负面影响。在其影响下，意大利人变得既不敬神又邪恶。面对这些恶行，马基雅维里在《忏悔训诫录》中不禁慨叹，上帝为人创造了天地，每一种事物的创造都是为了人的荣耀与善，但"看看这些忘恩负义的人是怎么对待伟大的恩人！当他滥用这些东西、并把它们用于邪恶之处时，他是多么值得被惩罚！……人们用奢侈与过量的食物填饱肚子，那些应该把目光投向上帝的人却转而关注世俗社会，理应保护人类的欲望却转向了追求纵情色欲和放荡不羁的生活"[①]。这些野兽般的行径使人由天使堕落为魔鬼，由主人变成了仆人，由人变成了野兽。另一方面，罗马教廷对世俗权力的僭越间接导致了意大利的四分五裂。为支配国家权力，教廷通过招募外来势力或扶植亲教廷党派等手段，以申斥、武力、赦罪、权力制衡等方式，企图随心所欲地控制意大利政局。然而，它的实力却与其权力欲望不成正比。在写给友人的书信中，马基雅维里讽刺教皇，批评他们目光短浅、急功近利，其错误的军事外交策略致使军队不堪一击。虽然教会没有足以征服意大利的实力，但它却不允许其他势力掌权。这使得意大利陷入常年混战的状态。面对罗马教廷对意大利统一进程的阻碍，马基雅维里深恶痛绝。他多次斥

---

① Niccolò Machiavelli, *Machiavelli: The Chief Works and Others* (3 volumes), Allan Gilbert (tr. & ed.), Durham: Duke University Press, 1965, pp. 170—174.

责教会干预世俗政务的行径,并把国家分裂、主权丧失归咎于教会的败坏。"几乎所有北方蛮族在意大利境内进行的战争,都是教皇们惹起的;在意大利全境泛滥成灾的成群结伙的蛮族,大多是由教皇招进来的。这种做法仍然继续进行,致使意大利软弱无力、动荡不安。"①

然而,对罗马教廷的批判并不是马基雅维里对基督教最沉重的打击。这是因为,在现实生活中,教廷的腐化可通过宗教改革加以匡正,教会的实力可借助金钱或武备得以增强。而基督教无法承担解放意大利之重任的根本原因在于,它赖以建立的教义跟政治的性质、要求相背离。亦即是说,基督教不仅在实践上缺乏一统天下的实力,而且在理论上也不具备这种可能性。通过比较古罗马人与同时代人的信仰,马基雅维里鞭辟入里地指出了这一点。"我们的信仰指明了真理和真理之道,使我们不看重现世的荣耀,而异教徒却对它极为推崇,把它视为至善,所以他们的行为也更为狂暴……除了现实荣耀等身者,例如,军队的将帅和共和国的君主,古代的信仰从不美化其他人。我们的信仰所推崇的却是卑恭好思之徒,而不是实干家,它把谦卑矜持、沉思冥想之人视为圣贤,古代信仰则极力推崇威猛的勇气与体魄,以及能够使人强大的一切。如果我们的信仰要求你从自身获取力量,它是想让你具备更大的能力忍辱负重,而不是要你去做什么大事。这种生活方式让世界变得羸弱不堪,使其成为恶棍的盘中餐;看到那些一心想要上天堂的民众,只能忍辱负重,从来不思报复,他可以放心地玩弄世界于股掌。这个世界被搞得看上去女人气十足,天堂也被解除了武装。"②尽管这段言辞激烈的论述没有指名道姓,但马基雅维里对基督教的责难是不言而喻的。基督教的软肋就在于,它本质上是反政治的。对基督徒而言,此岸世界只是通向彼岸世界的、暂时的安身之所。他们的最终目的是以彼岸世界来否定世俗生活,以精神来否定肉身。因此,基督教崇尚

---

① 马基雅维里:《佛罗伦萨史:从最早期到豪华者洛伦佐逝世》,李活译,第15页,北京:商务印书馆,1982年。马基雅维里对罗马教廷的批判可参见《君主论》第11章,《论李维》第1卷第12章、第2卷第2章,《佛罗伦萨史》第1卷第3—5章,第2卷第1章。

② 马基雅维里:《论李维》,冯克利译,第214—215页,上海:上海人民出版社,2005年。

离群索居的消极生活态度与政治要求的积极入世的生活态度有着根本的区别。在马基雅维里看来，在政治世界中宣扬基督教义理的举动是十分荒谬的，这无异于自暴自弃，甚至是自取灭亡；那些误以为可以用谦卑来战胜傲慢的人往往是自欺欺人。处于一个你争我斗、弱肉强食的政治世界，假如意大利人深信《圣经》中的布道——要爱你们的仇敌，不要与恶人作对；有人打你的右脸，连左脸也转过来由他打；有人拿你的内衣，连外衣也由他拿去——那么，他们注定要任人鱼肉。假如意大利的统治者天真地听从伊拉斯谟①的教诲，轻信应当"遵从正义、不施暴于人、不抢掠他人"等训诫，那么，他不仅无法结束国内分崩离析的窘境，而且会导致丧权辱国的后果。②可见，基督教的教义和政治的本质之间存在着内在的对抗性，是教会无法统一意大利与征服世界的根本原因。③

宗教生活与政治生活之间的对立，抽离了教会政权的正当性基础。虽然教会君主国的存在是一个不争的事实，且《君主论》在分析各种类型的君主国时仍把它纳入其中，但是，在马基雅维里的政治架构中，教会国家并不真正享有合法地位。尽管马基雅维里没有明目张胆地对教会君主国政权的正当性提出质疑，但在《君主论》第19章，他以苏丹国家性质的特殊性为例，向读者发出了暗示：假如教皇国家既不属于世袭君主国，也不属于新的君主国，那么，它到底应被纳入何种类型的君主国呢？这个暗示引导我们重新回到该书第1章提到的问题，即君主国有多少种类型。

---

① 伊拉斯谟（1466—1536）是文艺复兴时期的人文主义者。他信奉基督教，但反对宗教狂热和政治狂热。

② Dante Germino, Second Thoughts on Leo Strauss's Machiavelli. *The Journal of Politics*, 1966, 28 (4): p. 803.

③ 施特劳斯对马基雅维里如何批判基督教有着详尽且深入的分析。在他看来，对宗教本身、政治与宗教之间的关系的理解是马基雅维里分析政治的本质、政治与道德之间的关系的基础。比如，通过对隐秘写作技艺的考察，施特劳斯得出结论，在马基雅维里那里，上帝是一名暴君；教士的统治本质上属于僭主暴君统治；基督教并没有追求真理，它是一种人为的技艺；借助德行出众的统治者的才干，国家无需受制于宗教等等。尽管施特劳斯的分析方法和结论颇受争议，但无可否认的是，他的见解和论证方式给研究者提供许了多有价值的启示。参见 Leo Strauss, *Thoughts on Machiavelli*, Illinos: The Free Press, 1958, pp. 176—231.

而《君主论》第 1 章的开篇明确地指出,迄今为止,曾经统治或正在统治人的所有国家和所有政权要么是共和国,要么是君主国;君主国要么是世袭的,要么是全新的。至此,马基雅维里对教会国家的真实态度明朗化。通过对君主国类别的界定,他实际上早有预谋地剥夺了教会君主国的合法地位。

通过渲染教会的腐败与基督教教义的阴柔软弱,马基雅维里不仅否认了凭借基督教的力量来实现复国大业的可能性,甚至把它看作在本质上与政治不相容的精神力量。基督教对彼岸世界的专注与对此岸世界的疏离,对冥思的沉溺与对行动的忽视,对谦卑的崇尚与对荣耀、强力的轻视,完全同政治的内在诉求相背离。上帝对人过于仁慈,没有对容易受魔鬼引诱的人施予足够的惩罚。大卫违背了上帝的意旨却没有受到应有的责罚,难道单凭痛哭流涕式的悔悟就可以洗清他的罪么?"只有悔悟与哭泣是不足够的。为了不要使罪恶更加深重,为了根除邪恶,"人一定要像法兰西斯和吉罗摩那样付诸实际行动,以表明忏悔的恳切和真诚。[①]通过对法兰西斯与吉罗摩之行为的彰显,马基雅维里实质上漠视、甚或意图掩盖基督教在谈论忏悔时强调的精神状态的变化,而凸显出行动、特别是那种让人刻骨铭心、带有血腥意味的强力行动的重要性。假如基督教没有从缺乏行动的悔悟向付诸行动的忏悔转变,没有把目光投向行动与现实生活——根本而言,假如它没有改变自己的立场和教义——那么,它无法被容纳到政治生活当中,而以基督教来建构理想的政治社会更是无从谈起。

鉴于作为政治主体的人,内在地具有倾向于恶的局限性,因此,不论在世俗层面还是在信仰层面,他们所构筑的政治都无法像古典政治哲学所描绘的那么完美。理想与现实之间的鸿沟使得政治概念的定位变得十分复杂。立足于现实还是立足于理想,对这两种思维方式的选择导致了相异的理论体系和政治秩序。在马基雅维里的论述中不难发现,他更倾向于前一种思维方式。他所关注的问题不再是"什么是正义"或者"最好的政治生活应当怎样",而是"如何有效地建立政权与维护国家长治久安"。他思考

---

① Niccolò Machiavelli, *Machiavelli: The Chief Works and Others* (3 volumes), Allan Gilbert (tr. & ed.), Durham: Duke University Press, 1965, p. 174.

与追问的方式不再是"应当如何",而是"实际如何"。这种思维方式的转变不仅仅是一种理论层面的抉择,更重要的是,它关系到政治者的命运和国家的存亡。

生存还是毁灭?这是一个根本性的问题。然则,在"实际怎样"与"应当如何"之间的抉择,是否一如在生存与毁灭之间的抉择那样存在着根本的对抗?古典政治哲学对"应当如何"的专注是否终将走向毁灭?马基雅维里对政治"实际怎样"的强调是否真能保有自身和国家?人们应当在何种框架下思考政治的概念,政治的目标和原则究竟是什么?至此,我们已触及政治的本质问题。

四 政治的现实感

在《君主论》和《论李维》当中,马基雅维里时常提醒读者,他正在从事一项前人尚未涉足的事业,要建立一个有别于现有政治体系的新秩序。建构新秩序最为根本且有效的方法是瓦解旧秩序所植根的传统,而不是对原有秩序作旁枝末节式的修补。马基雅维里建立政治新秩序的自觉意识反映了他对政治概念本身的原创性理解。为了更好地把握他在理解政治概念时做出的转变,以及为何以新秩序取代旧秩序,我们有必要先回到他所指称的旧秩序那里。这个旧秩序就是古典政治哲学业已确立的传统。只有在比照两种秩序的基础上,才能更加清楚地把握马基雅维里对政治的新诠释。[1]

---

[1] 在比照新旧秩序之必要性的问题上,我十分赞同施特劳斯的研究视角。他指出,除非研究者摆脱马基雅维里的影响,否则,他们将无法看清其思想的真实一面;除非为自身复活、并在自身复活西方世界的前现代的遗产,否则,他们无法看清马基雅维里思想的真实一面。要公正地对待马基雅维里,就要从前现代的视角看待一个完全令人始料不及、让人吃惊的、新异且陌生的马基雅维里,而不是从今天的视角评价一个已然古老、已成为我们其中一员、几乎是好(善)的马基雅维里。即便是为了纯粹历史性的理解,这个过程也是必要的。马基雅维里的确了解前现代的思想:它发生在他之前。但他不可能了解如今的思想:它发生在他之后。参见 Leo Strauss, *Thoughts on Machiavelli*, Illinos: The Free Press, 1958, p. 12。

(一) 古典的政治概念

正如本书在论述马基雅维里的命运观时已然指出的那样,自然目的论是传统哲学的根基。在自然目的论框架中,自然秩序和善(至善)等理念构成了前现代政治哲学的基石,是理解政治概念的理论前提。

在自然等级序列中,人以善为目的,并按照恰当的秩序合乎自然地行动,通过美德来完善自身,过着善的、幸福的生活。而"善的生活就是与人的存在的自然秩序相一致的生活,是由秩序良好的或健康的灵魂流溢出来的生活"。为满足生活的多种需求,人组成了共同体。由于单靠自己的个体无法自足,因此,人在本性上是政治的动物。"在本性上而非偶然地脱离城邦的人,他要么是一位超人,要么是一个鄙夫;就像荷马所指责的那种人:无族、无法、无家的人,而这种人是卑贱的,具有这种本性的人是好战的人,这种人就仿佛棋盘上的孤子。"[①] 人的政治属性使其需要组建政治共同体。由于整体必定优先于部分,因此,作为整体的城邦在本性上优先于家庭和个人。依亚里士多德之见,城邦之善是较之个体之善更高的大善。而致力于恢复古典政治哲学传统的阿尔法拉比在解读柏拉图的思想时,根据目的的等级序列相对应地划分德性的等级。他把发现高尚的目标和手段的能力界定为审慎的能力或审慎的德性。审慎德性有高低之分,它的判断依据是目标的高尚程度、恒久性与普适性。较低层次的审慎德性只能帮助人们发现流动可变的短期目的,如适用于某个地域的城邦或共同体的目标或手段;最高层次的审慎德性乃是一种发现对许多国家、整个城邦共同适用的高尚目的——这种目的最高贵且最持久——的能力。这种发现"最有益和最高贵东西的美德"被阿尔法拉比称为"政治的"审慎德性。[②] 不管城邦之善和个体之善何者应处于更高层次,可以肯定的是,在古典哲学那里,城邦与人都处于自然序列当中,同属自然的产物;城邦的最终目的同人的最终目的是一致的,两者都追求至善。以实现更高尚与更神圣的善为目标的政治生活有助于人成就自身的德行完满与幸福。这表明,政治

[①] 亚里士多德:《政治学》,颜一等译,第4页,北京:中国人民大学出版社,2003年。
[②] 阿尔法拉比:《柏拉图的哲学》,程志敏译,第156—157页,上海:华东师范大学出版社,2006年。

生活不应简单地等同于共同生活,而应追求优秀的生活。虽然古典哲人不明确最好的政治生活具体是怎样的,但他们相信,政治生活理应成为"具备了足够的需用的德性以致能够拥有适合于德性的行为的生活"[①]。而最佳的政制应当对德性实践最具指导意义。生活于完美自足的生活中的公民是有德行的与幸福的。

好的政治生活离不开城邦各个部分为整体利益而各安其分,和谐共处。这是城邦正义的要义。关于古典政治哲学中的正义概念,我们可以从柏拉图的《理想国》[②]中得到进一步明晰。在《理想国》中,苏格拉底对城邦正义的探询源于他对"什么是正义的"或"灵魂中的正义"的追问。当格劳孔要求苏格拉底证明正义如何不单单因其结果,而更重要地是因其自身而被渴求时,对正义的探讨进入实质性的、同时也更为抽象的论辩阶段。格劳孔试图说明,实际上,正义之所以被接纳,在很大程度上是基于人们对自利目的和行为效果的考量,即是说,正义的价值依赖于外在因素。为了论证正义的本质和起源问题,他列举了两个重要的论据。第一,正义是迫不得已之举。人天性自利,他们希望尽可能地扩充自己的名利。但由于害怕自身的利益会因他人的僭越而受到损害,因此,出于自保的考虑,他们不得不以契约的形式限制自己的欲望,同时也束缚他人的贪欲。这不禁让人联想起孟德维尔的"蜜蜂寓言"所揭示的道理,客观上的利他实质上是由个人的主观自利促成的。格劳孔的论据暗示了正义只是权宜之计,它的最初出发点是保护自身的私利不受侵犯。建立在这一出发点基础上的正义概念,并不排除人在脱离权宜条件束缚的情况下钻空子的可能性,就像马基雅维里所形容的那样,"不出于万不得已,人无行善之理,若能左右逢源,人必放浪形骸"[③]。为此,格劳孔得出结论:正义是善与恶的混合体,它的本质是"最好与最坏的折中——所谓最好,就是干了坏事而不受罚;所

---

① 亚里士多德:《政治学》,颜一等译,第229页,北京:中国人民大学出版社,2003年。
② 古典意义上的 Republica 没有"国家"的意思,主要指的是政治共同体的生活方式。"国家"一词是一个近代概念。因此,译为《理想国》需再斟酌之。但为了便于理解,本书仍沿用通俗译名。
③ 马基雅维里:《论李维》,冯克利译,第54页,上海:上海人民出版社,2005年。

谓最坏，就是受了罪而无法报复。人们说，既然正义是两者之折中，它之为大家所接受和赞成，就不是因为它本身真正善，而是因为这些人没有力量去干不正义"①。格劳孔对苏格拉底正义概念的怀疑引出了一个相关的问题：第一，正义的表象与实质存在着根本区别，有必要加以区分；第二，正义行为的动因与行为结果有着直接关联，它所产生的约束是脆弱的。城邦的普通公民相信，正义理应带来好的效果或避免坏的后果。但现实中经常出现的另一种可能性是，假如不正义之人具备了足够的强力和勇气，别人无法对他构成威胁，那么，他不再需要畏惧他人的侵害，也就是说，权宜的条件对他而言是不成立的。因此，他不但无需借助法律和契约的保护，而且可以随心所欲地夺取他人之利。好处对强者而言是纯粹的，是因不正义的行为而产生的，却不会给他带来坏的结果。这意味着，正义是弱者寻求保护的方式，而强者却无需寻求这种保护。格劳孔的这两个论点质疑了善的纯粹性和正义的自足性。为了捍卫绝对善和正义，苏格拉底建议先把目光投向城邦的正义，通过城邦正义来阐述正义的实质。

在柏拉图笔下的苏格拉底看来，城邦和灵魂是紧密相连、相互确证的。灵魂中的欲望、激情、理性在德性上相应地表现为节制、勇敢、智慧。由于人们支配自身灵魂中诸多要素的能力各有不同，因之，他们能够运用与展现的主要德性也存在着相应的差别，从而在城邦政治中发挥不同的作用。"勇敢和智慧分别处于国家的不同部分中而使国家成为勇敢的和智慧的。节制……贯穿全体公民，把最强的、最弱的和中间的都结合起来"。②根据自然禀赋的差异，不同公民在城邦中有不同分工，从而产生农工商者、国家的辅助者和谋划者，爱利者、爱胜者和爱智者等不同群体。国家的正义就在于，他们在国家生活中各司其职、各得其所，城邦的自然秩序由此得以确立。同理，苏格拉底得出结论认为，灵魂的正义是人格内部各种品质之间的秩序良好，它们互不妨碍，各自发挥其特定的作用。灵魂的秩序良好意味着人能够使内在的欲望、激情和理性各安其位，就像"高音、低音、中音以及其间的各音节合在一起加以协调那样"，"相互间合乎自然地有的

---

① 柏拉图：《理想国》，郭斌和、张竹明译，第46页，北京：商务印书馆，1986年。
② 同上书，第152页。

统治着,有的被统治着"。① 由此可见,苏格拉底和柏拉图的政治哲学从自然目的和自然秩序的角度确证了灵魂的正义与城邦的正义。自然为正义提供了必要的形而上根基。

亚里士多德和西塞罗不同程度地继承了这种观念。西塞罗指出:"如果不是把大自然视为正义的基础,那就意味着摧毁 [人类社会所依赖的美德]。那么慷慨、爱国、忠诚,或者是为他人服务以及对所受恩惠表示感激的自然倾向还有丝毫立足之地吗?这些美德都起源于我们热爱同胞的自然倾向,并且这是正义的基础。"假如正义的原则不是建立在具有普遍性与神圣性的自然概念的基础上,而是建立在统治者或立法者等主观意志之上,那么,只要得到大众的投票或法律的认同,"正义就会支持抢劫、通奸和伪造遗嘱"等行为。② 这无异于以恶为善,以耻为荣。某些行为的正当与否取决于行为本身是否遵循自然,而不是由人的意愿所决定的。这意味着,古典的正义概念并非建立在"承认"的基础上,不会随意受人的意愿左右,而是以形而上的自然观念为根本依据的。建立在自然基础上的正义具有因其自身之故而被欲求的自足性,它并非出于权宜的考虑。正义是城邦的内在需求。最好的城邦必定能够使政治共同体内部各个部分合乎自然地和谐共处,而无需借助契约等外在形式来维护。③

从另一角度来看,古典政治哲学对自然目的和自然正义的阐释也说明了政治权力的合法性和正当性来源。城邦权力的分配以人的自然德性为依据。由于较好的部分优于其他部分,因此,具备更高德性者应被授予更大的权力,由此推之,国家理所当然应由哲学王统治。哲学王之所以应在城邦中被赋予最高权力,是因为他能很好地支配自身灵魂内各个要素,使欲望、激情、理性相互协调,在神与人的问题上总是追求完整和完满。相比之下,普通大众主要具备控制某些快乐或欲望的节制品质,适合从事农业

---

① 柏拉图:《理想国》,郭斌和、张竹明译,第172、174页,北京:商务印书馆,1986年。
② 西塞罗:《国家篇、法律篇》,沈叔平、苏力译,第171页,北京:商务印书馆,2008年。
③ 施特劳斯认为,在《克里同篇》中,苏格拉底"服从于雅典城邦及其法律的义务来自一个默认的契约"。而契约意味着较低劣的共同体的忠诚。参见施特劳斯:《自然权利与历史》,彭刚译,第120页,北京:三联书店,2006年。

或商贸活动，而具有勇敢品德者能协调欲望和激情，适合担任国家的辅助者。但两者都缺乏使节制、勇敢与智慧各司其职的能力。是故，他们不适合掌管国家的最高权力。柏拉图的哲学王所具有的最高德性不仅使他能借助合乎理性的行为通达善的理念，而且他能启发、甚至在某种意义上塑造较低德行者的行为和生活方式，引导其他公民走出由可见世界和常识世界构筑的"洞穴"。因此，哲学家肩负着把城邦和人的素质"擦净"，然后拟定制度，再根据效果来擦擦画画，"直至尽可能地把人的特性化成神所喜爱的样子"。① 此外，在城邦政治中，专注于永恒沉思的哲学王具有支配国家权力的王者技艺，却又不热衷于权力本身。他制订出合乎自然的制度，使共同体的全体公民和谐团结、分享共同利益。从城邦公民的德性与职责的对应关系中可以看出，古典政治哲学在权力的分配上因循着自然目的论的理路，自然—美德—权力的三相印证构成了政权的合法性依据。

通过对哲学王的构思，苏格拉底和柏拉图的理论阐明了政治的哲学维度及其必要性和可能性，即政治为何需要哲学，以及两者如何协调共处。哲学追求关于真的知识而非表象或意见，它从理念上为政治提供稳固的形而上根基，确立了自然目的和秩序，使善的理念成为了城邦向往的共同目标。因此，政治不止于现有的生活方式，不满足于建立"猪的城邦"或"兵营式的城邦"。在哲学家统治的城邦里，公民各安其分，各得其所。相应地，通过合乎自然的生活，公民摆脱蒙昧状态，成就其自身德性的完满，实现善的目的。正是通过关于正义的对话，苏格拉底启发玻勒马霍斯等人超越经验层面，上升到哲学层面，从而使政治渐渐地进入哲学的语境。这意味着，政治生活是一个连贯地以政治知识代替政治意见的批判过程，它并非以"此时此地"（here and now）为中心。这种在批判中追求好生活与好社会的过程乃是求善的自觉。

尽管传统的政治哲学家意识到，创制最佳政体是十分困难的，好生活与好人、好社会与好公民所要求的德行存在着区别甚或矛盾，但是，他们并不认为这些从善理念和古典目的论框架中推断出来的理想是无法实现

---

① 柏拉图：《理想国》，郭斌和、张竹明译，第253—254页，北京：商务印书馆，1986年。

的。由于城邦追求最佳的生活方式合乎自然,因而,政治的理想是可能且可行的,好生活与好社会、好人与好公民之间可以相互一致、互相贯通。这种贯通在很大程度上依赖于哲学与城邦政治的融合。尽管在现实生活中,城邦政治与哲学之间存在很大分歧,但这种分歧并不是无法调解或缓和的。调和的方法是政治与哲学之间的妥协:城邦的最高统治者真正接受哲学的浸染,或者由哲学家担任最高统治者。也就是说,具有最高权力的公民需要接受哲学的引导,自愿接纳哲学,或者,哲学家愿意从哲学生活进入政治生活。而最理想城邦的实现离不开有德性、有技艺的公民各司其职。由此,古典政治哲学重视公民教育,主张不仅要利用音乐和体育等方式来提升农商阶层和武士阶层的情操,以算术、几何和天文等培育天赋较高的公民具备以纯粹理性追求真理的能力,而且通过建立各种社会政治制度来鼓励有德性的公民积极地进入公共领域。①

综上所述,自然目的论是古典政治哲学的形而上根基。与霍布斯、卢梭等近代哲学家所理解的自然状态中的"自然"概念不同,古典哲学中的自然首先是一种"形式"或"理念",是万物成其为自身的根本依据。它与善、至善有着密切关联。人及其政治建立在善的理念和自然秩序的基础上。人追求实现自身德性的完满。正如本斯所言,在古典哲学中,自然的概念在理论上不仅给人提供了接受道德操行之能力的依据,而且还提供了内含德行的目的。②作为人类生活的重要方式,政治应当指向最理想的政制,以至善为目的,使遵从这种体制的人们"能够有最善良的行为与最快乐的生活"③。而政治学也应规定城邦公民所学知识的内容和研习程度,关注高尚与公正的行为。这意味着,政治并非以自身为最终目的,在自然秩序中,政治之上还有更高的目的性存在。在自然目的论框架下,正义是政治概念

---

① 关于城邦应否采用共产制的问题,柏拉图与苏格拉底有着很大分歧。前者主张通过公有制与共产制削弱人们对私人关系的依赖,从而强化他们对共同利益的信念。而后者认为,家庭是加强城邦凝聚力的重要单元,家庭等私人纽带的断裂会损害友谊。

② 本斯:《前科学世界与历史主义:关于施特劳斯、海德格尔与胡塞尔的一些反思》,转引自刘小枫编,《施特劳斯与古典政治哲学》,第379—400页,上海:三联书店,2002年。

③ 亚里士多德:《政治学》,颜一等译,第230页,北京:中国人民大学出版社,2003年。

的本质要义，权力的合法性与合目的性是政治的内在要求。对政治概念的理解和对政治行为的评价，不仅涉及行为技术的合理性，更重要的是，它们还需要接受道德正当性的审视。

（二）无根的政治

如果说，古典自然目的论框架中的政治概念体现了哲学层面的政治思维方式，那么，马基雅维里似乎想跳出这种言说方式。他意识到基于哲学层面的政治与现实政治之间有很大差别，因此试图使政治脱离至善的约束，让政治从传统哲学中独立出来。

哲学专注的是沉思，相对独立的冥想生活发现的是应然之理，这不可避免地带有强烈的理想主义色彩。对大多数城邦公民而言，苏格拉底对正义和美德的探寻过于抽象、过于理想化。尽管苏格拉底重视"意见"，但真理对他有着无穷的吸引力，"意见"只是揭示真知的第一步，是获得真理的手段；[1]尽管他的目光已从对宇宙奥秘的执迷回落到人间事务，但他对城邦

---

[1] 关于苏格拉底以对话和追问来求取真知的方式，以及他与柏拉图在言说方式上的差异所体现出来的对真知的不同理解，阿伦特曾做了精辟的评述。她指出："这种方法无疑在两个方面具有重要的意义，每个人都有自己的意见，向世界公开的意见，因此苏格拉底总是必须从提问开始；他无法事先知道其他人之具体所见（dokei moi）。他必须弄清其他人在同一个世界中所具有的各种立场。然而，正如没有人能够事先知道别人的意见，也没有人只凭自己而无需进一步的努力就能够知道其观点所蕴涵的真理。苏格拉底想要引导出这种每个人都可能拥有的真理。如果我们相信他自己关于助产术的隐喻，那么我们就可以说：苏格拉底试图通过接生每一个公民所拥有的真理而使整个城邦更接近真理。这种做法就是辩证法，即深入而充分地探讨某事。但这种辩证法并不是通过消除意见或观点来得出真理的，相反，是在意见本身所具有的真理性的意义上来展示这些意见。那么，哲学家所扮演的角色就不是城邦的统治者，而是它的'牛虻'，他要做的不是将哲学真理告知公民们，而是要使公民们自身更接近真理。这和柏拉图有着明显的区别：苏格拉底不想教导公众，只想提升他们的意见，这些意见构成了他本人参与其中的政治生活。对苏格拉底来说，助产术是一种政治行为，根本来说，是某种建立在完全平等基础上的所予和所取，不能以达到这种或那种普通真理的结果来衡量它的收获。因而，仍然完全停留在苏格拉底传统之中的柏拉图早期对话，常常在结束时也没有结论、没有结果。深入而充分地探讨某事，谈论某事，探讨并谈论公民的意见，这似乎就已经足够了。"参见阿伦特：《哲学与政治》，转引自贺照田主编，《西方现代性的曲折与展开（第六辑）》，第346—347页，长春：吉林人民出版社，2002年。

的流行观念的质疑、对普遍与永恒的偏爱却仍然曲高和寡,是常人难以参透的哲学层面的求知。很明显,马基雅维里并不是第一个对哲学和哲学家产生质疑的人。阿里斯托芬曾对苏格拉底脱离现实来研究人的方法嗤之以鼻。在他的戏剧《云》中,他毫不留情地嘲讽苏格拉底,认为苏格拉底只不过是一个自以为在"空中行走"、能与云神交谈,实际上却安坐于吊篮中的哲人。① 这个轻狂的幻想者成天脚不着地、不谙世事,只专注于玄思妙想,却误以为通过把"心思悬在空中"就能正确地窥探到天上之神奇。这种玄思使得苏格拉底与阿里斯托芬对人本身产生了不同的理解:后者否定了共相的人,只承认有限的、特定的人;而苏格拉底对生理需求的漠视,以及对普遍性和永恒性的执着,使原本应立足于具体的人的政治变得抽象化。

然则,苏格拉底等古典哲学家同其他公民的冲突并不单单在于他对抽象、普遍和永恒的追寻。在一些思想家看来,这种冲突根源于对哲学与政治之间的关系的不同理解。大多数公民之所以不仅没有自觉地意识到政治进入哲学的必要性、而且对哲学产生抵触心理,是因为哲学与政治之间有着深刻的矛盾。这种矛盾被阿伦特、施特劳斯、伯林等思想家所洞见。在阿伦特看来,哲学家与现实的政治事务有着本然的距离,对他们而言,关心政治并不是理所应当的,政治哲学大多起源于哲学家对城邦和整个人类事务领域的否定、有时甚至带有敌视的态度——但政治科学家往往容易忽略这一点。② 而伯林把两者之间的矛盾描述为因目的不同而导致的对峙,即哲学追求的突破、解放、颠覆,跟政治所追求的稳定、和平、知足所形成

---

① 《云》是阿里斯托芬的著名喜剧之一。故事缘起于斯瑞西阿得斯为了帮儿子斐狄庇得斯赖账而决定求学于苏格拉底。但斯瑞西阿得斯在自由问题上的尖锐质疑——人将因对绝对自由的追求而失去或毁灭自身的自由——激怒了苏格拉底,他也因之被赶出了学园。但儿子斐狄庇得斯却在修辞学上深得苏格拉底的真传,不仅成功地赶跑了债主,而且成功地说服了斯瑞西阿得斯相信"儿子打父亲是正当的",他甚至还想进一步论证"儿子打母亲是合理的"。这使斯瑞西阿得斯感到彻底绝望。由于斯瑞西阿得斯深知无法通过论辩在法庭上告倒苏格拉底,因此,他最终选择了火烧学园。

② Hannah Arendt, *Essays in Understanding: 1930—1954*, Jerome Kohn (ed.), New York: Harcourt, 1994, pp. 428—440.

的难以调和的对立。① 这种对立所体现的理论与实践的张力在《政治哲学史》与《论僭政》中被施特劳斯一再放大。这似乎说明了,哲学与政治之间的内在矛盾是导致苏格拉底与其他公民尖锐对立的最隐秘的深刻根源。

应当承认,上述见解的确有其合理之处,哲学与政治各自的独特性是引发冲突的源头。但实际上,造成直接冲突的直接原因却并不在此,而在于哲学家的处世方式。实质上,苏格拉底意识到由习俗构筑而成的洞穴阻碍了人们对好生活的认识和追求,妨碍了人们从意见通向真知,这种意识并不必然使他招致杀身之祸;使他引火烧身的是,他竟然试图引领其他公民冲破壁垒、走出洞穴。换而言之,哲学本身并不必定对城邦政治的习俗构成威胁,造成威胁的是,哲学家不满足于发现真理,而是急于动摇他人原有的信念、说服他们相信哲学家眼中的真理。与城邦政治产生直接对抗的是哲学的传播,而不是哲学本身。用俄国思想家舍斯托夫的话说,真理本身不会烦扰人,而带着真理去烦扰人则会令人感到厌恶。② 苏格拉底因哲学而献身的事实,在某种程度上是因为他没有回避城邦政治对哲学的天生敌意,并且选择了错误的时机、错误的地点、错误的对象进行对话和论辩。也许在柏拉图看来,苏格拉底的执著与勇敢是令人崇敬的,但他的行为却是冒失的。哲学家应采取被动的姿态,让慕名而来的城邦公民登门造访、请教、自愿接受管治。假如苏格拉底做到这一点,那他就不会在何时何地都试图说服那些"思想上"的年轻人——苏格拉底试图启发的年轻人有可能是日后城邦权力的后继者,所谓的"败坏"就是使他们接受哲学训练,对习以为常的观点和准则进行反思,使他们在思想上从幼稚逐渐转向成熟;城邦中那些不愿意接受哲学浸染、同时也不想让他人受哲学家影响

---

① Isaiah Berlin, Philosophy and Government Oppression, quoted in *The Sense of Reality: Studies in Ideas and Their History*, Henry Hardy (ed.), New York: Farrar, Straus and Giroux, 1996, pp. 53—75.
② 舍斯托夫:《雅典和耶路撒冷》,张冰译,上海:上海人民出版社,2004 年。在为自己申辩时,苏格拉底曾说道,"你们,我的邦人,尚且不耐我健谈、多话,厌其烦,恶其冗,要赶我走……"参见柏拉图:《游叙弗伦 苏格拉底的申辩篇 克里同》,严群译,第 75 页,北京:商务印书馆,2007 年。

的人，才是一群真正意义上的"年轻人"、一群深居洞穴而不愿意洞见光明的蒙昧之徒。

　　在此意义上，城邦判决苏格拉底亵渎神灵与蛊惑青年的罪名是值得深思的。对阿里斯托芬而言，苏格拉底的确是不虔敬的，因为他竟然敢向代表权威的习俗——这些象征权威的习俗构成了城邦生活的基础——发起挑战，其论辩术上的胜利实质上只能使人误入歧途。对城邦原有的基本生活方式深信不疑的普通民众来说，哲学家没完没了的质问显得疯狂且难以让人接受。虽然苏格拉底把对话看作引导大众认识真理的助产术，但是，让色拉叙马霍斯放弃"正义就是强者的利益"的固有看法是很困难的。在对话的开始，我们就能感受到民众对哲学家的敌意。色拉叙马霍斯先被形容为"三番四次地想插进来辩论"；然后"抖擞精神，一个箭步冲上来，好像一只野兽要把我们一口吞掉似的"，"大声吼道"；再到"非常勉强，一再顽抗"，"大汗淋漓，浑身湿透"，"从来没看见他的脸这么红过"；继而对苏格拉底的论述只简单地报以"应该如此"，"是的"，"诚然"。直到最后，当苏格拉底再次重申"不正义绝对不会比正义更加有利"时，他却没有给予正面回应。[①] 也许色拉叙马霍斯意识到，苏格拉底的言说在逻辑上是无法辩驳的，其推理几乎不存在漏洞，但这并不表明他已心悦诚服地认同苏格拉底关于正义的结论。这也似乎暗示了，习俗并非一定与理性相关，那些试图从理性上推翻世代相传的风俗习惯的努力并不是那么容易得逞的。正如马基雅维里所指出的那样，现实的政治行为往往是非理性的，非理性并不必然地被理性说服。而苏格拉底所谓的助产随时导致难产，这在城邦政治生活中也是时有发生的。与那些只满足于论辩上的胜利而不求真知、见风使舵的智者不同，真正的哲学家在失败后要承受的后果是沉重的，轻则遭到唾弃，重则惹来杀身之祸。斯瑞西阿得斯与斐狄庇得斯的冲突，以及前者对苏格拉底的最后反抗——将表征哲学的学园付之一炬——不正象征着城邦政治对哲学最直接的暴力压制么？阿里斯托芬以喜剧的方式暗示苏格拉底真实命运的悲剧性，无异于向他提出质疑，甚或尖刻的讥讽。

---

① 柏拉图：《理想国》，郭斌和、张竹明译，第 15—16、24、36、42—43 页，北京：商务印书馆，1986 年。

尽管苏格拉底并不像阿里斯托芬所描绘的那样完全脱离现实——作为政治哲人的苏格拉底与阿里斯托芬所理解的专注于天上事物的苏格拉底是有区别的，正是为了避免陷入纯粹哲学的癫狂，苏格拉底转向了政治哲学——但他的哲学生活与政治生活之间确实有着很大的鸿沟。而柏拉图对苏格拉底没有远离人间事务的辩护是融合两种生活方式的初步尝试。尽管他由苏格拉底之死而产生了对城邦生活的怀疑、甚或绝望，但他依旧冀望在理论上为哲学家洗刷罪名，恢复甚至抬高哲学家在政治生活中的地位。在他看来，最佳的城邦乃是哲学与王权相互统一的城邦。比照之下，亚里士多德对两种生活之间的矛盾的调和似乎更具影响力。在他的理论中，习俗和常识被赋予了较之柏拉图的更多关注，理论知识和实践知识、政治哲学和政治学之间有较为明显的区分。① 但即便如此，亚里士多德仍然保留了古典政治哲学的根基，依然把政治置于自然目的论的框架中，以至善为目的的最佳政体生活仍旧是政治的重要目的。

对马基雅维里而言，古典政治哲学就像阿里斯托芬笔下的苏格拉底一样，是双脚离地的，是自上而下地构筑起来的抽象理论体系。正是因为它致力于用理论概念和理性推理来维护理想生活的纯粹性、普遍性和永恒性，因此，它摒弃了各种具体的、特殊的、有缺陷性的因素的影响，而不顾人的有限性等现实状况。在马基雅维里看来，以这种方式建立起来的生活是令人向往的，但同时又是极为严酷且有害的。有些人总沉缅于美好的理想，却忽视了眼前的生活，忘记了周遭的人大部分是自私自利、趋利避害、恃强凌弱、言而无信的，因此，他们常常对类似"什么是好生活"的问题盘根问底，总是对政治生活抱有幻想。这种幻想对统治者尤为有害。那些自以为能用仁慈的方式来匡治国家的执政者，天真地相信谦卑能战胜傲慢，殊不知这仅仅是在自欺欺人。言下之意是，那些误信了人应当持之以恒地有德性地生活、并且执着于好生活的人只占少数，绝大部分人都没有这样的幻想。如若统治者相信柏拉图理想国中描绘的"神话"、相信基督教放下

---

① 这种转变或许可以在一定程度上解释为何亚里士多德在马基雅维里的著作中被间或地安排出场。

武器的忠告、相信部分人文主义者要当一个主持正义的君主的谏言，那么，他们往往因孱弱而被鄙视——"你对别人做出让步，从而暴露了自己的懦弱，那人肯定不会止步不前，他会对你得寸进尺，使你承受更多的耻辱，因为他已不把你放在眼里"——最终一事无成，甚至落得民众倒戈相向的下场。相比之下，色拉叙马霍斯等人的意见更容易被普通大众接纳。从大众教育的角度来看，由于色拉叙马霍斯等人的论点源于现实生活，因此更具说服力。就一般人而言，支撑政治生活的是习俗，是从先辈那里承继下来的意见集合，而不是那些关于"什么是好的"价值判断——当然，这并不意味着哲学要完全否认习俗，毋宁说，对求真而言，习俗是不足够的。

马基雅维里极有可能意识到言说方式与言说效果之间的直接关联，因此，他更倾向于成为一个在言说方式上的色拉叙马霍斯信徒。他对色诺芬格外重视，是因为色诺芬正慢慢地学会了"双脚着地"。色诺芬的教育徘徊于苏格拉底与居鲁士之间。虽然他接纳了苏格拉底的问题，即什么是最好的生活方式，却不完全接受苏格拉底的答案，即哲学的生活方式是最好的生活方式。

在马基雅维里那里，哲学和政治很难融合，或者说哲学家在国家政治中不应有立足之地。哲学家往往因为沉迷于理想生活而脱离现实，忽视了人的天性和行为能力的局限。更重要的是，马基雅维里清楚地认识到，一旦哲学进入政治并取而代之，成为普遍的生活方式，那么，它内在具有的超验、叛逆和闲散等特点必将动摇与破坏国家原有的稳定秩序。[①] 因此，在其著述过程中，虽然不可避免地要触及古典政治哲学的核心与根基，但

[①] 在阐释政体循环论时，马基雅维里提到了国家走向衰落的重要原因之一是，以华而不实的传统哲学干预政治。"武力既已夺得胜利、胜利又已赢得和平，只有无可厚非地耽迷于文字著作中最能软化昂扬的尚武精神；在一个井井有条的社会里，也只有懒散闲荡具有最大危险性和欺骗性。当雅典派哲学家戴奥哲尼斯和卡尔内阿德斯作为使节来到罗马元老院时，卡托就已看出这方面的问题。这是因为，他觉察到罗马青年如何热情地赞美他们、追随他们；他知道，这样华而不实、懒散闲荡，会给国家带来何等危害；于是他就制定一条法律：不准任何哲学家进入罗马。"参见马基雅维里：《佛罗伦萨史：从最早期到豪华者洛伦佐逝世》，李活译，第231—232页，北京：商务印书馆，1982年。

马基雅维里似乎一直刻意地淡化柏拉图等人的思想,尽量不勾起人们对古老政治传统的怀念。故而,有必要对古典政治哲学釜底抽薪,消解长期以来政治赖以建构的形而上基础,削弱哲学对政治的束缚。

为此,马基雅维里把矛头首先指向了古典目的论。如前所述,古典目的论是传统政治哲学的根基,是美德与最佳政制的形而上依据。然而,在其政治论著中,马基雅维里悄然无声地以变幻莫测、不辨是非的命运取代了自然与上帝的至高地位,抛弃了古典目的论的框架,同时使人与政治的神圣性随之消失。德性不再表现为"既使一个人好又使得他出色地完成他的活动的品质",其有助于人符合自然地成为自身的原有意义也被遮蔽。①而缺乏自然秩序和至善目的论的架构,政治与正义便不再内在相关,相反,两者之间的关系变得不确定。这不仅是对柏拉图等人的政治哲学的否定,而且与同时代人文主义者的主流观点相距甚远。通过以命运取代自然目的,马基雅维里迈出了脱离古典政治哲学的第一步。

继而,马基雅维里从真实效用(verità effettuale)这个古典政治哲学中不占首要地位的概念——在亚里士多德伦理学中,那些拥有关乎最高等事物的智慧的人知晓的是罕见、重大、困难、超乎寻常却没有实际用处的事情,他们不关心对人有益的事物,对自己的利益全然不知——来进一步界定政治的内涵。一般而言,以效用为核心要义的政治在检验行为正当或合理与否时,更看重行为产生的实际结果,而非行为(或手段)本身或实现目标的过程,它强调手段在实现目的过程中的实用性。因此,统治者"如果能征服并保持国家,那么,他所采用的手段总是被人们认为是光荣的,并且将获得每个人的赞誉"②。这意味着,政治行为的正当性与行为结果相关,而与行为本身的道德合理性没有必然关联。合乎传统道德的行为极有可能不利于政治目标的实现,而有助于实现目标的行为也有可能违背日常道德规范。可见,马基雅维里强调的是正当性与有效性的关联,他关注的是行为的功用而非行为自身的价值合理性。

---

① 亚里士多德:《尼各马可伦理学》,廖申白译注,第45页,北京:商务印书馆,2003年。
② Niccolò Machiavelli, *The Prince*, Harvey Mansfield (tr.), Chicago: the University of Chicago, 1985, p. 71.

而对政治有效性的推崇也体现在马基雅维里的历史观上。由于建立在命运基础上的历史观表现出循环论的特征，因而，尽管社会是不断变化的，人们总是可以从历史中找到与现世相似的情境，比如，某些欲望和气质是一切国家共有的，而不同的民族也经常遭遇相同的事变。值得注意的是，马基雅维里并不像伯林所批评的其他历史学家那样只专注于揭示历史真相，也没有从浪漫的好古癖而走向怀古式的逃避主义。循环论的思想使他更加重视历史的宝鉴作用。马基雅维里坚持认为，假如人们能从历史的演变中正确地发现一些可供借鉴的经验教训，那么，他们在一定程度上能预见未来，从而当社会出现类似的先兆时，能采取积极有效的措施，防范和规避风险。在《处理 Val di Chiana 地区之叛乱的方法》一文中，他指出："历史是我们行动、特别是君主决策的主导；世界（之事务）常常趋同，就像居住于此的不同时代的人都受相同的情感驱使……历史是我们行为的主导，那些必须处理 Val di Chiana 地区的事件的人如果已经从历史事件中吸取教训，并模仿前人主宰世界的行动，那是十分有用的。"另一方面，假如人们能效法历史伟人的行为方式，沿着最卓越之人的道路走下去，那么，他们也许能成就与伟人相似的辉煌功业。即便他们因能力不足而无法完全效仿，但至少可以是有模有样的。这意味着，掌握并学会运用史实材料是政治家实行有效统治的捷径。为此，在《君主论》和《论李维》的献辞中，马基雅维里两度表明了自己对历史经验的重视和孜孜钻研。历史的重要性彰显出"记忆"的深刻意义。在《论李维》的首篇，他开宗明义地强调了具备历史正见和效仿古人的重要性，试图唤起世人、尤其是统治者对史实的回忆，纠正人们对历史的错误看法。继而，在第3卷第1章，他再次重申了国家返本开源的必要性。国家内部在建国之初所积累的优秀因素，常常伴随着时间的流逝而逐渐遭到败坏。假如统治者不了解历史循环的规律，不懂得在必要时以特殊的方式刺激和唤醒人们对以往辉煌成就的怀念，那么，国家容易因腐化而开始走向衰落。由此看来，历史循环论对马基雅维里分析和判断国家政治产生了相当大的影响。

然而，当我们仔细品味马基雅维里以史为鉴的历史取向时，便会发现，他的历史感与现实感之间存在某种矛盾，体现了一种特殊的关联。在其著作中，他常常从以往的经验中抽象出一些同时代人可资参考的、相对普遍的法则（regole generali），并把它们作为指导世人行动的普遍规律。但与此同时，他意识到现实每时每刻处于流变中，这种流变的过程是无法重复的，把根据经验总结而得出的法则运用于当下的政治生活中明显缺乏合理性。由历史的纵向维度与现实的横向维度构筑的政治理论，虽然使得马基雅维里的论证似乎言之有据，但实际上却存在着内在冲突。马基雅维里的解决办法是，以现实的需要来剪裁史料，有意识地对李维的《罗马史》等进行改头换面的重新诠释。从这个角度来看，我们应注意到，他所理解的"历史"有别于其他人对此概念的把握。[①]他理解的"历史"是建立在有效性基础上的史料。政治现实和审慎行动（包括言说）始终是首要的考量对象，因此，有必要对史料进行筛选和加工。而研究者邦德内拉也洞察到这一点。在分析早期的外交公文、《君主论》、《论李维》、《卡斯特鲁齐奥·卡斯特拉卡尼传》和《佛罗伦萨史》等著作的基础上，他指出，马基雅维里采用了与众不同的文学方式来编排历史题材，这样做的目的不是为了真实地描述历史事件，而是为了使历史事件更好地论证自己的观点，这是一种独

---

① Butterfield 与 Plamenatz 对马基雅维里缺乏"历史感"的评价是有道理的。但我并不同意他们得出该结论的论证过程。Butterfield 认为，马基雅维里的循环论是先验地从古代事例中抽象出来的规律，他所提出的政策只是对以往经验的盲目模仿，这是缺乏历史意识的表现。而 Plamenatz 则认为，他与同时代人一样，不懂得社会不断变化，而是把历史看作某种经验的延续。参见 Herbert Butterfield, *The Statecraft of Machiavelli*, London: Colliter Macmillan Ltd., 1962, pp. 18—35. John Plamenatz, *Man and Society: Political and Social Theories from Machiavelli to Marx* (vol. 1), London and New York: Longman Publishing Group, 1992, p. 41. 在我看来，马基雅维里的确缺乏历史意识，但这种缺乏并不是基于对现实的脱离，而是出于对现实的过度考量。尽管在军事决策方面，他的某些观点过于老套，但总体来说，他是从现实政治目的与有效性的角度来理解历史的。他之所以如此看重罗马历史，是因为在他看来，罗马人具备的精神正是意大利争取自由独立所需要的，而罗马的辉煌能有力地说服意大利人奋起抗争，获取自由。实际上，在历史与现实之间，马基雅维里已经做出了优先性的取舍。这可以部分地解释，为什么我们在他的文本中经常发现他对罗马历史事件的解释与李维等历史学家的解释存在不一致的地方。

特的"历史写作艺术"。① 经由实效的架构,马基雅维里的历史感与现实感之间达成了融合。这种历史意识与现实意识的奇妙结合在拓宽其理论空间的同时,也给其政治理论平添了隐晦叵测的色彩。

与此相一致的是,通过质疑基督教的政治合理性,马基雅维里进一步动摇了政治的道德基础。正如本书第二章结语中提到的,在马基雅维里所处的时代,人们对道德的看法在很大程度上与自身对基督教的看法相一致。在基督教的影响下,他们承认道德与上帝意志的密切关联。时至今日,道德对宗教的依赖仍被部分理论家所认同。他们认为,假如缺少宗教信念的支撑,那么,道德本身便会支离破碎;假如没有上帝,那么,人所面对的只是一系列没有目的和意义的规则,它们只告诉了人们要做什么或不允许做什么。② 柏格从另一角度诠释了这种依赖关系。他认为,"好"与"坏"的确切内涵源于上帝的意志;只有借助上帝,人们才能了解什么是好的(或善的);唯有对上帝的信仰能激励人们合乎道德地行动。③ 从宗教社会学的角度来看,基督教大部分教规与日常伦理规范相吻合,它们从信仰的高度为道德提供支撑,信徒或者出于对上帝的恐惧、或者出于真诚的信仰而践行道德。在某种意义上,信仰的力量能使信徒比一般人更严格地恪守道德规范。相比之下,马基雅维里从强力政治的角度对基督教的批判,不仅从根本上否定了基督教与政治具有内在关联的观点,而且削弱了基督教所强调的仁慈、谦恭、守信、诚实等传统美德的约束力。与此同时,既然没有

---

① Peter Bondanella, *Machiavelli and the Art of Renaissance History*, Detroit: Wayne State University Press, 1973.

② Will Kymlicka, *Contemporary Political Philosophy*, New York: Oxford University Press, 2001, p. 10.

③ Johanthan Berg, *How Could Ethics Depend on Religion?* quoted in *A Companion to Ethics*, Peter Singer (ed.), Oxford: Basil Blackwell, 1991. 维科曾在《新科学》中断言:"在基督教那里,神的恩惠推动合乎道德的行为来达到一种永恒无限的善,这种善不是来自于感官,而是只有心灵为着达到这种善而推动感官采取各种合乎道德的行为。"参见维科:《新科学》,朱光潜译,第 576 页,北京:人民文学出版社,1986 年。但也有理论家反对道德依赖于宗教的观点。如,Viroli 认为,公民美德与宗教没有直接关联。而马克思对该问题的看法也很具代表性。

上帝高高在上地洞悉人的内心，而掌握人之未来的是不辨善恶的命运，那么，谁还能窥探到人内心的阴暗面呢？人们对他人的判断通常靠的是眼睛而非双手，他们只看重外表而鲜能对其真实面目做出正确判断。"胜利者，不论是用什么手段取胜的，人们考虑到的只有他们的光荣：良心这个东西和我们毫无瓜葛，不必考虑它。"① 因此，良心还有什么作用呢？所谓的良心不过是扭曲天性的人为产物，是习俗使然。

对古典目的论的消解、对基督教本身的质疑，以及对实效性的强调使马基雅维里逐渐脱离了古典政治哲学的传统。他否认了政治与哲学和解的可能性。在他看来，那种把政治建立在自然目的论和至善理念基础上的理论只不过是哲学家试图调和政治与哲学之间的冲突、并且把哲学置于政治之上的努力而已。很明显，这种努力是徒劳的，因为它忽视了现实与理想的鸿沟，太过超脱于现实生活而沦为空想。正是通过对古典政治哲学根基的摈弃，马基雅维里解除了政治原有的宗教、道德束缚，使政治不再建立在具有绝对统一性的道德之上，它逐步获得了自主性。当传统的根基被抽离以后，政治将何去何从呢？解除束缚后的政治应如何重新树立目标并获得自身的正当合理性呢？这是接下来我们进一步探讨的问题。

（三）政治目标的降格

鉴于政治主体的局限性，马基雅维里认为，有必要把头脚倒置的古典政治哲学重新"颠倒"过来。依他之见，政治理想不能遮蔽政治现实，现实是理想得以建构的根本基础。故而，在思考政治问题时，现实的维度具有优先性。理想与现实之间的鸿沟阻隔了两者的融贯。在理想与现实发生冲突时，前者理应向后者妥协。这意味着，对政治的理解要从现实着眼，正视有缺陷的人和残酷的政治现实。

政治生活的现实状况完全有别于古典政治哲学所描绘的理想。以马基雅维里自己的话来说就是"善总是伴随着恶"。善恶相伴意味着政治生活

---

① 马基雅维里：《佛罗伦萨史：从最早期到豪华者洛伦佐逝世》，李活译，第146页，北京：商务印书馆，1982年。

无法达到最佳状态。人自身的有限性注定了构成政治的质料不是纯粹善的。由于人的能力和品行存在各种不足,因此,他们无法在权衡相互冲突的利害关系后始终作出最佳的选择,"不可能如此完美地保持平衡,以使事情做得恰到好处"①。实际情况通常是,政治的决策在很大程度上只是一种次优选择,它不是由诸如明智且有德性的哲学王做出的、万无一失的最佳决断,而是各种利益之间争斗、妥协的结果。从形而上的层面来看,支配人类未来的命运女神并不表征最高善的存在。她不仅反复无常,而且所提供的各种外部条件也是有限的,有时甚至不利于人做出最佳选择。可见,内在能力和外在条件都给人们追求最佳生活的理想设置了难以逾越的障碍。政体循环的现象不正从历史的角度否证了最优的政治目标的可能性么?② 国家往往在完美秩序尚未完成之前即遭毁灭。即便是有着良好法纪的斯巴达、有着自由传统和辉煌功业的罗马帝国也存在这样或那样的制度缺陷,最终难逃腐化衰落、乃至倾覆的命运。这表明,现实的政治不可能达至最优。当人们审视人类的一切事务时便会发现,"很难做到为避免这一弊端而不引发另一弊端"③。

由于马基雅维里赋予政治概念强烈的现实感,着力于自下而上地建构其理论体系,而实际的政治生活却总无法达到善恶分明和至善理想,因此,政治目标的定位应当做出相应调整,使之与现实相容。有必要重申,当马

---

① Niccolò Machiavelli, *The Discourses of Niccolò Machiavelli*, Leslie Walker (tr.), London: Routledge, 1991, p. 226.

② 在马基雅维里看来,任何国家都无法避免地要陷入政体循环的困境,即国家权力的组织形式会在君主制、僭主制、贵族制、寡头制、共和制与民主制之间不断变换。"它们鲜能恢复原来的统治,因为没有哪个共和国能够生存如此长久,虽历经沧桑,遭遇种种变故,依然屹立不倒。"参见马基雅维里:《论李维》,冯克利译,第51页,上海:上海人民出版社,2005年。不难看出,马基雅维里在政体问题上沿袭了亚里士多德和波利比乌斯等人的循环论思想,拒绝了线性发展的历史观。不同的是,由于马基雅维里取消了具有永恒性的自然目的论维度,因此,他对波利比乌斯论述政体循环的最终目标——政体循环是权宜之计,它是短暂的;世界最终要超越循环而走向永恒——予以规避。

③ Niccolò Machiavelli, *The Discourses of Niccolò Machiavelli*, Leslie Walker (tr.), London: Routledge, 1991, p. 225.

基雅维里取消古典目的论的政治哲学体系以后,政治原来的根基——自然和至善——已被抽离,政治与道德的内在关联已被消解,政治追求的目标并不必然指向正义或最佳政体。相反,命运支配下的人间事务善恶相参,政治与邪恶纠缠不清。故而,马基雅维里所理解的政治共同体无法像亚里士多德所说的那样,以高尚行为和完美自足的生活为目标,它无法成为最优秀的政体。对马基雅维里而言,政治生活也许仅仅意味着"共同生活",而不是"具备了足够的需用的德性以至能够拥有适合于德性的行为的生活"①。它无法使处于其中的公民具备最善良的行为与分享最快乐的生活。在善恶掺杂的宇宙论框架下,政治只能做到两害相权取其轻。② 每当人们决断之时,他们需要考虑的只是如何寻求弊端较少的手段,并把它作为上策。尽管在《论李维》中,马基雅维里曾经提到最佳生活的希望,但这个希望稍纵即逝。且不说他所指的"最佳"并不是古典意义上的"最佳"——以德性和至善为目标;实际上,他在行文当中也否定了古典意义上最佳生活的可能性。依他看来,"最佳"仅仅意味着害处最少,而非最优秀。③ 由此,政治失去了追求最佳政制的意义,而只满足于次优目标。即是说,政治不再以善为目的,而降格为维护共同生活的统治技艺。

马基雅维里坚信,不再指向善和德性的共同生活显得具体且实在。政

---

① 亚里士多德:《政治学》,颜一等译,第 88—90、228—231 页,北京:中国人民大学出版社,2003 年。

② 在《尼各马可伦理学》中,亚里士多德也提到,要按照中道的方式使自身行为达至适度是十分困难的。"要对适当的人、以适当的程度、在适当的时间、出于适当的理由、以适当的方式做这些事情,就不是每个人都做得到或容易做到的。"因此,退而求其次的方法是两恶相权取其轻。从言说的语境来看,亚里士多德针对的是现实生活中那些偏离中道太多的极端行为。相对于这些极端行为而言,远离极端而还没有达到中道的行为是更加可取的。这意味着,行为有不断接近中道的可能性,而人按照中道来行动并不是完全脱离现实的空想。故而,这并不构成对亚里士多德追求最佳状态的否证,也不足以成为给马基雅维里开脱的口实。参见亚里士多德:《尼各马可伦理学》,廖申白译注,第 54—57 页,北京:商务印书馆,2003 年。

③ Niccolò Machiavelli, *The Prince*, Harvey Mansfield (tr.), Chicago: the University of Chicago, 1985, p. 91.

治生活的目标应符合大众口味,以他们的期待为依归。城邦政治早已表明了民众对哲学生活的拒斥,对真正的好生活不以为然。他们期待的是一种稳定的生活,而不是有利于自身德性完善与完满的生活。故而,国家的自由和长治久安成为了政治首当其冲的目标。要保有国家主权、维护社会稳定就必须使国家变得强大。正如前文在论述行动的必要性和合理性时所指出的,命运常常青睐那些具有力量和审慎的人或国家。这种偏爱往往表现为一种优胜劣汰的必然性。"人间事变动无常,总有兴衰荣枯;必然性会引导你去完成许多事情,即使你没有理由这样做。所以,即使共和国的制度能使它不事扩张,却有必然性促其扩张。"[1] 鉴于此,马基雅维里对曾经建立辉煌功业的古罗马帝国羡慕不已,对军事建制和对外扩张等有利于国家强大的手段和政策推崇备至,并对基督教那些与强力政治主张相悖的教义展开了猛烈抨击。

通过考察马基雅维里对国家发展模式的看法,我们能更清晰地看出他对强权(力)政治的偏好。在谈论意大利是否应该采取威尼斯的发展模式时,他曾批评同时代人的看法。由于威尼斯在14世纪中后期进入了一段相当长时间的稳定发展期,国家自由与内政安宁相得益彰,因此,在文艺复兴时期,大部分意大利人都赞扬威尼斯的政治治理模式。人文主义者维吉里奥等人曾经从地理民俗和经济政治等方面考察了威尼斯,试图解开"威尼斯之谜"。在《威尼斯共和国》(*Venetian Republic*)中,维吉里奥指出,威尼斯的经济繁荣与政治稳定不仅同其优越的地理位置,以及民风正直纯朴有关,更重要的是,它拥有一套堪称完美的政治制度,除了起主导作用的贵族制以外,它还包含了君主制和民主制等因素,是传统理想中的混合政制的典范。而波焦在《威尼斯共和国颂》(*In Praise of the Venetian Republic*)中也对威尼斯赞赏有加。他认为,威尼斯共和国的良好习俗使城市在处理公共政务与私人事务时都保持了共和国的政治尊严,让人敬重。[2] 对此,马

---

[1] Niccolò Machiavelli, *The Discourses of Niccolò Machiavelli*, Leslie Walker (tr.), London: Routledge, 1991, p. 226.

[2] Jill Kraye (ed.), *Cambridge Translations of Renaissance Philosophical Texts* (Vol. 2), Cambridge: Cambridge University Press, 1997, pp. 135—145.

基雅维里提出了反对意见。在他看来，在规模较小的城市中，假如立法者制定了完善的法律，公共职位得到合理配置，居民数量获得有效控制，那么，国家尚可抑制贵族的野心，使他们与平民和睦共处，从而保护平民免遭贵族的侵扰。这意味着，通过有效地限制平民的数量、以使城市中贵族和民众的人口达到均衡的方式，能维护国家内部的团结。如，斯巴达和威尼斯借助上述手段较为成功地抑制了民众与贵族之间的正面冲突。然而，这种治理方式在平息国内动乱与维护社会安宁的同时，也妨碍了国家的强大。其原因在于，采用这种治理模式的国家往往面临着人口稀少而无法通过外事征战来扩充国力的窘境，因此，这些力量单薄的国家无法操控自己的命运，其政权的维护大多依赖好运气，一旦遭遇微不足道的厄运，它们就经受不住考验，乃至顷刻覆辙。亦即说，威尼斯的发展模式有两个局限：一是只适合小国家，却不适用于大帝国；二是有利于治理内政，却无助于、甚至不利于应对国外滋扰，更不利于提升国家的国际地位。而马基雅维里鄙视的正是这些无法掌握自己命运的国家。相比之下，他更赞成罗马的国家治理模式。罗马共和国拒绝像斯巴达那样采取闭关锁国的政策，而是把不断增加的平民武装成为所向披靡的军队，并借助领土扩张使国家日益壮大。这种为了使国家获得辉煌功业与荣耀而暂时牺牲社会安宁的价值取向符合历史发展规律，故而是明智的、可取的。辉煌政治功业背后隐含的强权政治理念乃是长期保障国家自由、公共利益、秩序稳定和社会荣耀的重要条件。故而，国家除了要以维护本国的自由为目的之外，还应当把提升综合国力作为政治发展目标。唯有保持获取的心态并不断地以行动获取，国家才能变得愈发强大，从而更好地巩固政权。这意味着，统治者应采用有利于扩张的政治模式，并常常把自身推向战时状态。

  从关注"什么是好生活"到关注"如何有效保有政权"，两种不同的追问方式深刻地体现了古典政治和马基雅维里的政治思想之间的差异。在马基雅维里那里，人不可能建立最佳政制，而只能选择次优的政治生活；政治的目标必须是人力所能及的。故而，政治不再以至善为依归，不再致力于使公民过合乎德性的生活，而是以强权来有效地维护国家的自由扩张与长治久安。

五 真实与真知

政治是人类生活的重要组成部分。在古典政治哲学中,城邦生活是高于家庭生活的存在形态,较之于个体的善,城邦的善更重要、更完善、更高尚、更神圣。马基雅维里延承了苏格拉底、柏拉图和亚里士多德等人高度关注政治的思想传统,接纳了他们坚持同现实保持批判性距离的理论姿态,但却抛弃了他们思考政治的哲学方式和结论。

在古典政治哲学的谱系中,尽管政治哲学家看到现实中的政治有着林林总总的缺陷,意见在现实的政治领域中占据主导地位,但他们不满足于混乱的经验世界,认为政治应当超越意见而不断地趋向真理,因此,他们要追求那些关于"什么是好的"的知识,不断追问什么是好社会和好生活,并由此从形而上学的角度来审视政治应有的价值目标。这种对真理的执著从根本上同他们对自然目的论的坚定信念相关。目的并非因人类而生成,更不是人为的产物,处于自然等级序列当中的人并非世界最高等的存在物。涵盖道德与政治等在内的、关乎人之存在的一切要素都应纳入自然目的的框架下加以考量,人力求合乎自然地行动的努力在某种程度上表现为人不断求真的过程。相应地,政治虽然被看作最权威的科学,但它却不是最高级的科学;政治生活虽然高于享乐生活,但却次于沉思生活。[①] 故而,政治生活不能单纯以自身为目的,而应当纳入自然秩序当中。从这种政治哲学视角出发,政治与道德之间的关联不仅是必然的,而且也应当是相互和谐一致的。道德构成政治的基础,政治的重要目的是使处于政治共同体中的所有成员追求完满的德性和完美的心灵状态。

与之相对,马基雅维里却把政治引向了一个全然相反的方向。从他对政治性质、目标的理解及其言说方式,可以看出其政治思想有着极为强烈

---

① 亚里士多德:《尼各马可伦理学》,廖申白译注,第5—7、175 页,北京:商务印书馆,2003 年。

的现实诉求。① 这种现实感源于他对具有理想主义色彩的传统政治哲学的反思，并由此产生的对理想与现实之张力的苦恼。在他看来，政治主体在能力和德行方面具有很大的局限性，人类常常受制于命运，国家发展无法避免历史循环，这些现实问题使古典政治哲学所描绘的政治图景成为了缺乏可行性的幻想。那些活在虚幻王国里的哲学家，对于立足现实的重要性缺乏清醒的意识。他们过于超脱的生活态度、对行动之必要性与实效性的漠视，无异于给自身标示了一种局外人的身份。他们并没有真正融入现实的政治生活，故而，才会仿如置身事外般对现实随意挑剔、质疑，并总是试图以一种完全理想化的生活模式取而代之。② 总之，理想与现实之间的巨大反差，使马基雅维里从理想政治模式的构想转向了对政治的真实状况的专注。

然而，马基雅维里的现实感造成其政治思维方式具有太大的破坏力。它抽离了前现代政治哲学赖以建立的基础，扭转了政治哲学的视界。通过对现实状况与政治实效的强调，马基雅维里从古典政治哲学执着追求的至善与永恒的理想高度退却下来，否认政治之上还有更高的目的，否认人分有神性，否认最佳政制的可能。立足于现实实践的政治从古典的自然目的论框架中撤退出来。在命运等诸多因素的影响下，这个受制于主体自身局

---

① 阿尔都塞从马基雅维里对现实状况的重视中看到了唯物主义的影子。在包括《来日方长》、《哲学家马基雅维利》、《关于相遇的唯物主义的潜流》等著述中，阿尔都塞明确地指出了马基雅维里与唯物主义传统的关系，认为马基雅维里是"历史上最伟大的唯物主义哲学家"。他指出，由于历史和政治实践在理论内部的到场，因此，马基雅维里的许多观点让人琢磨不透，它们属于"一个在哲学史上几乎完全不被认可的唯物主义传统"。阿尔都塞：《哲学与政治》，陈越编，第 376—504 页，长春：吉林人民出版社，2003 年。

② 在比较希腊和罗马的写作风格时，尼采批评了柏拉图颓废的写作风格，并且认为修昔底德是"古代希腊人本能中那强大、严格和硬朗的事实性的伟大总结和最后呈现。面对现实的勇气最后区分了修昔底德和柏拉图这样的天性；柏拉图是现实面前的懦夫——所以他遁入理想；修昔底德能掌握自己……修昔底德，也许还有马基雅维利的《君主论》，由于他们的绝对意志，即毫不自欺，在现实中而非'理性'中，更非在'道德'中看待理性，他们与我自身最为相近。"参见尼采：《偶像的黄昏》，卫茂平译，第 182—185 页，上海：华东师范大学出版社，2007 年。

限性的政治世界注定无法达至最佳状态。政治只能做到两害相权取其轻。在现实政治生活中，善与恶无法严格分离，政治目的无法指向更高的目的，而应着眼于如何有效地建立、保有与扩张现有政权。由此，实效性价值取向在政治思维中占据了优先地位，成为了评价政治行为的主要尺度。体现审慎和力量的行动本身是实现政治目标的有效途径，唯有借助行动和强力才能掌握个人或国家的命运，从而使政体循环的周期尽可能延长。相比之下，柏拉图等人的古典政治哲学过于抽象且绝对，基督教的政治教义又因失之力量而变得阴柔懦弱，因此，它们都无法推进政治目标的有效施行。

政治生活完全是一种现实的生活，而思考此生活的视角也应当是基于经验观察的真实。这种经验性真实有别于传统意义上的真理，甚至可以说，在马基雅维里这里，两者之间存在着难以调和的矛盾。建立在意见之上的政治虽然混乱且不纯粹，但正因为意见分歧之庞杂并相互制约，大大削弱了意见本身的力量，它常常不足以撼动政治基础——除非意见已汇聚成为一种洪流般的意识形态。更重要的是，植根于现实生活经验的意见难以对人们赖以生活的政治传统等产生足够的冲击力，这是不同意见之间的冲突与对抗，而非意见与真理之间的矛盾。然而，与意见相对的真知若辅以修辞等形式，则会蚕食政治生活赖以确立的日常习俗与传统。哲学家的"助产术"以非暴力的隐晦方式"败坏"意志薄弱的"青年"。他们追求真知的执著不断解构现实生活，对政治所需的稳定性提出了挑战，这是对政治根基的腐蚀。与此同时，真理的追求往往容易使人倾向于超越现实、甚至是脱离现实，而沉思的生活本身也会消解政治行动的需要。这意味着，柏拉图等人试图调和政治与哲学、并把政治建立在传统哲学之上的努力之所以徒劳无益，皆因政治与古典哲学、哲学家之间存在着深刻的、不可消解的内在冲突。为了尽可能避免哲学真理对政治构成的威胁，马基雅维里以事实之"真"来取代哲学之"真"，以真实实在（reality）来取代真知（truth）。[①] 前者构成了事实性的认识，而后者则表现为理想的价值追求。对"实际如

---

① 当然，我们不能由此得出结论认为，古典政治哲学完全脱离事实性的真实。例如，苏格拉底对真理的探寻是以众多意见为起点的，他并不否认事实，但力求超越事实以求城邦政治的终极真理。

何"与"应当如何"的划分和强调，以及对经验性事实的强烈诉求，在尔后的自然科学中不断得到强化，并在认识论上由休谟关于"是"与"应当"的两分命题给予了理论化的确认。

借助从"真理"向"真实"的转换，马基雅维里用政治的实践空间遮蔽了古典政治的理论空间。传统目的论的消解使政治失却了形而上的哲学依据，政治原来赖以建立的道德基础被抽离。脱离了可能世界的政治必须直面现实世界。政治是立足于现实的实践性生活，统治者和政治家只需专注于具体的政治实况，从事实层面来认识政治之所是——即便它是由缺乏一致性的、混杂的意见所构筑的经验世界。可能世界与现实世界之间的对立因前者的消解而使得政治概念变得简单化。解缚后的政治获得了相对的自主性，降格后的政治目标不再高不可攀，行动的功能化向度在政治判断中获得了异乎寻常的重视。

经历了釜底抽薪式的解构后，政治被剥离了原来的正当合理性基础。从古典政治哲学的角度来论证政治与道德之间的关系已被看作行不通的，政治与道德的关系必须被重新估量。就此而言，马基雅维里不仅要引导统治者直面真实的政治境况，而且希望他们能走出古典政治传统的阴霾，接纳一种全新的政治理念和思维方法。

第 4 章

政治的幽暗意识

当古典哲学强调的可能世界被现实世界的诉求遮蔽之后，政治生活中的国家目的便得以彰显。正如前一章所指出的那样，马基雅维里取消了自然目的论框架，把政治的目的从至善和人之德性完满境界降格为国家政治的稳定和长治。在政治领域中，国家利益被赋予最为优先的地位，公共利益或公共善被看作政治行为和决策的最重要的依归。值得注意的是，虽然马基雅维里剥离了政治传统意义上的道德基础，使政治游离于古典政治哲学的视野之外，但是，他并没有由此而忽略或否定道德在政治生活中的作用。而他的政治理论之所以让人产生非道德主义甚或是反道德主义的印象，是因为他对道德的理解与前人不同，自有其独特之处。

作为共同体的精神资源之一，道德是塑造人的品格、引领行为方式、凝聚社会力量、维护社会秩序的重要途径。通过考察并比照古罗马的历史和意大利的现状，马基雅维里发现，罗马人因具备勇敢坚毅等秉性而在战场上所向披靡，并建立起辉煌的帝国；而意大利人却在基督教谦卑恭顺之德性的塑造下变得羸弱不堪，致使国家四分五裂。这种强烈对比使他意识到道德在政治中的影响和功用。要实现政治目标,就不得不正视道德在政治中所扮演的角色。故而,道德与政治应当具有何种关系?在政治领域中,应当确立什么样的道德?怎样尽可能地促成政治目标的实现?这些问题都成为了马基雅维里所必须面对的课题。

一 权力与必然恶

权力是国家政治的基本构成和集中表征。政治目的的实现在很大程度上离不开权力的操弄和运作。正如迈内克所言,权力内在于国家本质之中,没有权力,国家便无法完成维持正义和保护社会的任务。① 但权力的获取与保有并非轻而易举。有时借助良善的方法却难以获得民众的信任,赢得威信。政治生活中更经常出现的情况是,为了拥有推进良善目的的权力,政治家不得不采用一些有悖于日常道德规范的恶劣手段。这种现实的境况使得马基雅维里确信,权力与恶具有某种必然关联。

对政治家而言,权力通常是政治行为得以践行并取得合法性的先决条件,也是行为有效性的必要保障。马基雅维里正是意识到权力与国家政治之间的紧密联系,才把权力的获取看作政治家首当其冲的要务。有必要澄清的是,他所理解的国家并非局限于个人或家族层面上的国家——如美第奇家族掌控的城市君主国。甚至可以说,他对那些完全出于个人欲望,把个人或家族私利凌驾于国家整体利益之上的统治者持有敌意。虽然《君主论》没有显白地表明这种敌意——可从论著呈献的对象来理解他为什么没有这样做,但通过统观其政治著述、特别是《论李维》,我们便能体会到他对只顾一己私欲而漠视民众需求的统治者十分鄙夷。

然而,权力的获得与保有并非政治家单方面的行为,它涉及政治共同体中相互依赖的各种政治力量之间、不同成员之间复杂的相互影响。由于共同体成员往往趋利避害、唯求自保,渴求权势和多疑猜忌的禀性使他们

---

① 迈内克:《马基雅维里主义:"国家理由"观念及其在现代史上的地位》,时殷弘译,第13页,北京:商务印书馆,2008年。

鲜能采取正义行为，也难以相信别人的正义行为；因此，权力的获得与巩固在很大程度上要经历一个腥风血雨的争夺过程。从《君主论》所刻画的五种确立政权的方式——借助自身的能力、得到命运的帮助、采用极为邪恶的手段、赢取臣民的支持和受命于神圣谕旨——可以看到，几乎每种方式都或多或少地与恶相关联。不论是依靠自身能力的摩西、居鲁士、罗慕路，还是依靠命运眷顾的博儿亚，他们都必须借助诡计或残忍行径等，以达到强迫那些将信将疑的民众遵守戒律并除掉新制度的敌人的目的。即便是以神谕来强化其权威的亚历山大六世和阿拉贡的费尔迪南多，也懂得乞灵于宗教的残忍来建立和维护政权。至于从一介草民一跃而变为君临天下的阿加托克雷等人更不在话下。这些权力的发迹史似乎客观地表明了权力与恶之间的必然关联。对于那些具有远大志向的政治家来说，如果要实现维护国家长治久安的目标，他首先需要取得权力；如果要获得权力，他就不可避免地要跟他人同流合污，使用某些违反常道的手段。为了实现崇高的目的，政治家不得不采取欺骗大众、与恶人共谋、甚或暴力等非道德和反道德的手段。通过这些违背道德的手段，他们往往可以获得以正常手段所无法得到的东西。

从罗慕路等古代王者和博儿亚等同时代的统治者那里，马基雅维里发现了这个秘密。为了建立一个文明政体，罗慕路必须先杀死自己的兄弟，尔后又变相地处死了他选定为王权共享者的塔提乌斯；为了罗马的自由，布鲁图斯必须亲手把自己的儿子送上断头台；为了使原本鱼龙混杂的士兵遵守军纪、安宁团结，为了赢取力量对比悬殊的战争，汉尼拔必须熟练地运用残忍、失信、欺骗等不道德的手段；为了促成国家强大的伟业，博儿亚必须处死忠心耿耿的无辜部下。欲为善则要先作恶。从这些具有代表性的例子可以看出，以权力实现善的目的同以恶的手段获取权力之间构成了一种奇特的对立统一关系，在权力的获取与保有过程中，善恶竟然可以并行不悖，甚至必须相辅相成。身为政治家，他要么为实现宏图大志而采取邪恶的手段，要么抱残守缺受制于道德规范，并沦为政敌刀俎下的鱼肉。这早已成为了政治家无法逃避的两难窘境。

政坛中的权力竞争并不比战场上的较量轻松。它同样是一场武士与武士之间的刀锋对决。在马基雅维里看来,他的上司兼朋友皮埃罗·索德里尼虽然很精明,但在政治方面却难以称得上成熟。这是因为,执掌正义旌旗手一职的索德里尼抱有过于理想化的政治幻想,竟然天真地相信,自己可以通过正义的方法来光明正大地维护正义、维持社会的平等和法纪。他完全不懂得现实政治的险恶,不了解他所面对的是邪恶的政敌与愚昧的民众,误以为可以借助自己的耐心和善意来感化对手。殊不知,在具有对抗性的现实政治中,时间根本驯化不了邪恶,奖赏也无法安抚暴徒。当正不胜邪时,敬重正义无异于姑息养奸。而他的下场——不但失去了权力和权威,而且丢掉了自己的祖国——便是这一道理的最好印证。

如果说,对古典自然目的论的抽离表明了至善不再是政治的终极目标,那么,对权力的现代诠释则表明恶是政治无法避免的必然。政治"质料"的不完善决定了政治离不开恶。在政治生活中,令人悲观的不仅仅是政治与善的必然同盟被瓦解,而且是政治与恶已然结成了天然联盟。这种联盟关系在现实政治中证据确凿。在邪恶肆无忌惮的挑战下,道德似乎已被逼入尴尬乃至绝境。

二 政治中的道德

对恶之必然性的发现,自然而严肃地提出了道德在政治中的地位和作用问题。当马基雅维里从现实的角度消解了自然目的论这一传统政治哲学的形而上根基时,通达政治的道德合理性的路径已被切断了;而当他把恶论证为政治领域中必不可少的组成部分时,政治与道德之间的关系问题便成为了一道近乎无解的难题。为了成就善,统治者必须作恶,价值判断的二元性体现了马基雅维里对道德与政治之间的统一性的彻底质疑。政治与道德之间究竟如让蒂莱等批评者所说的那样是相互否证的,或者如维拉里和克罗齐所指出的那样是相互独立的,还是如兰克和斯金纳所认为的那样在根本上是相互融合的呢?获得了相对自主性的政治是否还需要道德之维?如果答案是肯定的话,那么,政治与道德之间究竟具有怎样的关系呢?

(一) virtù 格义

要明晰马基雅维里对政治与道德关系的理解，首先要把握 virtù 的内涵与特征。与 fortuna、necessità、stato 一样，virtù 也是时常出现在马基雅维里的政治文本中的重要词汇。它不仅像本书第 3 章所谈到的那样，是理解人与命运之间的关系的切入点，而且常常被研究者们看作分析马基雅维里政治理论的核心概念。正如怀特菲尔德所言，在马基雅维里的词汇中，没有哪一个词比 virtù 能使人们更为之兴奋或为之愤慨了。[①]virtù 似乎已成为了马基雅维里政治道德思想研究中的中心论题之一。

但让人感到头疼的是，如同其对待其他关键词一样，马基雅维里自始至终没有明确界定 virtù 一词的内涵。更让人困惑的是，在其文本中，virtù 被运用于多种场合或语境，指代各种互不相同、甚或相互对立的性质。对于熟知 virtù 相对集中的现代含义——主要用于指称与道德相关的原则或品质，故英文翻译为 virtue 或 virtues，而中文翻译为"美德"或"德性"——的读者而言，要重新复原马基雅维里话语中 virtù 一词的完整意义图像绝非轻而易举。

从词源学来看，virtù 是一个拉丁词汇。它与形容男子气概的 vir 有着密切的原始关联，是一个阳性名词。它既可以用于形容事物的特性，也可以用于表征人的某种或某些值得称颂的特质，或者军队、民族、国家等共同体的优异性，如，virtù 出众的罗慕路，罗马人依靠 virtù 建立帝国、并治理扩张后的共和国，以及真正强大的共和国依赖的是 virtù 而非金钱，[②]等等说法。在这些语脉的意义上，它与古希腊的 arête 一词颇有相似之处，但后者仍不足以解释 virtù 内涵的多义性。当一些研究者试图从该语词所植根的社会文化语境中梳理马基雅维里的 virtù 概念时，他们发现，这同样是一个棘手的难题。因为，不管是他所推崇的罗马时期还是他所置身的

[①] John Whitfield, *Machiavelli*, New York: Russell & Russell, 1965, p. 92.

[②] "La republiche e gli pricipi veramente potenti non comperono l'amicizie con danarì, ma con la virtù e con la riputazione delle forze." 本书所引用的意大利语文本均出自 Niccolò Machiavelli, *Opere. A cura di Antonio Panella*, Milano: Rizzoli & C. Editori, 1938。

文艺复兴时期，这个语词都具有极为丰富的含义，诸如能力、魄力、品质、勇敢、坚忍、才智、美德等都可用它来表示。

词义上的多样性造成了现代学界不同的研究者对马基雅维里这一概念的诸多歧义理解。比较而言，较为全面地把握此概念的丰富含义的是斯金纳和普莱斯，他们力图根据不同语境来恢复其多样性内涵。① 但这一做法被曼斯菲尔德讥称为道德"洁癖"，他无视 virtù 的其他含义，而把它通译为德性（virtue）。但也有不少学者更加注重 virtù 在非道德层面上的意蕴。除了由波考克、迈内克等人强调的与命运相抗衡的力量之意味以外，virtù 还被看作用于表征军事强力、个人能力和民族特性等内涵的概念。如，普拉蒙纳兹和巴特菲尔德等学者就侧重分析了这一概念的政治性而非道德性意味，布克哈特主要把它理解为对人的能力或力量（force）的表达。卡恩则把它视为一种根据实际情况来调节行为方式的审慎能力，这种看法同吉尔肯的观点有相似之处。在吉尔肯看来，virtù 反映了三种不同的能力，即克服外在环境之影响、做出明智决定和迅速行动的能力。与此不同，伍德与汉纳福德根据马基雅维里经常在军事战争语境中使用 virtù 一词的事实，强调了该词的军事含义。②

实际上，在马基雅维里的文本中，我们可以发现 virtù 一词至少有四

---

① 鉴于 virtù 具有丰富的历史内涵，在翻译《君主论》时，斯金纳与普莱斯根据不同的语境把这一概念分别译为：virtue（德性）、ability（能力）、quality（品质）、career（生涯）、talent（才能）。他们指出，单数的 virtù 主要指称与邪恶（vizio）相反的德行，而复数的 virtù 则主要指称好的品质。参见 Niccolò Machiavelli. 1988. *The Prince*, Quentin Skinner & Russell Price (trs.), Cambridge University Press。

② 参见 John Plamenatz, In Search of Machiavellian Virtù, quoted in *The Political Calculus: Essays on Machiavelli's Philosophy*, Anthony Parel (ed.), Toronto: University of Toronto Press, 1972. Herbert Butterfield, *The Statecraft of Machiavelli*, London: Colliter Macmillan Ltd., 1962. Jakob Burckhardt, *The Civilization of the Renaissance in Italy*, G. Middlemore (tr.), New York: Harper and Brother, 1958. Victoria Kahn, Virtù and the Example of Agathocles in Machiavelli's Prince, *Representations*, 1986 (13): pp. 63—83. Neal Wood, Machiavelli's Concept of Virtù Reconsidered, *Political Studies*, 1967 (15): pp. 159—172. I. Hannaford, Machiavelli's Concept of Virtù in The Prince and The Discourses Reconsidered, *Political Studies*, 1972 (20): pp. 185—189.

种不同的使用含义：(1) 事物的性质，如弓箭的自然属性（la virtù del loro arco）；(2) 身心方面的能力；(3) 与强力、魄力或激情等相关联的美德，如勇敢、坚韧等；(4) 基督教道德，如仁慈、慷慨等。第一种用意体现了古希腊意义上的自然德性的含义，而第二、三种则基本上属于古罗马传统的用法。因此，在阅读马基雅维里的著作时，应当像斯金纳等研究者那样仔细辨认和区分 virtù 的不同含义，而不应一概论之。从马基雅维里的 virtù 概念所涵盖的复杂含义来看，他并不像克罗齐所说的那样，在政治上持有"道德厌恶"的心态，相反，他不仅谈到了道德的生成问题，而且对政治领域中的道德问题予以关注。

从社会规范的角度来看，道德和法律都是引导人们言行与维护社会生活秩序的重要规范。在其文本中，马基雅维里曾对法律是怎样产生的，以及应当如何立法等问题有过较为详细的分析，但却没有集中探讨道德的来源问题。然而，透过字里行间的描述，我们仍可以把握他对道德生成问题的看法。在《论李维》第 1 卷第 58 章，马基雅维里在讨论"君主和民众何者更明智和忠诚"时指出，"民众的意见总是有着神奇的预见力，以至于它们似乎有着某种隐而不显的力量来预知善恶"[①]，因此，"民众的意见可与上帝的声音比肩"[②]。在此，我们可以再次看到古典政治哲学被现实主义取代后的结果：不仅政治失去了同至善的必然关联，而且道德原来所具备的和趋向真知的性质也被消解。以知识为目标的苏格拉底式道德降格为彻彻底底地植根于现实生活的习俗，仅仅是大众意见的集合。与此同时，他暗中瓦解了道德在经院神学时代被赋予的神圣性——在中世纪神学中，道德是上帝意志的体现。可见，在马基雅维里那里，道德的来源和根基不是某种超越于人的最优存在，道德仅仅是纯粹人为的产物。

这些经由意见生成的善恶观念具有对立二分的特征。实际上，该思维

---

① "E non sanza cagione si assomiglia la voce d'un popolo a quella di Dio; perché si vede una opinione universale fare effetti maravigliosi né pronostichi suoi; talché pare che per occulta virtù ei prevegga il suo male ed il suo bene."

② Niccolò Machiavelli, *The Discourses of Niccolò Machiavelli*, Leslie Walker (tr.), London: Routledge, 1991, p. 343.

方式并不让人感到陌生。在分析政治局势与论述自身政见的过程中，马基雅维里经常沿用这种思维方式。当他把国家粗线条地划分为君主国与共和国两种类型，把人际关系简单地理解为敌人或朋友的关系时；当他断论中庸之道极为有害，并反对统治者或国家把自己放于中间状态或采取中立立场时，[①]这种二分式的对立思维模式已较为清晰地表露出来。在《君主论》集中论述君主应当如何看待德性的那几个章节中，其善恶观念的确立同样延承了这种模式。如，在第 15 章中，马基雅维里列举了 11 对德行和恶行，即慷慨与吝啬、乐善好施与贪得无厌、仁慈与残忍、诚实守信与言而无信、刚强勇猛与软弱怯懦、矜持高尚与骄傲自大、忠贞纯洁与淫荡好色、诚恳老实与狡猾精明、与人和善与冷酷无情、稳重与轻浮、信仰虔诚与缺乏信仰。这些德行与恶行分属善恶两极，一一对应。这种一一对应的善恶观念同亚里士多德以降界定德性的方法有着相当大的区别。在亚里士多德那里，德性的核心要义是适度。过度与不及都会因破坏中道完美而败坏德性，只有适度才能保存完美而体现德性。如，在财富使用问题上，慷慨是适度的。与之相对的是两种恶，即，挥霍与吝啬。前者表现为付出上的过度与接纳上的不及，后者则表现为接受上的过度与付出上的不及。尽管适度和两种恶均相反，但"有些极端与适度之间还有某种程度的相似"。仍以财富问题为例。虽然慷慨是与挥霍、吝啬皆不相同的德性，但是，在不贪求财物的特征，以及在给予程度和接受程度方面，慷慨同挥霍有着相似之处，而同吝啬有很大区别。[②]但马基雅维里显然没有采取这种确立德性的理解方式。对他而言，善与恶相互对应，一种善对应于一种恶。故而，他把慷慨、仁慈或诚实的对立面仅仅理解为吝啬、残忍或背信弃义。

二元对立的思维方式使他把某些传统观念中认为是合乎道德的行为也理解为恶行。当他把慷慨解释为尽散国财的根本原因、并由此而得出君主慷慨的德性对国家有害时，他实际上把慷慨与挥霍混为一谈了。由于意识

---

① 关于马基雅维里对中立立场的反对可参见《君主论》第 21 章、《论李维》第 2 卷第 23 章，以及 1514 年 12 月 20 日写给 Francesco Vettori 的两封信。

② 亚里士多德：《尼各马可伦理学》，廖申白译注，第 39—39、46—47、49—50、52—53 页，北京：商务印书馆，2003 年。

不到与慷慨相对的恶不仅包含了吝啬，而且包含了挥霍，看不到过度付出与过少接纳已超出了慷慨德性的范畴而沦为豪奢，因此，他把应当称为挥霍的行为误解为慷慨，进而否定了慷慨的合理性，并把量入为出的节俭行为看作吝啬的表现。与之相似的是，他强化了仁慈与残忍的对立，把纵容恶视为仁慈，把对暴徒合理合法的惩罚视为残酷。正是二分思维方式使得马基雅维里过度强化并泛化了道德与邪恶的对立，并由此而强调在政治中采取恶行的重要性，同时凸显统治者学会作恶的必要性。

Virtù 的多种含义从某个侧面体现了马基雅维里思想的隐晦和复杂。然而，virtù 之所以长期引起人们的广泛关注，主要原因不在于它说明了道德的来源和确立问题，而在于 virtù 概念本身隐含着马基雅维里对政治与道德关系问题的独特解答，这才是需要我们特别注意的。

对 virtù 内涵的多义性，他并没有作出明确的区分和说明。但对 virtù 概念的模糊处理并不能掩盖一些重要矛盾。正是在这些矛盾当中，我们可体会其隐秘的写作风格，同时窥探出他对道德，以及政治与道德之间的关系的理解。

virtù 概念所隐含的其中一种矛盾是，古罗马意义上的德性与基督教德性之间的冲突。前者强调的是诸如勇敢、刚毅等同强力相关的品格，这些品格是注重仁慈、友爱等品质的基督教所不推崇，有时甚至是完全否定的。对于古罗马意义上的德性与基督教意义上的德性之间的矛盾，马基雅维里作了这样的取舍：他选择了强化前者而弱化后者。在《论李维》的开篇，他已初步表露了这种价值倾向。在该书前言中，他谴责世人缺乏正确的历史观，认为他们抱着一种艺术欣赏的态度来仰慕古人的作品，却不懂得最值得褒扬和效仿的应当是"古代王国和共和国、君王和将帅、市民和立法者，以及为自己的祖国而殚精竭虑者所取得的丰功伟绩"①。由于世人在阅读史书时没有真正领悟史实的真谛，且在基督教的影响下，不仅没有继承祖先的优秀品质，甚至"唯恐避之不及"；因此，他们缺乏古人所具备的能

---

① 克罗齐指出，与马基雅维里同时代的人常常有崇拜古典遗产的习惯。参见 Benedetto Croce, *History: Its Theory and Practice*, Douglas Ainslie (tr.), New York: Russell & Russell, 1960。

力和德行。然而，正是世人如今所缺乏的这些能力造就了古人的辉煌。在马基雅维里那里，古人"世所罕见、登峰造极的能力"主要体现在崇尚"威猛的勇气、体魄以及能够使人强大的一切"，骁勇善战，热爱祖国、热爱自由、注重世俗的荣耀。显然，尚武的古罗马所称颂的勇敢、坚韧、审慎等体现力量和魄力的品德是他最为看重的品质。相比之下，他鄙视基督教所称颂的慈悲为怀与虔诚博爱等德性。在他看来，这两种不同的道德观使得人们对政治生活具有迥然相异的看法。推崇勇猛德性的古罗马人对世俗政治生活持有积极的态度，公民主动融入政治生活，参与世俗政治事务，并为争取国家的自由和维护国家权益而"争相献力"，这使得平民生活和军人生活浑然一体、相濡以沫。① 与此不同，不事俗务的基督教以彼岸世界的终极荣耀取代世俗荣耀，这种消极的生活态度不仅养成了人们惰怠、软弱、无能、不思进取的性情，而且蒙蔽了人们的心智，使他们漠视政治生活中的险恶而天真地以仁慈来厚待政敌。正是两种相异的道德观和生活方式分别造就了勇敢的罗马人和软弱的意大利人，同时也使他们的国家有着截然不同的命运。基于实效性的考虑，马基雅维里高度重视古罗马的道德观，认为它更有利于推进政治目的的实现，因此，更值得在政治领域中加以推崇。

但马基雅维里并不满足于呈现两种对立互竞的道德观，他还要重塑一种关于政治与道德的新型关系。这种野心可以通过 virtù 所掩盖的另一种矛盾来展现。如前所述，马基雅维里的 virtù 概念除了包含道德的意味以外，还可以用于形容能力上的优异。当 virtù 被用于指称能力时，它很少涉及道德价值判断；而当它被用于指称德行时，它带有更强烈的道德情感倾向。这导致了从能力上获得认可和推崇的 virtù 有可能是德性意义上的批判对象。比如说，汉尼拔运用残暴方式对待士兵，却能带领士兵赢取敌众我寡的战役；教皇利奥十世善于利用党派之争和捭阖之术来集拢权力，使政局相对稳定。他们都具有常人莫及的非凡能力，② 可是，他们残忍、背信弃义

---

① 马基雅维里:《兵法》，袁坚译，第 2 页，北京：解放军出版社，2006 年。

② "Ha trovato, adunque, la Santitá di papa Leone questo protificato potentissimo; il quale si spera se quelli lo feciono grande con le arme questo, con la bontá e ininte alter sue virtù, lo fará grandissimo e venerando."

的恶行却难以堪称道德上的优秀。透过马基雅维里列举的阿加托克雷一例，我们可以更清楚地看到这种矛盾。身为陶工的儿子，阿加托克雷出身卑贱，但由于他拥有过人的力量，因而，他不仅能够使自身从平民跃升为君主，而且能持久保有君权。在这过程中，他主要依靠的是自己在精神和身体上无人能及的超凡能力（tanta virtù di animo e di corpo），而非得益于运气或好意。鉴于他能勇敢地面对各种恶劣的政治环境，排除艰难险阻，不仅利用自己的军队一举夺取政权，而且善用残暴的方法来维护权力，故而，人们"没有理由认为他比其他最卓越的将领逊色"①。但即便如此，马基雅维里认为，他并不是一位卓越者，这是因为他取得统治权的手段是邪恶的——为了满足其勃勃野心，他屠杀民众、出卖朋友、背信弃义，是一个毫无恻隐之心、毫无宗教信仰的人。② 可见，表征能力的 virtù 与表征道德的 virtù 在马基雅维里的思想内部的尖锐冲突表露无遗。

　　面对表征能力的 virtù 与表征道德的 virtù 之间的冲突，马基雅维里更看重前者，并倾向于以能力上的优异来为道德上的不完善辩护。即是说，他不仅要突破基督教道德体系，而且要挑战古罗马政治哲学中业已确立的道德信念。通过《君主论》第15章所列举的11对德行与恶行，人们会发现，在受到他赞扬的道德品质中，既包含了基督教的遗产，如仁慈、和蔼，也包含了古罗马的遗产，如勇猛、刚强。与此同时，这些品质还涵盖了慷慨、言而有信等两种传统都认可的德性。而诸如吝啬、失信等恶行则没有纳入古罗马德行的范畴，尽管它们在政治实践中有时也被视为是必要的。在这张德目表中，马基雅维里保留了基督教道德与古罗马道德，淡化了两者之间的冲突。可以说，他并没有把恶等同于善或者把恶称作善，也不像理查

---

　　① Niccolò Machiavelli, *The Prince*, Harvey Mansfield (tr.), Chicago: the University of Chicago, 1985, pp. 34—35. 关于马基雅维里对阿加托克雷能力的赞赏，参见《论李维》第2卷第12章、第13章，第3卷第6章。

　　② "Non si può ancora chiamare virtù ammazzare é sua cittadini, tradire gli amici, essere sanza fede, sanza pietá, sanza religione; li quail modi possono fare acquistare imperio, ma non gloria."

三世所说的那样,认为"你的恶就是我的善"①。他深知,即便有时采用残忍、失信、吝啬等行为是必要的,也可以用政治目的和国家理由来为其提供正当性辩护;但不论在基督教道德体系中还是在罗马道德体系中,它们都不能被称作是体现美德的(virtuosamente)行动,② 那些与慷慨、守信、虔诚相悖离的行为只能被看作恶行。从对统治者"如何学会作恶",以及对"伪善"的忠告中都可看出他对这些行径的道德评价。由此可见,马基雅维里虽然为政治中的某些恶行辩护,却并没有因此而以恶作善。他对统治者行恶的奉劝是明目张胆的,丝毫没有掩饰自己关于"恶在政治中是必要的"的主张。从这个意义上来说,他同那些借助公共道德的名义来掩饰恶的马基雅维里主义者并不一样。③ 那些试图以公共道德之名来解释马基雅维里政治道德观的想法,超出了他及其同时代人的想象空间,是一种当代视角的思想过度诠释,它最多只能被视为马基雅维里理论的衍生物,但绝非其理论主张本身。④

尽管能力优异与道德优秀有时存在矛盾,但是,在马基雅维里的政治理论体系中,国家的建立和维护、权力的获取和保有主要取决于能力及其运用,而非取决于真正的德行。对能力之重要性的凸显,同马基雅维里对基督教的政治功用及其世俗权力合法性的批判相吻合,也同他对政治行动

---

① 莎士比亚:《理查三世》,方重译,北京:人民文学出版社,1959年。

② "Perché se la si usa virtuosamente e come la si debbe usare, la non fià conosciuta, e non ti cascherá la infamia del suo contrario."

③ 对马基雅维里主义者如何从公共道德的角度来为恶辩护的做法,参见博洛尔:《政治的罪恶》,蒋庆等译,北京:改革出版社,1999年。

④ 在解读马基雅维里的问题上,我认为,要真正理解马基雅维里的思想及其遗产,就应当立足其文本本身,而非把现代人理解问题的方式强加给他。在此问题上,可以借鉴施特劳斯和曼斯菲尔德所采取的研究态度——尽管批评者也常常指责他们把自己的想法强加给马基雅维里,并导致了这样或那样的误读。在曼斯菲尔德看来,任何关于马基雅维里本人根本没有意识到的外在含义阐发,都会妨碍并扭曲他的真实意图,而用诠释者的观点来取代马基雅维里的观点,最终只能塑造出另一个马基雅维里,并掩盖历史上的真实的马基雅维里。参见 Harvey Mansfield, Strauss's Machiavelli, *Political Theory*, 1975, 3(4): 372—384。

的现实性和有效性的强调相一致。① 故而，我们不能贸然得出结论，认为马基雅维里完全推崇古罗马意义上的 virtù。确切地说，他在很大程度上接纳了古罗马意义上的 virtù 中关于强力以及与强力相关的德行意义，却淡化了它所涵盖的其他德性。通过《君主论》的后半部分，我们可以看到，他要挑战的对象不仅包括基督教的道德，而且还包括西塞罗式的政治道德理想。这表明他对古罗马意义上的 virtù 含义并非全然采纳。

鉴于马基雅维里对两种不同道德观的取舍、对能力的重要性和优先性的权衡，我们不能单单从一个层面来理解马基雅维里的 virtù 概念，而应看到其中隐含的双重矛盾，更何况 virtù 本身所具有的多种含义很容易遮蔽人们对其价值取向的完整理解。事实上，他要挑战的不只是基督教道德，而且还包括古罗马哲学中的某些道德主张。他的政治道德思想的新异之处，不仅表现在揭示因多元谱系而产生的道德内部的裂变和分歧，如，异教道德与基督教道德的区别和冲突；更重要的是，他要重新考量政治的道德合理性问题，重新思考道德的适用范围，比如，道德是否适用于政治领域，以及何时或在何种程度上适用于政治领域。

（二）道德的依附性

从马基雅维里对 virtù 的理解可以看出，他并没有完全消解政治的道德之维。与其说，他否认道德的作用，毋宁说，他要选择一种有利于国家政治的道德，一种具有依附性的道德。

道德的依附性主要表现在三个方面。首先，道德依附于政治诉求。政治目标与国家利益至上的信念，使马基雅维里把非政治的要素一概置于相对于政治的次要地位。为了确保国家目的的有效实现，他不仅要激发统治者的自保意识并强化他们对政治现实风险的认识，而且要唤起他们对荣耀的渴求。他重新赋予古罗马所推崇的德行以重要的政治意义，并重新界定道德在政治中的地位，最终使道德从属于政治。就此而言，马基雅维里并

---

① 以同一词汇把有可能相互冲突的两种含义统辖起来的做法不禁让人产生疑问，究竟是因当时的表达习惯使然，还是因为马基雅维里故意掩盖其政治主张并欲淡化他对传统道德的冲击力的隐秘手法使然？这是一个耐人寻味的问题。

非主张道德中立的政治家。他推崇的是一种政治化的道德。

粗略而言,"政治道德"是指政治中的道德。这一提法包含了两层不同的含义。一层含义是政治内在需要的道德,另一层含义是依附于政治的道德。前一种含义的道德具有相对独立性和内在价值,对行为的道德评价并不单纯取决于政治目的或行为后果。在某种意义上,它也可以被看作政治的基础,是塑造政治生活的文化资源,意味着政治应当接受道德合理性的必要审视。而后一种含义的道德却失去了自身的独立自主性。也就是说,它不具备内在价值,只具有工具性价值。这种意义上的政治道德被单纯看作实现政治目标的手段,完全服从于政治的需要。可以说,政治成为了道德的基础——需要何种道德,以及何时何地适用道德,都受制于政治目的或行为后果的考量。马基雅维里显然是从第二个层面上来理解政治道德的含义的。在他看来,国家目的的优先性和行为的有效性是无可置疑的,它们才是确立道德的前提条件。由此,他推崇的是有助于实现国家自由、稳定、强大和长治久安的道德。若道德规范同政治目标相悖,道德需要作出妥协和让步。一旦道德妨碍国家目的的实现,则必须毫不犹豫地放弃道德。以政治效果为根本依据的政治道德,失去了与个人完善相关的原本意义,而变成了纯粹工具性的道德。工具性的政治道德并非自在的,其主旨是有效地实现国家目的。它主要关注的不再是个人精神的完善或完满,而是国家利益与公共善。

其次,政治道德的非自足性还体现在对异己力量的依赖上。由于大部分人天生易受魔鬼的诱惑,因此"不出于万不得已,人无行善之理,若能左右逢源,人必放浪形骸,世道遂倏然大乱"[①]。除非迫于外在必然性的束缚,民众难以遵守道德规范。也就是说,道德是一种扭曲人之天性的外在规范,是人为了实现某种目的而给自身设定的约束。与之相应,德行并不像亚里士多德或康德所说的那样,是一种自愿自觉的行为。在亚里士多德的美德伦理和康德的义务论伦理体系中,意愿和选择是德性实践的重要条件。唯有不屈从于强迫的行为才值得称赞。进一步地,选择应受理性支配,

---

① 马基雅维里:《论李维》,冯克利译,第 54 页,上海:上海人民出版社,2005 年。

而非出于人的怒气或欲望。正是由于人具有选择的可能，并且能做出正确的抉择，因此，他的道德境界才得以展现。可以说，意愿和选择内在于德性，体现了德性的自为特征。但在马基雅维里看来，基于自愿自觉的德行论不符合人的天性，希望民众或政敌怀有虔诚的信念、心甘情愿地恪守道德规范，也无异于一种荒诞不经的幻想。面对趋利避害、好逸恶劳、贪求私利的大众，怎么能冀望他们自觉遵守道德规范并履行道德义务呢？他们表现出来的德行要么是出于畏惧，要么是出于对德行所附带的利益或荣誉的渴求。若要让民众按照日用伦常生活，不懒散惰怠，统治者必须制定并向他们强加各种形式的制度或惩罚机制，使他们不仅安贫乐道、勤勤恳恳，而且慑于严刑而循规蹈矩；若要避免贵族滋生僭越政权的野心，使之安分守己，治理者就要容忍阶层党派之争，使民众跟他们相互制衡；若要让士兵严守军纪、英勇作战，军官们必须采用严明的军纪、甚至是残酷的惩治手段。然而，如果德性的践行必须借助外力强迫、而非出于主体自身的良心或义务感，那么，从这一主张中很容易推导出一个令人心寒的猜测：罗马人的辉煌成就和伟大功业并不是基于自身的能力和德性，他们所表现出来的勇敢并不完全出自坚韧无畏的精神，而是被迫所为。在敌众我寡的战役中，将士们也许不是凭借真正的勇敢而赢取胜利的，而是迫于没有选择的困境，以及恐惧和自保的心态才会顽强拼命的；促成胜利的关键并不是将士们敢于面对高尚的死亡，而是他们因恐惧而产生孤注一掷、誓死一拼的自我保护念头。也就是说，他们只是表面上符合德性，却并不真正拥有德性。因此，那些知晓这一道理的将领们懂得如何利用占卜、解释天象、制造"必然性"假象等人为因素，使士兵们抱着别无选择的想法，拼死决战。马基雅维里反对利用要塞保卫国家安全，以及鼓励军官利用背水一战的机遇扭转战局的主张，都部分地揭示出德行对外在条件的依赖。这意味着，所谓的德性不再自足，它必须受到外力的激发和强迫才得以彰显。

在很多情况下，由于德行并非出于个体对美德的内在需求或对道德的坚定信仰，而是出于外在必然的强制性要求，因此，政治领域中的善恶判断所依据的，不是个体是否真正拥有德性，而是他是否具备德性的外表，或者表现得符合道德规范。正如我们在讨论道德的生成时所指出的那样，马基雅维里把道德单纯理解为民众意见的集合或生活习俗的积淀。对统治者的品质进行善恶评价的民众往往凭借着表象来做出判断。他们"通常依靠眼睛多于依靠双手",因为他们可以观察被评价者的言行,但甚少能够窥探他们的内心世界,摸清他们的本质。"群氓总是容易被外表和事物的结果所吸引,而这个世界尽是群氓。"① 在效用的影响下,道德与道德的表象之间的实质性区别被含糊地遮蔽起来。而这种实质性区别在古典政治哲学中有明确区分。在亚里士多德看来,合乎德性的行为不能简单地等同于行为者具备德性。一个人之所以称得上是有德性的,除了必须对所做事情的环境和性质具有意识以外,还必须经过自身的意愿和选择、而非外力的强迫去采取此行为。与此同时,他必须是"出于一种确定了的、稳定的品质而那样选择的"。② 故而,行为者之所以被称为是有道德的,并不能简单地归因于他做了看似符合道德的事情。而马基雅维里所主张的,就是以民众的权威来淡化这种本质性差异。其结果是,道德的根本意义不在于其自身,而在于合乎它自身的表象。从这个角度来看,他所理解的政治道德也不具有内在自足性,而依赖于外化了的效果。道德的践行在很大程度上需要借助某些异己力量(如所谓的"必然性")的强迫,这几乎等于取消了古典美德的意义,是对传统德性概念的否定。可以说,马基雅维里从德性的非自在性已经走到了消解美德本身的边缘。在利用必然性迫使他人服务于公共善的同时,他也把自己逼到了远离美德的孤崖之上。

最后,道德的依附性还体现为,善不但不排斥恶,而且要向恶妥协,甚或需要恶作为支撑。善与恶似乎成为了难以分离的连体婴儿。善与恶的紧密关联首先体现在,对道德的理解离不开对恶的认识。在1521年5月17、18日写给圭奇阿迪尼的两封信中,马基雅维里谈到,他一直努力为佛罗伦萨构筑教士的新形象。这种新形象有别于佛罗伦萨市民的流行看法——他们希望有一个给他们指明通向天堂之路的教士,这种教士谨慎、

---

① Niccolò Machiavelli, *The Prince*, Harvey Mansfield (tr.), Chicago: the University of Chicago, 1985, p. 71.

② 亚里士多德:《尼各马可伦理学》,廖申白译注,第41—42页,北京:商务印书馆,2003年。

忠诚、且不犯错。但是，马基雅维里认为，教士的职责应当是教导市民怎样走向地狱，他应当拥有另一副面孔——比珀佐更疯狂、比萨沃纳罗拉更狡猾、比阿尔贝多更虚伪。"我相信，真正通往天堂的路就是知道如何通往地狱，从而避免这条地狱之路。此外，我要让人们看到披着宗教外衣的人是如何掩饰自己的罪恶的。"① 通过以恶来阐释善的理路，马基雅维里要向世人揭露基督教道德的真相：他们所信仰并遵循的道德，只不过出自一帮伪君子之手，是荒淫无道、颠倒是非、邪恶伪善的教士哄骗和蒙蔽世人、并以此掩饰自身罪行的伎俩而已。在此，基督教道德的权威性被大大削弱。进而，马基雅维里还要让世人知道，他们相信的所谓善并不能引导他们通向真正的天堂，而是通向了地狱：基督教宣扬的教义只会让信众变得女人气，变得腐化堕落，使国运短蹙，并最终导致国破家亡。被缴械的天堂是教士们虚构的产物，它不是真正的天堂，实际上只是地狱。相反，那些基督教不认同的异教品格却不仅让人变得斗志昂扬、充满魄力，而且能令国家持久、稳定、强大。只有这些被基督教漠视、甚至贬斥的品质，才能引领人们步入天堂。为了避免陷入万劫不复的地狱，人们必须借助恶来辨清什么才是真正的天堂，以及怎样才能真正通达天堂。通过揭示善恶的辩证关系，马基雅维里试图证明真正的善或道德图景并非完全像基督教所描述的那样。唯有认清基督教的真实面目，看清它所指向的黑暗之境，人们才能发现真正的道德和天堂。

除了对善的认识以外，良善与邪恶的密切联系还更多地表现为，善必须借助恶来实现。权力之恶已在实践上说明了恶的必然性。鉴于政治的险恶与政治关系的复杂，要达到好的目的，就不得不打破道德惯性思维的束缚。为了实现国家利益或公共善，政治家不得不泯灭良心，向恶妥协。也就是说，善无法自生而需由恶来生。这是必然性使然，是人无法逃避的命运。稳定和强大是国家政治的至高目的。在这一至高目的的统摄下，必然性应运而生。仔细阅读《君主论》，我们便不难发现，在这本仅有 26 章的

---

① Niccolò Machiavelli, *Machiavelli: The Chief Works and Others* (3 volumes), Allan Gilbert (tr. & ed.), Durham: Duke University Press, 1965, p. 972. Allan Gilbert 指出，Ponzo 无从考究，Frate Alberto 是《十日谈》中的角色。

小册子中，马基雅维里提及"必然"二字竟多达76次。这足以反映他对必然性的重视和认可。不论是由命运安排的客观环境促成，还是政治主体之局限所使然，在很大程度上，"必然性"是统治者实现国家目的的唯一选择，更确切地说，这是没有选择的选择，是他不得不采取的行为方式。正是在必然性的引导与驱使下，好的目的才有可能实现，并且必须借助邪恶的手段来实现。"迫不得已会教给我们怎么做的"①，必然性会给人们指明唯一的出路。优秀政治家的卓越之处就在于，他能够审慎且明智地发现必然性所指向的出路，并毅然踏上征途。

在必然性的驱使下，为了行善而作恶显得顺理成章。即便善必须面对恶，恶行也丝毫不会减损目的的道德性。"即便在酒中添加少许水，它仍然是酒；如果你加上半点错误，审慎仍然是审慎。"② 在公共善的观照下，邪恶是可以忍受的。在某种意义上，唯有包容恶，伟大才得以可能。尽管善与恶的携手并进打破了绝对善的观念，反映了人类一种迫不得已的困境，但马基雅维里对此没有流露出悲观的态度。由必然性创造出来的绝境并不是失败的前兆，而是胜利的曙光。"势均力敌时，身陷绝境者有好处，绝境是最后、最有力的武器"。只要具备足够的能力，便能绝处逢生。在必然性面前，"要么等死，要么杀出一条血路"③。这是有远大目标的政治家必须面对的。政治领域中本来就不存在纯粹的良善，好和坏、善和恶无法明确划界，这就是政治家的处境。

---

① 马基雅维里：《佛罗伦萨史：从最早期到豪华者洛伦佐逝世》，李活译，第145页，北京：商务印书馆，1982年。

② Noel Malcolm, *Reason of State, Propaganda, and the Thirty Years' War: An Unknown Translation by Thomas Hobbes*, Oxford: Clarendon Press, 2007, pp. 101—102. 从 Justus Lipsius 对错误行为的划分，我们可以管窥马基雅维里的政治影响。Lipsius 认为，统治的艺术必须向邪恶妥协，在此基础上，他区分了三个层次的错误行为：伪装、隐瞒意图等错误程度较轻的行为；欺骗、受贿腐败等程度中等的行为；违背协议等程度严重的行为。

③ Niccolò Machiavelli, *The Discourses of Niccolò Machiavelli*, Leslie Walker (tr.), London: Routledge, 1991, p. 508.

三 国家理由

在《论李维》的结尾,马基雅维里发出了公民"为保卫祖国应当不计荣辱、不择手段"的明确呼吁。这个呼吁无疑是他理解政治与道德之关系的最精辟告白,同时也是后来发展而成的"国家理由"(ragion di stato,英译为 reason of state)观念的核心要义。[①] 就文本而言,尽管马基雅维里没有明确提出"国家理由"的概念,但他对国家权力的获取、保有与扩大的理论阐述深刻地体现了这一概念的基本含义。他公然为罗慕路和布鲁图斯的残忍行径辩护,大胆教育统治者应学会如何作恶,其所借助的理论依据正是"国家理由"观念。他对这一观念的贯彻、强化同他对国家、政治生活的理解一脉相承。

一般认为,"国家理由"的概念最初出现在 16 世纪。具有争议的是,有学者认为,这一概念可追溯到更早期的文本。如普斯特认为,中世纪的法学家、守戒者和学院派哲学家的著作中已出现"国家理由"字眼,他们的思想来源于罗马的法律思想与西塞罗的政治哲学。[②] 但可以确认的是,在 16 世纪中后期,"国家理由"概念正逐步被人们关注并接纳。故而,我们可以大胆猜测,马基雅维里的思想受此概念的浸染甚重。从内涵来看,"国家理由"主要指的是,出于保护国家的目的而不惜采取一切手段。粗略来看,这些手段可以分为正义与不正义、道德与不道德、合法与不合法等等。对于以正义、合法、符合道德准则的方式实现国家利益的行为,人们没有太多异议。最让人难以接受且最容易遭受攻击的,是那些在国家目的的名义下施行违反道德和法律的行为。在第一本以"国家理由"命名

[①] 由于"reason"本身具有"理由"和"理性"两种含义,因此,学界对"reason of state"也相应地有两种不同的译法,一种译为"国家理由",另一种译为"国家理性"。假如从"reason of state"的角度来分析马基雅维里的政治思想,我倾向于采用第一种译法。这是因为,在马基雅维里那里,国家政治并非完全与理性相关,相反,在很多情况下,政治行为也可能是非理性的,它受制于"必然性"。

[②] Gaines Post, *Studies in Medieval Legal Thought*, Princeton: Princeton University, 1964, pp. 253—269.

的专著 *Della ragion di stato* 中，前耶稣会信徒博特罗论述道："国家是对民族的稳固统治，'国家理由'是关于建立、保护与拓展领土治权之手段的知识。然而，尽管这一术语在最为广泛的意义上囊括了上述一切，但它主要关注的不是（国家的）确立，而是（国家的）存续与扩展……由于开端与持续在本性上是相同的，因此，建立与拓展（治权的）艺术也是相同的。虽然为了这些目的而做的一切都出自'国家理由'，但这些行为无法用常规的理由来解释。"[①] 这意味着，"国家理由"有别于人们在日常生活中形成的因果观念。它是一种与权力及其派生物密切关联的特殊解释体系。这种解释体系因时常被用于为那些"与神圣律令或道德相背离的政治行为"辩解，因而变得臭名昭著。

显然，马基雅维里并不忌讳"国家理由"所牵连的恶名。之所以如此，是因为他着眼于国家的整体利益，关注"国家理由"所揭示的政治真实境况，注重由它所强调的政治行为的实用性和有效性。在"国家理由"观念中，善与恶的奇特相容使政治家不得不面对道德两难。然而，马基雅维里并不满足于揭示两难困境。除了摆出问题以外，他更看重的是如何解决这种难题。在他看来，导致政治家面临两难的症结在于，古典政治思想中关于政治与道德的统一性、道德的内在一致性等观念，对同时代人产生深远影响。为此，他开出的药方是以"国家理由"排解两难。

马基雅维里借助的"国家理由"反映了目的与手段之间的新型关系。在传统政治哲学中，善与恶势同水火，不可相容。尽管基于外在或内在的条件限制，某些目的无法通过合乎道德要求的手段来实现，在非常情况下，目的必须借助那些有悖常理的手段来促成；但这些手段是无法获得正当性证明的，而且目的本身的合理性也会受到质疑。换而言之，对目的与手段的价值评价可以相互融贯。但在马基雅维里看来，古典政治哲学所理解的至善和黑白分明是不切实际的，行为的动机与结果、手段与目的之间的价值判断是相互分离、且相互矛盾的——好的动机完全有可能产生坏的结果，

[①] Giovanni Botero, *The Reason of State*, D. Waley (tr.), London: Routledge & Kegan Paul Ltd., 1956, p. 3.

而善的目的很可能必须借助恶的手段才能实现。"恶行自有其伟大之处，也能以其方式表现得慷慨大度。"它带来的荣耀极有可能"超过它所带来的恶名和危险"。[1]也就是说，手段与目的的价值取向并不像古人所说的那样严格地一一对应。现实状况往往并非善有善报、恶有恶报。"有些事情看似道德，却会使追求者自取灭亡；而有些事情看似是邪恶的，却会给追求者带来安全与福祉。"[2]这种福祉一方面体现为追求者能够自保或维护政治秩序。对此，休谟曾做出精辟的论述："所有政治家和绝大多数哲学家都同意，在紧急状况下，'国家理由'无须依据正义的规则，它使任何条约和联盟都变得无效。在很大程度上，对达成协定的任何一方而言，严格遵守条约将蒙受损失。"[3]另一方面，采用恶行带来的福祉还表现为增进国家利益。在善恶相掺的政治世界，某些不被人们接纳的行为有可能带来好的效果，"不能因为害怕坏处而把好处也放过了"[4]。如，统治者在必要时采取残酷的惩罚措施，虽然背离仁慈的道德规范，或许落下暴君的骂名，但却能起到杀鸡儆猴的作用——它使民众因慑于严刑而不敢轻易违反法规，进而强化统治者和政治机制的权威。故而，尽管人们业已认可的日常道德规范极有可能与政治目的相违背，但不能由此而忽视欺骗、残忍或暴力等手段在维护社会稳定时所发挥的作用。当吝啬、残忍、失信等恶行合乎国家利益时，它们便具有正当性与合理性，是统治者应当选择的行为。在此意义上，施特劳斯认为，马基雅维里对善恶是非的界限熟视无睹、置若罔闻，这种看法有一定合理之处。以良善目的为邪恶手段辩护的做法，模糊了善恶的界线，并彰显出政治目的和行为结果的优先性。

在"国家理由"的框架内，目的证成手段的观念构成了人们思考政治

---

[1] Niccolò Machiavelli, *The Discourses of Niccolò Machiavelli*, Leslie Walker (tr.), London: Routledge, 1991, p. 275.

[2] Niccolò Machiavelli, *The Prince*, Harvey Mansfield (tr.), Chicago: the University of Chicago, 1985, p. 62.

[3] David Hume, *Political Essays*, Knud *Haakonssen* (ed.), Cambridge: Cambridge University Press, 1994.

[4] Niccolò Machiavelli, *Machiavelli: The Chief Works and Others* (3 volumes), Allan Gilbert (tr. & ed.), Durham: Duke University Press, 1965, p. 802.

的重要原则。相应地,"宽宥"成为了马基雅维里经常提到的重要语词。由于邪恶的手段以良善的目的为依归,因此,它们应当得到宽容。对于塔西陀的论断,即人们"应当向往好君主,但必须待之以宽容,无论他如何上台",马基雅维里深表赞同。① 在他看来,虽然罗慕路是一个嗜杀成性的统治者,但他同时也是一位骁勇善战、善于制定良法、整饬城邦腐败的开国之君,是"文明政体的创建者"。在罗慕路身上,卓越的能力与邪恶的残暴得以融合。由于他的邪恶"乃出于公益,而非个人野心",因此,邪恶之举没有削弱其德性。他拥有爱国的德性,懂得如何妥善行恶,并能审慎地判断应当何时作恶。鉴于此,"在雷慕斯与塔提乌斯之死的问题上,罗慕路应当得到宽恕而非责难"②。他的行为目的和行为效果使恶行获得了正当性说明。"以非常手段组建王国或构建共和国,智者是不会给予责难的。当结果是好的时候,该受责备的行为可以获得正当性辩护。"③ 在此,马基雅维里俨然把自己看作一个判别行为合乎道德与否的智者,一个为深受基督教道德德性影响而处于蒙昧状态的统治者指点迷津的智者。实际上,即便是基督教的信徒和修士也能理解此中道理。难道《圣经》中的罗特之女不也为了人类的繁衍而同意与父亲通奸么?难道她们不也因其意图为善而得到了宽恕么?④

马基雅维里对"国家理由"的强调表明,政治不仅无法逃避恶,甚至内在地需要恶。这种需求不是暂时性的,"国家理由"并非如某些学者所指出的那样仅仅适用于非常状况——他们把残忍暴力或失信欺诈等行为看作当且仅当新政权建立或国家自由遭受威胁时才使用的非常手段或极端举措,这是对马基雅维里政治主张的误解。从他的文本中可以看到,即便政治与恶没有达到须臾不可离的程度,但可以肯定,政治中的恶行屡见不

---

① 塔西陀:《历史》,王以铸、崔妙因译,第 249 页,北京:商务印书馆,1981 年。

② Niccolò Machiavelli, *The Discourses of Niccolò Machiavelli*, Leslie Walker (tr.), London: Routledge, 1991, p. 236.

③ 同上书,第 234 页。

④ Niccolò Machiavelli, *Machiavelli: The Chief Works and Others* (3 volumes), Allan Gilbert (tr. & ed.), Durham: Duke University Press, 1965, p. 802.

鲜，政治实践中也经常需要政治家"作恶"。不论是处于筹建过程中的政权、新建立的政权，还是已然稳固的政权，不论是君主国还是共和国，在必然性的驱使下，它们断难避免恶，也无法弃用恶行。如果说，以邪恶的手段来谋取权力通常发生在新政权建立之初或权力交替之际，是一种较为短暂的政治阵痛；那么，权力的保有和扩充则是一个长期的过程。政治主体的缺陷注定了权力的斗争和维护不可能停止，注定了国家需无时无刻警惕并对抗腐败，以及由此而产生的政体循环更替。如果说，邪恶只是实现政治良善目的的权宜之计，那么，政治领域充斥着大量需要以"国家理由"为之辩护的权宜之计。政治生活中的必然性不单单表现为防范侵略和自我保存的基本需求。它不仅出于"生存所需"，而且是"扩张的必要"——政治共同体意味着某种边界或界限的设定，具有排外性。因此，在资源有限的条件下，必然性不仅要求统治者保护本国公民的自由，而且要求剥夺他国公民的自由；它不仅出现在国家建立之初或主权受到危害之时，而且伴随着国家政治的始终。所有明智的统治者都不应该是短视的，他们必定知道"要考虑的不仅仅是当前的困难，还有未来的困难"[1]。"未来"意味着一个无止境的长期过程，意味着和平与安宁只是短暂的——为了保障和平与安宁，就必须在国内治政过程中经常利用残忍的手段使人们产生对惩罚的恐惧，不时挑起战争来防止内政腐败，扩充国家实力。对马基雅维里所揭示的关于生存范畴与扩张范畴之间的张力，麦金太尔也有明确的认识。"如果你想得到和平，就要备战。获得和平的唯一方法是对潜在的侵略者构成威慑。因此，你必须扩军，并且清楚地表明，你的政策并不必然排除任何特定规模的战争。这就不可避免地要求你要清楚地表明，你既准备打有限度的战争，又在某些情形下，你不但会触及、而且会跨越核战争的边界。否则，你无法避免战争，同时也将被打败。"[2] 从这个角度来看，施特劳斯、沃林与伯林的见解有一定道理。他们都相信，马基雅维里承认那些与传统道德相违背的政治行为会时有发生，所谓的极端情况似乎已成为常态。沃

---

[1] Niccolò Machiavelli, *The Prince*, Harvey Mansfield (tr.), Chicago: the University of Chicago, 1985, p. 12.

[2] Alasdair MacIntyre, *After Virtue*, Notre Dame: University of Notre Dame Press, 1981, p. 6.

林甚至认为,马基雅维里持有永久的"暴力经济"观念,主张始终保留暴力。[①] 由此可见,在马基雅维里的政治理论中,"国家理由"俨然已成为政治的根本原则,是"国家的首要运动法则"[②]。

这种"运动法则"后来在政治领域中深入人心。在《国家理由》一书中,博特罗记述了他在宫廷里的见闻。他指出:"在我所观察到的事情中,我发现'国家理由'是人们讨论问题时经常涉及的主题,我经常听到尼科洛·马基雅维里与塔西陀的观点被引证:关于前者在统治与治理人民方面的观点,以及关于后者对提庇留在获取与保有他在罗马的王位时运用的(政治)艺术……当我发现这些野蛮的治理模式——它厚颜无耻地反对神圣律令——已被如此(广泛地)接纳,以至于人们甚至会把一些被'国家理由'所允许的事情同另一些被良心允许的事情相提并论时,我感到义愤填膺而非大为赞叹。"[③] 时至17世纪,这一观念在欧洲广为流传。根据威尼斯作家祖克罗的回忆,"理发师……其他最低下的工匠,在他们的商店和聚会地方都会讨论'国家理由',装作一副他们懂得如何区分哪些事情是出于'国家理由',哪些不是出于'国家理由'"。[④] 可见,"国家理由"在马基雅维里身后产生了相当广泛的影响。

正是通过对"国家理由"之精神的诠释和倡扬,马基雅维里为政治的合理性打开了另一个空间,一个有别于古典政治哲学家所理解的政治之道德正当性的空间。就政治本身而言,"国家理由"是一种必要的需求,是现代政治概念得以重构的重要维度。正如坎佩内拉和祖克罗等思想家所指出的那样,古典的政治概念与"国家理由"观念是格格不入的,前者跟平等、

---

① Sheldon Wolin, *Politics and Vision: Continuity and Innovation in Western Political Thought*, Princeton: Princeton University Press, 1960, pp. 197—199.

② 迈内克:《马基雅维里主义:"国家理由"观念及其在现代史上的地位》,时殷弘译,第1页,北京:商务印书馆,2008年。

③ Giovanni Botero, *The Reason of State*, D. Waley (tr.), London: Routledge & Kegan Paul Ltd., 1956, p. xiii.

④ Noel Malcolm, *Reason of State, Propaganda, and the Thirty Years' War: An Unknown Translation by Thomas Hobbes*, Oxford: Clarendon Press, 2007, p. 93.

正义、理性相一致，而后者则会动摇这些价值取向。鉴于此，维罗里把政治从排斥"国家理由"到接纳并强调"国家理由"的转变过程，视为政治概念的革命。① 在他看来，《君主论》是政治向"国家理由"转型的基本时刻：国家艺术第一次被公开地表达出来，并被赋予一种新的理论和哲学地位——以"'国家理由'的表面话语来为现实提供新的意识形态"，"通过整合公民哲学与国家艺术来改革政治语言"。这是思考政治的有效途径，"实质上，这也是思考政治的唯一办法"。② 借助国家利益至上和公共善优先的强烈措辞，马基雅维里似乎为现代统治者消除因作恶而产生的良心芥蒂提供了一条行之有效的出路。

---

① 从对概念界定来看，维罗里所理解的"国家理由"是狭义的，主要指称君主为了维护自身权力与扩大势力范围而采取不择手段，是与公共善的宗旨相背离的观念。在他看来，经历了从排斥"国家理由"到接纳与强调"国家理由"的转变以后，现代人把古人称为暴君之术的东西看作政治。概念革命后，政治可以与"肮脏交易"(dirty business) 相容。为了澄清马基雅维里和"国家理由"观念的渊源关系，维罗里构筑了一个也许会被施特劳斯戏谑地称为"精致"的概念体系，并在此基础上，他分析了"政治"内涵的历史演变。在他看来，国家艺术(the art of state) 与城邦艺术(the art of city)、国家(stato) 与共和国(the republic)、国家与为政治而生存(vivere politico)、"国家理由"与政治之间存在着很大差别。这些差别往往被现代人所忽视。"国家艺术"主要与专制暴政相关，强调为维护政权而不惜一切，"城邦艺术"更多地面向"政治"、"共和"和 vivere politico，是传统意义上的概念。而"stato"主要指称君主制的权力政治结构，与"republic"所指向的共和政体相区别。从治理方式来看，"stato"与公民自由的要求相抵牾，它所运用的治理模式可纳入国家艺术和"国家理由"的范畴，却有别于城邦艺术和古典政治话语。适用于"stato"的政治治理模式不一定适用于共和政制，甚至会导致后者的灭亡。美第奇家族复辟后，以自由原则来统治城市，佛罗伦萨在 1527—1530 年重建共和国后，以 stato 的方式来治理政务，这些都是致使两个政权覆灭的重要原因。维罗里认为，这些基本概念的区别及其应用是马基雅维里理应明了的。由于他意识到公民哲学在美第奇家族治政期间不可能引起重视，因此，他以"国家理由"的言说方式来重新诠释政治，实属一种无奈之举。详见 Maurizio Viroli, *From Politics to Reason of State: The Acquisition and Transformation of the Language of Politics 1250—1600*, Cambridge：Cambridge University Press, 1992。

② Maurizio Viroli, The Revolution in the Concept of Politics, *Political Theory*, 1992, 20 (3)：pp. 473—495.

四　政治的道德家

对政治与恶之关联的揭示、对必要恶的认同甚至推崇所带来的直接后果是,政治家应当树立新的政治道德观以取代传统的道德观,使之更迎合政治的需要。他们不仅应当继承和复兴有利于实现政治目的的古罗马道德,而且在必要时应无惧人们对邪恶行径的谴责,学会如何作恶,并义无反顾地选择为行善而作恶。在政治领域,善恶注定难以分离,价值两难无法真正得到解决。摆脱两难的直接且有效办法是遮蔽纯洁的良心,玷污高尚的灵魂。这是政治家既能保护自我,又能推进国家利益的唯一出路。作为政治家的思想导师,马基雅维里的使命是让他们放下高贵的身段,向恶俯首低头。在此基础上,他要向他们传授治国之道,把他们塑造成理想的权力守护者。

(一) 国家精神与作恶的勇气

真正的政治家应当首先具有为国家牺牲的精神和勇敢刚毅的品质,这两者之间相辅相成、互相推进。在国家精神的引导下,政治家把政治视为自身的志业,恪守国家目的的正道。与此同时,国家精神的践行也离不开勇气,唯有勇气非凡的政治家才能直面政途的现实境况,克服从政过程中的众多艰难险阻,并始终坚定宏大的政治志愿。

国家精神是一种体现国家目的优先的品格。它并不完全否定个人利益,而是反对把私人利益凌驾于公共利益之上。如前所述,马基雅维里对个人政治(或家族政治)和国家政治之间的区别有较为明确的认识。他反对建立在个人利益基础上的专制政权,因为它既不利于公共善,也无法有效地保障国家自由并实现长治久安。即便他曾主张以君主制的形式来促成解放意大利的政治目标,并主张保留在某种程度上体现集权政治的独裁官职务,但这些建议并非单纯出于维护君主个人私欲的意图。《君主论》最后一章激情洋溢的劝诫,《论李维》中主张为保护国家而不择手段,反复强调国家自由和强大的政治目的,鲜明反对权力腐败,以及公然宣扬为了国家利益而作恶的教条等等,都表明马基雅维里对政治家应具备国家精神的殷切期望。而对国家精神的推崇在"爱祖国胜于爱灵魂"的心迹中得到了高度浓缩。

践行国家精神要求政治家具备勇敢的品质。这种品质首先表现为以政治为志业的人生选择。所谓的"以政治为志业"并非表现为通过涉足政坛而投机取巧、谋取私利。① 它是一种伟大的政治抱负,表现为希望通过政途来实现政治理想的坚定信念。政治家的过人之处在于,他有勇气离开家庭,跨越从私人领域到公共领域的"鸿沟",重新彰显被家庭生活掩盖了的政治生活。做出这样的选择之所以需要勇气,是因为在现实政治中,人们不可能像古典理想主义者所构想的那样和睦共处、各司其职,他们更多地是满怀嫉妒和野心,对他人的权力和财富虎视眈眈。因此,现实的政治环境必定充满刀光剑影。以政治为业者不惜背负冷酷无情等恶名,勇敢地面对政敌的阴谋和叛变,甚至是个人的毁灭。诚如阿伦特所言,"任何进入政治领域的人最初都必须准备好冒生命的危险"②。从这一角度来看,马基雅维里无疑是一位身先士卒的表率。尽管他曾经因服务于佛罗伦萨共和国而被解除职务,甚至锒铛入狱,但他几乎没有放弃把政治作为自己终身志业的理想,一直试图通过各种方式重新返回政坛,把经过多年钻研的政治艺术运用到国家治政当中。③

由于政治家面对的是极为险恶的政治环境,因此他必须认识到恶的必然,必须学会作恶并敢于作恶。作恶意味着承受良心的自责,或者索性泯灭良心。它要求政治家勇敢地与基督教道德决裂,与道德赖以建立的整个传统决裂,与生活于这个传统中的所有人决裂。作恶看似是轻而易举的个

---

① 韦伯认为,以政治为志业的政治家有两种,一种是为政治而生存,另一种是靠政治而生存。前者对政治的忠诚是一种内心的平和与自我感觉,它或者出于享受他所拥有的权力之故,或者出于意识到事业所赋予生命的意义之故。这两者并不必然相互排斥,所有为政治而生存的政治家也依靠这一事业而生存。

② 阿伦特:《人的条件》,竺乾威译,第27页,上海:上海人民出版社,1999年。

③ 在 Viroli 看来,马基雅维里撰写《君主论》的原因在于,他确实想从美第奇家族那里获得职位。但这样做并不是为了博取他们的欢心,而是希望重新获得一个政职,从而证明自身在国家艺术方面无可置疑的能力,并且以此作为对自身能力和忠诚的奖励。参见 Maurizio Viroli 为牛津大学版《君主论》所写的序言。

人选择,实际上,它背后潜藏着强大且深远的辐射力和杀伤力。正是由于这种决裂程度之深广,才更能彰显出政治家的无私和无畏。为了赢得群氓的支持,政治家不得不取悦他们,满足他们的需要,暂时成为他们的傀儡;为了避免加重人民的经济负担,避免因强取豪夺而损害臣民的利益,他必须节约财政,忍受吝啬的骂名;为了让国民团结一致、同心同德,他必须残酷地处死叛乱者或牺牲无辜者,并由此而背负残忍的恶名。

在其论著中,为了说服政治家作恶,马基雅维里放大了行善所带来的坏后果,包括受到臣民或军队的蔑视、使国运短蹙、甚至招来杀身之祸等等,同时又有意掩盖了作恶同样会带来致命威胁的事实。由于民众所植根的传统影响深远,道德与否是判别个人品性的重要标准——尽管它也许不是首要标准,因此,政治家公然过度地作恶会落得暴君的恶名,招致人民的怨恨或革命,进而有可能被送上断头台。对于这一点,马基雅维里隐而不宣,试图以"审慎"来掩饰之和弥补之。

(二) 审慎的判断力

在马基雅维里的 virtù 体系中,审慎占据着极为特殊且无可替代的地位。凭借审慎,政治家能使自己更安全、更顽强,使权力更持久,使国家的政治根基更牢固。反之,缺乏审慎的政治家只能碌碌无为,甚至有可能导致丧权辱国的恶果。为此,在进行政治教导时,马基雅维里多次着重强调了审慎的重要性。

审慎最初被看作一种品质。亚里士多德用它来指称,人在考虑对于一种好生活总体有益的事情时所应具备的品性,它是"一种同善恶相关的、合乎逻格斯的、求真的实践品质"[①]。审慎有助于人们正确地选择实现目

---

① 亚里士多德:《尼各马可伦理学》,廖申白译注,第 173 页,北京:商务印书馆,2003 年。英语界对亚里士多德在《尼各马可伦理学》第 6 章第 5 节的标题有多种翻译方式。如, David Ross 译为 "intellectual virtue", Hippocrates Apostle 译为 "prudence"。参见 Aristotle, *The Nicomachean Ethics*, Hippocrates Apostle (tr.), Boston: D. Reidel Publishing Company, 1975. Aristotle, *The Nicomachean Ethics*, David Ross (tr.), New York: Oxford University Press, 1998。

的手段,然而,一旦缺乏德性,审慎也不成其为自身。这意味着,审慎与道德德性相互制约。在马基雅维里这里,审慎主要用于形容政治判断力,大致指立足于具体的现实环境而采取灵活的应对手段。审慎的统治者能够有节制地行事,从而既能避免因过分自信而出现轻率鲁莽,又能避免因过分猜忌而变得杯弓蛇影;既能避免妄自尊大,又能避免妄自菲薄。它有助于使政治家分辨各种不利条件,看清自己的处境,引导他们从中选择危害最少的次优方案,并采取恰到好处的行为方式。"如果缺乏超常能力的引导,任何纯粹的德行或能力都会产生缺陷与危害。"[1] 这种超常能力就是审慎。它的作用范围广泛,几乎涵盖了一切行为选择。例如,对臣民应慷慨还是吝啬、仁慈还是残酷、信守承诺还是背信弃义,以及应当受人爱戴还是让人畏惧等等,都要审慎地做出抉择。政治家要借助它来判断什么情况下采用何种行为方式,以求有效地达到目的。这说明,马基雅维里所理解的审慎概念与其原有的意义不同,它并不必然是一种德性,且与道德没有直接关联。由此可见,他接纳了古典意义上关于审慎指导道德德性的看法,却抛弃了它同样需要接受道德德性引导的观念。作为一种政治判断力,审慎可以在选取何种德行的问题上,指导人根据他所处的特殊情境,以合乎道德的方式来推进目标的实现;在必要时,它也会引导他们做出背离道德但却行之有效的决定。亦即说,审慎注重的不是行为的道德合理性,而是行为的有效性,即行为方式对行为目的或后果的效用。

通过汉尼拔与西比阿之优劣对比的例子,我们能更清楚地把握这一点。在1506年9月12日写给乔万·索德里尼的信中,马基雅维里谈到,自然赋予每个人以不同的性情,不同的人按照自身的性情和想法行动;时势经常变动,但人不容易改变其想法和行为模式,因此导致他在此时有好运气,而在彼时就有坏运气。只有把握时势的聪明人才能使自己顺应时势,故常享有好运,逃避厄运。聪明人能够不完全受控于命运。由于汉尼拔与西比阿不仅得到命运女神的眷顾,而且有着雄厚的军事实力,具备因地制宜的

---

[1] Niccolò Machiavelli, *The Discourses of Niccolò Machiavelli*, Leslie Walker (tr.), London: Routledge, 1991, p. 527.

能力，因此，两人都赢得了数不尽的胜利和荣耀。残忍、背信弃义、缺乏宗教信仰的汉尼拔能在意大利获得人民和军队的支持，而仁慈、忠诚、有宗教信仰的西比阿也能在西班牙巩固势力。① 对于这个例子，马基雅维里似乎情有独钟。在《君主论》的第 17 章与《论李维》的第 3 卷第 21 章，他以同样的事例论证了统治者应审时度势的道理。在他看来，取得政治成效的关键在于能够采取合乎时宜的行为，要判断什么行为合乎时务就离不开审慎判断力。在审视两人行为的基础上，马基雅维里得出的结论是："将领的处事之道无关紧要，他只需具备老练圆滑地利用两种方式（汉尼拔和西比阿的行为方式）的能力就足够了。"② 当士兵们因毫无惧念而目无法纪时，即便是以善良自持的西比阿也不得不采用那些他平时力求避免的残暴行为。由此看来，事业的成功似乎同道德的践行没有必然关联。人能否获得好运同他是否具备审慎的判断力密切相关。"如果想总是碰上好运，统治者就要因时制宜。"③ 命运只垂青于深谙世事的强人，好运并不一定降临老实人头上。这不仅体现了审慎具有因势利导的特征，而且反映了它同道德的疏离。

尽管审慎强调效用而疏离道德，但出于个人自保或持久维护政权的考虑，有必要对恶进行约束和管制。审慎对道德的相对漠视并不意味着完全卸除对邪恶的警戒，更不是对恶的无限纵容。审慎要求政治家"妥善"地运用恶。"妥善"意味着，在生命受到威胁时可以通过恶来保全自身，一旦威胁结束，除非是为了臣民的利益而偶然作恶，否则绝不能再用恶行。阿加托克雷为人非常狡诈残暴，却能长期安全地保有权力和自身，没有遭遇

---

① 在《君主论》第 17 章和《论李维》第 3 卷第 21 章，马基雅维里论述与比较了汉尼拔与西比阿的能力与德行。而对于这封信的写作时间与写作对象，吉尔伯特与斯金纳有着不同的看法。吉尔伯特认为，这封信是 1513 年 1 月写给 Piero Soderini。而斯金纳通过近期的研究证明，这封信写于 1506 年 9 月 15 日，是写给 Soderini 的侄子 Giovan Battista Soderini，是回复 1506 年 9 月 12 日 Giovan 写给他的信。

② Niccolò Machiavelli, *The Discourses of Niccolò Machiavelli*, Leslie Walker (tr.), London: Routledge, 1991, p. 527.

③ 同上书，第 496 页。

国民的反叛和外敌的侵略；而罗慕路虽然弑杀兄弟和盟友，却能被拥戴为伟大的开国之君，这有赖于他们对恶的妥善使用。譬如，罗慕路在以残忍的暴力取得公共权力以后，能"立刻组建元老院商议国事，每有决断，便考虑他们的意见"①。与之相反的是恶劣地运用恶行。也就是说，统治者尽管在开始不经常使用残暴的手段，但其后却与日俱增而非日渐减少。实际上，残忍并不必然招致蔑视和憎恨。如果能好好地利用恶，那么，政治家便能取得好的效果。

上述分析表明，"审慎"一方面要求行为者注重具体的特殊情境，具备随机应变的能力；另一方面却不以道德为行为目的和决策标准，而更倚重于行为对政治后果的有效性。通过对妥善用恶的强调，马基雅维里以独特的方式强化了审慎的意义和对恶的宽容。

（三）伪善

除了勇敢和审慎以外，政治家必须具备的另一种不可或缺的能力就是伪善。它不仅能掩盖政治家的恶行，使其保全自身，而且能有效地维持政权的长久稳定。

对统治者而言，伪善之所以必要，首先是因为民众对道德有着特殊的偏好。在马基雅维里那里，民众的脾性存在矛盾，自私与轻信构成了奇妙的结合。他们在天性上有着种种缺陷，在缺乏必要的约束时难以为善。与此同时，他们却常常以道德的标准来评价他人，希望别人会恪守善道。这种矛盾的性情同样适用于形容政治领域中统治者与被统治者之间的关系。不论在君主国还是共和国，人民都希望执政者既拥有正直纯良的非凡德性，又具备创立伟业的超凡能力。但他们当中大部分人却并不了解，这两者之间有时是相互冲突、相互否证的；他们没有意识到，为了维护公益，政治家常常需要采用违背道德的手段。他们轻视那些变幻无常的人，但却不了解变幻无常是出于因时而异之故，是时局变化的必然要求。因势而异的选择有可能使政治家的决策变幻无常。但由于民心向背是政权稳定的决

---

① Niccolò Machiavelli, *The Discourses of Niccolò Machiavelli*, Leslie Walker (tr.), London: Routledge, 1991, pp. 234—235.

定性因素——假若政治家或统治者贸然暴露其暴君的真面目，那么，他会招致人民的憎恨，并由此而丧失威信与权力；因此，政治家应尊重民众的意愿和需求，不能以螳臂挡车之势公然无视或否定他们信奉的道德传统，而应当采取貌似与民众一致的行为方式。① 另一方面，考虑到道德的积极作用，统治者也应当表现出有道德的姿态。由于政治家或政治领袖在政治权力结构中居于核心地位，在政治生活中发挥轴心式作用，是"最有威信、最有影响、最有经验"的领导者，② 他们的行为及其品格不仅直接影响社会制度的安排和公共资源的分配，而且不同程度地引导着社会公众对各项制度和规范的理解，具有公共示范效应；③ 故而，为了既能够实现政治目的，又避免民众的轻视或仇恨，有所顾忌的政治家也不得不采取伪善的行径。④

鉴于民众对道德的期待和统治者难以满足民众的道德要求，因此，伪善是必要且重要的。伪善具有两个特征：显现和隐藏。深谙伪善之道的政治家应懂得如何向公众展现其良善的一面，同时隐藏其邪恶的一面。由于大多数民众相信，唯有具备德性的执政者才能真正代表他们的利益、为他们谋取福利，因而政治家要注重维护自身的形象和声誉，以便确立和巩固其权威。正面的声誉有利于政治家的政治宣传和政令的上行下效。一旦政治家既无法承袭前人的伟大声誉，又没有能力赢得良好声誉，他们就很难保全自身。同样对"国家理由"感兴趣的博特罗也宣称，爱和声誉是所有统治或治理的两个重要根基。国家治理的权威依赖于爱、恐惧或声誉。爱是最好的，因为"从爱中获得的是人民与统治者的联合，从恐惧中获得的是臣服"。但它在现实中很难付诸实践，因为人具有邪恶的一面。而声誉本身是"人民对他的看法与信念"，是爱与恐惧的结合，因此，声誉比单单

---

① John Whitfield, *Machiavelli*, New York: Russell & Russell, 1965, p. 80.
② 列宁:《列宁选集（第4卷）》，第192页，北京：人民出版社，1972年。
③ 关于政治领袖在公共政治生活中的示范作用，参见谢惠媛:《论政治领袖的公共示范作用》，载《伦理学研究》，2010年第5期，第84—88页。
④ 由此，不难理解，为何"晦暗不明"与"面具"等词汇在马基雅维里的言说中具有不可或缺的作用。在喜剧《曼陀罗》当中，合谋者借助夜色的掩护，带着掩饰真实身份的面具而实施阴谋。

具有爱或恐惧更好一些。① 在巴特菲尔德看来,马基雅维里明显关心的是行为对声誉的影响。② 作为国家的公共面孔,政治家必须注意把人民对其形象的描画纳入意识形态。③ 但他没有必要为了迎合他们的道德品位而真正恪守道德,否定作恶的必要。民众往往依据表象来评价一个人道德与否,他们只是通过观其容、听其言来做出善恶判断。故而,政治家要想赢取民众的信任和支持,就应始终维持一副道貌岸然的尊容,但与此同时,他必须随时准备作恶,并善于以道德的表象隐藏作恶的实质。"如果具备这一切品德并且常常依据品德行事,那是极为有害的;可是如果显得具备这些品德,却是有益的。你要显得慈悲为怀、笃守信义、合乎人道、清廉正直和虔诚,并且还要这样去做。但是,你同时要有思想准备:当需要改弦易辙时,你要能够并且懂得怎样作一百八十度的转变。"④ 古有波斯的居鲁士、马其顿的菲利普二世和叙拉古的阿加托克雷,今有亚历山大六世和博几亚,他们都以其实践和成就证明了这个道理。

伪善具体表现为欺骗和阴谋。欺骗暗示了一种隐秘性,它是初涉政坛的政治家必须掌握的政治伎俩。由于尚未赢得人们的充分支持和认同,不具备足够的影响力,没有能够强制推行政策的足够武力,因此,初涉政坛的政治家只能依靠自身的头脑来跻身于权贵之中,通过欺骗来获取必要的政治资源。马基雅维里不相信,出身卑微的人单凭坦荡的胸怀或纯粹的武力就能确立辉煌的伟业。不论是君主国还是共和国,不论是初出茅庐的政治家还是阅历丰富的政治家,若想成就一番大事业,都必须学会行骗。

与欺骗同样具有隐蔽性的是阴谋。在《论李维》的多个章节中,马基雅维里用于论述阴谋的章节篇幅最长。期间,他比较了向君主个人或向共和国实施阴谋的难易,分析了产生阴谋的原因、实施阴谋的困难和危险,

---

① Giovanni Botero, *The Reason of State*, D. Waley (tr.), London: Routledge & Kegan Paul Ltd., 1956, pp. 113-114.

② Herbert Butterfield, *The Statecraft of Machiavelli*, London: Colliter Macmillan Ltd., 1962, p. 82.

③ 阿尔都塞:《哲学与政治》,陈越编,第496页,长春:吉林人民出版社,2003年。

④ 马基雅维里:《君主论》,潘汉典译,第85页,北京:商务印书馆,2005年。

以及如何行之有效地实施阴谋等问题。① 他告诫潜在的阴谋者，要实施一项阴谋将会面临重重困难：决断者或轻举妄动或迟疑不决，参与者常因利欲熏心而心神迷乱，合谋者意志薄弱、摇摆不定等等，这些不足都会使策划和施行阴谋的人鲜能善始善终。但这并不意味着完全没有成功实施阴谋的可能。要增加成功的几率，阴谋者首先要懂得掩饰自己的身份，因为这不仅可以让受害者无法找到罪魁祸首，而且还可以在阴谋败露后及时脱离危险。除此以外，主谋者还要懂得物色可靠的共谋者，并懂得如何操控他们，以免遭告发而殃及自身；在发生变故或形势严峻之时，阴谋者要当机立断、先发制人。鉴于阴谋的作用及其危害，政治家既要学会如何实施阴谋，同时也要懂得如何防范和粉碎来自他者的阴谋。

政治环境的恶劣使得政治领域不可能存在真正的友谊。社会需要信任，但人却是不值得信任的，因此欺骗和阴谋将不可避免。社会需要道德，但人并非总是道德的，因此伪善成为必要。② 在政治领域中，"展现"成为了表现自我的重要手段。它不仅如阿伦特所说的那样，象征着人勇敢地进入被家庭生活遮蔽了的政治领域，在可能最广泛的公共性中重新获得业已被内在感觉所剥夺的存在感和公共身份；③ 更重要的（或许也是阿伦特忽视了的）是，展现似乎已然构成政治参与者的存在，一种与真实存在相分离、并取而代之的虚构幻象。在国家目的的主导下，真相退居次要地位，而表象则成为了塑造政治身份的重要因素。

---

① 除了《论李维》第 6 章以外，马基雅维里对实施阴谋将会遇到的困难的论述，还可参见《君主论》第 19 章和《佛罗伦萨史》一书。

② Grant Ruth 以独特的视角分析了马基雅维里对伪善问题的主张。她认为，人们在讨论《曼陀罗》的政治内涵时，往往集中于这一问题——为什么欺骗有助于获得权力，但却忽视了这样一个问题——为什么欺骗能获成功，而诚实则不然。Ruth 认为，伪善之所以有效果，是因为在暴力和诚实都无法达到目的时，它能行之有效。它的存在是因为，公共道德标准在人们看来是重要的，而当中某些心理因素也在发挥作用。当潜在的竞争者相互依赖，且人们试图表现得比他们的实际面目更好的时候，伪善就会出现。参见 Ruth Grant, *Hypocrisy and Integrity: Machiavelli, Rousseau, and the Ethics of Politics*, Chicago: The University of Chicago Press, 1997, p. 53.

③ 阿伦特：《人的条件》，竺乾威译，第 38—40 页，上海：上海人民出版社，1999 年。

(四)从"人—神"到"人—兽"

对国家目的的专注与对高贵灵魂的放弃,使得政治家大大降低了作为人之存在的尊严。这种降低不仅仅是对人与神之间内在关联的割裂、对神的疏离,而且是向兽性的自觉靠拢。由此,人的本质存在从分有神性蜕变为人兽的奇异结合。

法律和武力是解决国内政务与国际事务的重要方式。然而,前者的作用是有限的,它往往因缺乏充分的强制性而成效不足。即便是周期性地借助严刑酷法来匡治内政,政治家仍然无法时时顺利实现国家目标。因此,有必要把武力看作法律的坚实后盾。在马基雅维里看来,武力体现了野兽的生存之道。实际上,这种生存之道早已为古人所精通。历史上能建立宏伟功业的强者同野兽都存在着某种密切的血缘关系。希腊英雄阿基里的成功源自人马合体的奇洛内的教育,① 而古罗马开国之君罗慕路的成长同样也离不开母狼的哺育。由于兼具人和兽的长处,并懂得如何运用兽性,因此他们能够在政治上取得万世景仰的声名。借助这些古典范例,马基雅维里得出了统治者必须知晓并熟练地运用人道和兽道的结论,但他唯独没有提到神道。

对兼取人道与兽道之重要性的强调,再次反映了马基雅维里区别于前人和同时代人的新异性。在《法律篇》中,透过马库斯之口,西塞罗曾阐释了人神之间的血缘关系和共通性。尽管人被看作一种动物,但他是特殊的动物。这是因为,"创造他的至高无上的神给了他某种突出的地位",使他成为了独一无二地分享理性与思想、并且具有关于神的知识的生物。故而,人具备了某些与神相似的特质,如,拥有正确的理性、正义、法则与美德等。唯有认识到自身内在具有的神性,认识到"自身内部的本质就是神

---

① 施特劳斯与布鲁姆都十分关注半人半马形象。在他们看来,马基雅维里提到的 Chirone 与 Jonathan Swift 在《格列佛游记》谈到的白马构成了鲜明的对比。Swift 笔下慧因国的白马象征着道德上的纯洁,它们从不知道何为邪恶,并且对格列佛所表现的种种人们早已司空见惯的陋习深表不解和厌恶。参见斯威夫特:《格列佛游记》,张健译,北京:人民文学出版社,1979 年。布鲁姆:《巨人与侏儒》,张辉选编,北京:华夏出版社,2003 年。

的一种神化了的形象",人才能真正了解自己。① 在文艺复兴期间,以神性来论证人有别于世界其他动物之尊严的做法也十分流行。对于大部分人文主义者而言,上帝的存在、上帝与人之间的密切关系,仍然是理解人之本质的主要依据。他们相信,上帝是人世间的最高主宰。由于人与上帝有着密切的关系,因此,尽管背负原罪,人依旧先验地具有较之其他物种更高贵的身份和特质。通过《驴的尊严》(Disputation of the Donkey)一文,图门达阐释了,人较之于其他动物的优越性并不在于他有美丽的外表,不在于他具备买卖与饲养动物、为自己建造各色各样的居所,以及捕食猎物等本领,也不在于人类是上帝按照自己的样子被创造出来的,而在于上帝选择了人的肉身,并把神性与人性都置于其中。② 因上帝的特殊眷顾,人潜在地成为了人—神合一的结合体。

然而,针对这种主流声音,马基雅维里提出了不同甚至相对立的看法。在他看来,人类的根本处境并非如古典哲学家和其他人文主义者所描述的那样美好,人不应当自欺欺人地给自己的表面套上神圣的光环,暗地里却又干着丑恶不堪的勾当。如何在豺狼当道之时,既能自保又能维护国家政治的稳定,成为他思考的重要问题。相比之下,他宁愿撕毁人表面光鲜的面纱,赤裸裸地展现人丑陋的一面。鉴于人天生倾向于与邪恶的魔鬼共舞,统治者注定无法始终以良善的方式来有效地治理这帮狂躁之徒。用霍布斯的话来说,既然处于一个其他人不讲道德的社会,你为何还要以德待人呢?假如作恶只是顺乎天性,那么,你为何要顾忌良心的谴责呢?治疗恶的有效办法是针锋相对地采用恶行,以恶抗恶。要成功遏制人的兽性就不应放弃人兽间的相处之道。

如果说,狼是古罗马帝国的象征,那么,马基雅维里有志于重新建立一个以狐狸与狮子联合缔造的新强国,以此来复兴意大利的历史荣耀。狐狸精明狡猾、随机应变,代表了审慎明智的特性;而狮子具有万兽之王的

---

① 西塞罗:《国家篇、法律篇》,沈叔平、苏力译,第 160—162、179 页,北京:商务印书馆,2008 年。

② Jill Kraye (ed.), *Cambridge Translations of Renaissance Philosophical Texts* (Vol. 2), Cambridge: Cambridge University Press, 1997, pp. 1—16.

力量和声望,代表了勇敢和强力的特性。唯有综合利用两者不同的兽性,政治家才能识别出各种政治陷阱,懂得如何博取民众的尊敬和支持,避免遭受蔑视和憎恨,从而规避风险和减少危害;同时,他又能果断地以武力迅速抵御和抗击他人的侵害。这是单纯利用其中一种兽性都无法达至的效果。在善加利用兽性的问题上,罗马皇帝塞韦罗堪称典范。正是因为塞韦罗具有狮子的凶猛和狐狸的狡猾,故而他能先掩饰其觊觎帝位的野心,继而通过迅速的军事行动夺取权力,并且以欺诈和阴谋等方式把昔日盟友的权力据为己有。

从古代作家的教诲中,马基雅维里获得了关于人—兽合体的政治灵感,并且把这种启示内化为政治的根本原理。不同的是,对于古代作家而言,这些帝王秘术的传授是"谲秘"地进行的,而马基雅维里则要公开宣扬。当人与神的内在关联被切断、人的神圣面纱被撕毁以后,剩下的只是实实在在的具体的个人。当人与德性的内在关联失去了依据,卸脱神圣外衣之后的政治家便自觉地披上了兽衣。

马基雅维里对在位统治者或潜在统治者的政治教诲,与同时代的另一部著作构成了极为强烈的对比。在《基督教君主教育》一书中,伊拉斯谟从基督教的立场出发,区分了暴君与治者:前者运用恐怖的、欺诈的、邪恶的方法来统治国家,后者却凭借智慧、正直、仁慈来治理国家。在此基础上,他试图建立一个合乎道德要求的良序政府,并一再强调道德与政治之间紧密相联的关系——道德应当成为约束人的行为准则,对统治者进行道德教育不仅必要,而且十分重要。[①] 这种教导显然为马基雅维里所拒斥。原因在于,一方面,遵循传统基督教道德的君子注定无法持久保有政权,不经政治审视和修正后的基督教必定是反政治的;另一方面,在施政过程中,绝对化的道德必定削弱行动的实效性,甚至会招致严重危害。

政治领域充斥着权力的争斗。单凭博爱的胸怀和仁慈的善意,政治家根本无法长久立足。在国家精神的引导下,勇敢、审慎、伪善构成了理想政治家应备的素养和能力。作为优秀的政治家,他要对马基雅维里揭示的

---

① Desiderius Erasmus, *Education of a Christian Prince*, Lisa Jardine (ed.), Cambridge: Cambridge University Press, 1997, pp. 6—54, 65—73, 77—93.

政治原理心领神会，对国家艺术了如指掌、运用自如。在险恶的政治环境中，他应以舍身取义的勇气和宽宏大度的襟怀，随时准备为了公共利益而义不容辞地作恶——即便这样会牺牲自己的生命和灵魂。与此同时，他还应懂得审慎地判断何时作恶、以何种方式有效作恶，并且懂得用具有合理性的表象来掩饰恶行，避免公然触犯众怒。总之，明智的政治家必须集人性与兽性于一体，从而做到大善大恶操于一身。

实际上，要做到大善大恶是极为困难的，甚至是不可能的。汉尼拔和西比阿虽然都获得了荣耀与权力，但是，与其说他们凭借的是对时势的审慎把握，毋宁说他们在更多情况下是受益于好运气，因为时势变动不居，而人的性情和思维方式相对稳定。汉尼拔的人生模式是邪恶的，而西比阿的人生模式是仁慈的。这些模式难以完全改变，它们总是或多或少地在深层影响着政治家的决断。一个习惯于以良善方式待人的政治家通常不愿意用卑鄙的手段获得权力，即便他有着良好的目的；而一个习惯于作恶的人也难以在获得权力后改行善道，即便他曾经有过行善的念头。故而，即便取得如此辉煌成就的将领也无法避免政治厄运。但马基雅维里确信，不下猛药不足以去沉疴。鉴于政治环境的险恶和传统观念的束缚，以一种比常规方法更为猛烈的方式才能真正发挥警醒世人的功效。如果要以传统成见为靶子，那么，面对这个距离太远的射击目标，作为射手的马基雅维里就要知道自己弓弦的极限，把瞄准时的高度调整得比目标更高一些，"这不是为了使箭射向更高的地方，而是为了射中那个目标"[①]。

五　从必然恶到必要恶

借助博古通今的政治教诲，马基雅维里引导世人把注意力从"天上"降落到"地上人间"，从美好的理想回撤到现实的境况。相应地，从古典目的论框架独立出来的政治把目光投向了自身，而不再关注自身之外的更高

[①] Niccolò Machiavelli, *The Prince*, Harvey Mansfield (tr.), Chicago: the University of Chicago, 1985, p. 22.

追求。这种纯粹现实的视角凸显出古典政治哲学淡化了的一面,并呈现了一种对政治与道德之间的关系的新理解。

这种政治和道德之间的新关系建立在否证古典政治哲学的两个基本前提——道德内部的统一性与道德对政治的主导性——的基础上。前者关乎道德体系是否存在内在冲突的问题,后者则涉及政治是否必然要接受道德正当性的检验。古典政治哲学家曾从理论上解决了这两个问题,并作为其政治体系赖以建立的重要前提。但马基雅维里拒斥前人的解答方式,推翻他们的结论,并在解构古典传统的基础上重新建构一种新的政治体系。

道德的统一性反映出不同道德价值之间互相融贯的和谐关系。它不仅有利于维护道德本身的权威性,而且也能给人们提供较为明确的行为规导。然而,由于相异的道德体现不同的侧重点,它们所规导的对象有所不同,其代表和维护的利益也时常相互否证,因此,在现实的政治实践中,不同的道德规范之间不时会发生矛盾。通过比较古罗马的道德观与基督教的道德观,马基雅维里揭示出两种源自不同谱系的道德观。这两种相异的道德观对人的行为提出不同要求:前者崇尚武力,把勇敢无畏、刚强坚韧,以及爱国主义看作主要德性,后者则否弃了对抗性的人际关系,崇尚无立场的博爱,主张以仁慈、谦卑的方式对待他人。这两种基于不同文化传统的道德观无法相互连贯。在选择行为方式时,它们的同时呈现导致了道德内部的冲突。不可公度的道德主张使选择者在政治生活中面临着两难或多难的抉择,陷入了道德困境。道德内部的冲突既显露了现实生活的道德混乱,也构成了对柏拉图等人确立起来的统一的道德体系的质疑。

诚然,在古希腊的社会生活当中,人们对道德的理解同样是零散混乱的。他们承认诸如勇敢、节制与正义等是人应当具备的美德,却对这些具体德目的内涵,以及什么样的行为才可被称为勇敢等有着不同甚至对立的理解。例如,从苏格拉底与玻勒马霍斯等人的对话可以看出,对于"什么是正义"的问题,社会上至少有以下几种相异的看法:欠债还债、以善报友和以恶报敌、礼仪、强者的利益、智慧与善、心灵的德性等等。前后连贯、相互统一的道德语汇和道德观念似乎只存在于文学作品或哲学文本中。柏拉图和亚里士多德等人所要做的就是从哲学的角度重构评价性道德语言,使之成为一套内在统一的道德体系。而他们所借助的正是马基雅维里所抛弃的传统目的论框架。正如本书第三章所指出的那样，他们相信，自然为人的存在和活动提供了根本依据，因此，道德体系也应当建立在自然目的论的基础上。自然目的论所投射出的等级秩序体现了自然万物既差异多样又相互和谐的道德秩序，合乎目的的道德体系也具有相应的融贯特征。借助理性的建构，实践中的道德分歧在理论上被道德思想家们所平息。这种自然目的论的框架被中世纪的神学目的论所取代，统一的道德世界由上帝接管。[①]一旦经由思辨而确立起来的古典目的论体系被消解，政治的形而上依据被抽离而简单地直面具体的政治实在，那么，现实生活中的各种道德冲突便会沉渣泛起，此起彼伏。

就此而言，伯林等思想家从多元论的角度来诠释马基雅维里的政治道德观是有一定道理的。尽管伯林和曼斯菲尔德在评析马基雅维里的政治理论时存在诸多分歧，但他们有一个共通之处，即认为，马基雅维里意识到有两种对立互竞的道德体系，并在政治领域用异教道德（古罗马道德）来反对基督教道德。在《马基雅维里的原创性》一文中，伯林反复重申，马基雅维里的原创性并不在于区分了道德特有的价值和政治特有的价值，不在于把政治学从伦理学中解放出来，而在于打破了一元论的道德模式，从政治有效性的角度区分了异教徒世界的道德与基督教世界的道德，并确认了两种价值体系之间互相极端排斥的终极性冲突。马基雅维里推崇的是异教道德，是伯里克利、西比阿、甚至是博几亚所遵从的道德标准。[②]换而言之，基督教世界中视为邪恶的行为有利于实现政治目的，以实效性作为衡量标准的政治伦理能证明那些被基督教所摈弃的行径具有道德合理性。

[①] 虽然古希腊哲学与中世纪经院哲学都采纳了目的论的框架，但两者对目的（telos）本身的理解有着很大的不同。麦金太尔指出，基督教传统的目的是某种一旦达到就可以弥补一生全部过错的东西，人本质上是永远都在旅途之中。而亚里士多德所认为的人生目的则是某种生活，它不是某种将来某个时刻被达到的东西，而是在建构我们整个生活过程中所不断实现和获得的东西。参见 Alasdair MacIntyre, *After Virtue*, Notre Dame: University of Notre Dame Press, 1981, pp. 174—175。

[②] Isaiah Berlin, *Against the Current: Essays in the History of Ideas*, New York: Penguin Books, 1982, pp. 25—79.

同伯林为马基雅维里的道德观另辟蹊径的解释相似,曼斯菲尔德也认为,马基雅维里同其他文艺复兴的人文主义者的区别在于,他更重视罗马德性而非希腊德性或基督教德性,而对前一种德性的推崇使他开启了一场与邪恶和解的道德革命。这种多元论的理解,反映了马基雅维里对分属不同谱系的道德观的认识,揭示了他在判别相异道德的优劣时的倾向。

然而,这种多元论的诠释方式并不能完全阐明马基雅维里的价值取向,我们不能满足于仅仅用两种不可公度的道德体系之间的矛盾来解释他的政治道德观。实际上,他的真正意图不局限于抬高古罗马道德而贬抑基督教道德,并以此来挑战古典道德体系的统一性。在政治与道德的关系问题上,马基雅维里有着更大的野心,这就是,他要瓦解绝对主义的道德传统,否定道德对政治的主导性。绝对主义道德的主要特征是承认道德的无条件性。苏格拉底提出并坚决捍卫"正义比不正义更强有力"和"宁愿忍受不正义也不做不正义之事"的论断,从一个侧面体现了古典政治哲学家对道德主导性和绝对性的坚定确信。他们相信,好人与好公民、好生活与好社会之间相互融贯、浑然一体。这种观念在古希腊社会获得了广泛认同。虽然古希腊人对具体的美德理念有着不同的理解,但他们都认为,美德应当在城邦中占有一席之地,"做一个好人至少与做一个好的公民紧密相连"[①]。然而,通过对恶的必然性与善的从属性的论述,马基雅维里却暗示了,道德的践行是有条件的。就主体因素而言,道德是真正且普遍可行的,当且仅当处于政治中的所有人都是善良的。就目的因素而言,道德是真正且普遍可行的,当且仅当它有利于维护国家目的。但人的自然倾向已表明,政治主体不可能完全是良善的,而政治目的在很多情况下需要借助恶的手段来实现。事实表明,一个以道德为行动准则的好人不一定能够在政治中有所成就,未必能很好地维护共同福利;一个有志于维护公共善的好公民不得不在必要时采取邪恶的行动。也就是说,好人与好公民、好生活与好政治之间往往发生冲突,它们并非如传统社会所相信的那样相互一致。于是,

---

① Alasdair MacIntyre, *After Virtue*, Notre Dame: University of Notre Dame Press, 1981, p. 135.

结论只能是，政治并不必然受到道德的约束，政治行为亦不必然需要接受道德正当性的检验。

通过揭示上述矛盾，马基雅维里反驳了古典政治哲学中关于道德内部的统一性和道德之于政治的主导性观点，并致力于解决如何在政治目的与道德要求发生冲突时做出审慎抉择的问题。在现实生活中，由具有各种局限性的主体所构成的政治场域不可能是完备且纯洁的。置身于不完美的政治领域的人要实现自我保存或公共善目标，就不可避免地要运用诸如撒谎、欺诈、背信弃义、阴谋，甚至残忍的暴力等违反日常道德规范的手段。处于一个他人不讲道德的社会，以德待人的高风亮节也会失去自身的意义。鉴于国家只是一个由唯利是图的群氓组成的政治集合体，肩负着维护公共利益之高尚目的的统治者和政治家必须清醒地意识到自己的处境。鉴于现实的政治世界是一个权力的世界，在弱肉强食的丛林法则作用下，统治者没有必要始终恪守道德规则。正是借助对史实的研究与对现实的体验，马基雅维里得出了政治生活无法离开恶的结论。

面对马基雅维里的非道德或不道德的政治主张，有些研究者从历史的角度进行解释和辩护。一部分学者认为，他针对的只是意大利国难当头的社会状况，他关注的不是道德在政治事务中的运用，而是国家之间对抗性的政治关系。这种观点似乎十分稳妥，不仅展现了马基雅维里思想的历史—地缘背景，同时也符合他在文本中表露出来的道德厌倦。但实际上，这种满足于道德悬置、貌似稳当的看法，没有真正地触碰到马基雅维里政治思想的实质问题，而是以一种相对粗糙的方式反映其思想的共时性而忽略了历时性。这种看法遮蔽了他的真正意图，低估了他的远大志向及其深远影响。尽管人们可以得出结论说，马基雅维里着眼的是政治秩序的创建与维护问题，非伦理问题，但我们有理由进一步追问：为什么他在创建或维护政治秩序时要忽视或削弱道德的意义，新的秩序何以不把道德问题包容在内？处于一个以劝说统治者行善为主流基调的时代，马基雅维里缘何偏要逆流而上？

另一部分学者认为，实际上，早在马基雅维里提出统治者作恶必要的观点之前，历代统治者早已懂得如何在政治中作恶，马基雅维里所做的只是揭露和描绘发生在现实政治领域的真实状况,是人类政治史的记述;因此,他的政治思想的价值并不在此,而在别的地方,如,在解决民众和贵族之间的冲突时体现的民主倾向、追求自由的政治理想、塑造公民人格的公民人文主义思想,以及把国家视为比自身灵魂还重要的爱国主义情怀等等。他们都倾向于回避这样一个事实:前人对政治恶的表达是隐而不宣的,他们总是以旁观者的身份来对待政治中的恶,或借助文学作品,或借用史学记载的形式,或透过虚构人物之口来表达这一见解——即便在《伯罗奔尼撒战争史》中,修昔底德也从未质疑德性对邪恶的内在优势;那些践行恶的明智统治者也常常试图以各种方式巧妙地掩饰其邪恶行径。唯马基雅维里竟如此公开大胆地以第一人称(身份)来谈论恶,推崇恶,"不惜把自己的名字与之公开联系起来"[①]。退而言之,即便透过他对李维《罗马史》等史学著作的重视,以及撰写官方版本的《佛罗伦萨史》等学术经历,我们可以把他看作一名历史学家,但不容忽视的是,在梳理史实的过程中,史学家不可避免地要渗入自己的价值判断和立场,这使得他们会根据自身的知识结构和理解方式来对相同的历史事件作出不同的剪裁。历史事件的某些侧面也许会被轻描淡写地一笔带过,而另一些侧面则会被戏剧性地放大。比照一下李维和马基雅维里对同一事件的不同细节的关注或对同一细节的不同评价,我们便可以发现,马基雅维里是从有效性的角度来"运用"历史、而不仅仅是在描绘历史的,经过加工后的特殊历史事件往往能为其新秩序的建立提供更有利的佐证。马基雅维里与前人的不同在于,通过对古人历史和自身经验的长期研习,他发现了古人隐晦的洞见,并"勇敢地"往前推进——赋予恶以现实的必然性与合理性,进而使之结构化,成为政治体系中的内在组成部分;他不仅从客观事实出发赋予恶以政治正当性,而且也为有悖于日常价值观的行为辩护,更突出的是,他竟然反过来把由此而总结出来的标准作为现实行为的指导。

从恶的必然性向恶的必要性过渡是一种质的跨越,是一种从描述到规范的飞跃。马基雅维里相信,这种过渡是可行且具有说服力的。这是因为,

---

[①] Leo Strauss, *Thoughts on Machiavelli*, Illinos: The Free Press, 1958, pp. 10, 292.

在推进公共善的过程中,恶是有用的,恶能产生实效!就这一点来说,我并不同意维罗里的观点。依维罗里所见,在方法论方面,马基雅维里是一个修辞学家,他的论述是解释性的、历史的;在言说目的方面,他并非致力于发现一门政治科学或寻求政治行为的普遍规律,而是为了复兴建立在历史知识、言辞等基础上的作为修辞行为的政治理论。① 但依我之见,马基雅维里并不满足于经验性的陈述和历史性的总结再现,事实上,他不仅要复原古罗马政治的实践图景——这不能完全等同于古罗马的政治理论和政治哲学,而且要把这一现实世界的实践图景理论化,并且在此基础上确立起自身具有新异性的政治体系。

在马基雅维里的政治理论体系中,恶不仅是必然的,而且内嵌于政治结构之中,成为了政治决策的前提考量,并构成其政治秩序的基础。这种论证思路后来发展成为"国家理由"理论。出于维护国家主权和国家自由的目的,政治家与公民不仅应不计私仇,而且要不计个人荣辱,不择手段。"凡是一心思虑祖国安危的人,不应考虑行为是否正当,是残暴还是仁慈,是荣耀还是耻辱;其实,他应把所有的顾虑抛在一边,一心思考能够拯救其生命、维护其自由的策略。"② 这种观点后来被霍布斯重新表述为,人的自然状态是"一切人反对一切人"的战争状态,在缺乏权力制约状况下,自我保存成为首要目的。这种道德观在现代政治哲学中被发展成为了一种自卫伦理。如同怀特菲尔德所指出的那样:"毫无疑问,如果没有这些玩意儿(带有暴力性质的自卫抗击),世界会变得更加美好,而我们终有一日能废止之。但关键问题是,如今,我们没有选择。我们酷爱某些游戏规则:但如果我们遵循着板球的规则、而另一方却以武器—枪支的规则来玩游戏,那就毫无意义了。"③ 当社会缺乏践行道德的条件时,或者当人们遵守道德的约束条件消失之后,假如统治者仍然执囿于按照道德行事的成见,那将是他们自取灭亡的重要原因。就此而言,马基雅维里对政治之恶的洞悉、

---

① Maurizio Viroli, *Machiavelli*, New York: Oxford University Press, 1998, pp. 72—113.
② 马基雅维里:《论李维》,冯克利译,第429页,上海:上海人民出版社,2005年。
③ John Whitfield, *Machiavelli*, New York: Russell & Russell, 1965, p. 68.

从自卫的角度论证道德实践的有条件性,似乎在很大程度上已然成为现代国家政治的前提性共识。

但不能忽略的是,马基雅维里对道德的限定并不只是停留在自保的层面,他对政治中的不道德行为的辩护也不仅仅局限于维护国家主权和国家自由等非常态状况。除了自由以外,国家的另一重要目标是获取。在很多情况下,获取意味着权力、荣耀等无形资源或财富、领土等物质资源的增加。这自然而然地引出了为什么要获取、以何种的方式获取,以及何种程度上获取等问题。在马基雅维里那里,以国家利益名义施行的获取行为具有内在的自明性和正当性,它无需接受政治以外的其他因素的论证或解释。就上述三个问题而言,如果第一个问题的答案是国家目的,那么,后两个问题几乎是无需追究的伪问题。获取本身是无限度的,而获取的方式也不必受到道德正当性的制约。因此,在国家理由的辩护下,马基雅维里敢于大胆地宣扬以下信条:当我们遇到利益相冲的人时,要么加以笼络或爱抚,使他们俯首称臣,要么给予致命性的打击,以至于使对方受到的侵害无以复加,而侵害者也无需惧怕遭受报复;为了保持国家的持久稳定,统治者在必要时要背信弃义、不讲仁慈、背离人道和神道;为了长久地保有政权,统治者在剥夺他人王位后必须对其斩尽杀绝;在征服某个民族后必须灭绝旧君的血统。

如果说,为了自卫而作恶体现的是一种被动作恶,那么,为了获取而作恶则更多地是一种主动作恶。不论是被动作恶还是主动作恶,在国家理由的掩护下,它们都可以获得正当性证成。也许有人为之辩护,认为借助邪恶的手段获得了实施善的权力以后,权力者便可以用合乎道德的方式来弥补先前的罪过。这种利用目的为手段辩护的政治原则无异于是亚里士多德所提及的"权力在握就可以实施大量的高尚行为"的翻版。然而,这种观点却是亚里士多德所谴责的。因为在他看来,任何背离自然本性的事物绝对不会是高尚的,"偏离正道的人无论后来成就什么样的功业都无法弥补其先前偏离德性所造成的恶果",建立在该政治原则基础上的社会也只能沦为一个强盗或劫匪的集合体,而非一个好社会。① 但亚里士多德眼中的好社会并不是马基雅维里所在乎的,后者关注的是国家政权如何得到有效维护的问题。

显然,在论述政治与道德之间的关系时,马基雅维里以国家目的的无条件性来设定道德的条件性,并以此来限制道德的作用范围。不受自然目的束缚的政治以自身为终极目的,政治目的而非道德目的处于优先性和主导性的位置。在国家利益的支配下,政治以外的一切要素都从属于政治,都是实现政治目的的手段,只具备工具性的价值。手段能否具有正当性取决于它能否有效地实现政治目的。在国家目的的前提性和实效性衡量标准的双重规约下,道德被视为附属于政治的工具,而不再具备自足的内在价值。由此,马基雅维里从根本上置换了政治与道德的原有关系,古典政治哲学中关于道德是政治之基础的观念最终被政治是道德之基础的观念所取代。故而,以政治为业的政治家在必要时要泯灭良心,玷污灵魂,必须敢于作恶、勇于作恶、并且懂得如何作恶。这是政治的内在要求,也是政治家的根本处境。

在政治目的论的视阈里,善行并不必然比恶行具有更大的价值。从工具性价值的角度来看,两者具有同等的重要性。甚至可以说,在必要的情况下,恶行比善行更加有价值,因为它更有助于推进政治目标的实现。政治生活中大量充斥着这些必要性。故而,统治者或政治家要审慎,时刻准备在从善抑或作恶之间做出迅速果断且明智正确的判断。这意味着,原来作为德性的审慎如今已脱离了道德德性的规导,变成了一种以实效为风标而游走于善恶之间的判断力,成为了"随时顺应命运的风向和事情的变化而转变"的变通力。② 审慎之重要性的彰显使得善与恶的界线进一步模糊。从现实的恶行能促进公共善的观念再往深推进,便会抽象出一个令人咂舌的结论:善无法自生而需由恶而生,为了行善而作恶这种在逻辑上近乎荒谬的论断竟然在现实生活中变得可行甚至可取。政治世界不仅无分黑白,

---

① 亚里士多德:《政治学》,颜一等译,第234页,北京:中国人民大学出版社,2003年。

② Niccolò Machiavelli, *The Prince*, Harvey Mansfield (tr.), Chicago: the University of Chicago, 1985, p. 70.

而且善恶相生。在很大程度上，善必需依赖恶。由此，善与恶并行不悖、和谐共存，人与狼同台共舞，人性与兽性交相照映。恶的手段并不会减损目的的善行，同时也不会使行恶者蒙羞。如果说，对古典政治哲学传统的抛弃终于瓦解了政治与道德的神圣联盟，那么，对恶的必然性的肯定和对恶的必要性的推崇，则使政治与邪恶结成了牢固同盟。

透过马基雅维里对政治与道德之间的关系的论述可以看出，他所理解的国家首先是一个权力或利益攸关的集合体，而非道德共同体；处于国家生活中的人首先是一个政治人，而非道德人。国家追求的是政治福祉。这种体现民意的政治福祉在很大程度上是对物质需求的欲望表达，而非精神上的高尚诉求，这是因为大众最为关注的是自身财富和利益的增长，而不是品格素养的提升，他们追求的是事实成效而非虚无缥缈的真理。在不以真理为目标的政治世界，意见是政治的全部。而这些意见不仅源自对现实的事实性认识，甚至来源于虚假的表象——一种由统治者或政治家的伪善而显露的幻象。政治生活则是建立在这些亦真亦幻的意见基础上的经验生活。唯有意识到国家政治的这一特征，统治者和政治家才能真正从古典政治哲学的传统中解放出来，才不会执拗于所谓的真理或道德的束缚，而专注于有效地维护一个受物欲支配的政治世界。

第 5 章

政治的现代建构

　　经由前两章的分析，我们可以清晰地看到，从应然层面向实然层面的转向，使得政治退出了可能世界的视阈。可能世界与现实世界的张力因前者的消解而使得政治概念变得简单直观。政治以自身为目的而无需追问背后的终极价值，或者说，政治目的本身已构成终极价值，并被视为足以为道德等社会要素提供正当性辩护和合理性说明的根本依据。在政治目的优先和政治实效主导的框架中，道德依附于政治而处于从属地位。在政治决策过程中，道德问题在必要时被悬置起来。对主体之善恶的评价让位于对行为之实效的政治功利判断。与之相应，政治关注焦点也转向了政治行为"如何有效"的技术问题，具体的制度安排自然而然地成为了不可忽视的重要论题。在确立新的政治理念的基础上，马基雅维里打破陈旧的俗见，从权力结构、立法体系、宗教和军事等方面着手建构其政治秩序，洞开了西方现代性政治理论的权力主义门户。

一　平衡的权力结构原则

平衡的权力结构是马基雅维里政治理论的突出特点之一。在分析和比较历史上不同政体之优劣及其命运的基础上，他总结出权力分配的政治原理，把它看作维护国家长治久安的重要原则，并且将之运用于处理国家应当如何选择政体形式、如何解决国内阶层冲突等具体政治问题。

（一）君主政制还是共和政制

在《君主论》第一章和第二章，马基雅维里明确区分了两种国家类型，即君主国与共和国，并且把《君主论》的讨论主题限定在君主国的范围内。在《论李维》开篇，他开宗明义地分析了共和国的类型，并把罗马作为主要的分析对象。这似乎表明了，在马基雅维里这里，国家性质的区分是明确的，该区分对分析权力的运作模式而言至关重要。出于君主模式与共和模式相互区别的定见，不少学者产生了这样的疑问：《君主论》与《论李维》两书的写作意图是什么？两者在政体观上体现的矛盾究竟是无法调和，还是貌似冲突、实则相容？

统而观之，大部分学者倾向于把马基雅维里的理论体系解释为统一而非断裂的。但由此也引出了新的问题：一个昔日的共和国国务秘书为何一直力求成为代表君主政权的美第奇家族的幕僚？他心中的理想政体模式究竟是君主制，还是共和制？在托法宁和斯莎基看来，马基雅维里推崇的是君主制，在他的国家观念中只存在君主和臣民的关系，而《论李维》的撰写只是为了取悦于少数朋友和资助人。但斯宾诺莎、卢梭和马丁等人却不赞同这种看法。他们更倾向于把《君主论》视为警世箴言，马基雅维里的撰著目的是揭露君主之恶，让群众看清君主的真实面目，以便审慎地处理政权的移置问题；因此，《论李维》才反映马基雅维里真正的政治取向。这种看法深为哈林顿和波考克等共和主义者所赞同。他们从公民人文主义与古典共和主义等角度作出分析，并得出了他是"独一无二的政治家和杰出的人民维护者"的结论。两种具有代表性的不同评价从政体类型学的角度反映了人们在理解马基雅维里政治思想时存在着重要的分歧。基于其思想的复杂性，怀特菲尔德告诫那些研究马基雅维里的学者，不要单从《君主论》或《论李维》入手来把握其思想，而应兼而顾之。①

但依我之见，后人究竟把他定位为君主论的支持者，还是共和制的支持者，这并不是马基雅维里最为关注的问题。事实上，摇摆于君主制与共和制之间，马基雅维里并不是第一人。他所青睐的古希腊哲人色诺芬也曾时而推崇斯巴达的共和政制，时而对王家治术赞赏有加。与他同时代的圭奇阿迪尼、达芬奇等人，虽然偏好共和制，但仍然甘愿受雇于君主政府。这种相互矛盾的政治立场在其时的意大利实在屡见不鲜。正如斯金纳所言："在16世纪上半叶的所有关于国家与君主政府的讨论中，很难有例证表明，人们可以毫不含糊地把他们所探讨的国家（état, Staat, state）与君主本身的地位或立场区分开来。"② 相比之下，马基雅维里倒是宁愿人们把他看作一个国家主义者。

在马基雅维里的政治体系中，政权组织形式的选择取决于国家所面临的具体环境。不论是君主国还是共和国，它们在很多情况下都会面临相似的困境，而解决问题的方法也是相互融通的。比如，对一个即将建立的国家、一个腐败不堪的政权，或者一个遭遇非常变故的国家而言，大权独揽是十分必要的。这一道理不仅适用于君主国，同样也适用于共和国。在建立新国家时，只有把权力统归到一人手中，国家才能整合资源、以果断和一致的行动占取有利先机。因此，即便是共和国，也应当保留一个类似君主角色的职位，如罗马的独裁官，③ 授权他在必要时当机立断，采取迅速行动，以避免或减少非常变故给国家造成的危害。在危难之际，如若不懂得借助独裁官或与之相类似的权力来自保，仍旧执拗于所谓的集思广益，那

---

① John Whitfield, *Discourses on Machiavelli*, Cambridge: Heffer, 1969, p. 17.

② Quentin Skinner, The State, quoted in *Contemporary Political Philosophy: An Anthology*, Robert Goodin & Phillip Pettit (eds.), Oxford: Blackwell, 1997, p. 9.

③ 马基雅维里对设置独裁官一职的必要性的论述，参见《论李维》第1卷第34章，第49章。值得注意的是，在古罗马时期，独裁官与现代意义上的专制独裁的内涵有所差别。比如，西塞罗曾把独裁官看作"人民的主人"。在马基雅维里这里，专制、独裁、君主制、大权独揽这四个概念也没有必然关联。他明确反对专制，但不认为后三个概念必定具有贬义性质。

么,国家必将毁于一旦。尽管马基雅维里曾对共和制表现出极大的兴趣,但他仍然相信,在缺乏自由传统的国度里,一定程度的集权是必要的。而此种集权的治理方式同样适用于乱邦之中。这是因为,"人民的道德如此彻底败坏,以至法律无力约束他们,这就有必要由一个皇族去建立具有某种完全而绝对的最高权力;这种最高权力就像给野马戴上'嚼口',才可以勒住它那过分的野心和严重的破坏"。又如,即便在君主国中,统治者也不能轻视臣民的意见,要摆出一副有德行的模样,并且重视立法、军事和宗教的作用。显然,在写作《论李维》时,马基雅维里并没有把它看作与《君主论》毫不相关的著述。相反,他时常以"我在《君主论》中已有讨论"等表述方式提醒读者,在思考《论李维》中提及的问题时,应当结合《君主论》中的政治原则。故而,他并不像亚里士多德那样详细分析各种政体的优劣,甚至在没有比较时已断言这些政体都是有缺陷的。在《君主论》中,马基雅维里并没有对共和避而不谈,而在《论李维》的许多论题中,同时谈到君主国与共和国的例子比比皆是。"共和国的君主"或"公民的君主政体"的提法使两种不同的政体制度之间的差别也被弱化。为此,曼斯菲尔德认为,马基雅维里试图通过这种表达方式来说明共和国需要君主、君主政体的原理适用于共和国的观点,而这两者在专注于现实性方面几乎别无二致。就此看来,《君主论》与《论李维》起首两章对两书的简单归类在其政治体系中没有太大意义,无需过于严肃对待。

事实上,两书之间的矛盾并非像人们从现代政体类型学的角度所看到的那样无法整合。在"国家理由"的主题上,两书可以融贯起来。国家政体的选择应因时而异,政体的确立和维护不是一劳永逸的。具体的时势决定着国家采取何种政权组织形式。处于不同阶段的国家必须顺应时势,推行相异的、甚至是对立的政体模式。只有这样,国家才有可能在政权建立之初尽可能聚拢强大的新生力量,来抵御和冲破旧制度的束缚,并在此后巩固国家的基础。因此,马基雅维里更看重的是国家的新旧历史时态,而非笼统地赞同或否定某种政体形式。从这个角度来看,巴伦对两书中不同政体倾向的解释有一定道理。他认为,政体的选择要与国家所处的具体阶段相适应,以君主集权的形式进行治理是建国初期的最好选择,但随着政权的稳固，共和制应取代君主制，从而减少权力过于集中所可能导致的腐败。实际上，在马基雅维里这里，政府政治与国家政治虽有所关联，但两者也存在着差别。在同一国家中，政体形式的更替是可以接受的，因为此种权力更替不会对国家造成最为严重的危害，国家的主权依然能得以维持，改朝换代的变革只属于国家内政范畴。与此不同，国家权力的更替意味着外来国家对本国的侵略，极有可能导致国家主权的丧失、自由的失却，以及国民变相沦为受奴役的对象，这是无法容忍的。因此，采用何种政体形式，以及此政体形式是否纯粹或是否有利于培养人们的美德，这并非国家要考虑的首要问题。关键问题在于，国家的政权组织形式在维护主权和国家利益方面是否行之有效。马基雅维里之所以关心政体和权力的分配，主要是因为它们牵涉到国家能否长治久安的问题。可见，马基雅维里只对一种政体感兴趣，那就是使国家得以长久维持的政体。

（二）阶层矛盾与权力制衡

国家长治久安的政治目标必定遇到政体循环的问题。国家的长久意味着要突破循环，或者保守地说，要延长循环的周期。延长循环的最有效的方法是国家采用混合政体。由于君主制、贵族制、民主制三种政体类型无法单独解决国家短命的问题，因此，马基雅维里推断，使三种政体混合起来能以此之长补彼之短。只推行民主制的雅典的短命，与推行混合政体的斯巴达的长寿不正从史实上印证了这一点吗？然而，各种政体的优势并非自然而然地相互融通。如，民主制中占主导地位的是民众，而贵族制中占主导地位的是贵族。这些代表不同利益的阶层具有互相对立的天性，当他们共同分享权力时便不可避免地发生冲突。因此，要采用混合政体，国家至少要解决一个难题：当两种势力都试图独揽大权时，如何协调他们之间的冲突？

对于民众与贵族之间的矛盾问题，马基雅维里和他同时代的大多数思想家有着截然不同的看法。由于许多人把平民与贵族之间的冲突看作导致国家分崩离析的主要内因，因而，他们对阶层矛盾持有消极的态度，主张以权力一体化的方式来压制、甚至杜绝骚乱的根源。在实践上，大部分意大利城市也纷纷用君主制取代共和制，试图以此结束国内动乱。但马基雅维里批评这种混淆矛盾和目光短浅的做法。

在马基雅维里看来，导致社会骚乱的原因有两种，一种是党派之间的争斗，另一种是民众与贵族之间的分歧。前者起因于结党营私的帮派利益之争，这些帮派成员大多是为谋求个人名望和权势，通过行贿受贿、笼络人心等不正当的私人关系而勾结起来的自利之徒。也就是说，党派冲突是基于私人利益之争而引发的，对国家利益和社会秩序构成严重威胁。而民众与贵族的分歧却与党派之争有着根本区别。它主要起因于公民在维护国家自由和共同福祉等问题上产生的不同意见。这种冲突不仅能推动国家制定有益于公共福利的良法，而且能行之有效地巩固民众治政的权力，维护城市的良序。通过考察罗马史，马基雅维里发现，尽管罗马在建国初期缺乏建立自由秩序的充足要素，但因平民与贵族之间的矛盾而引致的社会冲突，却有利于罗马完善自身的权力结构和法律制度。如，护民官的增设便可归因于这种社会矛盾所带来的机缘。与此同时，这些阶层纷争使罗马的民众成功地为自己争取到共同治理国家的权力，从而更好地守护城市的自由。因此，他不无夸大地指出，罗马共和国中"平民与元老院之间的不和能使共和国变得完美"[①]。而那些主张根除民众—贵族矛盾的人受党派之争的误见所蒙蔽，没有正确认识到阶层矛盾与党派矛盾的区别，笼统地全盘否定之。这种一叶障目的看法因反对内乱而武断地夸大了阶层之争的危害，抹煞了民众与贵族之间的矛盾所带来的权力制衡等好处。更有甚者，一些懦弱无能的统治者竟然把阶层矛盾混同于党派之争，相信党派之争是离间和削弱地方权力、巩固中央政权的必要途径，却不知道这种纵容党派争斗的做法，只会使公民因追逐私利而拉帮结派，进而变得邪恶，丧失国家认同感。更为有害的是，在战争时期，凝聚力不足的国家容易因长期分裂而使某一党派投敌叛国。[②] 由于认识到党派之争和民众—贵族之争有着

---

① Niccolò Machiavelli, *The Discourses of Niccolò Machiavelli*, Leslie Walker（tr.），London: Routledge, 1991, p. 216.

② 马基雅维里对党争带来城市分裂的威胁的论述，可参见《论李维》第3卷第27章、《君主论》第20章。

本质差异，马基雅维里对后者持有更积极乐观、甚至是推崇备至的态度。

在施政过程中，国家不可避免会遇到各式各样的难题，解决问题的方式要同国家所处的不同阶段的目标相一致。在驾驭错综复杂的局面时，统治者有必要分清主次矛盾，辨识问题解决的轻重缓急。从强力国家的长治久安的目标来看，马基雅维里并不认为，消除平民—贵族矛盾是国家的首要任务。相反，阶层矛盾似乎被看作正常的国内冲突。国家的强大总会伴随着某些社会冲突，消解民众与贵族之间的矛盾必将使国家羸弱不堪。面对这一政治"鸡肋"，他一如既往地采用了"两害相权取其轻"的抉择方式，即权衡国力微弱和社会骚乱，何者对国家的危害更大。同安定的社会秩序相比，国家的强大具有更根本的意义，因而理应在国家制度的安排上具有优先性——只有强大的国家才能真正依靠自己的力量维护城市自由和国家利益，假如缺乏广大人民的支持，国家只能依赖于命运的眷顾，最终沦为实力不济的弱小国家。因此，同国力衰弱的后果相比，社会骚乱是可以容忍的。在社会安宁但缺乏实力的国家，与社会纷乱但实力强大的国家之间，马基雅维里宁愿选择后者。

与同时代人的狭隘偏见相比，马基雅维里显得更高瞻远瞩。他并不是从解决短期国内矛盾的角度来考虑问题，而是站在国家之长远利益的高度来思考政治发展方向。他不仅看到了民众与贵族间的权力制衡会带来防治腐败、改进内政的机缘，而且还看到了民众在推动国家图强时的作用。正如本书在论述政治的主要目标时所指出，马基雅维里一直相信，扩张是国家稳定持久的唯一出路。一旦国家不事扩张，它便会逐步衰落并最终覆辙。国家的扩张离不开由人口众多的平民组建而成的军队。这使得国家在许多重大事务上必须借助平民的力量，即便是贵族也无法抛开民意而独力主治国家政务。不论身处君主国还是共和国，唯有意识到这一点，统治者才能找到国家的核心力量。

基于对民众力量和权力制衡之重要性的考虑，马基雅维里吁请治国者正确对待民众，谨慎处理民众与贵族之间的关系。同圭奇阿迪尼等其他具有精英主义思想的政治家相比，马基雅维里更重视民众的需求。在其政治著作中，他不时地提醒统治者非但不能放弃民众，而且要依靠他们。作为位高权重的治国者,他不能蔑视人微言轻的普通民众,不能置他们的意见于不顾,应当表现出诚实守法等符合传统标准的德行,即便他并非出于真心实意。当人民有迫切需要时,他应当毫不拖延地造福他们;当民众与贵族发生冲突时,他不能轻易地倒向贵族,至少应装出大义凛然的样子,让民众感到他这样做是出于迫不得已,争取获得他们的宽容和谅解。只有这样,国家才能强大与持久。①

---

① 与马基雅维里的权力平衡观念相比,圭奇阿迪尼更多地倾向于精英化治理,他的民众政府仍保留了贵族或精英团体在共和国的优先地位。这种精英主义倾向在《应当如何改革民众政府》的陈表中表露无遗。他强调,为了使佛罗伦萨摆脱政治危机,政府不仅要进行军事改革,而且必须调整大议会(the Consiglio Grande)与正义旌旗手等机构或职务的政治权力。就大议会而言,他认为机构在职位设置与职权配制方面存在着不合理之处。一方面,他批评议会中的职位普及面过于广泛,以至于所有选民——不论是否合乎资格——都有机会当选;这种选举形式违背了让最优秀、最有勋绩的人当选的常理。另一方面,他坚称,在涉及战争或和平重大问题的立法时,大议会应无权干涉。在他看来,在战争与和平问题上采取何种决策乃同国家命运休戚相关,只有那些具有政治判断力的明智者,才能在这些问题上做出正确决断,因此,唯有明智者才应被赋予立法的资格和权力。但大议会的成员良莠不齐,大部分人常常受制于自身的利益偏好,因此,由他们制定的法律要么缺乏有效性,要么带来负面后果。雅典与罗马所遇到的政治危机印证了这一点。(圭奇阿迪尼认为,由于雅典与罗马在涉及战争还是求和等问题上征求并采纳了民众意见,因此,它们多次做出了错误的决断,并且不得不承受由此而引发的重大政治危机。)由此可见,虽然圭奇阿迪尼曾赞扬大议会的包容性体现了城市的自由精神,但实际上他所理解的大议会不具有立法动议和审议评议的权力,而只有同意或否决更小的审议机关提交的法案的单一权力。虽然人民能够影响公共政策,但他们并没有真正地享有参与国家立法与决策的权力。在这个意义上,圭奇阿迪尼不仅没有为在社会中处于弱势的民众提供行之有效的制度资源,使他们与贵族或精英平等地分享国家权力,而且在制度上削弱了民众参与政治的权利。他所构想的权力组织形式是建立在贵族特权基础上的共和制。应当指出,圭奇阿迪尼对参选民众的素质影响政治质量的忧虑不无道理,这种忧虑在现代共和主义者那里也有明显的表现。但马基雅维里对此却似乎较为乐观。在他看来,圭奇阿迪尼的顾虑只适用于民风已相当腐败的国家。在一个有着良好秩序的国家,即便普通民众缺乏足够的政治判断力,但为了不自取其辱,他们在参选时往往也会权衡自身的能力是否能够胜任公职。因此,与圭奇阿迪尼精英主义的偏好不同,他更加倾向于平民与贵族之间关系的调和,更多地表现出非精英化的取向。详见 Francesco Guicciardini, How the Popular Government Should Be Reformed, quoted in *Cambridge Translations of Renaissance Philosophical Texts* (Vol.2), Jill Kraye (ed.), Cambridge: Cambridge University Press, 1997, pp. 205—207。

为了尽可能地获得民众的支持，使他们有足够的力量与贵族相抗衡，马基雅维里借助诸如指控等一系列社会制度，来巩固国家权力的平衡。指控与散布谣言不同。谣言是散布者基于个人私欲或党派私利而在私人场合制造的虚假信息。它容易导致公民相互间的私斗和结党，严重危害社会秩序。而指控则需要诉诸公共程序。指控者须向议事会等公共机构提出公诉并提供确凿证据，通过被指控人在公开场合的对质来确认指控是否属实，并接受公共裁决。这种相对公开透明的制度不仅使公民不敢轻易地制造谣言，而且使他们因畏惧指控而不敢轻易破坏城市秩序。此外，指控权还有利于疏导和排解公民的不满情绪，避免他们因采用过激的手段泄愤而危害国家安全。另一方面，为了保障权力的制衡，马基雅维里极力主张，国家应像罗马那样设立护民官和元老院等机构，通过建立指控权制度等方式，保证人民能真正参与国家治理，从而最大限度地抑制贵族阶层追逐权力的本性，防范他们对城市自由的侵蚀。这些制度在一定程度上能有效弥补单一的程序性选举所隐藏的缺陷。同君主制或寡头制相比，虽然以定期选举的方式推举政治首领能更好地体现民众意向，然而，单靠普选制度仍无法避免权力的精英化。一方面，贵族在政治和经济上的优势，使他们可以借助财产特权而获得身份特权，更容易获得选举资源并操控选举结果，进而有更多的机会掌握国家权力。另一方面，缺乏政治经验和健全判断力的民众往往容易受贵族蒙蔽，在选举时，他们往往看到自身所属阶层的缺点，却未能认清所谓精英阶层的局限性，这导致他们常常主动把对自由的支配权让给精英阶层，并心甘情愿地受制于后者。由此可见，普选制体现的是程序性平等而非实质性平等，单靠选举仍无法真正保障政治权力在不同阶层的合理分配，无法实现真正的分权和制衡。但诸如指控和申诉等具体制度不仅能缓解不对称的制度安排所带来的社会矛盾，减少贵族精英支配民众的可能性，使他们更加重视民众的意愿和要求，而且有助于民众以积极的方式同贵族或精英竞争权力和其他政治资源。

（三）制衡还是民主

马基雅维里的非精英化取向深得当代共和主义者的赞赏。波考克、斯金纳、维罗里和佩迪特等研究者把他称为捍卫共和自由的忠诚卫士。但麦柯米克指出，这种思想诠释并不到位。他认为，当代共和主义者所理解的共和主义保障了精英的特权，但没有为平民参与政治提供便利条件，这与马基雅维里的初衷并不一致。因此，他要为马基雅维里"正名"。

麦克米克十分看重马基雅维里在《论李维》中所论述的"不确定的"、"动态的"甚至是"狂乱的"社会—政治冲突，以及确保民众在政治管理过程中发挥支配作用的各项制度安排，如，职位竞争、公决、检控、申诉、集会、共享战利品和公共权力等。① 通过强调这些制度性手段，麦柯米克得出了有别于剑桥学派的结论，即，为行之有效地维护城市自由，马基雅维里实质上把平民置于贵族之上，他不仅为民众谋求同贵族相互平等的地位，甚至要让民众高于贵族。由此，他把马基雅维里定位为一个介乎于当代共和理论的"最低纲领"（或精英民主）和理想主义的参与民主之间的折中派理论家，一个平民主义者、民主主义者、现代宪政制度的奠基人。② 在麦柯米克看来，剑桥学派对马基雅维里政治思想的误解在于，他们忽视其论著中的修辞性暗示，③ 过分关注民众在军事方面的参与作用，却因此而低估了马基雅维里对阶级冲突的偏好，进而错误地将马基雅维里对民众和贵族的

---

① John McCormick, Machiavelli against Republicanism: On the Cambridge School's Guicciardinian Moment. *Political Theory*, 2003, 31(5): pp. 615—643.

② John McCormick, Machiavellian Democracy: Controlling Elites with Ferocious Populism. *American Political Science Review*, 2001, 95(2): pp. 297—313.

③ 麦柯米克认为，在《论佛罗伦萨的政府改组》中，马基雅维里之所以提出贵族与民众具有同等野心的观点，原因在于这份报告的读者是教皇克莱门特七世——美第奇家族的成员，他是贵族阶层的天然同盟者。如果要使报告中的建议获得教皇的认同和支持，就必须尽量避免直接冒犯贵族的言辞。鉴于此，马基雅维里采用了古代修辞学的手法，通过同等地谴责贵族派系的野心与民众的野心，来减少对贵族的正面攻击。实际上，他撰写《论佛罗伦萨的政府改组》与《君主论》的真实意图是建立民众政府。表面上，《君主论》是向君主洛伦佐提供治国箴言，而《论佛罗伦萨的政府改组》是向共和国的贵族提供完善共和国统治的建议，但实质上，他是借助这两部著述来建构一个具有包容性的民众政体。详见 John McCormick, Machiavelli against Republicanism: On the Cambridge School's Guicciardinian Moment. *Political Theory*, 2003, 31(5): pp. 615—643。

批评等而视之。沿着这一思路，麦柯米克对剑桥学派的解读方式和结论进行了粗略的清算：他批评波考克分析阶层冲突理论的方式过于普通；斯金纳的新罗马自由观因强调冲突的中立性而歪曲了马基雅维里的自由理论；维罗里没有重视马基雅维里在《论李维》中对不平等的法律和不对称的制度的修正；而佩迪特则忽略了人民对抗精英支配所采取的制度和实践。因此，他们忽略了马基雅维里在警惕精英主义的权力支配问题上的洞见，只在抽象的层面论述他的共和自由思想。

不可否认的是，麦柯米克的洞见在于，他认识到马基雅维里不是空洞地论述自由理念，而是借助具体可操作的制度来维护国家的自由。他对马基雅维里与圭奇阿迪尼的共和模式的区分，以及对后者与现代共和主义的密切关联的分析也是鞭辟入里。但值得指出的是，虽然马基雅维里重视民众享有治权的必要性，并且意欲通过具体的制度安排来保障此种治权，但他并不像麦柯米克所刻画的那样是一个平民主义者。当麦柯米克从马基雅维里对民权的重视而推断出马基雅维里是民主主义者时，他忽视了马基雅维里对混合政体形式和权力制衡的强调。如前所述，马基雅维里一直把混合体制看作防止国家腐化、维护国家稳定和强大的有效模式。要维护混合体制，就应当对统治者、贵族、民众三种力量等而视之、无所偏颇。他重视民权的真正意图并不是让民众的地位高于贵族，而是希望通过民众对自由的崇尚与捍卫，来抵制专制统治和寡头统治，防止国家背离公共意愿而腐化堕落。与此同时，他也要借助贵族的力量来制约民众放任的权力。在他看来，尽管民众在维护国家自由方面有着不可替代的作用，但完全由平民掌握权力也是有缺陷的。他考虑到，作为自由的守成者，民众会因时时害怕和防备贵族的侵害而产生患得患失的心理。在民众看来，最能一劳永逸地防止贵族攫取权力并维护自身自由的办法莫过于由人民自己完全掌权，因此，他们极有可能产生同贵族一样的野心，即把另一方完全排除在国家权力以外而独当大权。也就是说，不论贵族还是平民，他们都有独掌权力的野心，都有不受约束的欲望。"不论贵族还是平民——前者执行的是奴役制，后者则是行为放肆——都只是在名义上尊重自由,实际上他们既不愿服从法律,也不愿服从行政长官。"[①]这表明,阶层本身的局限性使得他们不能单独治理国务,把守护自由的权柄完全交给其中任何一方都会打破混合政体的均衡,将对国家的公共利益构成后果极为严重的威胁。从这一侧面,我们可以部分地理解马基雅维里之所以认为从长远的角度来看共和制更为可取的缘由。由于共和国能更好地包容形形色色的公民,容纳各种相互制衡的因素,隐含了根据具体情况而改弦更张的灵活机制,因此,它比君主制能更好地适应时势,有更多活力,更持久的好运。这表明,马基雅维里提出权力制衡观念的初衷并非完全出于对人民的关顾,这些制度性安排虽然体现了民主共和主义的某些思想,但它主要是基于制衡有可能推进国家强大并能长治久安的目的性考虑。

权力是行使国家职能的先决条件。面对各种政治力量的不同诉求,如何架建科学的权力结构,使社会各对立阶层和睦共存,乃是国家政治需要解决的重大问题。在权衡国家强大与社会安宁之优先性的基础上,马基雅维里并没有采纳当时流行的社会主流观点,而是借用权力制衡的方式来证成阶层矛盾存在的合理性。尽管马基雅维里对民众—贵族冲突的细致分析并没有完全说服同时代的人,如,圭奇阿迪尼曾指责他从阶层冲突有助于维护自由的论断而推出应保留冲突的结论是不辨是非的表现,这同"因某种治疗某个病人的疾病的药功效良好而颂扬他的疾病本身"的做法一样,荒诞可笑;但不可否认的是,马基雅维里在处理阶层矛盾时形成的独特见解,以及由此而体现的权力制衡思想,的确给现代政治理论提供了有价值的参考。而他借助指控制度等公共机制,使自由从一种机会性自由转变为一种操作性自由,对现代共和主义也有着深远的启示。

---

① 马基雅维里:《佛罗伦萨史:从最早期到豪华者洛伦佐逝世》,李活译,第178页,北京:商务印书馆,1982年。

二　政治制度的建构

（一）法律体系

从上一节的论述可以看出，马基雅维里不仅把权力平衡看作最重要的政治组织原则，而且通过一系列法律规范力图为公民参与政治提供制度化的保障。由此，立法和司法等问题便自然而然地进入他的视野，并构成其政治理论体系的重要组成部分。他的法律观既继承了罗马法律传统的某些因素，又表现出有别于这种传统的现代特征。

由于人往往倾向于受个人利益和自我欲望的支配，因此，在缺乏外在因素的有力约束时，不论民众还是统治者都容易变得轻率鲁莽，狂放不羁，专横跋扈，都容易产生独揽政权的欲望。这些缺陷对自由构成严重威胁，使国家或陷入专制无度的困境，或沦为多数人的暴政。为了解决国家动荡问题，罗马人明智地利用立法的形式，一方面抑制了贵族和民众的野心，为缓解两者之间的冲突提供了制度性保障，另一方面端正了民风，为惩治罪恶提供了必要依据。可以说，罗马帝国的发展与强大离不开罗马人严谨的守法意识，以及较为完善和严明的律法体系。[①] 为此，李维曾给予高度的赞誉。而维科也持有相同的看法。他把罗马的伟大归功于良好的法律，

[①] 尽管律法（nomos）和现代意义上的法律概念在某种程度上有着相似之处，但两者存在较大区别。大致而言，律法强调人们所遵循的规则源于神，体现神的意志。例如，斐洛（约公元前20年—公元40年）曾指出，律法不是人发明的、而是神谕的看法"非常接近真理"。参见斐洛：《论律法》，石敏敏译，第3页，北京：中国社会科学出版社，2007年。由此，律法的神圣性、普遍性，以及神（上帝）的权威性得到了强化。在为什么产生律法的问题上，《罗马书》曾写道："律法本是叫人知罪。"在解释这一句话时，巴特指出："律法也许必须将有律法的人从多愁善感的浪漫主义中拉出来，引他们来到造物主和造物、灵和肉之间的鸿沟旁边。律法剥夺了他们一切所有，将他们交付上帝发落，是赦是罚由上帝决定。倘若人听到律法的意愿，即在他的长处、体验和虔诚中理解了自身，人就听到了终极真理，听到了拯救的真理、宽恕的真理、死亡彼岸的真理。"参见巴特：《罗马书释义》，魏育青译，第87页，上海：华东师范大学出版社，2005年。上述解释体现出律法的神圣性。这是现代意义上的法律概念所不具备的含义。

认为"一切政治理论家们都同意没有什么比这更好的政策能使一个国家既持久又变得伟大"。故而，使罗马人产生世界上最明智的法学的原因，同时也是使罗马帝国成为世界上最伟大的帝国的原因。①

在罗马法律传统的启发下，马基雅维里看到了良好的法纪对国家治理的重大意义。他坚信，在法制健全且持之以恒的国度，优良的法律有助于克制人自私的利欲，遏制其僭越国家利益的野心。借助具有相对普遍性的法律制度，国家可以大大降低单纯依赖某个权威者的意志所带来的风险。如果国家"既有好的法律作基础，又有好的规章实施法律，它不必像其他政府那样，只靠某一个人的品德来维持政权"，从而能更加有效地维护国家利益，保持社会的良序和稳定。② 因此，马基雅维里把法律看作立国的重要基础之一，并由此指出，不管君主国还是共和国，为了使国家长治久安，都应当建立法律体系。而在那些原本已缺乏良好风俗或纲纪废弛的地方，法律更是须臾不可离。一旦维系人们生活的法律制度遭到藐视或践踏，国家离沦丧的命运也就不远了。强调法律的政治功能体现了马基雅维里对罗马制度的认同和承袭。

应当承认，马基雅维里对法律的重视反映了他对完全建立在个人专断意志基础上的专制统治的质疑和鄙夷。即便在王权国家中，法律也应当成为约束统治者和被统治者的必要手段。在此意义上，斯金纳、维罗里和佩迪特等人对马基雅维里的自由和法律思想的评价有一定的合理之处。他们注意到，在《论李维》中，马基雅维里同罗马共和派思想家一样，没有把法律看作对自由的限制，而是相信法律带来的强制力量有助于维护自由，防治腐化。一旦缺乏法律的保护，人们便容易陷入受支配、受奴役的困境，自由更是无从谈起。故而，法律是以国家为主导的保障权力的最好方法。鉴于此，现代共和主义者把法律作为论证马基雅维里的共和主义思想的主

---

① 维科：《新科学》，朱光潜译，第 509 页，北京：人民文学出版社，1986 年。
② 马基雅维里：《佛罗伦萨史：从最早期到豪华者洛伦佐逝世》，李活译，第 178 页，北京：商务印书馆，1982 年。

要切入点之一。①

然而，我想指出的是，在强调马基雅维里与古罗马共和主义者的相似性的同时，现代共和主义者却没有给予两者之间的差别以足够重视。② 不容忽视的是，尽管马基雅维里部分地沿袭了古罗马的律法精神，重视法律在国家政治中的地位，但他的法律概念与古代对法律的理解有相当大的差别。如前所述，马基雅维里脱离了古典哲学的框架，不再把自然目的视为人类事务的终极根据，从而使政治获得了相对的独立性。与此相应的是，作为实现政治目的的手段，法律也无需受自然目的的约束。这正是马基雅维里的法律概念区别于古典法律概念的突出特点。从对罗马史的熟悉程度来看，我们很难否认，他对古代法律的根基是熟知的、或至少是有所了解的。在古代法律体系中，自然或神的意旨是人立法的终极依据。诸如古巴比伦的《汉谟拉比法典》、印度的《摩奴法典》、伊斯兰的《古兰经》，都是因循神意而形成的典籍，分别体现了太阳神、摩奴神、真主的意志。在斯多葛派的自然主义、西塞罗和查士丁尼的律法思想，以及奥古斯丁和阿奎

---

① 在分析伯林关于积极自由与消极自由的观点的基础上，佩迪特提出了第三种自由，即无支配的自由。斯金纳和维罗里等现代共和主义者在区分不受干预的自由与不受支配的自由的基础上进一步指出，尽管法律干预个体行为，但却能使人免于受支配；因此，法律不会对自由构成威胁，相反，它是政治自由的本质要素。参见 Philip Petti, *Republicanism: A Theory of Freedom and Government*, New York: Oxford University Press, 1997, pp. 51—78. 从法律的角度来说明马基雅维里的共和主义理论的论著很多。参见 John Pocock, *The Machiavellian Moment: Florentine Political Thought and the Atlantic Republican Tradition*, Princeton: Princeton University Press, 1975. Gisela Bock & Quentin Skinner & Maurizio Viroli (eds.), *Machiavelli and Republicanism*, Cambridge: Cambridge University Press, 1993。

② 或许，同马基雅维里一样，他们也认为"自然"的维度对现代共和主义精神没有太大的指导意义。但正是"自然"和"自然法"概念所体现的理想法律典范，先在地为法律与正义的必然关联提供了最终依据，使得自然、正义、美德、法律之间相互吻合、相互贯通。与此同时，自然的维度不仅有利于确立人定法的权威性，而且还能赋予实体法不断趋于完美的动力。从法律的角度来看，正是在这一点上，马基雅维里同西塞罗等古罗马共和主义者开始分道扬镳。尽管马基雅维里曾经说过，"法律使人良善"，但他在提出此论断时表现出来的惜墨如金让人感到困惑。他既没有论证法律如何使人变得善良，也没有像往常那样提供可进一步分析借证的例子。

那的神学义理中,以自然为形而上根基来构筑法律体系一直被视为理所当然的法哲学范式。人法与神法之间的联系是不言而喻的。① 这些观点在西塞罗的《法律篇》中表现得十分明显。为了获得一种具有普遍性和正当性的法律科学,西塞罗反对把法律建立在人为的、可变的因素之上。他认为,唯有植根于自然,从"哲学的最深层秘密"中推演出来的法律,才具备包容性,并且符合理性的要求。② 由此而确立的自然法(natural law)不仅适用于世界万物,而且能够指导一切生命体。③ 从古罗马最为权威的法律典籍《法学总论》中可以看到,以东罗马皇帝查士丁尼的名义出版的这部著作,采纳了著名法学家乌尔比安乌斯关于自然法的观点,把所有民族共同遵循的自然法则看作众神为一切动物设定的永恒不变的法则。"自然法是自然界教给一切动物的法律。因为这种法律不是人类所特有的,而是一切动物都具有的"。④ 虽然自然法对具体行为不产生直接的约束力,但由于它出

---

① 国内有些学者认为,罗马法很早就从宗教中分离出来。如周枏指出,第一部成文法典《十二表法》"根本未称神意,相反,法中还有调整宗教关系的规范";而且,西塞罗"未称法本身是神授的"。周枏:《罗马法原论》,第8页,北京:商务印书馆,1996年。但我并不赞同这种观点。实际上,法律条文和法哲学之间存在差别。神、自然和自然法对古罗马法律体系有着深刻影响。正如 Fustel de Coulanges 所指出:"没有神,就没有罗马民族。"在 E. Voegelin 看来,自然法是罗马法的基本组成部分,直到 Gaius 时期,人们都把万民法和自然法等而视之。参见沃格林:《希腊化、罗马和早期基督教》,谢华育译,第249、251、256页,上海:华东师范大学出版社,2007年。而 Paolo Gallo 也认为,尽管西塞罗没有明确说明法来源于神的意志,但在古罗马时期,自然法就是神法。转引自徐国栋:《罗马法与现代意识形态》,第371—373页,北京:北京大学出版社,2008年。

② 西塞罗:《国家篇、法律篇》,沈叔平、苏力译,第157—159页,北京:商务印书馆,2008年。

③ 尽管自然法的概念也出现在近现代哲学与法学当中,但它的含义已同古代自然法概念有着本质区别。从波ways克对自然法学的理解可看出这种差别。在波考克看来,"我们正处于一个致力于复兴自然法学并使之现代化的时代,它建立在某种观念的基础上,即对穿越时空的各种社会行为的研究,能揭示潜藏于人类本性中的原理,人的各种行为是以此为基础的,而法律将从中获得它们的精神(esprit)"。这表明了,现代的自然和自然法的概念并非像古典哲学那样超越于人自身的维度。参见 Pocock, John. Virtues, Rights, and Manners: A Model for Historians of Political Thought. *Political Theory*, 1981, 9(3) p. 366。

④ 查士丁尼:《法学总论:法学阶梯》,张企泰译,第6页,北京:商务印书馆,1989年。

自神意，不以人的意志为转移，因此，它是人世间各种成文法或不成文法的最终依据。鉴于自然法在古代世界的普遍性，梅因不仅把罗马法的迅速进步归功于自然法的推动，而且把它看作人类思想史发展方向的航标。[1]

然而，马基雅维里显然不愿意接纳传统的自然和自然法观念。从他的论述中可以看出，罗马法律体系之所以值得借鉴，只是因为实现国家目的与维护国家利益离不开人们对法律的重视和遵守，而罗马帝国的伟大功业已证明了法律的政治功用。正是出于强烈的现实感，马基雅维里继承了罗马的法律精神，却摒弃了西塞罗和乌尔比安乌斯等人奠定的法哲学基础。抽离了"自然"这一古代立法的终极根基以后，马基雅维里的法律概念演变为纯粹人为的、出于现实政治利益之故而制定的外在规范。由于法律的制定在很大程度上依赖于立法者，因此，能否产生良好的法律和有序纲纪完全取决于立法者个人的德能和国家的运气。换而言之，国家能否像斯巴达那样，一开始就幸运地适逢英明的利库尔戈斯为其创制优良的法律制度，使国家存续八百年之久；或者像罗马那样，即便起初缺乏维护城市自由的法制，却能在机缘的推动下，使国家得以改弦更张，从王权法制顺利地转变为共和法制；这都受制于某些不确定的偶然性因素。

马基雅维里对西塞罗等人强调的自然法三缄其口，强行剥离了法律与正义的内在关联。在西塞罗那里，正义与法律的必然关联建立在"自然"概念基础上。正义体现于法律，而法律源于自然。也就是说，正义的根基是自然，"没有什么比完全理解我们为正义而生以及理解权利不基于人们的看法、而基于大自然更有价值"[2]。由于自然蕴含着正义之理，因此，接受自然目的论的法律就等同于接受正义。但在马基雅维里的思想中，法律与正义的必然关联因古典的自然概念的消解而断裂，法律的制定完全出于现实功利的考虑，服从于国家利益的需要。这正是西塞罗所强烈反对的。西塞罗注意到，基于功利原则而确立的法制具有极大的缺陷。这不仅是因为纯粹建立在人为基础上的法律有可能以正义之名使非正义的行为获得合

---

[1] 梅因：《古代法》，沈景一译，第33、43页，北京：商务印书馆，1996年。
[2] 西塞罗：《国家篇、法律篇》，沈叔平、苏力译，第165页，北京：商务印书馆，2008年。

法性，而且还因为出于功利原则的法律无法使人真正向善。人们遵守法律只因害怕受到惩罚，而非出于对正义的信服。在古典政治思想中，这样的法律算不上是优秀的法律。一项法律如果要被称作是优秀的，至少要符合两个基本条件：(一) 它必须是优良得体的法律，(二) 它应当是公民心甘情愿地遵守的。① 出于功利考量的法律明显很难满足第二个条件。当法律失去其神圣性而沦为仅仅建立在利益之上的外在约束时，情况往往是，假如不遵守法律比遵守法律能带来更大利益，同时违法者确信其行径不会被发现，那么，他就没有理由因遵守法律而减少自身利益。"只是因为一种刑罚而不是自然才使人不做不义之事，那么当惩罚的威胁已不存在时，又是什么样的焦虑使那恶人坐卧不安？……如果只是刑罚，只是对惩罚的恐惧，而不是邪恶本身，才使得人们躲避不道德的生活和犯罪的话，那么就没有人可以称之为不公正的人，而且更应视恶人为不谨慎的人；进一步说，我们当中的那些并非由于美德的影响、而是出于一些功利和收益的考虑而成为善者的人，就只不过是胆小鬼，而并非好人。""法律应成为恶的改造者和善的促进者。"② 但在马基雅维里这里，西塞罗关于满足于惩罚的法律无法根治恶的顾虑实属不必要。因为他的立法初衷只定位于在民众中确立国家的权威并形成有效的威慑力，有此便足以使国家安定有序。而古典法律既要改造恶者又要促进善者的考虑，已然超出马基雅维里的政治范畴。

实际上，马基雅维里并不是没有意识到单纯依靠功利性的法律是有缺陷的。当他在《论李维》的第一部分作出"不出于万不得已，人无行善之理，若能左右逢源，人必放浪形骸，世道遂倏然大乱"的论断时，表明他早已意识到，作为约束行为的外在因素，建立在利益考量基础上的法律效力极为有限。一旦人们看到违背法规却又有可能免于责罚时，法律的约束力就会大大削减、甚至消失。故而，他劝诫治国者要懂得如何立法、施法，使民众始终保持着对法律惩戒的恐惧之心。为了使法律更具针对性，马基

---

① 亚里士多德：《政治学》，颜一等译，第 132 页，北京：中国人民大学出版社，2003 年。
② 西塞罗：《国家篇、法律篇》，沈叔平、苏力译，第 169、179 页，北京：商务印书馆，2008 年。

雅维里匠心独运地提出了以恶治恶为特征的立法原则。既然人容易受邪念的诱惑，那么，立法者就应当把其对象设想为"恶棍"。他们应当像精明的法官那样，在脑海中重构出各种罪犯的犯罪动机和作案方式，只有遵循这种立法原则，法律才能真正有效地防止罪恶的发生。此外，为了保证法律的权威性，具有榜样示范作用的立法者和统治者应当言出必行、身先士卒地遵守法规，并且做到赏罚分明，或者至少表现出他是如此这般地按照法律行事的。为了强化民众对法律的畏惧，马基雅维里还要求统治者适时运用残忍的法治手段，以杀一儆百的方式不断激活人们对酷刑的记忆。唯有通过严厉的处罚或处决，才能警醒世人，重新恢复他们对制度权威的畏惧，从而使城市秩序得以整顿，达到返本开源的效果。

马基雅维里看到了法律在抑制公民的利己倾向时发挥的重要作用，强调了借助法律的形式保障国家自由和社会良序的意义。但由于他抽空了法律的形而上基础，并且很难相信人们能够出于对正义的认同而遵守法律，反而相信作为行为的外在规范，各种具体的法律条文的威慑力主要是基于人们对惩罚的恐惧，因此，他所理解的法律既没有让民众真正信服其权威，也没有使人通过法律观念的内化而培养德性。对统治者或政治家而言，法律不是行为的必然约束。由于法律是从属于政治目的的治理工具，因而，在必要时，他们往往可以为了实现某些政治目标而违背法律。这些功利性的人为法律是脆弱的。为了强化法律在民众中的影响力并保障法律的有效性，马基雅维里需要诉诸武力和宗教的方式，利用宗教的内在尺度与军事的外在尺度来弥补法律可能失却的威权。这些都暴露了马基雅维里在法律和法治观点上的局限。

（二）政治化的上帝

尽管马基雅维里在其论著中曾多次猛烈地抨击罗马教廷的腐化堕落，并且质疑基督教对政治的负面影响，但实质上，他的真正目的并不是排斥现有宗教，而是要对它进行政治化的改造。经过重新诠释的宗教不再对政治构成威胁，相反，它还能迎合政治的需要，发挥有力的辅助作用。

正如本书在论述基督教的困境时指出，宗教对政治乃至社会的发展产生重要影响。而教徒从宗教信仰中获得的力量是不容忽视的。历史学家汤因比曾描绘了皈依的道德力量对殉教者的深刻影响,并分析了殉教者的虔诚和激进带来的震撼。对于宗教的政治影响,马基雅维里并非视而不见,但为了强化古罗马的尚武精神,他不惜把基督徒描绘为只知冥思而不懂得行动的谦卑之徒。他故意忽略十字军东征的硕果和殉道者的狂热,有意淡化古罗马与基督教之历史较量——拥有强大军团的古罗马最终没有逃过失败的命运,"软弱的"基督教却日益鼎盛,并扬威整个中世纪。与此同时,他也深深地意识到信仰的独特力量。他没有忘记,摩西如何借助宗教使原本纪律涣散、各谋私利的以色列人团结起来,艰难跋涉地找到了希望之乡;虽然萨沃纳罗拉的结局是悲惨的,但不可否认,佛罗伦萨人曾一度把他奉为先知,狂热地追随他在城市内推行道德净化的激进改革运动。而透过马基雅维里笔下真诚忏悔的法兰西斯和吉罗摩——为了向上帝表明忏悔的心迹,前者在荆棘中滚爬,后者用石头割裂了自己的胸部——人们也能感受到信仰的虔诚和宗教的狂热所带来的深不可测的精神力量。① 尽管与罗慕路相比,努马是软弱的,但他的缺陷并不在于利用宗教的手段治国,而在于不懂得把宗教与军事结合起来,对外扩充国力。摩西、努马和萨沃纳罗拉的影响,以及基督教在历史上曾经取得的赫赫功业,让马基雅维里清楚地认识到,宗教具有不容忽视的社会作用。

通过研习罗马史,马基雅维里看到了宗教的现实功效。在军事方面,宗教能达到战时动员和鼓舞士气的作用。当遭遇罗马人的猛烈攻击时,为了使士兵全力抗击敌人,萨莫奈人的军事将领恢复了古老的祭祀仪式,迫使士兵以自己和家人的名义起誓,以此振奋军心。对此,马基雅维里指出,"在有信仰的地方,很容易教会人们如何运用军力。"② 在制度治理方面,宗教能强化政治权威,为统治者推行新政策提供便利条件。由于宗教信仰能使信徒变得忠实虔诚,使民风趋于纯朴笃厚,因此,在宗教信仰盛行的地

---

① 汤因比:《一个历史学家的宗教观》,曼可佳、张龙华译,第 116—121 页,成都:四川人民出版社,1998 年。

② Niccolò Machiavelli, *The Discourses of Niccolò Machiavelli*, Leslie Walker (tr.), London: Routledge, 1991, p. 241.

方,人民不仅更加容易认同法律政策,而且出于对神明的敬重和畏惧而不敢轻易违反法规。在政务整饬方面,面对各种动摇国家政权的自然灾害或人为动乱,善用宗教者既能借助神灵的名义克服不利因素,平息内乱,匡正民风,又能化害为利,激励民众团结一致,共同建功立业。由此可见,好的宗教产生的向心力能夯实政权基础,使国家长治久安。相比而言,缺乏信仰的或不虔诚的国度必定民风败坏,纷争四起。鉴于此,马基雅维里把敬神提到了关系国邦安危的高度,认为蔑视祭神乃是国家危亡的前兆。这足以体现他对宗教之政治功用的重视。

马基雅维里对宗教之政治作用的强调,还体现在他对统治者的劝诫方面。维罗里等人注意到,当马基雅维里试图说服意大利的当权者采纳其政治新构想时,他多次借用了上帝的威权。为了使统治者无所顾虑地采用邪恶的手段治理国家,不忌讳因暴力和残忍所招致的恶名,马基雅维里向他们展示了上帝的支持:"大海分开了,云彩为你指出道路,山岩涌出泉水,神赐之物从天而降。所有的一切都已为你的伟大而凑合起来。余下的事情必须由你自己担当。"① 很明显,曾经享有如此厚遇的仅有摩西一人。为使当权者放下思想顾虑而勇敢地行动,马基雅维里迫不及待地向他们承诺,上帝将帮助他们并赐予荣耀。与此同时,他还以上帝的名义安慰他们,那些为顾全国家利益而违背基督教训诫的行为将获得宽宥。在《论佛罗伦萨政府改革》一文,他以同样的手法来劝导利奥十世推行强力政治改革。② 可见,马基雅维里从宗教的角度为不道德的政治行为提供正当性说明,并以此增强其政见的说服力。

然而,在政治领域,并不是每一种宗教都可以被毫不保留地加以利用。通过比较古罗马的宗教与基督教,马基雅维里告诫统治者,只有那些崇尚强盛之风、推崇勇敢德行且重视现实荣耀的宗教,才有助于国家治理和成就举世伟业。当然,这并不意味着基督教一无是处。在马基雅维里看来,

---

① Niccolò Machiavelli, *The Prince*, Harvey Mansfield (tr.), Chicago: the University of Chicago, 1985, p. 103.

② Niccolò Machiavelli, *Machiavelli: The Chief Works and Others* (3 volumes), Allan Gilbert (tr. & ed.), Durham: Duke University Press, 1965, pp. 101—115.

宗教只是人为的产物，它完全可以基于人的需要来给予改造。为了使各种自然征兆有助于政策落实，善用宗教的罗马人不也常常随意扭曲神意，以巧妙的方式来解释天象，把原本是坏的卦象说成是好兆头吗？所谓善用宗教，就在于人听从政治理性的指示，按照政治目的、而非信仰本身来诠释和运用教义。即便对信仰的释义是错误的，明智者也要对它大加赞美。因此，只要对基督教稍作改造，它仍然可以服务于政治目的。实际上，把意大利搞得羸弱不堪的并不是基督教本身，而是那些懦弱的诠释者。"他们在解释我们的信仰时，只图安逸，不讲德行。假如他们认为，信仰允许我们壮大并捍卫自己的祖国，他们就会认识到，信仰希望我们热爱自己的祖国，为它增光添彩，为保护它而做好准备。"① 也就是说，上帝不仅没有要求信徒放下武器，反而同意他们为国家的利益和荣耀而英勇作战。在上帝的默许下，出于保家卫国的目的，教徒应把《圣经》原来意义上所要求的谦卑随顺搁置一边，正视敌友的分界。他们不应相信那些懦弱者对经义的诠释，那些认为对敌人也应持有忍耐和仁爱之美德的主张，不过是世人对上帝意旨的误解。正是通过对核心教义的篡改，马基雅维里把基督教改造成了一个与它所反对的异教相似的宗教。

鉴于宗教对政治有着积极的作用，马基雅维里特别重视培育民众的宗教信仰。他劝导统治者要重视宗教仪式的维护，通过兴修寺庙、举行典仪等方式，从礼数上强化民众的虔诚信仰。而在篡改卜象时，统治者也应当巧妙地掩饰亵渎神明之举，装出笃信神明的外表。透过《兵法》中的教育，我们更集中地看到马基雅维里如何利用宗教服务于政治需要。他以古人带兵之道告诫军事将领，要以宗教和出征誓言来驯化士兵，使他们相信，"任何一个罪过都将不仅受到肉体上的惩罚，还会受到被激怒了的神所可能降予的全部恐怖惩戒"。为增强军事纪律的严肃性，将领要利用宗教的威慑力使士兵确立法律意识："迫使他们以极其虔诚庄重的心态，立下不折不扣遵守军纪的誓言；一旦违背誓言，将不仅受到法律和人们的威胁，更会

---

① 马基雅维里：《论李维》，冯克利译，第215页，上海：上海人民出版社，2005年。

横遭神的制裁。"① 唯有懂得运用宗教,军事领袖才能胜券在握。

从马基雅维里对宗教的重新诠释不难看出,他实际上已偏离了正统神学的轨道,倒向了异教的宗教观。当奥古斯丁区分正统神学和异教神学时,他明确地把公民神学(或曰政治神学)归为异端。可是,马基雅维里排斥的正是奥古斯丁所指的正统神学,他推崇的是出于政治考量的非正统神学。在他这里,上帝不再高高在上,而是听从人的意志,服务于政治目的。在马基雅维里的宗教思想中,我们隐约可看到卢梭的公民宗教思想的雏形。卢梭认为,政治与宗教的密切关联主要体现在,公民宗教有助于维护国家法律和社会秩序,更有利于政治共同体的公民自觉认同社会道德规范,增强自身对国家的责任意识,并使他们在必要时愿意为捍卫国家利益而牺牲自己的生命。卢梭之所以重视公民宗教,是因为他相信,公民宗教激发和培育的社会精神是维护政治共同体的重要资源。换言之,他看中的并不是公民宗教的虔诚信仰本身,而是它所产生的社会归属感与共同精神。正是这种社会归属感和责任感为国家提供了坚实的情感基础。故而,宗教与国家的统一稳定紧密相关,应成为国家制度体系中不可或缺的组成部分。像马基雅维里一样,卢梭也注意到,有些宗教或宗教的某些特点不利于维护政治共同体的利益。例如,强调超凡脱俗、轻视社会责任的基督教不仅不能使公民全心全意地依附国家,甚至会侵蚀和损害国家的社会基础。不同的是,马基雅维里致力于改造基督教,使它更符合政治要求;而卢梭则更彻底一些,他认为,那些不信仰公民宗教的人实质上是反社会的,随时有可能削弱共同体的凝聚力,威胁国家利益,因此,他主张把那些不信教的公民驱逐出境。

在政治领域,由于马基雅维里始终以国家利益为依归,因此,他完全从政治功利的角度看待宗教信仰问题。他之所以看中罗马异教,其原因在于它体现的强力精神和法律精神,同国家安全强大的目的相一致。即是说,是否利用宗教、利用何种宗教、如何运用宗教等等,都取决于政治需要。对此,施特劳斯对马基雅维里缺乏神圣感的评价不无道理。尽管马基雅维

---

① 马基雅维里:《兵法》,袁坚译,第 167、215 页,北京:解放军出版社,2006 年。

里多次流露出对罗马异教的赞赏,但他在论证过程中所表现出的强烈的政治功利感,实在难以让人相信,他崇尚异教真的基于对信仰本身的认同。如果说,虔诚的信仰是教徒的重要标志,那么,缺乏神圣感的马基雅维里甚至算不上是真正意义上的教徒。就此而言,伯林把马基雅维里看作虔诚异教徒的观点缺乏说服力。

通过对正统基督教教义的调整,马基雅维里一方面缓和并掩饰了他对基督教的直接抨击;另一方面从宗教的角度强化了政治目的的优先性。而他对基督教进行重新诠释的过程,同时也是上帝不断被政治化的过程。上帝成为了由人操控的政治工具。出于政治的考虑,马基雅维里使原来互不相干的耶稣与恺撒结成了政治联盟,上帝成为了政治化的上帝。

(三) 政治的军事后盾

军事是国家政治不可或缺的支撑要素。对于军事在政治中的重要意义,马基雅维里有切身体会。在他看来,强大的军事武装力量是国家稳定与安全的首要保障,是城市自由与扩张的坚实后盾,同时还是整治城市腐败的基本手段。故而,施政者要懂得确立自己的武装的重要性,并在必要时辅以军事手段来确保和推动其政策的实施。鉴于此,他不仅在任职期间坚持不懈地着力于组建国民军,而且在总结历史教训和自身的从政经验的基础上,详尽地分析了军事原理、军队建制、行军作战策略等问题,形成了具有开创性的军事理论。[①]

从思想来源的角度看,马基雅维里对军事武装的重视直接源于他对现实的观照和对历史的反思。[②]在考察古人的作战经验的基础上,他看到了

---

① 《君主论》中涉及军事武力的部分有7章,主要分析了统治者建立自己武装力量的重要性、军队的种类、雇佣军和援军的危害,以及君主在军事上的责任等。《论李维》中有33章谈到了跟军事战争相关的论题,主要分析了罗马军队的作战方式、兵种建设、将领德行与军队管理等。除了在《君主论》和《论李维》中运用大量篇幅论述武装的重要性和军事制度以外,马基雅维里还专门撰写了《兵法》(又译《战争的艺术》)一书。

② Neal Wood 认为,马基雅维里的军事思想主要来源于古人的论著。在他所处的时代,人们很容易读到弗龙蒂努斯、埃利亚努斯、韦格肯乌斯和莫德斯图斯等古代军事名家的经典。色诺芬的《英雄》与《远征记》似乎也影响了马基雅维里。

罗马军事制度的高效和优越，进而形成了一种强势军国观念，即认为，国力的兴衰与否在很大程度上取决于军事力量的强弱。他相信，罗马帝国的建立与强盛离不开强大的军备力量，离不开罗马人勇敢的德性、健全的军事制度、精良的武装设备、正确的战略决策等体现强大军事实力的相关因素。正是军队的德行和明智的作战方略，使得罗马能够在阿尔巴（Alba）的废墟上成长起来，并且"更容易赢取至高无上的伟业"①。在现实方面，他与同代的人文主义者一样，都从佛罗伦萨在战争中连连失败的耻辱中，看到了建立本国军事武装的重要性和重整军务的紧迫性。在担任军事长官的秘书时，马基雅维里曾被派到前线承担军事观察的要务。期间，他看到了军队中存在的种种致命弱点。例如，国家长期依赖的雇佣军贪图名利、低劣无能；参与战斗的士兵们不仅胆小怯懦，而且沾染了纵情酒色的坏习惯，军队纪律涣散、缺乏向心力；那些肩负指挥重责的将领们漠视古代兵法制度、作战无方，"他们所实行的军事法规根本不适用，而新的制度则谁也不去认真地建立"②。这导致了意大利因缺乏优秀的指挥人员和正确的军事制度而常常在战争中屈辱地落败。意大利军事上的软弱和短视在1494年的战争中充分暴露出来（虽然这场战争背后还牵涉了错综复杂的政治利益关系）。在那场战争中，不熟谙军务的查理八世凭借着对名利的贪婪欲望，仅以"粉笔和木马刺"就能在偌大的意大利版图上肆意掠夺而几乎没有遭遇反抗。③ 基于此，马基雅维里认为，真正强大的国家军队是把意大利从沉沦的绝境中解救出来的关键，是维护民族独立的重要保证。只有那些"能征召足够多的士兵，并能同侵略者决战"的国家，才能长久地维护主权的完整并掌握自己的命运。④

---

① Niccolò Machiavelli, *The Discourses of Niccolò Machiavelli*, Leslie Walker (tr.), London: Routledge, 1991, p. 367.

② 马基雅维里：《兵法》，袁坚译，第103、270—272页，北京：解放军出版社，2006年。

③ 1494年法国的入侵几乎没有遭遇意大利人的反抗。他们无需战斗，只需以粉笔标记就能占据地盘、安营扎寨。故而，教皇亚历山大笑谈查理八世征意大利所依赖的只是粉笔。详见肖雪慧：《复合人格：马基亚维利》，武汉：长江文艺出版社，2000年。

④ Niccolò Machiavelli, *The Prince*, Harvey Mansfield (tr.), Chicago: the University of Chicago, 1985, p. 43.

完善的军事制度和良好的军队不仅有利于维护国家主权,还有助于治理国家内政。为了突出军事的重要性,马基雅维里把军队看作较之法律更根本的国家基础。"如果没有好的军队就不可能有良好的法律,如果有良好的军队就一定会有良好的法律。"一方面,尽管体现国家意志的法律是匡治内政和规导行为的重要方式,但法律本身是脆弱的,它的施行依赖于其他外在条件的支持。武力是使法律得以贯彻的最后依托。一旦国家缺乏军事武装的支撑而单纯以法律施政,那么,即便是最健全的法律制度也难以获得有效的推行,即便是最精致的法律体系也会形同虚设。对于新政权的创立者、国家制度的革新者和立法者来说,明白这一点尤为适用。而萨沃纳罗拉之死让马基雅维里更加坚信这一点。由于缺乏武装力量的支持,这位曾经拥有上万信众的修士无法像摩西那样除掉出于嫉妒而反对自己的敌人,无法畅通无阻地施行律法和命令,因而,一旦信仰崩溃,他便既无法捍卫信仰,也无法保全自身。在《君主论》第六章,马基雅维里总结了这一教训:"如果摩西、居鲁士、忒修斯与罗慕路不曾拿起武器,那么,他们就无法使人民长期遵守他们制定的戒律或制度;这就如我们同时代的季罗拉莫·萨沃纳罗拉修士的遭遇一样。当大众开始不相信他的时候,他既无法使那些曾经信仰他的人坚定信念,也无法使那些不相信他的人改变主意,因此,他连同自己的新秩序一同毁灭。"[1]这意味着,即便是能洞悉圣灵谕旨的先知,也必须以自己独立的武力为后盾。虽然上帝赋予摩西传达神谕的权力,但却没有向他作出关于以色列人必定一心一意地听从摩西训导的承诺。要使这些习惯于旧制度的人相信新权威,除了借助上帝的名义以外,还要依靠先知自身的能力,即他所拥有的"世俗之剑"。[2]正是由于军事武装能让民众产生恐惧心理,强迫半心半意的拥护者支持他,并及时消灭反对他的敌人,所以,统治者能够更牢固地掌握国家政权,并更加顺畅地施行新的制度。为此,马基雅维里不无夸张地

---

[1] Niccolò Machiavelli, *The Prince*, Harvey Mansfield (tr.), Chicago: the University of Chicago, 1985, p. 24.

[2] Michael Walzer, Exodus 32 and Theory of Holy War: The History of a Citation, *Harvard Theological Review*, 1968, 61(1): pp. 1—14.

断言:"所有武装的先知都取得了胜利,而无武装的先知都失败了。"①

另一方面,严格的军事训练还有利于塑造良序社会。军队注重且认真培养忠诚、和平、敬神等精神,能达到保护国家的目的。试问:"对于立誓要殉国捐躯的人来说,国家还能对谁要求更多的忠诚呢?谁还能比那些深受战争之苦难的人民更加热爱和平呢?又有谁会比那些日夜备受无止境的险情所折磨、因而时时渴求神明来拯救他们的人更加虔诚呢?"②因此,国家应效法古人,使军事生活与公民生活相互一致、浑然一体。在城市中,民兵队伍的组建不仅能为国家培养出精良的军力以备战时之需,而且借助必要的军事演练,公民还能培养出勇敢、大公无私、尊重并服从公共意志等美德,增强社会责任感和凝聚力,提升自身对国家的忠诚度。这体现了军事训练对维护社会团结和社会稳定的重要作用。

鉴于强大的军队与完善的军事制度在战争和内政上作用非凡,马基雅维里大力主张改善意大利的军事体制,重新组建国民军。与詹诺蒂、帕特齐、圭奇阿迪尼③等同时代的人文主义者一样,马基雅维里认为,把国家的命运托付给国外援军和雇佣军是极为危险的。他坚信,国家的首要任务是根除国民对雇佣军和援军的偏好,建立由本国公民组成的国民军。④在比较执政官统治下的罗马军队与十人团统治下的罗马军队之战绩的基础上,他指出,虽然两个时期的军队拥有相同的品德,但由于后者更依赖于雇佣军,因此他们无法取得昔日的辉煌战果。在同比萨交战期间,佛罗伦萨的进攻计划因雇佣兵首领们集体叛变而被迫搁置,这一事实也让

---

① Niccolò Machiavelli, *The Prince*, Harvey Mansfield (tr.), Chicago: the University of Chicago, 1985, p. 24.

② 马基雅维里:《兵法》,袁坚译,第2—3页,北京:解放军出版社,2006年。

③ 圭奇阿迪尼曾指出,罗马、雅典、斯巴达等古代共和国的历史经验都表明,依靠由本国公民组建的军队是维护城市独立并扩张领土的重要保障,佛罗伦萨的军事改革应当从中获得启示。参见 Francesco Guicciardini, How the Popular Government Should Be Reformed, quoted in *Cambridge Translations of Renaissance Philosophical Texts* (Vol. 2), Jill Kraye (ed.), Cambridge: Cambridge University Press, 1997, pp. 203—204。

④ 在《君主论》第12章、第13章,《论李维》第2卷第20章,《佛罗伦萨史》第5卷第7章,马基雅维里论述了雇佣军和外国援军的害处。

马基雅维里更清楚地认识到,雇佣军毫无忠义、贪生怕死、只求军饷,更有甚者,他们随时会因急功近利而倒戈相向,对雇主国构成致命的威胁。但雇佣军的危害并非最可怕的,相比之下,外国援军给国家带来更大的威胁。英勇彪悍的外国援军垂涎于被援国的政权和资源,时常策划更权易主的阴谋,使被援国陷入被奴役的屈辱当中。假如一国的防务完全依赖于外国援军,那么,它离覆灭也就不远了。可见,雇佣军和外国援军都不是维护国家防务的可靠力量,唯有为自身的荣誉和祖国的自由而战的国民军,才是国家忠实的守护者。基于对国内武装力量的重视,马基雅维里亲自承担起建军的重任。回溯马基雅维里的从政经历,我们可以看到,建立国内武装的志向在他上任不久便已萌生。任职期间,他曾多次向共和国提出组建国民军的建议,并在皮埃罗·索德里尼的支持下起草了以市民军代替雇佣军的计划。后来,他获准于1505年底开始征募和筹建军队,于1506年组建军事九人委员会(Nine of Militia),并担任委员会的秘书。① 尽管建立国民军的计划因其卸任而中断,但他始终没有放弃这一念头。在理论方面,马基雅维里在总结古人的作战史实和自身的军事观察经验的基础上,撰写了《兵法》一书,深入而详尽地探讨了城市防务和军事作战的具体方略。围绕着军队如何保家卫国这个主题,他从士兵的选员、兵种配置、队形编排、工事防御、行军作战策略等方面,集中论述了他的军事构想。尽管其军事方略曾受到多方质疑,在严格意义上,他也不能被称为军事家,但他提出的许多观点仍获得了一些历史学家和军事理论家的褒扬。恩格斯曾称赞他为第一个值得一提的近代军事著作家,许多军事历史学家也把《兵法》称作"近代军事科学的第一部经典著作"。

精良的武装军备为马基雅维里的强力外交政策奠定了坚实的基础。正如本书在分析政治概念时所指出的那样,他深信国家的维护与发展受制于某种必然性,在必然性的驱使下,国家要在内政外交上推行强力政治。对

---

① 在1509年围攻比萨的战役中,由马基雅维里组建的国民军获得了胜利。此后三年,他负责组建轻骑兵部队。虽然马基雅维里在美第奇家族复辟后被免除一切职务,但他仍一直关注城市的防务建设。他曾向圭奇阿迪尼建议增兵加强城市防御。1526年,他被任命为佛罗伦萨城防工事五人委员会秘书。

外扩张的原则是强者姿态的重要体现，是国家利益的有效保障。有鉴于此，在国际关系问题上，马基雅维里奉行扩张原则，反对政治中立。在马基雅维里看来，中立国自以为可以通过宣布中立而避免战争并保全自身的看法，是一种极度危险的错误陈见。它不仅无法使国家如其所愿地顾全自身，相反，还会招致他国的怨恨和蔑视。这些怨恨和蔑视足以使国家灭亡。在1514年12月20日写给维托利的两封信中，马基雅维里都明确指出了中立可能带来的致命性伤害。他认为，当一国的国土成为交战双方的战场、或国土被交战国的领土包围时，国家决不能保持政治中立。如果国家试图通过中立而置身事外，那么，它会因两面不讨好而处于十分尴尬和被动的窘境。这是因为，失败方必定对它怀有怨恨，而胜利方也会鄙视它。更有甚者，政治中立的立场暴露了国家自身力量的薄弱和统治者的怯懦，因此，胜出的一方必然视之为弱国，不断地向它提出各种不平等的要求，步步进逼，最后达到蚕而食之的目的。为了确证此理，马基雅维里借用李维笔下的弗拉米尼乌斯之口，表达了政治中立的严重危害："没有任何东西能超出你的利益范围，如果没有偏好、没有尊严，你将成为胜利者的战利品"。[①]尽管在交战双方力量和胜算仍未明朗时，国家有可能因加入战败方而蒙受损失，但即便面临此种不幸，国家也要保持高贵的尊严和强者的姿态。与中立所带来的伤害和耻辱相比，这种损失是可以忍受的，至少国家不会遭受被蚕食的厄运。那些目光短浅的弱国过分看重蝇头小利，会不知不觉陷入孤立无援的困境。不扩张，国家就会沦为弱者，弱小的最终命运只能是丧权辱国。正是基于对国际政治中弱肉强食的丛林法则的洞悉，马基雅维里坚决反对国家在外交上采取政治中立的立场，主张以精良武备为后盾，推行对外扩张的策略。

对外扩张的方式有多种，马基雅维里最为推崇的手段是结盟和战争。通过研习罗马帝国的发展史，他发现，罗马的对外扩张往往从结盟开始。为了避免在扩张过程中遭遇多个敌国的联合反击，罗马人明智地采用了广

[①] Niccolò Machiavelli, *Machiavelli: The Chief Works and Others* (3 volumes), Allan Gilbert (tr. & ed.), Durham: Duke University Press, 1965, pp. 954—959.

揽盟友的做法。这种方法既可避免正面的激烈交锋，同时有利于罗马人利用强大的军事实力所产生的威慑力，确立它在盟国中的中心地位。结盟的方法变相地使盟国臣服于罗马，使它们从独立王国不自觉地成为了罗马的行省。正是借助结盟，罗马人巧妙地取得了不战而胜的效果，进而成就其宏伟霸业。但马基雅维里注意到，在扩张过程中，结盟的方法并不总是有效的。对那些识破外交阴谋并意图起而反抗的敌国，国家必须毫不留情地采用战争的手段予以打击。在马基雅维里这里，战争具有不可忽视的重要意义。首先，当国家面临外敌入侵时，战争是捍卫主权的有效途径。这种自卫战争不仅是正义的，而且是神圣的。为此，在《君主论》最后一章，马基雅维里慷慨激昂地奉劝意大利的统治者和人民，在强敌压境之时要敢于拿起武器，共同抵御和抗击敌人。其次，战争是国家扩张的重要手段。如前所述，结盟有时会遭受挫败，此时，发动战争是最可靠的方法。最后，战争在一定程度上有利于国家的内政治理。具体而言，战争的外交手段可以匡正国家内部的不良之风，防止民风惰怠和城市腐化。由于人总是好逸恶劳，一旦长期处于歌舞升平的环境中，他们便容易滋生懒散堕怠的作风，党派之间的纷争也会沓至而来。而战争能使人们产生忧患意识，激发他们对本国政治目标和利益的认同，从而形成强大的凝聚力。因此，当国家长期处于波澜不惊的状态且出现腐败的苗头时，就有必要通过战争来打破和平，使国民摆脱慵懒的习气，振奋团结起来。这种以外交促内政的构想是马基雅维里政治思想的重要特色，它对此后的国际政治理论产生了深远的影响。

以国民军取代雇佣军的观点并没有彰显马基雅维里的新异之处。实际上，在《尼各马可伦理学》和《政治学》中，亚里士多德已谈到了雇佣军的危害，提示组建政府必须考虑武装力量。而在文艺复兴期间，大部分人文主义者也对雇佣军深恶痛绝，认为雇佣军是导致国家覆辙的重要原因。然而，马基雅维里赋予了军队和战争以特殊的地位，"试图明确战争在人类集体活动中的地位，指出它的目的之所在，将其看作为求达到某种目的的一种手段"，"在世俗作家中，他是这样做的第一人。"

法律、宗教、军事等方面的主张构成了马基雅维里政治体系的重要组成部分，它们都指向维护国家的长治久安和强大的目的。具有权威性的法律从个体外部的角度对公民的行为进行严格规导，接受改造后的政治化宗教从个体内心的角度强化公民对国家的忠诚，而这两种宏观制度的施行和巩固均需以军事作为后盾和保障。可以说，法律、宗教、军事之间相互依赖、互为一体，共同体现了崇尚强力的立国模式。与此同时，这些制度在很大程度上具有普遍性，它们既适用于君主国，又适用于共和国，是防止公民腐化、维护社会安定、巩固国家权力的重要制度。这些立足于现实而建构起来的治国之术有其独特之处，它们不仅反映了马基雅维里的政治概念的核心理念，是实现政治目标的制度延伸，而且对往后的政治学和政治哲学有着深远的影响。

三　作为技艺的政治

毫无疑问，在一个完整的政治理论体系中，基本原理与制度安排之间理应相互证成、互相一致。政治的中心理念和根本原则支配着各项基本制度的设计与运作，同时，这些具体的制度又能反过来体现其背后的核心理念。在马基雅维里这里，法律、宗教、军事是政治运转的制度载体，它们的建构主要基于现实有效性的考虑，反映了政治思维的现实主义基本取向。一旦政治的实效取向遮盖了道德取向、功利世界掩盖了意义世界，政治理论的言说重点在很大程度上便转向了现代意义上的技术层面。而这种转变既反映了现代政治研究的特征，同时也是现代政治的逻辑必然。

在探讨权力组织架构、法律制度、宗教教义、军事制度等因素时，马基雅维里主要是从工具理性的角度进行思量，其着眼点是它们能否行之有效地解决现实政治中的具体问题，以及它们能否在解决问题的同时维护国家利益。这些制度是否有利于使人变得良善或能否让人过上有德性的幸福生活，则超越了他的视界，或者说，他几乎无暇顾及制度背后更深层的价值问题。为了使宏观制度安排和具体政治策略更加符合现实政治的特点，从而增强其有效性，马基雅维里充分考虑了主体之恶在政治运作中的影响，并把恶的要素不同程度地渗透到他的政治设计当中。如，在权力分配过程中，要同时考虑民众和贵族对权力的僭越之心，要以制衡的方式来减少某一阶层独自掌权所引致的威胁；要周期性地以超出常规的酷刑来刺激世人对法律权威的信服；要将仁慈的基督教转化为认同和支持武力的宗教，以此从精神信仰方面来强化公民的国家意识；要以适当的对外扩张而非满足于自保的军事模式，作为国家的长期发展战略。进一步地说，立足于"国家理由"的立场，马基雅维里认为，普通民众和统治者在实践层面应有所分化：对于大众而言，他们应当以法律和国家制度为自身的行为准则；对于统治者而言，制度的约束并不是绝对的，个人德行或能力在特定情况下可以凌驾于相对普遍的社会规范之上，在必要时，他们不应受法律和道德等日常的价值观念的束缚。在一篇对话录中，同时代的波焦清楚地表达了相似的观点："只有平民和贱民才受你们的法律约束，法是为他们制定的。伟大的人物，明智的人物和谦逊的人物是不需要法的。他们本身就是生活的法则，他们的气质和教育都趋向于德行和良好的习惯……强有力的人都拒绝和无视为懦弱者、雇工、卑贱者、无耻之徒和好逸恶劳者，以及为那些没有财产的人制定的法律……事实上一切伟大的和值得纪念的事业都是从非正义中、从暴力中，总之，从违反法律中产生的。"[①]这意味着，守法与违法、行善与作恶均不具有根本的政治意义，在国家理由的名义下，它们都有可能获得正当性证明。

值得注意的是，马基雅维里对权力获取方式的论证，有时脱离了国家利益的语境，越出了为善作恶的论说界限，转向纯技术性地探讨如何有效地实现目的的问题。这些出于纯技术性的策略，使得那些以共同福祉或爱国主义的理由为马基雅维里的政治主张开脱的辩护者们感到难堪，并尽可能地予以回避。其中最为引人关注的例子是，在《论李维》一书当中，他曾向那些意欲成功地获取某物的人提供建议："在想取得某物之前就预先说，'我要用它来如此这般地作恶'，这是多么愚不可及啊。你切不可先暴露自己的意图，而应当想方设法地先满足自己的欲求。当想得到他人的武器时，你不必事先告诉他，'我想用它来干掉你'。一旦武器到手，你不就

---

① 加林：《意大利人文主义》，李玉成译，第33页，北京：三联出版社，1998年。

可以如愿了么？"① 在这里，马基雅维里的关注点从行为对国家目的的有效性，转向了行为对一切目的的有效性，成效进一步脱离了爱国或公益等良善目标的支撑，而成为了纯粹的效果本身。这种转变使得他无意于把批判的矛头指向那些利用狡诈、伪善、厚颜无耻，甚至是残忍而实现的专制目的，而是指向那些不明智地运用恶的拙劣行径。从他对心怀专制野心的阿皮乌斯的斥责便可发现这一点。针对阿皮乌斯突然性情大变，撕毁人民之友的伪装而迅速变成人民之敌的做法，马基雅维里的评价是，即便是为了实现个人目的要作恶，从善人向恶人的转变也应经过适当的过渡，并择机而行。"这样的话，当性格发生改变而让你失去原有的支持者时，你尚能有很多新的支持者，使你的权力不至于因此而削减。否则，你会发现自己成为了孤家寡人，只有死路一条。"② 至此，那个体现自保伦理的"保卫祖国应当不计荣辱、不择手段"的口号，已经被进一步还原成了不择手段地达到目的的观念。以自保或爱国等价值倾向为前提而架构起来的手段—目的关系，蜕变成为某种简单且直接的功能化关系。这意味着，借助去道德化的抽象目的，马基雅维里使自身的政治主张呈现出一种前所未有的普遍性。不论是僭主、君主还是共和国的执政者，不论是专制国还是自由国，这些手段均有助于统治者实现其目的。这些淡化道德、甚或是去道德化的政治制度或政治决策，反映了马基雅维里所关注的重心逐步转向了现代意义的技艺层面。

之所以称之为"现代的"，是因为马基雅维里在制度探讨中所表露的技术理性倾向有别于古典政治哲学对技术概念的理解，而同后来经历了自然科学等思潮影响的现代政治哲学的理解有很大的相似之处。实际上，前现代的哲学著作不乏对技术或技艺的相关论述。我们可以借助柏拉图对技艺的理解，来管窥古典政治哲学对这一概念的理解。在《理想国》、《高尔吉亚》、《政治家》等著作中，"技艺"(techne)曾被用于指称诸如铁匠、鞋匠、牧羊者、舵手或医生等在劳作或工作时具备的能力。如《政治家》中的异

---

① Niccolò Machiavelli, *The Discourses of Niccolò Machiavelli*, Leslie Walker (tr.), London: Routledge, 1991, p. 313.

② 同上书，第310页。

邦人把政治看作一种技艺，并对王者技艺与牧羊者的技艺作了比较阐发。身体和灵魂都生来卓越的王者要掌握一种适用于所有人的统治技艺，这种技艺好比从剪羊毛到编织衣物的过程，是一种编织术。而政治（知识）则是"统治所有（这些）知识及法律的、照料所有城邦事务的、并将它们以最正确的方式编织起来的权力"①。乍一看来，柏拉图对"技艺"的理解同马基雅维里有相似之处，他们似乎同样侧重于政治的技术操作层面。但实际上，从柏拉图整个思想体系来看，他所理解的"技艺"并非只是表现为生产性能力，也不仅仅强调计算和分析等理性判断能力。他所理解的"技艺"内蕴于自然目的论框架中，涵盖了某种目的指向，与灵魂的卓越相关，体现其价值取向。"'技术'诚然有价值中立的方面，但'技术'要成为'知识'，就必须能够识别其主题事物在'使用'中的善恶。换言之，正是在这种技术性事物的'使用'中，伦理价值变得可见了，因为伦理价值不在技术本身中，而在技术的'使用'中，而'知识'之为'知识'又恰恰在于技术的'使用'中所体现出来的伦理价值或'善'。"②也就是说，柏拉图并非只关心目的层面的善恶而漠视实现目的之技艺的价值取向。对于技艺背后隐藏的善恶向度，他同样给予高度重视。换一个角度来看，即便技艺是知识生成的重要要素，但它并不具有本位的高度，毋宁说，"技艺"在柏拉图政治哲学中更多地表现出修辞学上的价值，是论证"知识"的感性认识，是向"知识"过渡的必要准备。

相比之下，马基雅维里对政治技艺的理解却有不同的含义。作为替代性的生产和传播方式，他所理解的政治技艺更多地强调效益或效率，而无需指向所谓的真知识。在现实政治生活中，实效与真知无法等同，在某些情况下，真知不仅无法起到推波助澜的作用，反而会妨碍国家目标的推进。为了最大限度地确保目的的实现，技术性的手段往往讲求针对性，重视计算或实证方式的严密性、精确性，这不仅要求排除各种有可能削弱手段有效性的绝对束缚，而且要求根据具体的现实情境审慎地随时调整应对

---

① 柏拉图：《政治家》，洪涛译，第 97 页，上海：上海人民出版社，2006 年。
② 宋继杰：《柏拉图〈蒂迈欧篇〉的宇宙论：一种内在的自然目的论的解释》，第 36 页，北京：中国社会科学院研究生院，2001 年。

策略。马基雅维里曾劝导统治者要懂得怎样作恶、学会如何大善大恶,从这些主张中可以看到,他不是为了让他们成为一个完全意义上的恶人——不是为了作恶而作恶,而是为了让他们不要因顾及善恶判断而忽略了政治行为有效性,后者对于国家治政而言才是至关重要的。当他传授君主"怎样进行统治和维持下去"、共和国的执政者如何维护国家利益的经验时,他试图强化统治者对政治技艺之有效性的意识,使他们忘却由宗教信仰和道德等构成的意义世界,摆脱传统价值观念的羁绊,让他们以相对客观的态度来面对各种政治局面,审慎地选择治国之术。在这一点上,我们可以从巴特菲尔德的评价中得到支持。他认为,马基雅维里不满意同时代人对治国之术的非科学探讨,为了使治国方略更加科学,他倾向于避免关于伦理的真正讨论,更关心行为可能造成的影响;其政治言论的作用主要在于,为他教导的治国之术扫清道路。[①] 正是看到了马基雅维里对治国之术给予高度关注,卡西尔和汉考克等研究者把他定位为政治科学的分析家,而维拉里和克罗齐则认为,他痛心于自身所触及的政治现实——政治目的只能借助邪恶的手段来实现,因此,把政治与伦理学分离开来。[②] 尽管我们并不赞同把马基雅维里视为政治科学家,但可以肯定的是,上述评论者都正确地看到他对现代意义上的政治技艺的强调。马基雅维里对政治技术的理解在某种意义上构成了现代"技艺"概念的雏形,即,为了获得某种或某些利益——"一般意义上的有用的利益"——而做的事情。[③]

剥离了道德等价值因素以后,政治的技术化和功能化向度得以彰显。作为统治者的导师,马基雅维里引导他们从功用的角度把注意力转向制度的技术操作性问题,而非关注技术背后的道德合理性问题。如何改进政治技术以便更有效推进目标的实现,成为了政治家或统治者需要考虑的主要

---

① Herbert Butterfield, *The Statecraft of Machiavelli*, London: Colliter Macmillan Ltd., 1962, p. 82.

② William Hancock, Machiavelli in Modern Dress: an Enquiry into Historical Method, *History*, 1935, 20(78): pp. 97—115. Eric Cochrane, Machiavelli: 1940—1960, *The Journal of Modern History*, 1961, 33(2): p. 115.

③ 阿伦特:《人的条件》,竺乾威译,第149页,上海:上海人民出版社,1999年。

问题。政治被还原为一系列制度化程序和决策技巧。这种技术层面的还原既是对手段之有效性的强调,同时也反映了马基雅维里所理解的政治概念和政治生活的高度。

四 政治的艺术家

从政治理念的新诠释和政治目标的新定位,到具体政治制度的新安排,马基雅维里已然建立起一个有别于古典政治哲学传统的政治新秩序。这种新秩序所蕴含的原创性思想不仅以专著或地方史的形式表达出来,而且被生动地展现在戏剧的舞台上。如果说,严肃的政治论著主要面向在位的或潜在的统治者或政治家,是小范围地传授政治教诲的话,那么,戏剧则意在向普罗大众进行潜移默化的"洗脑"。这种范围广泛的渗透性诱导的威力并不亚于严肃的政治教育。正是那些贴近生活的题材和貌似轻松诙谐的言说方式,往往更能突破大众思想的防线。有鉴于此,我们在研究马基雅维里的政治道德思想时就不应忽视《曼陀罗》这部具有代表性的戏剧作品。

《曼陀罗》这部被众多评论家称赞为意大利文艺复兴时期最好的喜剧曾在上演时十分成功,它不仅赢得了观众们的笑声,而且也博得了当权者圭奇阿迪尼的欢心[1]。这部"意大利喜剧中最好的作品"、"喜剧史上的奇葩"[2]不仅为马基雅维里在艺术史上赢得了一席之地,[3] 而且也引发了人们对其政治意蕴的思考:《曼陀罗》是否独立于《君主论》、《论李维》、《佛罗伦萨史》与《兵法》等政治论著?透过这部喜剧,我们可以看到他是如何以艺术的形式,来表达其隐晦的政治主张的。

---

[1] 参见马基雅维里于 1525 年 8 月 17 日写给圭奇阿迪尼的信。

[2] Roberto Ridolfi 认为这部戏剧是"意大利喜剧中最好的作品"。而 Sumberg 认为它是"喜剧史上的奇葩"。参见 Roberto Ridolfi, *The Life of Niccolò Machiavelli*, Cecil Grayson (tr.), London: Routledge and Kegan Paul, 1963. Theodore Sumberg, La Mandragola: An Interpretation, *The Journal of Politics*, 1961, 23 (2): p. 321。

[3] 马基雅维里写了三部喜剧,其中,《曼陀罗》是一部原创性的喜剧,《克蕾齐娅》来源于希腊素材,而《安得洛斯的妇女》是泰伦斯的希腊新喜剧的译作。

(一) 作为艺术的政治

《曼陀罗》的开篇,仙女和牧人以献歌的形式唱出:人生短暂且困难重重,如想逃避苦难和烦恼,就要远离世俗尘嚣。这像是在提醒观众,要避免把马基雅维里的政治著作与这部喜剧混淆起来。也就是说,马基雅维里看似有意区分了政治的公共性和个人生活的私密性。然而,作者运用的表达方式与角色选取的特点说明了,马基雅维里并不满足于博取观众一笑;实际上,作者笔下私人领域的潜规则与他对公共政治境况的分析如此相像,以至于人们难以把《曼陀罗》同其政治主张割裂开来。

马基雅维里与喜剧天生就有着紧密关联,"马基雅维里是喜剧演员,喜剧是马基雅维里的"[①]。这是因为,几乎所有罗马喜剧都同把戏或阴谋相关,而阴谋则是马基雅维里政治思想必不可少的组成部分。对马基雅维里而言,悲剧似乎只与他的亲身经历相关,而与其政治构想无关。[②] 也许,选择喜剧作为其表现手法正好说明了马基雅维里的隐秘用意。雅斯贝斯在《悲剧性的基本特征》中指出:"当新的生活方式方兴未艾时,旧的生活方式仍旧历久不衰。新的生活方式以惊人的突破来对抗旧的生活方式时,一开始必然会失败,因为后者的持久力和内聚力并未消耗殆尽。新旧交替便是悲剧的领域。"[③] 正是意识到新思想对社会带来的冲击,对倡导者带来的危害,所以,马基雅维里选择了喜剧作为自我保护的方法,消解了新旧势力的正面冲突,从而掩饰其原创思想的爆炸性威力。在他的喜剧中,没有酒神与

---

① Mark Hullium, Machiavelli's 'Mandragola': A Day and a Night in the Life of a Citizen, *The Review of Politics*, 1978, 40 (1): pp. 32—57.

② 施特劳斯认为,马基雅维里之所以不撰写悲剧是因为一方面他缺乏对"普通事物"的神圣感,另一方面他选择了以轻佻戏谑的方式来诠释庄严凝重的主题,这有助于向年轻一代传授所谓的"世界"真谛。在《曼陀罗》的开场白中,马基雅维里曾向观众诉苦,自道"忙于这些微不足道的想法,以便给自己不幸的人生平添乐趣"。由此,Viroli 认为,马基雅维里写作《曼陀罗》的目的是寻求精神安慰。Maurizio Viroli, *Machiavelli*, New York: Oxford University Press, 1998, p. 26.

③ 克尔恺郭尔等:《悲剧:秋天的神话》,程朝翔等译,第1页,北京:中国戏剧出版社,1992年。

日神的悲剧性张力,也没有不得不如此的悲剧性必然,有的只是合谋。

  合谋反映的是佛罗伦萨社会政治秩序的混乱、公民的丑恶和伪善。通过喜剧这面"私人生活的明镜",马基雅维里摘除了自我的面具、释放出本我,还原了人们内心真实的一面——佛罗伦萨的腐化。[①] 概而言之,"在这个城市里,没有人不是大笨蛋,能力是不值一钱的"[②]。而这种不满情绪也言溢于喜剧《克蕾齐娅》和小说《魔鬼娶亲记》[③] 等艺术作品当中。

  为了突出喜剧的效果,"展现那些愚蠢的、遭挖苦的、或堕入爱河的人的形象",马基雅维里在角色选派方面做了精心安排。[④] 主人公卡利马科[⑤] 出生在佛罗伦萨,十岁时父母双亡,在监护人的安排下,他在巴黎生活。在他二十岁那年,法国国王查理八世入侵意大利,佛罗伦萨也随之遭殃。为了逃避战火,卡利马科决定定居巴黎,永不回国。在一次朋友聚会中,他听说佛罗伦萨有一位绝色妇人卢克雷齐亚,于是他毅然改变主意,变卖家财而归国。在祖国遭受战火蹂躏之际,这位年轻人不爱国的形象被凸显;在美色诱惑与国家存亡的利害关系的比照下,他毫无爱国之心的特征再次被放大。而卡利马科所倾慕的女主人公卢克雷齐亚让人联想起恺撒的妹妹卢克雷齐亚·博儿亚,以及李维、马基雅维里、莎士比亚笔下的卢克雷齐亚。

---

  ① Mera Flaumenhaft, *Comic Remedy: Machiavelli's Mandragola*, Interpretation, 1978 (2): pp. 33—74.

  ② Niccolò Machiavelli, *Machiavelli: The Chief Works and Others* (3 volumes), Allan Gilbert (tr. & ed.), Durham: Duke University Press, 1965, p. 788.

  ③ 《克蕾齐娅》讲述了 70 岁的尼各马可想污辱 17 岁的养女克蕾齐娅的故事。为了既保全自己的声誉,又实现非分之想,他图谋把克蕾齐娅嫁给仆人匹罗,并谋划在他们结婚当天代替匹罗入洞房。尼各马可的妻子和儿子各怀不同目的极力阻挠,最终成功地阻止了他的阴谋。而《魔鬼娶亲记》讲述了冥界之王 Pluto 遭派魔鬼大头领 Belfagor 到凡间体验 10 年夫妻生活的故事。但凡间妻子 Onesta 的骄纵恣肆、内弟的嗜赌成性和目无法纪、农夫 Gianmatteo 的贪婪狡猾使他不仅破产,而且被迫落荒而逃,没有完成任务便逃回冥界。Allan Gilbert 认为,这部短篇小说是佛罗伦萨生活的真实写照。

  ④ Niccolò Machiavelli, *Machiavelli: The Chief Works and Others* (3 volumes), Allan Gilbert (tr. & ed.), Durham: Duke University Press, 1965, p. 824.

  ⑤ Flaumenhaft 认为,如果把古希腊语与现代意大利语结合起来考虑,就可以发现,卡利马科的名字暗含着为了利益而奋斗的意味。

卢克雷齐亚·博几亚的出身使她与政治有着天然的关系，她曾以风流成性、恶比恺撒著称。而《上帝之城》和《罗马史》中的卢克雷齐亚被塔尔昆污辱，但她勇敢地揭露了塔尔昆的罪行，并当场自杀。① 在李维看来，她是一个虔诚的基督徒，一个悲剧性的人物。但是，在《论李维》中，马基雅维里并没有渲染出卢克雷齐亚的悲惨结局，而是把她作为论证布鲁图斯的明智、塔尔昆的失败、女人祸国的依据。② 在这些情境中，卢克雷齐亚的名字都与历史政治事件密切相关。而卢克雷齐亚的丈夫、卡利马科的情敌尼西亚老爷则是一位曾阅读过古罗马政治家、神学家波依修斯的法律书的法官，他愚昧且自傲的性格似乎与"一位德才兼备、名重一时"的尼西亚斯将军形成鲜明对比。③ 通过对角色名字和人物性格特征的设计，马基雅维里暗示了《曼陀罗》的政治性。④ 这与《克蕾齐娅》有所不同。在《克蕾齐娅》中，绝大部分角色以家庭成员的身份登场，读者难以从他们的名字和性格中分析出戏剧的政治意蕴。也许，这可以部分地解释，为什么《克蕾齐娅》不如《曼陀罗》那样受政治评论家关注。⑤

可见，马基雅维里撰写《曼陀罗》的真正用意，并非如赞歌所唱的那样让人们远离政治。他试图借助令人忍俊不禁的艺术手法掩盖其政治思想，同时以隐秘的方式向明智的观众与他的信徒传授其政治主张。这些政治主张集中表现在理想统治者的形象和佛罗伦萨的新秩序等方面。

---

① 奥古斯丁：《上帝之城》，王晓朝译，第 28—30 页，北京：人民出版社，2006 年。
② 《论李维》第 3 卷第 2、5、26 章提到了卢克雷齐亚。第 2 章说明了布鲁图斯善于借助卢克雷齐亚的死，装疯卖傻，保全自我与伺机夺权。第 5 章说明了塔尔昆的失败不是因他的儿子污辱了卢克雷齐亚而导致，而是因为他背离了人们接纳的法律、制度和习俗。第 26 章说明了卢克雷齐亚使塔尔昆兄弟失去了国家，因此，君主不应犯下跟塔尔昆兄弟相似的错误。
③ Leo Strauss, *Thoughts on Machiavelli*, Illinos：The Free Press, 1958, p. 284.
④ Donatus 认为，喜剧中角色名字的选取有特定理由和词源依据。参见 Marvin Herrick, *Comedic Theory in the 16th Century*, Urbana：University of Illinois Press, 1950, p. 63。
⑤ 让评论者费解的是，同是马基雅维里的喜剧作品，为什么《克蕾齐娅》的影响力不如《曼陀罗》。在 Hale 看来，《克蕾齐娅》也是一部优秀（具有原创性）的作品。John Hale, *Machiavelli and Renaissance Italy*, London：English Universities Press, 1961.

(二) 无武力的统治者

在《曼陀罗》中，马基雅维里展现了多种类型的国家和统治者的形象。这既包括以尼西亚为暴君的暴政君主国，又包括以卡利马科为懦弱君主的世袭君主国。但这两种君主并非马基雅维里心中的理想统治者。理想且潜在的统治者的角色由李古缭来担当。李古缭并非喜剧的主角，他只是一个善于"拉皮条"、"到处蹭饭"、"以被人耍弄为生"且骗术极高的食客。然而，他和泰伦乌斯、普劳图斯等古罗马剧作家笔下爱耍小伎俩的普通食客不同，实质上，李古缭是马基雅维里推崇的非武装先知和潜在君主。

在马基雅维里看来，从平民跃升为统治者有两种途径，一是依靠某种邪恶而卑鄙的方法，二是依靠同胞的帮助。显然，李古缭主要利用第一种方法获得王位。这种邪恶而卑鄙的方法在《曼陀罗》中集中体现为阴谋。简而言之，这个阴谋的目的是，让卡利马科在尼西亚的眼皮底下与卢克雷齐亚通奸。而李古缭的任务是帮助卡利马科设计和施行阴谋。李古缭在剧中的首度出场是为了劝说尼西亚带妻子到澡堂，以便安排卡利马科同心上人见面。但这个简单的阴谋因尼西亚无法劝服妻子而失败。李古缭旋即又策划另一个"更简单、更可靠、更直接的办法"。抓住尼西亚与卢克雷齐亚久婚不孕、且急切盼望有孩子继承家业的心思，李古缭让卡利马科假扮来自巴黎的医生，诱使尼西亚相信一种名为"曼陀罗"的药能使卢克雷齐亚怀孕，并同意让陌生人与妻子通奸，以便吸走药的毒性。为了成功实施这一阴谋，李古缭让教士提莫窦和卢克雷齐亚之母说服卢克雷齐亚服药、并与陌生人同房一夜。可以说，这是一场王权与教权的合谋。同公开的战争相比，阴谋对君主更危险，"有更多的君主为此而失去性命和国家"，遭遇身败名裂、甚或失去生命的阴谋者比比皆是，而获得成功的阴谋则寥寥无几。① 但是，《曼陀罗》的阴谋便是成功的一例，而它的成功则要归功于李古缭。

正是通过对阴谋的设计、施行及其后果的展现，李古缭的统治者形象

---

① Niccolò Machiavelli, *The Discourses of Niccolò Machiavelli*, Leslie Walker (tr.), London: Routledge, 1991, p. 470.

跃然纸上。马基雅维里认为,由于阴谋必须由两个或两个以上的合谋者来实施,因此,策划者必须具备卓越的能力和德行——了解敌人、缜密筹划、正确挑选和指挥其他同谋者、勇于承受失败以及随机应变等。李古缭的幽默风趣使他赢得了尼西亚的欢心,并时常能从尼西亚那里得到赏钱,他是所有合谋者当中最熟悉其对手的人。故而,李古缭能抓住尼西亚求子心切的想法,让他自愿规劝妻子与陌生男子同房,并亲自上演了"请君入瓮"的一幕——把卡利马科假扮的陌生男子送到妻子床上。换而言之,在李古缭的策划下,尼西亚由起初的敌人不自觉地变成了自己的对手、阴谋的参与者,成了自打嘴巴的笑料。与此同时,作为潜在统治者的李古缭精通谋术,懂得如何选择"良臣"。[①] 李古缭之所以挑选索斯塔拉塔和教士提莫窦充当诱使卢克雷齐亚通奸的合谋者,是因为:其一,身为卢克雷齐亚母亲的索斯塔拉塔可打着亲情的旗号来说服女儿,而且她是一个不知良心为何物的功利主义者;其二,卢克雷齐亚笃信上帝,由能被金钱诱惑而欺骗他人的宗教伪君子提莫窦来担任说客无疑较为合适。而利用两者蔑视道德和求取私利的心态,李古缭拉拢他们,使之臣服于己,忠心耿耿地充当傀儡。

由于参与阴谋者人数众多,容易走漏风声,因此,"一个人如果能在众人当中长期保密身份,这真是一个奇迹"[②]。在整个阴谋逐步推进的过程中,李古缭懂得选取恰当的时机向特定的执行者透露相关的计划。例如,当卡利马科心急如焚地追问那个比在澡堂偷见卢克雷齐亚更为绝妙的计谋时,李古缭并没有正面回答,而是用"到时你就知道了"来搪塞之。又如,在尼西亚向卡利马科讨教治疗不孕药方的关键时刻,李古缭才说出了如何"配制药方"的计谋。更令人叫绝的是,当李古缭并不确信王权与教权能否结为盟友时,他以极为巧妙的方式来考验提莫窦是否同意与他狼狈为奸:他先问提莫窦能否帮忙说服一位未婚先孕的少女喝药堕胎,以此试探

[①] 马基雅维里认为,明智的君主应懂得如何选择忠诚与优秀的大臣。参见《君主论》第22章。

[②] Niccolò Machiavelli, *The Discourses of Niccolò Machiavelli*, Leslie Walker (tr.), London: Routledge, 1991, p. 476.

教士是否会为金钱而干违背神旨的事；当提莫窦表示能为他办妥任何事情以后，他才把通奸一计告诉教士。这些举措不仅减少了同谋者泄密和告密的可能性，而且使尼西亚、卡利马科、提莫窦等人逐步心甘情愿地信任他、依赖他、听命于他。至此，一个较为稳固的利益联盟已然建立。

李古缭之所以把提莫窦纳入利益联盟，是因为他看清了教士伪善的本性，同时也认识到王权可利用教权达到夺取尼西亚"暴君"王位的目的。教权与王权之间存在张力，它们既是争夺世俗权力的对手，同时也能在适当的时候为各自的目的结成同盟，相互依赖。对神明的敬畏既有利于使臣民保持良善，又有助于君王整饬城邦，建功立业，平息骚乱。① 正是由于罗马的努马认识到宗教的作用，善于把凶残的民众驯化为温顺的公民，他才能延续罗慕路的辉煌。在《曼陀罗》的舞台上，李古缭把这一思想发挥得淋漓尽致。利用提莫窦的贪欲，他不仅诱使教士借助神职的权威说服虔诚的卢克雷齐亚通奸，而且让教士冒充卡利马科，把真正的卡利马科送到卢克雷齐亚的床上。李古缭与提莫窦的联合着着实实地给尼西亚扣了一顶绿帽子，王权与教权的合谋把在位的"暴君"拉下了王位。

除了具备审慎的判断力并善于利用宗教以外，李古缭还恪守着君主要远离女人这一政治原则。一般而言，色性之徒都会垂涎于美丽温柔的卢克雷齐亚。但是，李古缭在剧中却是个例外。森伯格认为，这是李古缭博取卡利马科信任的重要因素，而且他在表面上也不是卡利马科的政治对手。这有一定道理。如果把李古缭看作潜在君主的话，那么，纵情色欲就犯了马基雅维里的忌讳。在政治著作里，马基雅维里时常告诫君主不要染指臣民的财产（包括女人）。这是一语三关：一、臣民嗜财如已，他们忘记自己父亲之死比忘记遗产丧失来得更快一些；二、女人祸国；三、命运是女人，必须勇敢地冲击她。在政治史中，女人常常用于影射政治腐败、迷惑对手、战胜敌人、缓和外交或表征胜方荣誉。古希腊的城邦政治把女人排除在公民之外，柏拉图视妇女为政治上攻击雅典腐败的标识，而亚里士多德则认

---

① 参见《论李维》第 1 卷第 11、13、14、15 章。

为,妇女专横放肆,是毁掉君权的重要原因。①虽然马基雅维里没有突出传统意义上男女间的自然差别,②但他承认,女人会直接或间接地导致政治危险——她们造成共和国的公民产生内部冲突和政治分化,最后会削弱公民之间的联盟。老女人在政治上更具威胁,她们能控制女儿们同他人接触的方式,以此获得满足野心的权力。《曼陀罗》中的索斯塔拉塔就集中体现了这一点。女人阴柔却不失威力的特征与命运十分相似,这使女人几乎成为了马基雅维里论述命运的代名词。平民跃升为统治者的前提条件是具备能力或运气,但是"最不依赖命运的人最能使自己的地位稳固"。尽管命运是垂青于年轻人的女子,但冲击她需要勇气。③在卡利马科一筹莫展、犹豫不决时,李古缭让他鼓足勇气征服卢克雷齐亚,要大胆地冲击她、压倒她、制服她。从李古缭的言行中可以看出,他对女人的认识同马基雅维里的理想君主的形象相当吻合。④

在此意义上,我认为,Flaumenhaft、Sumberg 和 Cochrane 等评论家把卡利马科看作"审慎的君主",而把李古缭看作"上尉"的观点缺乏说服力。表面上,卡利马科具备了亚里士多德所要求的外在因素,如出身好、财富多、外表好、年轻且有激情、善于投资,而且他是戏剧的主角、最直接的获利者。但是,与李古缭相比,他是染指他人妻子、相信奇迹、重用雇佣军(李古缭),却对阴谋一窍不通、不具备政治能力的顺从者。他拥有的只是情欲,相信世事皆由命运和上帝来安排支配。即便他是某一类型的

---

① 亚里士多德:《政治学》,颜一等译,第 166—167、200—201 页,北京:中国人民大学出版社,2003 年。Arlene Saxonhouse, *Women in the History of Political Thought*, New York: Praeger, 1985.

② 布克哈特认为,在文艺复兴时期的意大利,"妇女与男子处于完全平等的地位"。

③ 在《克蕾齐娅》第四幕中,马基雅维里借科林达之口表达了同样的看法。尼各马可与妻子以抓阄的方式决定克蕾齐娅的婚嫁对象。当尼各马可胜出时,儿子科林达抱怨道,命运是女人,她常常是年轻人的朋友,但为何这次她却成为了 70 岁的尼各马可的朋友呢?

④ Behuniak-Long 认为,在马基雅维里的作品中,不同的女性分别代表了命运、野心、机遇、忘恩负义和佛罗伦萨。而马基雅维里选取了所有女性角色中"最具魅力"的卢克雷齐亚作为阐释命运的隐喻。参见 Susan Behuniak, The Significance of Lucrezia in Machiavelli's 'La Mandragola', *The Review of Politics*, 1989, 51 (2): pp. 270—271。

君主，其王位也不会持久稳固。从他信任李古缭、并把自己的命运交给李古缭的那一刻起，他们之间的地位已被悄然置换。虽然他与尼西亚都拥有金钱、名誉、社会地位，但金钱不是战争的筋骨。在这场无硝烟的战争中，李古缭这位手无寸铁的"潜在君主"掌握并支配着卡利马科的命运，同时不动一刀一枪便卸下了尼西亚的装甲。他不具备武力，却具备支配武力的能力。① 李古缭的"德行"战胜了武力，以至于当大家心领神会地庆祝阴谋得逞时，尼西亚这位时刻佩戴小刀的"暴君"仍然蒙在鼓里，而且主动把自己的王国拱手相让——把自家的钥匙交给卡利马科和李古缭。

表面上，李古缭只是"依靠金钱或他人惠赐而得到国家"的君主，但实际上，"他做国王，除需要有领土之外，本身无所不备"②。由于他具备了先知的能力和德行，因此，整个阴谋的每一步总与他所料想的丝毫不差。这个狮子的形象被弱化、狐狸的形象被凸现出来的君主是最终的胜利者。

（三）佛罗伦萨的新秩序

在李古缭成功施行阴谋的同时，马基雅维里也实现了撰写这部喜剧的目的。他不仅赢得了观众的笑声，更重要的是，他悄然地向世人宣扬了原创性的政治主张——佛罗伦萨的政治新秩序。这种新秩序是通过对传统秩序的背离而得以确立的。它一方面表现为对传统道德观念的颠覆，另一方面表现为对教士腐败行为的揭露。

在《曼陀罗》的结尾，马基雅维里并没有像传统戏剧那样扬善抑恶，相反，他笔下的合谋者皆大欢喜地围聚在教堂相互祝贺，这种新异的结局

---

① 当李古缭带着尼西亚和提莫窦到街上绑架那位被迫与卢克雷齐亚同房的年轻人——卡利马科时，他把尼西亚安排在队列的中心，他和提莫窦分插两边。这种军事战略布局就像在尼西亚头上安上了一对角，给他带上一顶绿帽。Sumberg 认为，阴谋的成功否定了《君主论》第6章的观点，即要依赖自己就要依赖自己的武力。但我认为，马基雅维里并没有自相矛盾。李古缭没有武装，但却有战争的谋略。此外，在本章中间，马基雅维里已强调了能力较之于机会的重要性，且在本章的结尾及时补充了锡拉库萨的耶罗内的例子。这位被拥立为王的锡拉库萨君主"甚至在身为平民的时候就具有巨大能力"。因此，对于君主而言，审慎的德行比武力更重要。

② 马基雅维里：《君主论》，潘汉典译，第28页，北京：商务印书馆，2005年。

引导了那些明智的观众反思传统道德,并仔细领会他的新主张。奖励美善与惩治罪恶是传统喜剧的特征。传统喜剧往往通过恶者遭遇违背自己意志的情境——诸如,搬起石头砸自己的脚,自己掉入自己挖的坑,骗子受骗——来表明剧作家倡导良善的价值立场。黑格尔认为:"喜剧只限于使本来不值什么的,虚伪的,自相矛盾的现象归于自毁灭。"[①]但《曼陀罗》的真正骗子却没有上当受骗。在马基雅维里这里,喜剧只是表现思想的形式。阴谋可以导人向善;同样地,阴谋也可以导人向恶。同是被美色诱惑的阴谋者,卡利马科的结局与《克蕾齐娅》中尼各马可的下场却形成了鲜明对比。[②]在《曼陀罗》中,合谋者最终都获得了各自想要的:提莫窦和西罗得到了金币;多年无子的尼西亚终于后继有人;为情所困的卡利马科不仅成为了卢克雷齐亚的情人、尼西亚的朋友,得到那串可随时"拜访"卢克雷齐亚的钥匙,而且将在尼西亚死后成为卢克雷齐亚的合法丈夫;起初贞节自爱的基督徒卢克雷齐亚从受害人变为了共谋者,把卡利马科视为主子、父亲和护卫,并在公开场合主动提出同卡利马科结交;而从未有机会与尼西亚共进晚餐的李古缭不仅获得了邀请,而且也得到了他家房间的钥匙。这种结局安排与马基雅维里对立法者的告诫截然相反。在《论李维》中,他提醒统治者,人是很容易腐化的,因此君主应当用心遏阻人的癖好,让他们断了作恶却不受罚的念头。然而,这一想法似乎与《曼陀罗》的结局相矛盾。正是通过明显的自相矛盾,马基雅维里向人们发出暗示:要注意颠覆性结局所隐含的新构想。

通奸阴谋能否成功在很大程度上取决于能否摈弃传统的道德观念。在传统伦理体系中,某些行为本身是恶的,不论何时何地都是被禁止的。亚里士多德认为,并非所有实践和感情都适宜用"中度"的标准来衡量;有些行为或感情的错误并不取决于是否在适当的时间、以适当的方式去做,

---

① 黑格尔:《美学(第一卷)》,朱光潜译,第84页,北京:商务印书馆,1979年。
② 在《克蕾齐娅》中,尼各马可因于自己安排的骗局,不仅被痛打一顿,而且背负臭名而终日战战兢兢。

而是因为行为或感情本身就是恶的。通奸就是其中一项自身为恶的行为。[①]但马基雅维里笔下的卢克雷齐亚不仅经过游说后同意通奸，而且以上帝的名义赋予其通奸行为以道德正当性。在利益权衡的唆使下，这个起初最具有基督教德性的虔诚教徒逐步接纳了马基雅维里式的德性。她已冲破了传统伦理的底线，却仍然维持着道貌岸然的外表。其他合谋者更是明目张胆地僭越传统道德的界限。当卢克雷齐亚的母亲得悉通奸能使女儿怀孕时，她的本能反应是"两害相权取其轻"，如果无法道德地怀孕，那么，选择这种行径也不会受到良心谴责。令尼西亚畏惧的同样不是良心的谴责，而是作奸犯科后可能受到法律的制裁；令卡利马科不安的是无法成功通奸，情欲以压倒性的力量战胜了良心。如果说，良心在尼西亚和卡利马科那里不堪一击，那么，在李古缭这里，良心根本就不值一提。而教士提莫窦则把良心看作欺骗与愚弄他者并以此获利的幌子。当提莫窦规劝卢克雷齐亚服药并与陌生男子同房时，他提到了《圣经》中罗得之女为了人类繁衍的共同福祉而同自己父亲睡觉的乱伦有功的例子，借此说明，目的之善能确保手段之正当。此外，他还谈到良心必须遵循的原则：当好处确定、而坏处不确定时，绝不应因为害怕恶而放弃善。此时，马基雅维里不仅消解了古典哲学中绝对的恶，否定了纯粹的善，而且也模糊了善与恶的界线，把良心看作从属于利益的工具。这种主张在政治上表现为，政治领域不预设形而上的绝对善理念，政治行为并不必然受传统道德维度的束缚，政治手段的正当性和合法性仅仅取决于政治目的本身。然而，这种新主张并没有否定道德对政治的影响。由于传统道德观念仍有广泛的社会影响，人却又忘恩负义、趋利避害，因此，这种内在矛盾促成了欺骗与伪善。

对道德的蔑视、对良心的质疑、对阴谋合理性的确认、对合谋者的纵容，所有这些都让观众对教士的品行、甚至基督教的神圣性产生了质疑。《曼陀罗》中的角色或者原本就不相信基督教，或者由虔诚的基督徒蜕变为异教徒：卡利马科和李古缭几乎从不提及基督教；尼西亚已有十多年没做过祷告；提莫窦利用上帝的名义来谋求私利；卢克雷齐亚则由一开始坚

[①] 亚里士多德：《尼各马可伦理学》，廖申白译注，第48、158页，北京：商务印书馆，2003年。

称即便世上只剩她一个女人、人类要由她复兴,她都不愿意接受通奸行径的基督徒,而变为主动通奸的异教徒。教士的伪善和教徒的蜕变削弱了宗教的神圣性,因之也削弱了人们对基督教的信仰。在其政治论著中,马基雅维里试图通过批判教会来塑造教士的新形象,并在此基础上建立一种有别于彼岸世界的现实信念、一种公民宗教的信念。实际上,这种对教士新形象的构想早已在《曼陀罗》中成型。而1521年5月17、18日写给圭奇阿迪尼的两封信的特别之处也在于,除了以"你忠实的尼科洛·马基雅维里"落款以外,还添加了"驻方济会大使"(17日)、"佛罗伦萨驻方济会大使"(18日)的名号。可见,马基雅维里一直致力于揭露教会的真实面目,让人们在看清真相后自觉地从彼岸世界回到此岸世界,相信人的力量,关注尘世事务,追求世俗荣耀。①

通过对社会道德状况的讽刺以及对教会教士腐败的揭露,马基雅维里引导观众反思自身遵循的基督教道德,并使他们对基督教的教义产生质疑。《曼陀罗》的开放式结局不仅消解了传统政治哲学绝对善的理念,模糊了善恶的界线,削弱了宗教的理想化和神圣性,而且诱导观众怀疑道德在政治生活中的作用,重新确立一种崇尚力量与自由、追逐现实荣耀、征服现世命运的精神,从而恢复古罗马的辉煌。实际上,他所新确立的政治秩序并不仅仅适用于佛罗伦萨或者意大利。尽管有理由说,当时意大利友邦阋墙、国家分崩离析、城市腐化堕落的社会状况是马基雅维里产生政治之恶的观念的重要背景,以恶治恶是重新整饬国家秩序和共同抗御外敌的有效手段,但他对政治本身的思考并不局限于文艺复兴时期的意大利,而由此总结出的政治原则也不仅仅适用于彼时彼地的特殊境况。正如他在《君主论》和《论李维》的开篇所阐明的那样,他要讨论的是"从古至今,人类的一切国家和一切政权"——假若君主国与共和国已涵盖他所理解的国家范围的话。他建立的新秩序适用于所有国家,而所有政治家都应当熟知并遵循他所揭示的政治原理。在这一点上,施特劳斯、波考克和温尼阿士奇都持有相似的看法。

---

① 参见《佛罗伦萨史》第1卷第3、5章,第2卷第1、2章,《论李维》第1卷第12章,第2卷第2章,第3卷第25章。

喜剧不仅要逗乐观众，而且要反映剧作家的价值倾向。在《克蕾齐娅》中，马基雅维里阐述了创作喜剧的目的："喜剧是为了使观众开心，并使他们获益。它必定非常有利于人们、特别是年轻人，观察老人的贪婪、爱人的疯狂、仆人的把戏、食客的暴食、可怜人的悲惨、富人的野心、妓女的奉承，以及所有人的不可靠。如果喜剧要达到取悦于人的效果，它必须煽动观众，使他们哄堂大笑。"① 也就是说，笑声不仅凸显了喜剧的直接目的，而且让观众看清了现实的丑恶。与此同时，正是借助舞台上角色的恶来唤醒观众潜在的恶，马基雅维里使他们自觉意识到自身的恶。在笑声中，观众潜移默化地受到了剧作家的价值观的影响，并且从内心深处认同了剧作家意欲表达的评价标准。正是通过"笑"这一共谋行为，马基雅维里不知不觉地拉近了他与观众的距离；也正是在笑过以后，观众才真正领会他的新主张与新秩序。②

这种新秩序的传播是悄然进行的。当李古缭等同谋者在戏剧的高潮处各怀鬼胎地相互祝贺时，他们之间的关系已发生实质性转变，新的秩序已然形成。然而，这一转变却又悄然无声，以至于佛罗伦萨的小街看似没有发生任何变化，人们依旧像往常那样回到教堂唱着赞歌。这种无声的转变源于这样的认识：采用新方式和新秩序的过程困难重重、荆棘丛生，倡导新秩序者随时面临生命危险；因此，改革者必须保留古老模式的表象。坐在台下的观众极有可能是旧制度的受益人，这意味着，马基雅维里将成为他们的敌人；即便这些观众有可能是新制度的受益人，但"君主与他们在一起是极为危险的"，因为他们"恐惧的心理"和"不轻易相信他人的心态"使他们无法全心全意地支持新思想、新制度、新秩序。

借助轻佻戏谑的形式，《曼陀罗》成功地表达了严肃凝重的政治思想，

---

① Niccolò Machiavelli, *Machiavelli: The Chief Works and Others* (3 volumes), Allan Gilbert (tr. & ed.), Durham: Duke University Press, 1965, p. 824.

② 在柏格森看来，"笑"体现了不同人之间的思想接触。在一定程度上，"笑"打消了孤立感。"笑的背后总是隐藏着一些和实际上或想象中在一起笑的同伴们心照不宣的东西，甚至可以说是同谋的东西。"参见柏格森：《笑：论滑稽的意义》，徐继曾译，第47页，北京：中国戏剧出版社，1980年。

这正是马基雅维里作为政治家的艺术魅力。就表达方式而言，他似乎比古典政治哲学家技高一筹。那些古典政治哲学家们专注于思考哲学如何驾驭城邦生活，但却忽略了一个前提性的问题，即哲学如何进入城邦生活。如果不懂得如何巧妙地拉近与大众的距离，而是生硬地指正他们的谬见，那么，哪怕是最宽容的民众也会产生抵触心理，甚至加以反抗。对于这一点，马基雅维里有着清醒的认识。为了赢得民众的支持，宣教者必须懂得迎合他们的口味，甚至不惜降低高贵的尊严来取悦他们，哪怕他们只是一群腐化堕落之徒。不经任何过渡地突然从附和者而变为指证者，这样的做法既不明智，也不会取得成效。故而，他乐于以戏谑的方式表达凝重的主题，这正是柏拉图所介怀的。马基雅维里相信且预见到，那些能够看清社会的丑恶的明智观众一定会逐渐赞同他的新秩序和新理念。当观众们哄堂大笑时，马基雅维里也露出了冷峻而似笑非笑的笑容——"我为你的喜悦而感到高兴，这一切都如我早就告知你的那样。"[①] 通过喜剧的形式，他既避免了与传统观念的正面冲突，又在观众的笑声中赢得了他们的认同，实现了现实意义上的真正共谋。这种共谋是长期性的，一如他对后世政治思想的影响。

五　马基雅维里的微笑

新的政治秩序不需要在马基雅维里生前便建立起来。正如他谈及喜剧时所指出，他教授的对象主要是年轻人。年轻人从听取、领会教诲到发起政治改革，期间需要一个循序渐进的过程。他并不指望自己的思想能立刻产生影响，但他确信，自己能为那些"才华、文采和判断力皆胜于我（马基雅维里）"的人指明道路。在其指引下，他们能够理解他的心志，"完成我的夙愿"。这个漫长的过程不会削弱马基雅维里政治教诲的价值，相反，正是该过程的漫长才显现出其影响之深远。在几百年后的今天，我们依然能看到其思想的现代影子，感受到他留下的思想遗产之厚重。

[①] Niccolò Machiavelli, *Machiavelli: The Chief Works and Others* (3 volumes), Allan Gilbert (tr. & ed.), Durham: Duke University Press, 1965, p. 819.

就具体的理论影响而言,我们可以简要地概括为以下几个方面。在国内政治制度建构方面,马基雅维里所提出的关于权力分配、法律、宗教等一系列主张,启发了现代共和主义者,特别是剑桥学派的学者。从《马基雅维里与共和主义》一书可以集中地看出,马基雅维里的政治制度构想如何深远地影响这个派别,而该派别又如何在此基础上反思现代共和主义的政治资源。现代共和主义者十分重视马基雅维里关于自由、权力制衡、法律等方面的主张,以及此中彰显的公民社会理念和爱国主义情操。一方面,他们关注马基雅维里对自由的诠释,认为他提到的选举和指控等制度化程序能较完美地糅合自由与共和的理念——它们不仅有利于保障国家主权,维护个人自由,而且有助于激发公民的政治参与意识,从而更好地防治腐败。[1] 在斯金纳看来,马基雅维里总结出罗马两议会之间相互制衡和相互妥协的政治权力平衡原则,有效地限制和避免了把个人私利凌驾于公共利益之上的情况,有利于公民免受他者奴役,体现了共和主义中自由的核心理想。[2] 在马基雅维里政治主张的启发下,佩迪特提出了有别于选举民主和商议民主的"争议性民主"(contestatory democracy,或译"论辩式民主"),使民主模式更加符合缺乏健全理性共识的政治社会。[3] 另一方面,共和主义者把马基雅维里的法律思想看作维护民主和自由的主要表现。他们认为,正是由于继承了古罗马律法的核心思想,看到了法律在国家治理过程中的重要意义,并确立起独特的立法形式,因而,马基雅维里的政治思想能较好地抵制绝对专制,保持公民社会的优势。除了从权力平衡的政治原则和具体的制度设计中获得启示以外,现代共和主义者还强调了《论

---

[1] 针对马基雅维里政治思想同公民参与之间的关系问题,维罗里提出了不同的看法。虽然他同其他现代共和主义者一样,都赞同把马基雅维里看作推动公民意识的重要代表,但他认为,包括马基雅维里在内的古典共和主义者并没有倡导一种参与性的民主理论与公民政治的模式。详见 Maurizio Viroli, *Republicanism*, Antony Shugaar (tr.), New York: Hill and Wang, 1999, p. 4。

[2] Gisela Bock & Quentin Skinner & Maurizio Viroli (eds.), *Machiavelli and Republicanism*, Cambridge: Cambridge University Press, 1993, pp. 121—141.

[3] Philip Petti, *Republicanism: A Theory of Freedom and Government*, New York: Oxford University Press, 1997, pp. 183—205.

李维》中的公共利益和共同福祉等政治宗旨,并由此凸显出马基雅维里的爱国主义情怀。按照现代共和主义者的理解,爱国主义植根于公民对自身政治身份的道德认同和政治激情,是建构和维护公民社会的基础,是公民参与和完善政治的必要支柱,因此,他们重视国家精神的塑造,并强调公民意识和公民美德对公民共和的促进和改善作用。从马基雅维里关于"爱祖国甚于爱灵魂"的论断中,波考克与维罗里等人看到了以反教权主义为特征的爱国主义倾向,并认为这一倾向并非基于同一地域、种族、语言、信仰或习俗等前政治因素,而是建立在政治激情的基础上。

在外交政策方面,马基雅维里政治思想中所体现的主权至上、强力外交和进攻型的军备发展模式等观念,均被看作现代国际政治中现实主义理论的源头之一。这种外交观影响了卡尔、摩根索、华尔兹和克劳德等现代国际政治理论家,并由他们系统地发展成为现实主义的国际政治观。在《国家间政治》一书中,摩根索总结了政治现实主义的六大原则。① 而华尔兹等人则把论说的中心从权力和国家利益转向了均势和世界秩序。② 然则,尽管现代国际政治的现实主义对马基雅维里的外交思想作出了修正,但没有发生太大改变的是,他们始终都对道德主义和理想主义保持高度警醒,并主张立足于国家的目的与利益来分析国际局势,谋求决策。

在众多主张中,影响最大、引发争议最多、且尤为不能忽略的是马基雅维里暗示的"目的证成手段"的观点。如果说,修昔底德、塔西陀等西

---

① 摩根索所理解的政治现实主义的六大原则包括:政治受到植根于人性的客观法则的支配、作为国际政治领域的主要路标和普遍适用的客观范畴之权力界定的利益概念、政治行动的道德意义、拒绝把特定国家的道德愿望等同于普适的道德法则、现实主义和其他派别之间真实且深刻的差异。参见摩根索:《国家间政治:权力斗争与和平》,徐昕、郝望、李保平译,第28—41页,北京:北京大学出版社,2006年。但值得注意的是,他并没有全盘接受马基雅维里的政治外交思想,而是看到了纯粹政治的考量有可能招致的风险,因此,他对国际政治中的道德给予了一定程度的关顾。摩根索对道德诉求与政治成功之间的张力的洞见,以及对特殊国家的道德法则和支配世界的道德法则之间的区分,均体现了他对极端的非道德主义国际政治倾向的忧虑,这在某种程度上是对道德狂热与激进政治的调和。

② 华尔兹:《人、国家与战争:一种理论分析》,倪世雄、林至敏、王建伟译,第171—192页,上海:上海译文出版社,1991年。

方史学先驱主要是从史学的角度，记述政治统治与国家外交中恶之流行的史实，那么，相比之下，马基雅维里要比他们走得更远。马基雅维里的意图并不仅仅在于描述现实政治生活中恶的普遍性或者为某些恶行辩护，而是要从恶的必然性推导出恶的必要性，即在某些情况下应当义无反顾、无怨无悔地作恶。在哲学、政治学、社会学等领域，他所提出的"只要结果为善，行为当予宽宥"的规范性论断、对统治者或政治家应当学会作恶的劝导，以及关于如何明智地作恶的教诲，深深地启发了加德纳、利普西尤斯等16世纪的政治研究者，使他们得出了有别于传统的政治见解——从理论上肯定了统治者在必要时应当背弃仁慈、守信、虔诚、正义等道德准则。进一步地，这些教诲深远地影响了诸如韦伯、施密特（也译为施米特）、迈内克等现代政治理论家。他的政治主张及其背后所体现的政治原理，一方面从宏观上为人们理解政治、国家、道德，以及政治与道德之间的关系等提供了新的视角，另一方面成为了现代政治不道德论或政治非道德论、国家主义或民族主义，以及政治"脏手"问题的重要理论渊源。

对于上述影响，马基雅维里可能早已有所预料，但也许让他始料不及的是，其名字在后世竟会被标签化。后人把他对邪恶行径的辩解和对恶之意义的强调简单地概括为"马基雅维里主义"的核心理念。① 在某种程度上，"马基雅维里主义"已成为了权势欲望过重、过分强调权术、为达到目的而不择手段等政治主张的代名词，表征堕落的、投机的政治观念。这种经过简化后的政治理论更因拿破仑、希特勒、墨索里尼等自命为马基雅维里主义的门徒并视《君主论》为枕边秘籍而变得愈发臭名昭著，让人唯恐避之不及。

---

① Ben-Ami Scharfstein 以"马基雅维里主义"一词指称"在政治中毫无道德顾忌"的主张或做法。他认为，那些没有认真反思马基雅维里主义的政治理论或道德理论无法充分解决人类事务，而且它们和实际政治之间的关联也让人怀疑。为了说明背离道德的政治行为在现实生活中的普遍性，Scharfstein 大量列举了文艺复兴时期的意大利、古印度和古代中国出现的、体现马基雅维里主义之特点的现象。但在我看来，他似乎把马基雅维里思想和马基雅维里主义、马基雅维里和马基雅维里主义者等同起来。参见 Ben-Ami Scharfstein, *Amoral Politics: The Persistent Truth of Machiavellism*, Albany: State University of New York Press, 1995, pp. xi-xii, 21—136。

但马基雅维里的影响并不单单局限于上述政治原则和国家制度方面。实际上，他的政治筹划经历了一个根本性颠覆与重构的过程。在诠释政治的基本理念时，他有着清楚的问题意识，即当古典政治传统尚未崩溃、但却无法为现实的社会指明出路，甚至是将它引向了一条毁灭性的道路时，如何抽离或瓦解这一传统根基、并以一个行之有效的新秩序取而代之？这一问题意识引导他不仅摆脱了古典政治哲学的传统，而且启开了现代政治哲学的大门。透过特洛尔奇对启蒙思想之理论渊源的揭示——以自然状态论为基础，提出国家主权至上论，国家建构不再是上帝授权的行为，而是人自然理性的成品，社会秩序摆脱了此岸与彼岸的关联，基于国家理性观念的社会契约等等[①]——我们不仅能从中看到霍布斯和洛克等人的理论踪迹，而且能感受到马基雅维里政治思想的现代投影。从"自然"概念的发展，我们可以看到这一点。在马基雅维里的文本中，尽管"自然"或"目的"等字眼也时而闪现，但它们原来在形而上层面所蕴含的"优秀"或"至善"的内涵已被剥离殆尽，仅剩下了诸如星象、洪水或瘟疫等可感知的自然力量的含义。那些从未见过的、基于逻格斯而产生的思辨只是荒谬的幻象，以这些幻象来指导行为只能让人误入歧途。政治关注的是实然意义上的"自然"。在霍布斯等后来的政治哲学家那里，我们同样可以看到，原本具有超验意义的"自然"被还原为基于经验或事实观察而形成的"自然状态"观念，而现代"自然法"或"自然权利"等概念中的"自然"也逐步丧失了其在古典体系中的超验意蕴。即便是以定言命令（又译"绝对律令"）的形式来确立道德的绝对性和普遍性的康德，一开始也是立足于现代意义上的自然理性来构筑其理论体系，后来他发现，完全定格于人自身的道德律令无法经受盘根问底式的追问，原本抽离了终极依据的道德学说最后仍需求助于上帝。

对"自然"概念的实体化或实然化理解，反映出人们观察和思考万物时的视界正悄然地发生深刻转变。"可感知性"在很大程度上界定了人的

[①] 刘小枫：《现代性社会理论绪论》，第173—177页，上海：上海三联书店，1998年。

视阈,一种"肉身化"①的倾向逐渐得到强化。而费尔巴哈对哲学研究视角之转变的诠释较有代表性地说明了这一点。按照他的观点,旧哲学从这样一个命题出发,即"我是一个抽象的实体,一个仅仅思维的实体,肉体是不属于我的本质的";而新哲学则从另一个命题出发,即"我是一个实在感觉的本质,肉体总体就是我们的'自我',我的实体本身"。②实然化的理解方式使得脱离了古典目的论框架的人在根本意义上得到了空前解放,人不再置身于自然等级秩序之中,行动的重要性一再被放大,人的力量也相应地获得了释放。在人确立自身独立性的同时,政治也获得了解缚。政治纯粹是人的政治。既然人无须关注超越自身的更高存在,那么,政治也不必受制于更高的目的,它只需立足于现实中的政治主体。于是,一切理论建构都应植根于物化了的自然状态,对人及其事务的关注不应超脱于社会现实而追求理想的乌托邦。

可以说,现代意义上的政治哲学在相当程度上已接受了马基雅维里的研究理路,逐渐远离甚或抛弃了古典政治哲学意义上的形上"自然"概念和自然目的论框架。从现代人对马基雅维里的评价可以看出,不论是对其嗤之以鼻还是为其辩护歌唱的学者,他们大多都不愿意或者拒绝回到形而上的层面来重新审视其理论。在这一点上,施特劳斯学派显得与众不同。基于对现代性及其危机的洞见,施特劳斯重新返回到古典政治哲学,寻找古典与现代断裂的理论根源,由此,他发现了马基雅维里。事实上,他对马基雅维里的研究是以反思"现代性"危机为宏观背景的。他认为,现代性危机首先是一场现代哲学的危机,这场危机肇始于以马基雅维里为首的现代人对古典目的论的否定和对传统政治哲学根基的瓦解,这是现代虚无主义的思想根源。因此,他把马基雅维里看作"现代性"历史脉络中的路

---

① 我在此处运用的"肉身化"概念是借用刘小枫的说法。他认为,现代哲学在受到科学理性化推进的同时,也受到肉身化感觉本体的推进。

② 费尔巴哈:《费尔巴哈哲学著作选集(上)》,荣振华等译,第165页,北京:商务印书馆,1984年。

标之一,是开启"现代性"的第一人。① 而对那些反对把马基雅维里与现代性联系起来的人,施特劳斯的态度则异常冷淡——这也许是他从马基雅维里的沉默中学会的"无声胜有声"的表达方式。在他看来,反对者已经深受马基雅维里的荼毒,他们的观点只不过是"现代性"教育的结果,是一群追求时尚的年轻人构造的理论幻想,他无需在意这些太现代、太美国化的年轻人因天真烂漫的无知而犯下的错误。② 不可否认,施特劳斯骨子里带有精英主义的倾向。他并不反对马基雅维里是一个爱国者,但却质疑那种特殊的爱国主义——把"拯救祖国"凌驾于"拯救灵魂"之上。这种特殊类型的爱国主义一方面反映了品位较低的"族群的集体自私",另一方面"解除了人类的等级状态",使得人们对政治的研究在哲学的高度上实现了具有决定性意义的蜕变。③

研究视野的置换不仅关涉政治哲学的内部转变,而且涉及人对自身身份和价值的重新认识。采取实然化的视角促使人们开始专注于现实层面的政治生活。与马基雅维里相似,霍布斯、洛克、卢梭等现代政治哲学家都十分重视对人的自然状态的论述。尽管对人的自然状态的描述各有不同,但他们基本上将之作为政治理论体系的基点。对事实状况的关注使得人的各种缺陷得以暴露和放大。在某种意义上,人的不足被看作生存论上的缺陷,而非以善或恶为标准的、伦理意义上的缺陷。鉴于政治主体难以摆脱自保自利的自然本性,政治哲学需要面对的一个主要问题是,如何解决有着自利欲望的人之间的利益冲突,以便维护政治社会的稳定。因此,对恶的提防取代了对善的追求,成为现代人思考政治的重要向度。透过以契约为特征的社会交往形式、或者以权力分立与制衡为原则的制度安排,不难发现它们背后或多或少地隐含了一种以恶治(制)恶的管理理念。

---

① Leo Strauss, *An Introduction of Political Philosophy: Ten Essays by Leo Strauss*, Hilail Gildin (ed.), Detroit: Wayne State University Press, 1989, pp. 81—89.

② 在批评前人对马基雅维里思想的误解时,施特劳斯习惯于轻描淡写地一笔带过,并且极少引证已有的研究成果。

③ Leo Strauss, *Thoughts on Machiavelli*, Illinos: The Free Press, 1958, pp. 10—11, 296.

以恶治（制）恶的政治治理范式更多地反映出以实效为首要标准的政治价值取向。在这种价值取向的引导下，权力在很大程度上被理解成操作层面的权术，国家行政权力的有效运作模式成为了人们的关注点。在事实—价值两分的观念和现代科学主义理念的双重推动下，这种技术化的趋向进一步得到强化。要使各种政治原则或政策更加有效，就应当尽可能地祛除行为原本蕴含的意向、道德或信念等主观要素的干扰。正如边沁在《道德与立法原理导论》的前言中所指出："只有通过像数学那般严格，而且无法比拟地更为复杂和广泛的探究，才会发现那构成政治和道德科学之基础的真理。"[①] 随着精确的计算、观察或实证等经验方法日益受到重视，工具理性而非价值理性逐步占据了主导地位，政治哲学的研究在一定程度上倚重于社会学或社会科学的分析。韦伯对科层制的特征与现代社会之困境的论述便能较为清晰地体现这一点。启蒙时代以来，事实与价值的两分已经内化到社会各个环节。工具理性的增强已然构成了西方工业文明的总体趋势。在祛魅后的行为技术世界里，各种社会力量、社会群体都在为争取进入社会主流而争斗，以便保护自己的权力和价值。那些希望通过把管理纳入科学范畴来确保管理的合理性和管理者的权威性的社会改良者和管理者，大部分都力图区分管理技能和价值判断，进而强调采用客观中立的立场和获得专业知识的重要性。这表现在，社会改良者致力于寻求实现科学管理的各种途径；政府则力图借助各种专门化的知识以证明自身已达到"管理科学"的水平，具有干预社会的合理性；而公务员和管理者也试图通过自身能力获得其管理的合法性、权威和名利需求的正当性。正是这些建立在所谓的普遍规律基础上的专门知识和能力，成为了现代科层制管理的合理性依据。然而，技术理性主导下的社会并没有因此而变得更加美好。相反，当人们最终获得进入权力中心的门径之后，却对中心失去了神秘感和敬畏感。现代制度安排在赋予人们达到目的的手段——如，分工、官僚系统、量化管理、民主投票、委员会程序等——的同时，却消除了目的本身的意义、价值、神秘性或神圣性。亦即说，技术性的手段—目的关系最

---

① 边沁：《道德与立法原理导论》，时殷弘译，第56页，北京：商务印书馆，2002年。

终导致了目的本身的消解。在某种意义上,具有非精神化特征的技术世界不仅改变了人的生存基础,而且给生存提供了新的环境。在技术链条的连结下,一种无能为力的感觉逐步蔓延开来。人常常"感到前所未有的实存之空虚","时代意识已在空虚中完成了大转向"。①狄德罗笔下拉摩的侄子看待世界的审美眼光、及其背后潜藏的普遍怀疑的精神,克尔凯郭尔所刻画的非此即彼、当下即是的感觉,以及尼采对欧洲虚无主义的预感、对主观意志的高扬,都不同程度地体现了现代人心灵放逐后暴露的问题。②理性塑造了一种虚假的独立性幻象。人并没有像启蒙筹划所设想的那样以理性战胜一切。在从传统的自然目的论或神学目的论中解放出来的同时,人却受缚于另一张由自身编织的物质和技术的罗网,陷入现代的囚笼中。这便是现代社会的困境。这种困境深刻地反映在政治领域,同时构成了当代政治哲学必须面对且不得不解决的难题。

就此而言,马基雅维里的确属于现代阵营。他的思想已远离了他那个时代的旧传统,并为建立一个新的传统奠定了基础。"尽管世人认为马基雅维里已经死去,但是,他的灵魂已飞越了阿尔卑斯山……"③在这部著名的戏剧《马耳他岛上的犹太人》中,马洛借助马基雅维里之口表达了现代人对他的追随:"虽然有些人公开批评我的学说,但是,他们仍然阅读我的著作,并凭借着我的教诲而谋得教皇的职位(Peter's chair),一旦他们抛弃了我,便会被我的后继者毒死。"④那些因不懂得自身的处境已发生根本

---

① 雅斯贝斯:《时代的精神状况》,王德峰译,第1—22页,上海:上海译文出版社,2005年。

② 狄德罗:《拉摩的侄儿》,江天骥译,北京:商务印书馆,1981年。克尔凯郭尔:《非此即彼》,封宗信译,北京:中国工人出版社,1997年。

③ 16世纪中期,马基雅维里的政治主张在英国产生了相当大的影响。亨利八世的国务大臣克伦威尔曾把《君主论》视为政治实用手册。通过Roger Ascham在1572年发表的言论也可以看到他的广泛影响。"作为最重要的和最古老的基督教君主国之一,英国正面临着这样的危险,即从一个最信奉基督教的政府转变为一个马基雅维里式的国家。"George Myerson, *Machiavelli's The Prince*, Hodder & Stoughton, 2002, pp. 80—83.

④ Christopher Marlowe, *The Jew of Malta,* David *Bevington* (ed.), New York: Manchester University Press, 1996.

改变而耽溺于旧传统的人,很快便会发现自己不仅无法在政坛立足,而且随时身临危境。然而,接下来的问题是,那些遵循其教诲的人是否真正能够安身立命?接纳其政治教育的社会能否真正长治久安?显然,当代社会遭遇的困境已大大削弱了现代人的自信。身处其中的人似乎已经无法逃避马基雅维里所呈现的问题和困局。

第6章

政治"脏手":现代语境中的马基雅维里问题

当代政治哲学界漫延着一种道德悲观的论调。[①] 许多研究者在承认政治离不开道德的同时,也深受马基雅维里关于政治之必然恶和必要恶的观

---

① 现代政治研究者对政治和政治家的悲观理解,部分地体现在以下论文中:Thomas Nagel, War and Massacre, *Philosophy and Public Affairs*, 1972, 1(2): pp. 123—144. Thomas Nagel, Ruthlessness in Public Life, quoted in *Public and Private Morality*, Stuart Hampshire (ed.), Cambridge: Cambridge University Press, 1978. Michael Walzer, Political Action: The Problem of Dirty Hands, *Philosophy and Public Affairs*, 1973, 2(2): pp. 160—180. Stuart Hampshire (ed.), *Public and Private Morality*, Cambridge: Cambridge University Press, 1978. 而对于政治家为何会有负面形象的问题,不同的研究者提出了相异的解释。一种意见认为,政治家更容易利用职权之便为自己谋取私利,为了个人所得而做有损道德品格的事情。另一种意见认为,由于缺乏可行性的手段,政治家有时被迫要为了公共利益而做肮脏的交易。后一种观点是政治"脏手"研究中经常涉及的论证。针对此,威廉姆斯指出了一个有趣的现象:政治家能够使集团运作起来的环境很特殊,在这个环境中,政治家很少想过要让集团获得他人的尊重。参见 Bernard Williams, *Moral Luck*, Cambridge: Cambridge University Press, 1981.

点的影响。他们不相信政治生活可以做到尽善尽美——在政治治理过程中，政治家似乎难以一贯地维持自身道德人格的纯洁无瑕，国家难以始终以合乎道德的方式处理政治事务。这些略带反讽意味的看法在一定程度上构成了人们思考政治问题的前提共识。然而，马基雅维里提出这些观点时，态度却是非常严肃的。尽管他并不完全排斥道德在政治中的作用，但借助新的政治理论体系，他要让世世代代的后人重视政治之恶，正视并接纳政治的"脏"。如今，人们置身于其中的社会已大大有别于马基雅维里所处的时代，政治挑战道德的形式也正在发生变化，但马基雅维里遗留的问题却依然困扰着现代人。当政治需要道德的观点已获得了相对普遍的认同时，"政治需要什么样的道德"便成为了现代人迫切需要解决的难题。

显然，马基雅维里遗留的问题在现代语境中集中体现为政治"脏手"（dirty hands in politics）问题，而他对必然恶的辩护和对必要恶的推崇，为人们解决"脏手"问题提供了一个深远的反思向度。因此，马基雅维里的政治道德思想构成了当代政治"脏手"研究的一个自然的理论出发点。政治"脏手"所刻画的政治与道德之间的关系，能否赋予那些违背道德的政治行为以新的合理性说明？它能否为个体、特别是政治家提供行动指引呢？在分析马基雅维里的政治思想的基础上，本章试图跳出其文本的历史语境，结合现代研究者对政治"脏手"问题的回应，观照马基雅维里政治道德观在现代政治语境中的理论意蕴和实践意味，以便更全面地审视当中存在的政治问题，并且使其政治思想的价值得到恰当的评估。

一 "不可能"的"应该"

马基雅维里对政治中必要恶的论述、对如何作恶的教导，以及由此而体现出来的"国家理由"的立场，反映了政治"脏手"的核心要义——为了行善而作恶。在政治领域，为了维护国家利益或公共善，政治家在必要时不得不贬损自身道德人格、违背日常的道德规范。换而言之，他们在保全公共利益的同时，减损了某些人（或某些群体）的利益或侵犯其正当权益。承认政治"脏手"无疑向传统道德观念的权威性发起了挑战。然而，对"脏手"含义的简单概括并没有确切地反映出问题本身的复杂性。实际上，政治"脏手"现象所涉及的具体情境是如此庞杂，以至于任何简单化的理解都将导致武断的评价。因此，有必要搞清楚，为何"脏手"问题在政治生活中如此突出？它背后隐含的实质又是什么？

从核心要义来看，"脏手"不仅仅发生在政治领域。在其他生活领域，人们同样会面临"脏手"情境。① 而政治"脏手"问题之所以引起从事政治学和政治哲学研究的学者的特别关注，部分原因在于，一方面，政治领域是一个公共场域，在通常情况下，政治家的形象及其决策有更深广的影响。从个人影响来看，政治家有时起到潜移默化的公共示范作用，他们的

---

① 比如说，穷困潦倒的儿子为拯救生命垂危的老母亲而到药店偷药等与政治无关的案例，也涉及"脏手"问题。也就是说，"脏手"现象并不局限于马基雅维里所论述的君主国或共和国，更不只是出现在文艺复兴时期的意大利。那些企图使政治完全独立于其他社会要素，并且以为单从政治角度就能解决政治中的"脏手"问题的看法，是一种过于粗糙的谬见。行为的多样性使研究者有必要对表现形式不同与程度不同的"脏手"做出区分。对此，Tony Coady 划分了三类行为：(1) 让人感到不舒服的行为，如某种形式的妥协或者从中作梗等；(2) 品行不端，如不守信用、向公众撒谎、或者秘密与政敌达成协定；(3) 罪恶的行为，如谋杀、偷盗或折磨他人。这三种不同类型的行为方式由轻微到严重，体现了不同程度的"脏"。不管这种划分是否严密周全，科迪希望借助对不同行为的区分和归类使人们避免陷入过度的政治悲观主义，同时希望引导人们更加关注"脏手"所产生的特定情境。比如，有些妥协可能会放弃某种有意义的利益，甚至会否定某项基本原则，但合作性的妥协在现代政治中是必要的。又如，某些撒谎行为是为了迎合公众的道德期待，是特定政治情境中不得不采取的应对方式。正是由于产生"脏手"的具体原因是如此多样，它所植根的社会环境又是如此复杂，因此，现实中的"脏手"现象往往使得理论化的研究难以为实践提供足够的引导。参见 Tony Coady, Messy Morality and the Art of the Possible. *Proceedings of the Aristotelian Society* (*Supp*), 1990, p. LXIV. 关于日常生活中出现的"脏手"问题，参见 Michael Stocker, *Dirty Hands and Ordinary Life*, New York: Oxford University Press, 1990. Tony Coady, Politics and the Problem of Dirty Hands, quoted in *Companion to Ethics*, Peter Singer (ed.), London: Blackwell, 1991, pp. 373—383. Stephen Wijze, Dirty Hands: Doing Wrong to Do Righ, quoted in *Politics and Morality*, Igor Primoratz (ed.), Basingstoke and New York: Palgrave Macmillan, 2007.

言行在一定程度上给社会提供了行为导向。① 在相对透明的政治生活领域，他们一言一行往往被媒体无限放大，并且更容易受到公众的关注。比如说，人们对美国前总统克林顿的"拉链门"事件或法国总统萨科齐的婚姻状况的关注度，远远超出那些发生在普通人身上的同类事件。从社会影响来看，由于政治决策往往涉及范围较广的公共利益，因此，对社会而言，一旦某些政策产生负面后果，所带来的危害将是广泛且深远的，人们由此而付出的成本和代价也更加沉重。另一方面，政治生活是一个道德高风险的领域，政治与权力的天然关联，以及权力的特征，使人们对政治"脏手"格外留神。掌握公共权力的从政者不仅容易受到各种形式的利益诱惑，而且其权力的运用在一定程度上具有两面性。"在宣称为了他人而行动的同时，我们（政治家）也服务于自己、统治着他人，并且使用暴力来反对他们。"② 不论马基雅维里对政治概念的理解是否合理，应当承认，他对现实状况的描述至少让我们认识到，作为政治的核心要素，权力在很多情况下容易向恶妥协或与恶达成合谋。权力时常会遭遇各种不道德的情境，面对各种诱惑。正如韦伯所指出，追求权力是一切政治的重要动力，而权力本能与庸俗的虚

---

① 鲍曼和威廉姆斯于1997年调查了750名ASPA公共管理人员。调查结果表明，大部分管理者都认为，当讲求伦理还不是一种风尚，政府（及其领导者）有义务在社会中发挥示范作用。参见库珀：《行政伦理学（第4版）》，张秀琴译，北京：中国人民大学出版社，2001年。实际上，在我国的传统社会中，古人早已意识到领导者在政治生活中发挥的示范作用。当鲁哀公和季康子分别问孔子何谓政治时，孔子给出了相同的答案。"政者，正也。""君为正，则百姓从政矣。君之所为，百姓之所从也。君所不为，百姓何从？""子帅以正，孰敢不正？"在此，孔子已不仅仅针对政治是什么的问题，他既对掌权者应当如何治政提出了谏言，也揭示出掌权者的行为在百姓中具有表率作用的道理。正所谓"上梁不正下梁歪"。尔后，在多次回答季康子如何为政的问题时，孔子表达了同样的看法。如，"苟子之不欲，虽赏之不窃。""子欲善，而民善矣。君子之德风，小人之德草。草上之风，必偃。"这些君主箴言不仅体现了儒家思想中的德治主义观念，而且说明了统治者的言行是普通百姓日常行为的范例，他们品格的好坏和行为的正当与否在很大程度上决定了社会民风淳朴与否。在制度规范意识不足的政治治理模式下，统治者的言行对百姓的公共示范作用表现得更为突出。

② Michael Walzer, Political Action: The Problem of Dirty Hands, *Philosophy and Public Affairs*, 1973, 2(2): p. 174.

荣感会把人引向旁门左道。① 鉴于上述原因，政治"脏手"问题重新成为了当代政治哲学的重要课题也就不足为奇了。

直观上，政治"脏手"既让人生成"理应如此行事"的责任感，同时又令人产生道德上的厌恶感。在我看来，产生这种矛盾的原因在于，政治"脏手"的内在结构有别于常规的理解模式。根据常规的推理模式，"能够/可能"(can)与"应该"(ought to/should)之间具有逆向关联，即，"应该"暗含着"可能"的意味，或者说，人们可以从关于"应该"的判断推导出关于"能够"的论断。但政治"脏手"在结构上却表明了一种"不可能"的"应该"的反常关系。②

一般来说，"能够"意味着个体的身心状态足以支撑他履行义务或实现目标。而"应该"则主要反映了某种价值取向，在很多情况下蕴含了对某种或某些道德义务的确认或要求。在通常情况下，"能够"不一定能推导出"应该"。比如，不能从管理者具备索贿受贿之能力的事实判断推出他们应该接纳不正当收益、或认可腐败行为的结论。相反，"应该"却因内在地蕴含了"可能性"而可以推导出"能够"。如，我们可以从公务员应做到清正廉洁、公道正派的应然判断中推断出，公职人员具有履行上述义务、展现相应的工作作风的能力。可以说，"应该"暗示了主体具有某种或某些特定的行为能力。当公众做出应然判断时，他们试图表达出对某种行为的推崇或禁止，同时暗示了行为者能够以合乎道德或法律的方式满足公众的要求

---

① Marx Weber, *Politics as a Vocation*, H. Gerth & C. Mills (trs. & eds.), Philadelpia: Fortress Press, 1965, p. 44.

② 在《战争与屠杀》一文的结尾，Thomas Nagel 曾非常简略地提到，不可公度的道德使人陷入这样的困境：不管怎样做，他的做法都是错误的。这种说法本身并不是一个矛盾，而是与"应当"意味着"可能"这种假设相矛盾。参见 Thomas Nagel, War and Massacre, *Philosophy and Public Affairs*, 1972, 1(2): pp. 123-144. 尽管 Nagel 在这一点上着墨极少，但我认为，意识到这一点，对于我们理解"脏手"问题十分重要，故而，有必要对此做更为详尽的剖析。这是因为，政治"脏手"的内在结构违背了常规的逻辑思维范式，从而导致了人们在直觉和理论上都难以获得较为一致的共识。

和期待。否则,应然判断便没有意义。①"在我们已经向这种义务概念承认了其权威之后,还要说我们不能做到,那显然是荒谬的。"②

然而,政治"脏手"现象却彰显出这种不合常理的荒谬性,即无法从"应该"推断出合乎道德的"能够"。③也就是说,管理者被期望推进某一公共目标,但实际情况却是,他没有能力以合乎道德的方法实现目标。这种"不可能"的"应该"的反常关系在很大程度上体现了"脏手"自身的逻辑不自洽。当然,"应当"并不意味着"必须"。管理者可以选择放弃目标,或者选择借助离经叛道的方式来实现目标。这表明了,在"脏手"情境中,管理者缺乏以符合道德要求的方式来实现目标的可行性手段。在马基雅维里看来,正因为没有能力借助合乎道德的手段来维护罗马的自由,所以,罗慕路和布鲁图斯或者听由乱臣暴民危害国家稳定,或者不得不采取残忍的方式铲除异己、巩固政权。正是政治"脏手"这一特殊结构使人们意识到自身能力的有限性和政治的不完备性。

"脏手"现象凸显出从"应该"推出"能够"的困难,隐含了价值判断上的二律背反。假如把道德看作 A,把背离道德看作 -A,那么,"脏手"的逻辑结构可以描述为,A 没有能力自我证明,必须借助否定自身的 -A 来促成 A。也就是说,放弃邪恶的手段就无法实现良善的目的。从沃尔泽列举的例子中,我们可以更清晰地看到这一点。在《政治行动中的脏手问

---

① 在此,有必要指出,"应该"所蕴含的"能够"不单单表现在事实层面。我认为这一点十分重要,但却往往容易被忽略。尽管在许多情况下,"能够"与道德义务没有必然关联——如政府部门向房地产开发商作出"可以在某某地区兴建高层楼房"的批复,但反过来看,从"应该"推出的"能够"至少不会违背道德义务的要求。也就是说,"应该怎样做"的判断不仅说明了行为主体在事实上有能力这样做,而且说明了这样做至少不违背道德规范。如,"政治家应当诚实"的命题表明了向公众公布事实是政治家的义务,同时也暗示了政治家有能力这样做,并且在运用这种能力的时候,他并没有违反道德要求。

② 康德:《道德形而上学原理》,苗力田译,第 42 页,上海:上海人民出版社,2005 年。

③ 这里谈到的"应当"问题更多地是人们在日常生活中也已认同的观念,而非完全出自康德式的纯粹义务感而推断出来的形式上的应然判断。根据康德的纯粹义务感,"应当"和"能够"之间没有直接关联,即一个人应当履行正当的行为并不必然意味着他有能力这样做。

题》这篇极具影响力的论文中,沃尔泽设计了一个"不管怎样做,都是错的"情境。在某次政治竞选中,一位能力出众、品格高尚的候选人面临一项艰难的抉择:如果要在竞选中胜出,他必须获得维持竞选的足够经费,而唯一能提供这笔费用的是一位狡诈的生意人;如果要获得生意人的资助,候选人必须同他达成协议,许诺给后者提供一份关于承建某所学校的合约——暗箱操作的合约明显违反了公平竞标的原则。可以预见的是,假如候选人愿意通过交易换取经费支持,那么,在取得权力之后,他有可能比其他管理者为公众谋取更多的福利;但与此同时,在获取权力的过程中,他玷污了自身的道德人格,违背了人们对他的道德期望,甚至违反了法律规则,在此意义上,他不再被看作品格高尚的政治家。反之,他可以拒绝接受肮脏的交易,始终坚守其道德防线,但与此同时,他也放弃了帮助民众改善福利的机会。与之相似的例子还有很多。内格尔也曾设想过类似的情境:某个政府部门的候选人知道,他的竞争对手是一个肆无忌惮的煽动者,这个对手会为了小集团的利益而不惜严重侵犯和损害公众权益,因此,他确信,要是对手当选,国家利益会受到威胁;要打败对手,他只能使用恶意中伤或暗杀等悖离道德或触犯法律的非常规手段。[1]

　　从这两个例子可以看出,大部分公民直觉上认为,公共管理者有能力通过合乎道德和法律的方式为他们谋福利。但实际情况却是,受外在或内在因素的制约,在极端情况下,管理者不得不参与肮脏交易或借助有悖于道德的行径来满足公民的意愿和要求。这意味着,维护或增加公众利益有时可能需要以背离公众利益为前提。

　　上述分析表明了,某些行政行为可以被看作"脏手",它至少需符合以下三个条件:(1)要实现好的目标,如跟公共利益相一致的政治目标;(2)借助合乎道德的方式无法实现目的;(3)可以借助跟通常意义上的道德原则相背离的手段来实现目的。这首先说明了,"脏手"必须指向某个(或某些)合乎道德标准的目标,比如说,为了挽救他人的生命或者维护公共利益。

---

[1] Thomas Nagel, War and Massacre, *Philosophy and Public Affairs*, 1972, 1(2): pp.123—144.

那些纯粹出于私心的行为并不纳入"脏手"问题的考量范畴。其次,作为工具性手段,"脏手"具有操作上的唯一性。换言之,除把手弄脏以外,没有其他手段可以实现良善的目标,作恶是唯一可行的办法。最后,政治"脏手"之所以"脏",是因为那些既能实现目标又具有可操作性的行为必定打破日常道德规则的约束。就此而言,那些并非基于迫不得已、而是经由管理者审慎考虑后可兼顾目的和手段之正当合理性的行为,不是真正意义上的"脏手"行为。

政治"脏手"的内在结构和特点互证了"为善从恶"的要义。"应该"和"能够"之间无法在价值上实现统一,这使得目的与手段的道德合理性无法兼顾。在特定情况下,良善的目的似乎只能由邪恶的手段促成。如同马基雅维里所揭示的那样,良善与邪恶之间的界线不再那么泾渭分明。这不仅体现了人们在政治抉择中的难处,反映了道德世界的不连贯、不和谐,而且说明了始终以道德的方式生活并不轻松。

二 政治中的道德"残渣"

出于对现实状况的认识,人们感觉到政治"脏手"似乎是无法避免的,而政治家在道德上也往往被看作"不可靠的"。[①]这种直觉使得"为善从恶"的主张获得较为普遍的承认。然而,这并不意味着它无需接受正当性的审视。由于政治"脏手"对传统的道德观念构成威胁,跟公民对权力者的道德期待相悖离,故而,人们一直对其道德合理性问题争论不休。它俨然已成为了政治研究中的"鸡肋"。对该问题的讨论之所以陷入僵局,是因为政治"脏手"涉及不同的基本价值取向之间的博弈:面对两种或多种基本价值选择,不论做出何种决定,抉择者都会因舍弃另一个同样具有道德合理性的行为或目的,而背上道德不完善的负担、甚或是背负邪恶的骂名。在现代社会,政治"脏手"现象不时会发生,以至于政治领域中遗留下许

---

① Thomas Nagel, Ruthlessness in Public Life, quoted in *Public and Private Morality*, Stuart Hampshire (ed.), Cambridge: Cambridge University Press, 1978, p. 75.

多道德的"残渣"。①

(一) 根本价值的冲突

通过分析政治"脏手"的结构和特点，我们不难看出，它直接涉及目的和手段的价值判断问题，体现了两种不同的评价向度。由于价值判断所针对的对象有所不同，且对象所代表与维护的利益时常相互否证，因此，在现实的政治实践中，不同的价值判断之间时常发生矛盾。

政治"脏手"往往涉及两种或多种均能说明自身合理性、但却相互排斥且不可公度的（incommensurable）利益诉求。② 这些利益诉求之间的矛

---

① 为了说明政治"脏手"的普遍性，沃尔泽梳理了理解政治"脏手"的三种思维方式，它们源于三种不同的传统，即新古典主义、新教和天主教，其代表人物分别是马基雅维里、韦伯和加缪（Albert Camus）。与之相似的是，帕里希（John Parrish）也把政治"脏手"看作较为常见的社会现象，认为它几乎伴随着政治生活的形成而产生。他从三个阶段——以古典（特别是罗马时期）和新基督教为主的前现代时期、文艺复兴时期、17—18世纪的商业社会时期——分析了政治"脏手"的起源和发展，由此说明"脏手"的三种不同形式。可以说，它不仅是一个政治问题，而且是一个历史问题。详见 Michael Walzer, Political Action: The Problem of Dirty Hands, *Philosophy and Public Affairs*, 1973, 2(2): pp.160—180. John Parrish, *Paradoxes of Political Ethics*, Cambridge: Cambridge University Press, 2007。

② 需要澄清的是，"脏手"并不是由一般性选择之间的矛盾所引起。实质上，在日常生活中，人们经常会面临多种相互冲突的选择，但它们并不一定会导致"脏手"。我们可以考虑这样的情况：当一辆座无虚席的公交车在某站台停靠时，同时上来一名老人和一名腿脚伤残的人士，此时，车上唯一的年轻人——假设其他人都是老弱病残或者孕妇——应该给老人让座还是给伤残人士让座？不难断定，不管年轻人在两者中做出何种选择，他的行为都不构成"脏手"。又如，在某个时段应当做作业还是去游泳，或者说是否应当为了养家糊口而放弃学业等等，这些问题都极有可能迫使人在那些相互排斥的机遇中做出选择。但类似的选择不会导致两难。有些选择在共同的习俗、制度、传统、文化背景中是可以被理解的。例如，人们既不会为大禹因治水而"三过家门不入"的做法感到困惑，也不会出于礼节而说出"很高兴见到你"的人是否正在表达其真实感受而纠缠不清。在严格意义上，诸如，医生在医药条件有限的情况下该救何者等并不涉及"脏手"问题。详见 G. Anscombe, Who Is Wronged? quoted in *Absolutism and Its Consequentialist Critics*, Joram Haber (ed.), Rowman & Littlefield Publishers, 1994. Philippa Foot, The Problem of Abortion and the Doctrine of the Double Effect, quoted in *Absolutism and Its Consequentialist Critics*, Joram Haber (ed.), Rowman & Littlefield Publishers, 1994。

盾不同于容易解决的表面冲突或一般性冲突，它们是基本义务之间不可通约的根本矛盾，是真正意义上的价值分歧，难以简单地通过价值的可比性来加以权衡。每种利益诉求都像"显见义务"(prima facie obligations)一样，能证明自身的重要价值，但相互间无法公度的诉求使得冲突难以达成和解。像布兰特和黑尔那样认为以更高的价值标准来统辖互不相容的利益诉求的想法，显然没有把这种冲突看作根本性的，也没有充分估算到解决"脏手"问题的难度。他们并不反对政治家采用背离日常道德规范的手段，而是反对把这些手段看作脏的，认为不存在政治"脏手"及其两难，因此"政治离不开不道德的行为"是一个假命题。从规则功利主义出发，布兰特驳斥了内格尔较弱意义上的道德绝对主义(weak-absolutionism)倾向，相信借助理性的计算方式，人们最终仍然能正确判断出哪种(些)价值具有优先地位，从而给行为提供统一的指导。[①] 虽然黑尔并不相信功利主义在解决"脏手"问题时能发挥如此重要的作用，但他也比较乐观地认为，道德规范之间的冲突不是终极性的矛盾。由于道德认知体系具有层级性，处于等级较高的德目能够兼容等级较低的德目，因此，诉诸更高层次的道德原理便能消除不同价值之间的冲突——沃尔泽认为这种方法只是权宜之计，它并没有在实质上解决政治"脏手"问题。[②] 布兰特和黑尔等人对政治"脏手"及其两难的反驳形成了"脏手"不脏论。但实际上，这些观点倾向于把问题简单化，同时它们各自的立场都有需要进一步澄清的地方。除非布兰特跳出功利主义的视阈，否则，他必须先面对功利主义自身的理论困难和绝对主义的发难。唯有驳倒绝对主义，他才有可能从规范功利主义的立场来消解"脏手"问题。而在西方民主制和价值多元论的语境下，黑尔的等级性价值体系所反映的优先顺序需要得到社会的认同，但问题是，政治"脏手"本身就说明了道德共同体成员在何种价值应居于优先地位的问题上已产生了严重分歧。这意味着，他们必须解决不同价值之间是否可以作

---

① Richard Brandt, Utilitarianism and the Rules of War, *Philosophy and Public Affairs*, 1972, 1(2): pp. 145—165.

② R. Hare (ed.), *Essays on Political Morality*, New York: Oxford University Press, 1998, pp. 45—61.

比较、以何种标准进行比较等问题。但人们尚未对此达成共识。因此，从这个角度来解决政治"脏手"问题容易陷入困境。

更进一步来看，在两种或多种均能说明自身合理性、但却相互排斥且不可公度的利益诉求之间做出的选择，是一种优先性选择。亦即说，选择促成某种（些）利益诉求，并不意味着另一种（些）利益诉求是不正当的、或者错误的。然而，优先性选择不仅仅带来道德遗憾，更重要的是，它极有可能导致错待（wronging someone）认同另一种利益的个体或群体，损害他们的合法权益，甚至对他们造成致命性伤害。以二战时期的考文垂事件为例。当英军截获德国将发动一次以"月光奏鸣曲"为代号的轰炸行动的情报时，丘吉尔面临两个选择：或是对考文垂的民众隐瞒敌情，阻止散播被截获的情报，以此使德军对英军获取情报的先进技术掉以轻心，进而为日后更容易截取情报、促成更大更快的胜利奠定基础；或是迅速疏散和转移考文垂地区的民众，使他们免于罹难。前一种选择的代价是，牺牲考文垂地区百姓的财产和生命；后一种选择的代价是，德军由此而掌握英军获取情报的技术水平，改进情报传送技术，从而导致往后更难截获敌军情报，而战事的延长必定会使更多的无辜者在战争中丧失生命。此时此刻，不论是对考文垂地区民众的生命和财产，还是对英属其他地区的民众的生命和财产，丘吉尔都负有无可推卸的保护责任。然而，可预见的情况是，不管做出何种选择，他的决策都将剥夺一部分无辜者的生命。这导致了他不得不弄脏自己的双手。从类似的"脏手"情境中可以看到，由于不同公民的基本权利之间、或者个别公民的合法权利和国家整体权益之间产生了无法调和的冲突，因此，管理者不得不做出非此即彼的选择。其结果是，不管管理者做出什么样的抉择，都将侵犯某个或某些公民之基本且正当的权益。这使管理者往往陷入两难困境。

透过马基雅维里的政治心迹，我们能更加清楚地看到根本价值之间尖锐且深刻的冲突。在1527年4月16日写给维托利的信中，他写道："我爱我的祖国胜于爱我的灵魂。"[①] 这一简短的论断不仅表明了他的政治宏

---

① Niccolò Machiavelli, *Machiavelli: The Chief Works and Others* (3 volumes), Allan Gilbert (tr. & ed.), Durham: Duke University Press, 1965, p. 1010.

愿,而且勾勒出一种"鱼和熊掌不可兼得"的处境。要促成某项高尚的政治事业,就不得不借助邪恶的手段,这意味着必须要以牺牲另一种同样高贵的价值为代价。那种既想保持个人道德品格的高尚、又想有效维护公共利益的构想不切实际!在爱灵魂还是爱祖国两种具有根本性的抉择中,不管选择何者,人们都注定要陷入价值无法兼顾整全的困局。当政治家或公共管理者需要在两种或多种同样重要的价值之间作选择时,就不得不为了维护其中一种(些)价值诉求而放弃另一种(些)价值诉求。这是一个"人类无法逃脱的状况"。① 透过政治"脏手"问题,马基雅维里强迫世人正视政治中的道德"残渣",同时也让现代人不得不面对这种令人痛苦的抉择。

(二)政治的独特性

政治"脏手"所反映的目的和手段之间的价值冲突,连同马基雅维里式的"爱祖国"还是"爱灵魂"的选择,都凸显出政治诉求与道德诉求之间难以通约的紧张关系。当施特劳斯指责马基雅维里毫无顾虑地把国家凌驾于灵魂之上的做法时,他的观点也许会被看作一种"道德上自我沉溺"或"道德利己主义"。② 他会遇到如下反诘:凭什么把保持自己灵魂的纯洁或双手的干净置于他人的生命和幸福之上呢?凭什么以他人的生命和利益为代价来顾全自己人格上的完满呢?这一如萨特严斥反对政治暴力的加缪那样。在萨特眼里,加缪是一个固守清高、却置他人死活于不顾的不负责任者,这实际上是一种不道德的道德主义。难道这不是另一种形式的恶吗?这两种互不相容的诉求强化了价值选择中的两难。进一步而言,我们可以追问道德在政治中究竟应否处于主导地位?政治需要什么样的道德?通过对这些问题的全新诠释,近现代政治家与政治哲学家试图解决马基雅维里遗留下来的问题。

在康德看来,道德具有主导政治的特性。但他没有采纳传统意义上的目的论框架,而是从人类的理性出发,确认政治和道德之间的一致性,并

---

① 伯林:《自由论》,胡传胜译,第 242 页,南京:译林出版社,2003 年。

② Thomas Nagel, War and Massacre, *Philosophy and Public Affairs*, 1972, 1(2): pp.123—144. Bernard Williams, *Moral Luck*, Cambridge: Cambridge University Press, 1981.

强调道德对政治决策和政治行为的指导意义。在《永久和平论》中,他指出:"道德作为我们应该据之以行动的无条件的命令法则的总体,其本身在客观意义上就已经是一种实践……因而作为应用性权利学说的政治,与作为只是在理论上的这样一种权利学说的道德(在实践和理论上)就不可能有任何争论。"[①] 既然政治与道德相统一,那么,政治家应始终以合乎道德的方式实现政治目的,他在聪明如蛇的同时,也应老实如鸽。这意味着,道德是行动或决策的主导要素,与后果、效用等因素相比,它具有优先性。

然而,在现代一些政治家或政治哲学家那里,这种把政治完全纳入道德范畴的主张却被看作对道德作用的泛化,它会把一些不该纳入道德领域的事务道德化。由于没有给非道德化的事务留下足够的空间,因此,政治"脏手"无处逃遁,政治的道德前景似乎一片惨淡。造成这种困局的主要原因是,古人没有意识到政治的独特性,以及道德有限的作用范围。在马基雅维里等人看来,这是不懂政治的表现。实际上,现实的政治生活并非像柏拉图等人所描绘的那样只受理性支配,政治"脏手"直接源于政治主体及其实践的非理性,以及由此所产生的各种客观必然性。对马基雅维里的这点认识,霍布斯和韦伯等许多政治研究者深表赞同。政治主体的不完善决定了政治不会应验"善生善果、恶生恶果"的常见,相反,"影响人们的是截然不同的善恶报应法则"[②]。因此,并非所有政治事务都可纳入道德范畴,政治要有效地达至其目标,就不能排除背离社会道德的行为方式。

更根本的是,"脏"之所以必要,是因为政治有着自身的特殊性和自主性。不同的生活领域受不同的准则支配。如果说,马基雅维里对政治独立性的隐晦论述并不那么直截了当的话,那么,施密特对政治自主性的肯定则相当明显。在《政治的浪漫派》和《政治的概念》两书中,这位自比为马基雅维里的政治神学家[③]尤为明确地从理论上论证了政治的相对自主性。

---

① 康德:《永久和平论》,何兆武译,第42页,上海:上海人民出版社,2005年。

② Marx Weber, *Politics as a Vocation*, H. Gerth & C. Mills (trs. & eds.), Philadelpia: Fortress Press, 1965, pp. 48—49.

③ 施密特曾自豪地自比为马基雅维里,并且以马基雅维里退隐后居住的庄园的名字,来命名他在普莱滕伯格镇(Plettenberg)的祖屋。

针对自由主义的中立立场，施密特指出，与道德、审美或经济等相似，政治也必须具备自身最终的划分基础，即某种以自身特定方式表现出来的标准，使人们判定一切具有特殊政治意义的活动时，可诉诸这种衡量尺度。如果说，道德领域、审美领域和经济领域的划分基础分别是善恶、美丑、利害，那么，政治领域的划分基础则是敌友。这一划分表现出最高强度的分化或统一，分裂或联合。"它能够在理论上和实践上独立存在，无须借助任何道德、审美、经济或其他方面的划分。政治敌人不一定在道德上邪恶，或在审美上丑陋；也不一定非要以经济竞争者的面目出现，甚至同政治敌人拥有商业来往会更加有利。然而，政治敌人毕竟是外人，是'非我族类'。他的本性足以使他在生存方面与我迥异，所以，在极端情况下，我就可能与他发生冲突……但在道德上邪恶、审美上丑陋、经济上有害的人不一定必然成为敌人；而就朋友一词所具有的特殊政治含义来讲，在道德上善良的、审美上靓丽且经济上有利可图的，不一定必然成为朋友。可见，政治能够抛开其他对立面独立地处理、区别并理解朋友—敌人这个对立面，借助于此，政治所具有的客观本质和自主性就显而易见了。"① 可见，政治的特殊性在很大程度上体现为对立的、甚或是对抗的关系，正是这种敌对关系使政治领域区别于其他领域，同时使得政治的概念真实，而非流于抽象且空洞的形式。既然政治和道德之间没有必然关联，且政治事务在很多情况下与道德无关，那是否可以由此而推断出，政治无所谓"干净"或"肮脏"、"良善"或"邪恶"了呢？政治领域也自然而然不存在"脏手"问题了呢？在这个问题上，施密特显得小心翼翼。他可能意识到，从政治有自身的独立性这一前提，不一定能推导出政治完全无需接受道德审视的结论。

---

① 施密特：《政治的概念》，刘宗坤译，上海：上海人民出版社，2004年。施米特：《政治的浪漫派》，冯克利等译，上海：上海人民出版社，2004年。在这一问题上，Edmund Burke 显然同施密特持有相反的意见。在前者看来，国家与民族在本质上都是道德的存在，政治问题涉及的主要是善恶问题，而不是真假问题。"产生恶的结果在政治上是'假'的，善的结果是'真'的。"因此，除了美德和智慧以外，再也没有其他东西应被视为政治家从政的资格。参见伯克：《自由与传统》，蒋庆、王瑞昌、王天成译，第83页，北京：商务印书馆，2001年。译文略有改动。

但至少可以说，政治相对于道德的独立性意味着，政治中有道德无法包容的特殊要素。如同马基雅维里所指出的那样，假如政治始终恪守道德要求，那会导致国家的衰落或消亡。政治并不是一个让人展现自身高尚道德风貌的恰当场域，更确切地说，它随时会把置身于政治中的人逼向邪恶的境地，玷污、腐蚀甚或磨灭他的灵魂。"但凡将自己抛身于政治的人——将权力作为手段者，都必须与恶魔达成约定。"① 如果不想冒此危险，就应当尽可能远离政治。因此，"脏手"似乎已内嵌于政治之中，成为了政治家必须面对的根本处境。这种形象化的描述在施勒格尔那里被高度简化为，凡是政治起主导作用的地方就没有道德可言。也就是说，政治诉求与道德诉求之间是高度冲突、互不相容的。或许，施勒格尔的概括夸大了两者之间的矛盾。即便是持有政治现实主义立场的研究者，在很大程度上也不主张绝对忽视道德在人类政治生活中的作用——这样做无异于从道德主义的极端滑入另一种拒斥道德的极端。即使是强调政治独立性的施密特也不否认，政治可以从道德那里获得动力。

相比之下，人们更容易接受韦伯和萨特的观点。萨特笔下的霍德勒曾告诫人们，尽管不可能完全排斥道德，但是，政治家不可能做到绝对干净。"纯洁是托钵僧或和尚的理想。我的双手是肮脏的，一直到我的手肘，它们都浸满了鲜血和泥泞。可那又怎样？你认为你在维护统治的同时还能够保持灵魂的干净么？"② 假如人的本真状态真的是"曲"的，③ 那么，政治就必须顺应其曲势，而非不切实际地偏执于按"正道"行事。在这个原本就善恶掺杂的世界，像萨沃纳罗拉那样苛求以一己之力，来推行道德净化的努力又怎么会获得成功呢？

正是通过强调政治主体的局限性和政治环境的阴暗面，马基雅维里、萨特与施密特等人强调了政治"脏手"的必然性和必要性，他们并没有像

---

① Marx Weber, *Politics as a Vocation*, H. Gerth & C. Mills (trs. & eds.), Philadelpia: Fortress Press, 1965, p. 52.

② Jean Sartre, *Crime Passionnel*, Kitty Black (tr.), London: Methuen, 1949, p. 95.

③ 康德曾经说过，人性这根曲木，绝然造不出任何笔直的东西。而伯林在其著作中对这一思想作了发挥。

沃尔泽和内格尔那样感到道德厌恶，也没有体验到其中的两难困扰。虽然承认撒谎、欺骗或暴力行为是"脏"的，但他们不认为使用政治"脏手"的人必须背负良心的罪责或要受到惩罚。在他们看来，政治就应当注重效果。在政治领域，"好的"和"善的"、"有用的"和"道德的"之间没有必然关联，而"好的"、"有用的"应取代"道德的"，成为判断政治行为正当与否的重要依据。从科迪的辨析中，我们能更清楚地看到这一点。科迪认为，道德两难形容的是这样的困境：不管做 X 还是不做 X，在道德上都是错误的；与此不同的是，当管理者用邪恶的手段（X）促成公共利益时，尽管 X 是不道德的，但这样做是对的，因此，为了行善而作恶并不构成道德两难。①可见，行为方式的实效性屏蔽了道德合理性。鉴于政治目的的全局性和实效性为手段的正当性提供说明，管理者无需因采用了不道德的行为方式而备受良心谴责。"如果没有那些恶行就难以挽救自己的国家，那么，他没有必要因人们责备恶行而感到不安。"②对这种两害相权取其轻的观点，尼尔森深表赞同。依他之见，最紧急关头（supreme emergency）所做出的决定不是在好与坏、正确与错误之间做出的抉择，而是在此种邪恶与彼种邪恶、此种错误与彼种错误之间进行选择，采取不道德行为是为了尽可能地减少邪恶的程度、而不是为了避免邪恶的发生。③当罪恶是无法避免时，管理者为何要为自己采取有助于消除更大罪恶的小恶而感到内疚呢？倘若与日常道德背道而驰的行为可以抑制或减少更大的恶，那么，他有什么理由拒绝行动呢？既然他无法拒绝小恶——它是抑制更大的危害的唯一办法，那么，公众为什么还要惩罚那些为维护或增进公共利益而不得不作恶的人

---

① Tony Coady, *Messy Morality: The Challenge of Politics*, New York：Oxford University Press, 2008, p. 79.

② Niccolò Machiavelli, *The Prince*, Harvey Mansfield (tr.), Chicago：the University of Chicago, 1985, p. 61.

③ Kai Nielsen, There is No Dilemma of Dirty Hands, quoted in *Cruelty and Deception: The Controversy over Dirty Hands in Politics*, Paul Rynard & David Shugarman (eds.), Ontario：Broadview Press, Australia：Pluto Press, 2000, pp. 139—155.

呢?^①由此推断,所谓的道德两难纯属无稽之谈。对政治"脏手"行为,尽管马基雅维里似乎怀有哈姆雷特的无奈,"为了仁慈,我不得不残忍"^②,但如同他在教导新君主时所指出的那样,新国家充满危险,恶行不可避免,故而统治者无需介怀恶名。尽管他与弗斯特一样,都选择了把国家作为自己为之奋斗的目标,^③但当"祖国"和"朋友"之间的利益发生冲突而需要择一而行时,弗斯特多了一份难以抉择的困惑,而这正是马基雅维里所缺乏的。对用鲜血浇铸而成的政治荣耀,马基雅维里并没有像莎士比亚笔下的理查二世那样感到"灵魂痛苦"。

基于外界环境的非可控性和政治主体能力的有限性,人们在直觉和实践上似乎默认了这一点:当缺乏可行的道德手段时,行为是否合理取决于能否有效地实现目的。这意味着,政治具有我称之为"敏于环境"(environment-sensitive)的特征。换言之,假如环境发生改变,而可预见到的情况是,以合乎道德的行动无法实现政治目标甚或起到反作用,那么,人们没有必要遵循道德要求。以马基雅维里自己的话来说:"一个君主如果要保持自己的地位,就必须知道怎样做不好的事情,并且必须懂得视具体情况的需要,决定使用这一手或者不使用这一手。"这暗示了,政治"脏手"是客观环境和政治目的的必然要求。借助对环境的敏感,它否定了道德主义所主张的道德之于政治的无条件性。

就此而言,政治具有相对于道德的自主性,道德已不再是政治的必然基础。当政治理由与道德理由发生根本冲突时,前者取代后者而成为首要的政治考量。这意味着,政治追求的"好"是"有用的",而不是"道德的"。"所有的手段都可被称作'好的',当它产生实效时。"^④在此,"有用的"取代"道德的",成为了政治正当性的根据。这再一次印证了,人们对政治的

---

① Neil Levy, Punishing the Dirty, quoted in *Politics and Morality*, Igor Primoratz (ed.), Basingstoke and New York: Palgrave Macmillan. 2007, pp. 38—43.

② William Shakespeare, *The Tragedy of Hamlet*, Cambridge: The Cambridge University Press, 1934, p. 178.

③ 在《我相信什么》一文中,弗斯特曾指出:"我憎恨事业这一观念,如果可以在背叛我的国家与背叛我的朋友之间做出选择,我希望有勇气背叛我的国家。"

④ Jean Sartre, *Crime Passionnel*, Kitty Black (tr.), London: Methuen, 1949, p. 94.

定位已经悄然转变。在政治领域,道德的作用被边缘化,在极度紧急的情况下,甚至有去道德化的倾向。

(三) 道德的公共性

政治诉求与道德诉求之间的矛盾从一个侧面反映了政治"脏手"所蕴含的价值冲突。由于在某些情况下,政治诉求同样可以在道德上得到辩护,从而获得道德的意义,因此,政治和道德两种不同价值诉求之间的矛盾有时也可以被还原为道德内部的冲突。这突出表现为,把政治"脏手"中的价值冲突理解为责任伦理和信念伦理、政治道德(公共道德)和私人道德之间的矛盾。这是马基雅维里没有考虑到,但却受到现代政治哲学和道德哲学关注的问题。

为了消除政治家的良心负担,韦伯试图对伦理进行分类并重新界定,以此排解两难。[①] 在韦伯看来,政治与暴力密切相关,"政治只能靠暴力实现",国家的存亡取决于它能否正当地利用暴力,因此,国家不能放弃对暴力的支配权和垄断权,否则,它将陷入无政府状态,甚至国将不国。[②] 暴力的政治价值彰显出政治对社会道德、特别是基督教道德的冲击。"政治的守护神、或者说魔鬼,与爱神、教会所描绘的基督教上帝,处于一种固有的紧张关系之中。这种张力随时导致无法调解的冲突。"《圣经》教导的道德是无条件的,恪守此要求的人必须"在所有事情上都是圣人。他要像耶稣、使徒、圣方济各或者诸如此类的人一样活着,至少,他应当有这样的愿望"。也就是说,基督教道德具有普遍性和绝对性,它并不关注道德所运用的具体场景,也不关心道德行为带来的后果。但政治不能不问后果。

---

① 当然,韦伯区分责任伦理和信念伦理不仅仅是为了解决政治"脏手"问题。在基督教道德已经逐渐没落之时,韦伯思考的重要问题是,如何为一个"祛魅"后的政治世界确立新的正当性基础。一如施密特对韦伯思想价值的剖析:"古典的众神失去了神奇的力量,变成了单纯发挥效用的价值,使斗争变得阴森恐怖,参与斗争者顽冥不化到无以复加。这是韦伯的描绘留下的梦魇。"参见舒炜编:《施密特:政治的剩余价值》,第32页,上海:上海人民出版社,2002年。

② Marx Weber, *Politics as a Vocation*, H. Gerth & C. Mills (trs. & eds.), Philadelpia: Fortress Press, 1965, p. 2.

政治的特殊性凸显出行为效果的重要性，政治决策和政治实践对社会的广泛影响使得人们无法忽视、也不应当忽视行为结果。可见，政治诉求与基督教道德诉求之间存在着难以调和的矛盾。因此，有必要确立有别于社会道德而关顾后果的伦理规范——责任伦理——来为"祛魅"后的政治世界提供新的正当性基础。这正是信念伦理与责任伦理的根本区别。注重责任伦理的政治家应视政治的具体境况，摒弃理想主义或者道德主义立场，而那些只强调高贵的灵魂、却不看行为结果、也不愿意对自己的行为后果承担责任的人，绝对不适合当政治家。

现代公共生活的结构性转型影响了人们对政治的理解。随着公私领域的关联日益弱化、公共意识日渐增强，韦伯所提出的信念伦理和责任伦理之间的区别逐渐被放大，并在沃尔泽、威廉姆斯、伯林和翰普歇尔等当代政治哲学家那里得到了不同程度的重视，为人们思考"政治需要什么样的道德"和"政治家应成为什么样的人"等问题提供了重要的理论向度。韦伯关于道德二分的做法启发了麦考莱、伯林和翰普歇尔等研究者，他们也否定了道德的统一性，区分出异教道德和基督教道德、公共道德（或政治道德）和私人道德，以此来包容和消解政治中的"脏手"。在麦考莱看来，马基雅维里政治理论的困境主要在于，他没有清楚地认识到公共道德与私人道德之间存在着本质差异，对两种不同道德的混淆使他产生了"脏手"的幻觉。然而，伯林和翰普歇尔不赞同麦考莱的看法。伯林指出，很明显地，马基雅维里已意识到基督教道德与异教道德的区别，并相信后者更适用于公共政治领域。[①] 就此而言，波考克和维罗里等研究者持有相似的观点，他们把国家利益和公共善看作道德的特殊形式，并认为马基雅维里更加注重这种类型的道德。换句话来说，基督教道德主要关注个人的内在品格，而政治道德更注重公共利益的维护或增益，这使得欺骗或暴力等基督教极力反对的行为有可能在特定情况下被容纳到公共道德（政治道德）中。与私人事务相比，公共事务的影响如此广泛，以至于公共政策合理与否应

---

① Isaiah Berlin, *Against the Current: Essays in the History of Ideas*, New York: Penguin Books, 1982, pp. 39—77.

主要取决于其结果，取决于它能否给更大多数人带来更多利益。相应地，对政治行为的道德评价应更看重行为效果，而非行为过程的合理性，以私人领域的道德来规导管理者的行为无异于吹毛求疵。① 与此相似的是，亚历山大等研究者着力于建构一种针对警察、政治家等公共职务者的职业伦理。通过强调不同道德规范的适用范围，道德体系内部的连贯性和统一性被消解，道德二元或道德多元得以彰显。在此基础上，政治道德的公共性和有效性特征被强化。

尽管我不赞同伯林和翰普歇尔认为马基雅维里区分了两种道德的看法——马基雅维里把欺骗和暴力等行为看作恶行；但是，从道德二分的角度来诠释马基雅维里问题的做法，反映了现代人诠释和解决政治"脏手"的一种重要思路。亦即是说，不同领域适用不同的道德准则。在私人领域让人产生道德厌恶的行为，或许在公共领域能够获得道德合理性说明。在特定情况下，与私人道德相背离的"脏手"在政治道德中可以被看作干净的。这种包容性突出表现在爱国主义的道德诉求上。对处于同一政治共同体的成员而言，捍卫和维护国家利益是责无旁贷的义务。当主权受到威胁时，爱国主义的道德诉求理应具有优先性。这在某种意义上暗示了，为了保卫国家可以不惜一切代价，甚至可以不择手段。自卫伦理似乎已成为了当代国家观念的基础。但应当看到，爱国主义的适用范围相当广泛，它不仅仅被用于解释诸如国家自卫等极端情况下的行为，作为一种政治道德，它影响着公共生活的方方面面。这使得诸如欺骗公众、腐败交易、甚至暴力等行径在特定情况下也能得到辩护。例如，为了避免引起民众过度恐慌和社会骚乱，管理者向社会隐瞒重大疫情的真实数据，或者为了阻止某个品格低劣、且潜在地会损害公众利益的候选人上台，胸怀大公的竞争对手中伤、甚至暗杀他。这些不符合日常道德要求的行为方式有可能在"国家理由"的名义下得到宽宥。

这种基于不同生活领域的道德标准在多元主义那里不同程度地被放大。在一种文化中被看作"脏"的行为或许会被另一种文化所接受。比如

---

① Stuart Hampshire (ed.), Cambridge: Cambridge University Press, 1978, pp. 49—50.

说，在某些国家，死刑可能被看作极端暴力地侵犯人权的表现，因而在道德上缺乏正当性；但在另一些国家，它可能因符合共同的道德情感而更容易被认可，因为它被看作维护遭到侵犯的无辜者的尊严和权利，以及警示和防范更多罪行的强有力的制度保障，因而获得共同体大部分成员的支持。① 文化多元的事实要求我们尊重他人的道德判断，鼓励道德上的自我批评，并且反对向他人强加道德意愿的"家长主义"或简单的文化相对主义（Simple Cultural Relativism）姿态。② 在伯林眼里，马基雅维里是多元论的创始人，他所暗示的道德二元论是正确的。世界不存在唯一真实、客观且普遍的道德观念，那些企图确立统一的道德体系来统辖其他道德观念的做法，无视这样一个问题：究竟谁有权力声称自己的道德信念是合理的、可普遍化的？因此，所谓的统一道德体系不仅无法掩盖道德内部不同德目之间的矛盾，相反，它还会导致阿伦特所说的"真理暴政"。基于对多元化道德的承认和对不同道德的区分，政治"脏手"被包容到道德体系内部，在一定程度上缓解了它对道德权威性的冲击。

不同职业、不同生活领域或文化共同体有着相异的道德诉求。通过切断道德内部的关联和强调道德体系的分疏，部分研究者否认政治生活领域与其他生活领域完全共享一套单一的道德标准。在论述道德二元（多元）的基础上，他们强调了政治道德的公共性和有效性，由此说明某些违背一般社会道德的"脏"在政治领域是干净的，"脏手"在特定情况下具有目的正当性和道德合理性。

政治"脏手"揭示了两种或多种均能说明自身合理性、但却相互排斥

---

① 关于死刑的道德合理性问题在国内外已有相关讨论。其中，引发较大争议且较为敏感的话题之一是应否废除贪官死刑的问题。详见《南方周末》第 1166 期 A4 版报道的《反腐课题组提出极具争议反腐措施 建议废除腐败官员的死刑》，1167 期报道的王明高关于"我不是腐败分子代言人"的回应，以及国内重要媒体的民意调查。

② Tony Coady, *Messy Morality: The Challenge of Politics*, New York：Oxford University Press, 2008, p. 37. Coady 认为，简单的文化相对主义表现为把文化简单地看作完全统一的实体，即使在最简单的文化中，它也会忽略了道德视界的多样性。这使得道德进步与改革的可能性变得毫无条理。

且不可公度的基本价值之间的深刻矛盾。这种矛盾不仅直接表现为政治诉求和道德诉求之间的冲突，而且间接反映出政治道德和社会道德之间的冲突。为了解决政治"脏手"及其价值冲突问题，研究者或者通过确立政治的独立性来否定道德的主导性，使道德在政治中的作用边缘化，进而把"脏手"问题悬置起来；或者通过强化道德的二元化（或多元化），凸显政治道德的公共性与特殊性，进而为"脏手"提供合理性说明。前一种辩护方式反驳了道德对政治的主导性，拒斥道德绝对主义立场，而后一种辩护方式则否定了道德内部的统一性，展现道德自身的不自洽。尽管辩护者从不同的角度消解道德两难，但在现实生活中，当面对政治"脏手"情境时，许多管理者依然感到为难、厌恶，甚或是想逃避了事，而事后又感到若有所失、愧疚不安或意欲给予补救。政治中的道德"残渣"仍未清理干净。这一方面表明了上述理论辩护缺乏足够说服力，另一方面说明了两难具有自身的内在价值和现实意义。

三 价值体系的断裂与道德的边缘化

（一）后果的优先性及其尴尬

显然，不论是强调政治的特殊性，还是凸显政治伦理的公共性，这两种为"脏手"辩护的方式都认为，结果在政治决策和政治行为中具有决定性意义。也就是说，它们倾向于从后果论的角度来比较和权衡各种相异的基本价值，并以此来为政治重新寻找一种新的道德合理性和正当性的依据。

作为指导行为的原则之一，后果论在现代社会有广泛影响。跟义务论相比，其突出特点是强调对效益增长与成本付出的预测和计算，即行为有可能带来多大的利益，可能导致多大的危害，或者行为者有可能付出多大代价。这使得后果论与功利主义之间有着密切的亲缘关系——尽管我们不能把后果论完全等同于功利论。如今，后果论和功利主义在很大程度上已成为了确立道德规范的重要依据：那些能为最大多数人创造最大幸福的决策或行为在道德上是正当的。假若减损小部分人的利益能增进更多人的利益，那么，这样的行为应当获得允许和宽恕。由于根据效用确立道德评价标准的做法较为符合大多数人的直觉需求，即行为应当使其效果最大化，使其成本最小化；因此，在现代道德哲学中，功利主义一直占优势，它业已成为人们思考问题的基本方式。①

后果论在现代政治领域得到了强化，这部分是政治的公共性特征使然。在很多情况下，做出某种政治行为或某项决策的个体会感到，他这样做并不完全是出于个人需要，而更多地是基于对其职位或公共权力——倘若他不是一个自私自利、以权谋私的人——的考虑。这要求政治行为或决策不能仅满足行为者的个人偏好，而要关注它们对广大社会公众的影响，即它们产生的后果。即便是对功利主义提出批评的罗尔斯也不否认后果在判断中的重要意义，依他之见，那些不考虑后果的伦理学说是非理性的、不可思议的。鉴于此，沃尔泽指出，虽然公众希望国家是由一个品行端正、道德高尚的政治家治理，但他们并不希望治国者只考虑保持自己灵魂的纯洁、而不顾后果或置公众需求于不顾。故而，即使行为违背常规道德，沃尔泽依然倾向于支持候选人接受不正当交易的做法。"如果候选人不想弄脏自己的双手，他应当留在家里；如果他无法忍受燥热，他就应当离开厨房。"② 如果政治家只专注于保持自己人格的高尚，拒绝为公众利益而在道德上犯错，那么，这样的权力者并不是人们想要的。既然采取恶的手段是实现公共善的唯一出路，称职的政治家应做出这样的选择。就这一点而言，

---

① 在《正义论》序言中，罗尔斯指出："在现代道德哲学的许多理论中，占优势的一直是某种形式的功利主义。出现这种现象的一个原因是：功利主义一直得到一系列创立过某些确实富有影响和魅力的思想流派的杰出作家们的支持……而那些批评他们的人……并没有建立起一种能与之抗衡的实用和系统的道德观。结果，我们常常看来不得不在功利主义和直觉主义之间进行选择，最后很可能停留在某一功利主义的变种上，这一变种在某些特殊方面又受到直觉主义的修正和限定。"而在该书第一章，罗尔斯再次指出："我们可能首先注意到：确实存在这样一种思考社会的方式，它使人们容易假定最合理的正义观是功利主义的。"参见罗尔斯：《正义论》，何怀宏、何包钢、廖申白译，第1—2、22页，北京：中国社会科学出版社，1988年。

② Michael Walzer, Political Action: The Problem of Dirty Hands, *Philosophy and Public Affairs*, 1973, 2(2): p. 165.

马基雅维里、韦伯、沃尔泽等人有着共通之处,他们认为,与其他生活领域不同,政治领域应当首先注重行为的后果。鉴于博几亚杀害部属的行为有助于排解民怨,进而避免因民怨而造成政局动荡,因此,杀人等暴力行为可以被宽恕。鉴于牺牲小部分人的生命有可能挽救更大多数人的生命,因此,丘吉尔向考文垂人民隐瞒敌情是合理的。当唯有牺牲某些人的"小我"才能成全代表更多数人的"大我"时,这种牺牲是值得的。

我认为,高度重视政治行为的结果是无可非议的,指出并坚持这一点乃是马基雅维里对政治研究的贡献之一。事实上,政治的非个人化特征的确要求政治家不应像道德主义者那样只注重保持自己双手的干净,而应具备韦伯所说的对后果的敏感和对后果负责的自觉。这从一个侧面说明了,现代政治中不同形式的负责制背后具有一定的理论依据。但问题的关键在于,后果在什么意义上或者在多大程度上能为违背一般社会道德的行为辩护?

不难理解,赋予后果在政治决策中以绝对的支配权,将会导致善与恶之间的界线被模糊、甚至消失,这大大削弱了传统道德在政治生活中的意义。以政治效果的优先性来界定道德的地位,会使道德被挤压成一个没有广延的点。当政治诉求和道德诉求发生尖锐冲突时,人们可能会"自觉地"摆脱道德的约束。而马基雅维里在毫无愧疚之心地利用政治实效和"国家理由"来为欺骗和暴力等行为辩解的同时,却没有意识到其限度,因而表现出去道德化的倾向。

且不说在多元世界中应当以什么标准来比较和计算利益,也不深究幸福"最大化"的提法本身在语义上是多么含混不清,即便可以说,政治道德或公共道德讲求的是最大多数人的最大利益,但是,多数人的利益能否肆无忌惮地凌驾于少数人的利益之上,这是值得深思的。假如最大限度地维护或增进多数人的利益,是侮辱少数人的尊严、对他们施以残忍的极刑、甚至剥夺他们生命之理所当然的理由,那显然已违背了公共道德的初衷。换言之,对他人的伤害必须面对来自个人价值及其权利的指控。在这一点上,康德对个体价值的论述颇具启发性。在他看来,个体不能单纯地被看作工具,更重要的,他具有目的性价值。尽管功利主义并不否认每个人都有平等的价值,但在决策时,传统的功利主义者时常从人数上对偏好或利益进行简单叠加,继而以利益和效用的最大化来遮盖个体的内在价值。然而,个人的权利和价值具有相对自在性,它是"少数服从多数"的原则和效益最大化的原则所不能直接否定的。除了诉诸直觉以外,效用最大化的原则似乎难以消解个体内在价值对它提出的质疑。在以公共善为依归的国家政治中,少数人的利益甚或生命能否单单被看作满足大多数人利益的工具?从目的层面而非手段层面来理解人的存在,使得康德超越功利主义的效用原则,同时注重行为动机和行为手段的道德合理性。针对康德的发难,现代功利主义也许会提出辩解:对后果的功利性计算会从长远的角度来看待对他人的伤害,以此说明使他人免于伤害符合长远利益的最大化;或者说,他们会把对个体造成的伤害纳入成本的考虑范围,甚至会把这种伤害的权重调至最大,以至于伤害他人将使计算的加权结果为负值,那样便可以使后果论与道德直觉相一致,从而维护后果论的解释力。然而,这些辩护的方式都没有从根本上说明问题。进一步地,前一种辩解容易使问题的争论中心局限于长远利益与短期利益何者权重更大,而后一种辩解实际上正在腐蚀功利主义平等地看待每个人——把一个人看作一个人而非多个人[①]——的主旨,而这正是功利主义使自身具有说服力和影响力的理论核心。

另一方面,从后果来判断政治行为或决策的合理性并非万无一失。透过康德对"诚实"之绝对性的论证,我们可以更好地理解这一点。在《论政治反映》一文中,贡斯当曾提出以下观点:假如"说真话是一项义务"的道德准则被看作独立的和无条件的,那么,遵循这一道德原则的社会无法长存或发展。这意味着,道德义务的履行应当是有条件的。针对此,康德进行了反驳:对所有个体而言,诚实是一项正式的义务,尽管这项义务也许会给个体自身或他人带来伤害。作为一种掩盖真相的行为,撒谎必定会对他人造成危害,这无须任何附加条件就能得到证明。由于撒谎时常给他

[①] R. Hare, Rights, Utility, and Universalization: Reply to J. L. Mackie, quoted in *Utility and Rights*, R. Frey (ed.), Minneapolis: University of Minnesota Press, 1984, p. 106.

人带来伤害,并且有损道德和法律的权威性,因而,对人类而言,它所造成的伤害具有普遍性。基于此,康德得出了一个不近人情的结论:即便一个谎言能阻止一场谋杀,人们仍旧不应撒谎。可以设想这样的情境:当某个潜在的杀人犯质问你,他企图杀害的人是否躲藏在你的房间。面对这样的情境,康德认为,你应当如实地回答他。假如你告知实情,那么,不管最后结果如何,公共正义也不能因此而责怪你。但这个结论显然与贡斯当等人的观点相反。后者相信,如若撒谎能够拯救他人生命,且撒谎所带来的危害小于告知实情所带来的害处,在这种情况下,正确的做法是欺骗潜在的杀人犯。然而,在康德看来,这种以后果来为恶行辩护的借口是不成立的,因为后果往往是难以预料的。可能出现的情况是,你把潜在的被害人躲在房间的实情告诉了谋杀者,而此时潜在的被害人有可能已经在你不知情时已离开了你的房间,那么,谋杀行动失败;如果你欺骗潜在的杀人犯,告诉他所找的人不在房间,而潜在的被害者在你不知情的情况下已离开家,一旦杀人犯碰到他,他就会被杀掉。故而,不管谁撒了谎,也不管他的出发点多好,他都一定要为后果负责并承担由此而带来的责罚。[①] 在此,康德的主要意图是论证诚实的无条件性,并且批驳那种以后果来衡量行为道德与否的观点。换而言之,行为是否是道德的,并不取决于后果。后果受制于众多无法预料的偶然因素,依据后果而得出的道德判断不具备普遍性和绝对性。为此,康德选择以定言命令而非假言命令作为道德立法的形式,即"你意志的准则始终能够同时用作普遍立法的原则"[②]。定言命令的形式表明,行为之所以被称作善的,是因为它本身是善的,而非因为它能带来好(善)的结果。即使善良意志无法促成目标,但"它依然会放射出宝石般的光芒,因为它拥有自身的全部价值"[③]。亦即说,行为的价值不会因它能否产生成效而改变。康德的绝对主义立场反映了某种道德主义

[①] Immanuel Kant, On A Supposed Right to Lie from Altruistic Motives, quoted in *Absolutism and Its Consequentialist Critics*, Joram Haber (ed.), Maryland: Rowman& Littlefield Publishers, 1994, pp. 15—19.

[②] 康德:《实践理性批判》,韩水法译,第 31 页,北京:商务印书馆,1999 年。

[③] 康德:《永久和平论》,何兆武译,第 9—10 页,上海:上海人民出版社,2005 年。

倾向。尽管他对后果的轻视不甚合理，但至少他论证了把后果作为行为依据有时是不可靠的。[①]

前述分析是为了说明一个结论：政治决策或行动需要考虑后果，但并不能由此而推断出好的结果可以无条件和无限度地为政治"脏手"辩护。当目的与手段、行为结果与行为过程的价值诉求无法兼顾时，出于优先性的考虑，某种意义上的妥协有时是无法避免的。在一定程度上，妥协意味着价值或道德无法达至完善。同样，这种妥协并非没有界限的退却，否则，就会严重削弱道德评价的权威性，甚至消解道德的内在意义。这意味着，后果的解释力有其临界点——尽管对临界点的确切位置，人们仍然无法达致普遍认同。临界点从一个侧面暗示了，后果并非影响价值判断的唯一要素。实际上，人们无法从根本上只承认判断目的或行为后果的价值向度而漠视手段或行为过程的价值向度，特别是当行为本身会对他人造成致命性伤害时，单单以效果作为辩解理由是不充分的。

（二）政治家的职业伦理

应当承认，相对于普通人而言，政治家更有可能遭遇"脏手"情境。因此，他们的道德品格和行为更容易引起公众关注。那么，能否从职业伦理的角度找到为"脏手"辩护的有力依据呢？从某种意义上，这一追问是对"政治需要什么样的道德"的具体化。

从责任伦理和信念伦理、政治道德和私人道德的区分中可以看出，韦伯和伯林等人相信，政治家所遵守的道德应有别于其他领域的道德，相应地，人们也应当采用不同于非公职人员或其他普通公务员的标准来评价其行为。尔后，一些研究者把这种观点诠释为职业伦理（professional ethics）

[①] 或许有人会提出不同的意见，认为事前考虑后果与事后考虑后果之间应当有所区别。在此，有必要指出，对行为的道德判断往往是追溯性的，面对具体情况时，任何实际后果都将在很大程度上影响着我们对行为功过的判断，从而会调整或修正原有的行为准则。也就是说，事后考虑后果会反过来极大地影响人们对下一次行为后果的事前预测，两者不可能截然分开。即便从确立指导行为的道德规范的角度来看，康德提供的事例依然能说明，事前需要考虑的后果是多么复杂，而这种考虑时常是不周全的。

或角色伦理(role morality),并作了进一步分析。鉴于警察或职业政治家等公职人员更容易陷入政治"脏手"困境的事实,澳洲学者亚历山大提出了同社会分工相一致的"道德分工"概念。在他看来,广义的职业伦理要求从事该职业者培养和运用那些能把工作做好的技能——这些技能可以被看作职业美德,并要求他们抵制那些内在于特定角色的腐败倾向,如政治中的收贿受贿,商业中的假公济私等等。作为警察或职业政治家,他们必须按照界定其职位的特定要求和规范——这些规范在该行业具有普遍性——来行动,因此,他们可能要按政治目的的要求去做出违背日常社会道德的事情,如警察迫不得已要使用欺骗、暴力、甚至是虐待等手段制服嫌疑犯或罪犯。由于这些行为手段给人带来伤害的同时,也给公职者带来道德遗憾,因此,为减少伤害和遗憾,亚历山大认为,应当仅仅把行使特定职责的权力(特别是跟"脏手"相关的权力)授予某些特定职业或特定职权者,以防社会公众滥用政治"脏手"。通过限制权力的途径,他希望能缩小"脏手"的波及范围和降低其道德成本。①

我承认,社会分工以及与之相应的道德分类的确具有一定的合理性。但问题在于,一般的社会道德是否跟那些与职业密切相关的道德形式毫无关联,而且后者能否吸纳政治中的"脏",进而从根本上消除"脏手"及其两难?

首先,我们可以从一个相关但不太直接的角度切入这一问题。与厨师、律师、教师或普通的行政管理者不同,政治家的角色就像我们介绍"某某人是艺术家"一样,有时在意义上是含糊不清的。政治是含义较为宽泛的概念,而政治领域的广延如此开放,以至于很难确切地说明政治家具体指称哪些个体或群体,而政治家伦理又究竟适用于哪些人。假如情况像威廉姆斯所说的那样,政治家应当是"行动的发起人,或至少是行动的共同发

---

① Andrew Alexandra, Dirty Harry and Dirty Hands, quoted in *Violence and Police Culture*, Tony Coady & Steven James & Seumas Miller (eds.), Melbourne: Melbourne University Press, 2000. Andrew Alexandra, Professional Ethics for Politicians? quoted in *Politics and Morality*, Igor Primoratz (ed.), Palgrave Macmillan, 2007.

起人",而不是加入某个党派或政府,却只是"默许、而非参与决策"的人;[①]那么,似乎有必要追问,这些"行动"是什么行动?它们应当在多大程度上产生影响?或者说,是否应当对它们的作用范围及其时间跨度有较为清晰的界定?尽管我们可以明确无疑地说,奥巴马是一个政治家。但是,那个在社区策划一场小范围活动来支持奥巴马竞选的发起人,又能否称得上是职业政治家呢?他甚至能够满足亚历山大所提出的职业特征——提供满足基本需求的物质、具有创造性的专业技能、具有自主性、处于集体组织中、并且占据某个公共职位——的要求。由此可见,究竟哪些个体或群体可以被称作政治家,这尚未有明确的定论。进一步来看,职业主体范围之所以难以界定,是因为政治家的职责相对较为含混和抽象。在某种意义上,政治家的职责同服务对象的诉求密切相关。在现代社会,公民希望政治家能维护国家利益,保护其合法权益和增进福利。而在"政治家应当采取何种方式满足他们的要求"问题上,公众似乎给予他们很大的自主空间。其结果是,除了说政治家应当代表和维护公众利益以外,他很难像律师或医生等服务者一样受到一套普遍承认、且内容清晰的责任体系的约束。相比之下,政治家的职业伦理也显得比较空泛,难以体现出自身的特征。在处理具体的政治事务时,所谓的政治家伦理似乎没有给政治行为提供足够的引导。由此可见,政治家的范围及其职责的含糊性使研究很难真正触及政治家的职业伦理问题。

其次,道德分工或角色伦理等理论并不能解决政治"脏手"问题。正如我们在分析政治"脏手"的结构和实质时所指出,"脏手"并不仅仅发生在政治领域,它在日常生活中也会偶尔出现。因此,以职业伦理、或公私道德二分为切入点,并没有从根本上解决"脏手"和政治"脏手"问题。

最后,角色伦理的解释维度在某种意义上会削弱道德本身的解释力,亦即说,政治家伦理可能最终导致政治家和伦理之间的疏离。不可否认,政治家更应关注国家利益和公共利益,而不是个人私利。但不能忽略的是,

---

① Stuart Hampshire (ed.), *Public and Private Morality*, Cambridge: Cambridge University Press, 1978, p. 58.

过度强化目标的非个人化，容易使政治家产生一种特殊的疏离感，使得职业伦理在某些情况下有弱化道德意识与责任敏感的危险。具体而言，对公共目的之重要性的过分夸大会使政治家产生认识上的误区，以为行为或决策是出于履行利他性义务的考虑，与自身没有直接关联。国家理由或公共善的考量可能使人们产生某种错觉，即，以为政治家只能（或只需要）考虑国家利益，并且可以采取任何手段来实现这一目标。实际上，一些政治家也会对外界宣称，在决策时，他们必须只考虑民族或国家的利益，考虑其他事情都会违背这一责任。而他们中的一部分人也倾向于相信这一点。[1]这就导致了一种马基雅维里经常提到的"孤注一掷"、"不得不如此"的强迫感，似乎总有一种异己的必然性力量在背后驱动并支配着统治者的行动或决策。在民主社会中，这种无形的强制力不仅仅是出于非人为的、不可控的自然力，它更多地体现为一种基于制度或文化的人为驱动力。正直的政治家和政府官员有时强烈地感觉到自身有为选民谋福利的义务。这极有可能过度强化了政治家的"代理人"（agent）、"代表"（delegate）或"受托人"（trustee）身份，使他们误以为行为或决策完全是出于履行利他性义务的考虑，因此无需对行为承担责任。故而，在为自己的"脏手"进行澄清与辩解时，一些政治家会提出类似于"我这样做完全是为了大家的利益"，"为了大家，我不得不如此"，或者"作为选民的代表，我的所作所为完全反映了大家的心声"等非个人化的理由，仿佛他们的政治行为或决断完全只是公民意愿的结果而与自身意志没有任何关系。既然代表了公众的意愿与利益，那么，人们又怎能把政治"脏手"的罪责完全归咎于他呢？这些辩解理由似乎在很大程度上能赢得民众的宽宥。不难发现，在日常生活中，人们普遍认为，行为在何种程度上适合接受道德的审视，取决于行为在何种程度上是出于行为主体的意愿和选择；假如采用恶的手段是出于迫不得已而不是基于行为主体的错误抉择，那么，他就无需为那些由超出主体控制范围的因素所产生的后果承担责任。这就不排除一种可能，即政治家会把

---

[1] Thomas Nagel, Ruthlessness in Public Life, quoted in *Public and Private Morality*, Stuart Hampshire (ed.), Cambridge: Cambridge University Press, 1978, p. 80.

不道德的行为完全归咎于客观环境的要求,而与自身的意志或人格无关,亦即说,由此而产生的责任不是因自身意愿和行动导致的主观责任。故而,在暂时缺乏既满足一般道德要求又切实可行的途径时,他们有可能愿意、甚至乐意为了公共利益而把自己的双手弄脏。

乍一看来,这种道德直觉不失为一种给政治"脏手"开脱的理由。在恰逢不受主观控制的"脏手"情境而必须把手弄脏时,我们似乎没有理由斥责政治家是邪恶的、或者质疑他在道德上是完美的,而只能说他真不走运——道德运气的说法暗示了,对行为合理与否的评价应高度依赖于环境。对政治家而言,他们碰上这种坏运气的几率远大于普通人。但这种想法有把政治家从道德约束中解放出来的嫌疑。实际上,处于社会交往中的人无法完全摆脱外在环境的作用和影响。完全意义上的自由是虚假的。事实上,"人人生而平等,却无处不在枷锁之中"①。那种试图以纯粹自由的个人意志来诠释道德判断的适用范围的努力,会把关于道德的讨论逼向死胡同,导致道德的全面撤退甚至瓦解。在这一点上,我非常赞同内格尔的观点。他指出,那种试图从公职的非个人化而推断出对个人的限制可以因权力的公共性而得到豁免的结论——它让人产生一种幻想,即不能把个人道德强加于公职者,它不能严格地说明他的道德状况——掩盖了一个事实:不管扮演什么角色,权力的行使是个人表达的一种最私人化的形式,是纯粹个人愉悦感的一个丰富源泉。②这暗示了,权力快感具有一种特殊的非透明性。它在很大程度上影响着个人的决策和行动意向,却难以被其他人精确地把握,以至于有时会给人造成完全非私人化的错觉。实际上,虽然政治权力理应是公共的,但在具体的操作中,权力的使用具有个人化的特征。权力的运用无法完全排除个人意志,是否行使权力以及如何行使权力的决断并非完全受所谓客观必然性的支配。进而言之,虽然公众乐意且期望强化政治家或政府官员的"代理人"意识,但是,在实际操作过程中,政治家

---

① Jean Rousseau, *The Social Contract and Discourse*, G. Cole (tr.), New York: E. P. Dutton and Company, 1950, p. 3.

② Thomas Nagel, Ruthlessness in Public Life, quoted in *Public and Private Morality*, Stuart Hampshire (ed.), Cambridge: Cambridge University Press, 1978, p. 77.

或政府官员在决策时不可避免或多或少地渗入个人的价值评价和决断,他们并非高级行政人员或完全意义上的代理人。①

权力行使的个人化特征在体现政治家的政治行为与决策的自主性的同时,也说明了以公民的选举与政治家的代表性来为政治"脏手"辩护,同样缺乏说服力。且不说,政治家以选民的利益为依归而忽略他者利益是否是一种"族群的集体自私自利"的表现;② 单从权力和权利的关系来看,尽管权力建立在权利的普遍让渡的基础上,但权力并非必然地符合权利的诉求。正常来讲,两者需要以恰当的方式加以对接。在行使权力的过程中,权力者具有自主性。虽然他代表某些个体或群体的利益,但这难以完全排除自身的判断和价值取向,比如说,政治家或政府官员采取何种方式或者在何种程度上代表选举人的意志。因此,过度强化政治家或官员的"代理人"身份,容易使他们忽略自身在政治决策中的自主性,从而降低其道德敏感度和责任意识。再进一步来看,以政治家的代表性为理由来减轻甚至排解其心理负担,实际上是把"脏手"的主体范围和责任范围扩展到所有选举人。在国家政治层面,就相当于所有公民都要为"脏手"承担道德上的责罚。那是否可以说,那些投小布什政府一票的选民,都应当为那场以反恐和维护国家安全的名义而发动的伊拉克战争负责?在罪不责众的辩解下,结果便是没有人需要为"脏手"负责,政治上的"多手"最终变成了"空手"。

把政治"脏手"完全与公共意志挂钩有可能带来的另一种危险是,假如把民众的期待看作导致政治家不得不弄脏自己双手的主要原因,那么,降低民众的期待似乎成为了消解"脏手"的一种直接途径。可以设想这样的情景:在一次记者招待会中,某记者要求新闻发言人公布一些与近期发生的金融危机相关的数据,而发言人深知,公布真实数据可能会导致市民

---

① 代表应对其行为后果负责;而代理人行为所产生的后果由被代理人来承担。管理者和选民之间的关系是代表和被代表,而非代理和被代理的关系。理想的状况是,管理者与被代表人同处于利益攸关的共同体当中,真正承认和认同被代表人的意志——既代表他人、也代表自己。他不是独立于被代表人以外的第三者。唯其如此,我们才有更充分的理由相信,所推选的人能更真切地代表我们的利益和反映我们的意志。

② Leo Strauss, *Thoughts on Machiavelli*, Illinois: The Free Press, 1958, p. 11.

恐慌或股市崩盘，此时，他不得不以虚假的数据来避免引起民情骚动。在这种情况下，我们是否可以做出假设：如若民众不是那么注重维护自身的知情权，或者取消新闻发布机制，那么，发言人就无需撒谎？显然，这是一种类似责任连带的"多手"解释方式。然而，是否取消了公众期待就真正可以避免政治家的伪善呢？在我看来，这不仅回避了根本问题，而且误解了问题的根源。公众的期待是政治家责任的主要依据，同时也是政治的重要道德资源。正是这种无形的资源构成了政治监督文化及制度，有利于防止政治家滥用职权，或不经慎重考虑地采用、甚至乐意采用"脏"的手段。从这个角度来看，企图以降低公众的期待和要求来解决政治"脏手"问题的做法无异于削足适履。

另一方面，过度夸大国家目的和职业伦理的非个人化特征，也有可能导致政治家在价值判断时陷入极端。他们或许只关注公共层面的价值判断，把政治利益视为行为评价的终极标准，甚至把政治诉求与道德诉求、政治道德与社会道德之间的关系看作截然两分或必然对立的。[①] 殊不知，从政治家职业特性的角度界定其道德义务，并不意味着他们可以较少受到道德的约束，更不意味着他们可以不受一般社会道德或职业以外的其他义务的约束。如本章第一小节提及，政治家的特殊身份令他们不仅在政治行为上受公民的监督，而且在私人生活等方面也更加备受关注。在某种意义上，他们可能受到更为严格的道德约束。也就是说，政治家的政治行为同样需要接受基本道德的审视，职业伦理不能成为推卸其社会道德责任之理所当然的借口，同时也不构成论证政治"脏手"之道德合理性的充分理由。

或许，职业伦理的划分是有意义的。但是，关于政治家的职业伦理仍存在着一些晦暗不明的地方。在澄清和明晰政治家伦理的过程中，不难发现，在为政治"脏手"辩护时，职业伦理的视角所具有的解释力是极为有限的。相反，我们还需提防因过分夸大政治家职业伦理的公共性而陷入思想误区，从而潜在地削弱道德本身的权威性和公信力。

[①] 一些现实主义者存在相似的误解，他们把批判矛头直指道德，实际上，在阐述自身理论时，他们反对的只是绝对主义和道德主义，而非道德本身。参见 Tony Coady, *Messy Morality: The Challenge of Politics*, New York: Oxford University Press, 2008。

到目前为止，我一直力图通过本节论证，以强化价值内部之断裂的方式并不能使人乐观地相信政治"脏手"可以从根本上得到解决。在承认价值冲突的基础上，为政治"脏手"寻求正当性依据的观点，大部分倾向于彰显后果在政治决策与政治行动过程中的重要性和优先性，而相对忽略行为本身的道德价值。从道德内部的角度来看，这些辩护理由趋向于凸显公共领域和私人领域之间的差异，过分强调职业伦理或角色伦理的公共性和特殊性。换言之，尽管两种解释方式都不否认道德在政治中的作用，但在论证过程中，它们却又在很大程度上有弱化道德之内在价值和意义的危险。然而，价值冲突是否在任何情况下都无法调和？面对政治"脏手"情境时，个体、特别是政治家是否无法保全人格的完整性呢？

四　我们需要什么样的政治家？

马基雅维里对政治和道德关系的论述给现代人遗留下了棘手的政治"脏手"问题。"为了行善而作恶"的理念与社会通行的道德推理模式相悖，在逻辑结构上暗示了从"应该"反推到"能够"的困难，并凸显出两种或多种均能说明自身合理性、但却相互排斥且不可公度的价值之间的冲突。这正是古典政治哲学力求避免的理论陷阱。通过诉诸带有先验预设的目的论框架，传统政治哲学家和神学家借助自然等级秩序或上帝的神圣性，来论证不同价值之间的最终和解与融洽。然而，随着维系价值一致性和道德统一性的古典目的论体系在现代社会日趋式微、甚至瓦解，人们对道德的理解失却了终极依据，进而陷入了道德相对主义的无序状态。[①] 由于价值体系内部出现裂缝，因此，多种价值观无法融汇成统一的价值判断。这种断裂在现代社会里仍在继续加大。当代的政治思想家们用以分析和解释政治"脏手"之必要性与正当性的反复尝试，正暴露此种趋势。

随着多元论的流行大化，不同价值诉求之间的矛盾显得愈发难以调解。

---

① 宾克莱：《理想的冲突》，马文德、王太庆等译，第5—18页，北京：商务印书馆，1983年。

在某种意义上，这种矛盾或者像伯林和威廉姆斯所说的那样，是真实且无法调和的；或者像内格尔、德沃金和泰勒所理解的那样，尽管难以消解，但并非无法调和。① 在前者看来，相互冲突的价值之间不可通约且不能相互还原，这种冲突仿如一个戈迪恩结（Gordian Knot），一个万尼尼和莱布尼茨所说的"只能砍断却无法解开的死结"，任何企图以一种伦理学理论来消减冲突的尝试只能是一种误导性的努力。相比之下，内格尔等人抱有更为积极的态度，尽管各自的解决方式有所不同，但他们都相信，解决冲突的尝试和努力仍然是有意义和有希望的。

  在此，我并不想从宏观的角度来探讨价值冲突问题，而只想从个体、特别是职业政治家这个视角来总结我们关于政治"脏手"的讨论。在上一小节，我曾指出，政治权力应当是公共的，但权力的运用却难以排除且实际上无法排除个人影响。权力者在制定政策或采取措施时，或多或少地会带入他自身的价值判断，甚至是价值偏好。即使在"脏手"问题上也同样如此。在公共决策过程中，各种价值观念和利益诉求之间相互博弈和妥协。这种妥协能够真正被接纳的过程，同时也是个体自身观念中各种价值观互相妥协的结果。就此而言，政治"脏手"所突显的价值冲突直接地体现在个体身上。我所关心的是，我们期待个体，特别是政治家如何面对政治"脏手"情境，以及怎样解决不同价值诉求之间的冲突？

  不难理解，人的生活并非单向度的。政治家同时也要在私人领域扮演重要角色。而他在公共领域和私人领域形成的各种价值观念，相互关联，相互影响。尽管公私分明是一种必要的职业操守，但在某些具体环境下，分属不同领域的价值观却很难互不影响。人在本质上理应是整全的。很难想象，一个具有虐待倾向且常常无缘无故地对妻儿施以家庭暴力的政治家能真正包容持有不同政见的政治伙伴。同样很难想象的是，一个心智与人格健全的管理者会毫无顾忌、不计后果地借助邪恶的手段达到目的，并且在事后依然毫无羞耻之心或感到心安理得。换而言之，个体的价值观念是

---

① 里拉、德沃金、西尔维斯编：《以赛亚·伯林的遗产》，刘擎等译，第106—125页，北京：新星出版社，2006年。

各相异的思考向度相互平衡、协调与综合的共同结果。在抉择时,公共管理者往往同时考虑行为动机和结果的道德合理性,兼顾和整合不同价值诉求,进而形成自身的行为依据。而在大多数情况下,不同的价值判断可以在他们的观念中达致融贯和统一,他们的道德人格在总体上是统一而不是分裂的。这也就是说,就个体而言,价值之间的冲突有可能实现整合。

但通常意义上的整合并不能遮蔽某些特殊情况。具体来说,个体或许会遇到这样的情境:他必须在两种或两种以上都能证明自身的正当性、却又无法公度的基本价值之间做出非此即彼的抉择。这常常让人在做出抉择时感到为难、厌恶,甚或是想逃避了事,而在事后感到若有所失、愧疚不安或意欲给予补救。这是因为,他意识到自己无法兼顾两种在他看来是同样正确且重要的基本价值,任何一种选择都将侵犯或严重危害某个人或某些人的正当权益。故而,虽然我认为沃尔泽利用政治家选举的例子来说明政治"脏手"中的两难情形并不是一个恰如其分的例子——它没有体现一种真正迫不得已的困境,没能真正反映政治"脏手"中"不管怎样做都是错误的"两难,实际上,他本人也可能意识到这一点,因此,在后期著作中,他再也没有重申这一例子——但是,他所提出的"负罪感"以及"试图去澄清"等观点,在理解方向上是正确的。沃尔泽赞同"为了行善而作恶"的做法是有条件的。他接受了韦伯对政治家的"悲剧性英雄"形象的刻画,但却不同意韦伯试图减轻、甚或消解政治家的良心负担的做法。面对目的与手段之间的价值冲突,为了避免使自己陷入功利主义或道德主义的极端,他试图在注重后果与注重过程之间寻求平衡。可以说,一种必不可少的负罪感,是沃尔泽支持政治"脏手"的伦理底线。既然作恶的行径违反道德规则,作恶者就应当接受惩罚。政治权力理应不受控于丧失良心的人,否则,将给社会带来难以估量的灾难。正是这种负罪感使得政治家对弄脏手深感为难,真正认识到"脏"的行为有可能对其他人造成的伤害,并且意识到自己并不是清白无辜的。他试图澄清事实的真相,甚至愿意接受惩罚。唯有这样,他依然不失为一位称职的政治家;也唯有这样,才真正体现出政治"脏手"中道德两难的沉重分量。

实际上,这种诉诸心理机制来调解价值冲突的方式,可以从个体的内在价值和权利、政治家的责任意识,以及政治的道德资源等方面找到依据。诚然,当一个人自愿为国家利益或公共善牺牲自身利益时,我们可以说,他具有高尚的人格。但我们难以把这种高标准的道德强加于每个公民,也不能因高尚的人格是值得推崇的而认为个人权利可以被毫无顾忌地僭越。而"国家理由"的观念之所以无法轻易地卸除管理者的良心负担,是因为它难以强有力地证明,多数人的利益理应肆无忌惮地凌驾于少数人的利益之上。如果说,最大限度地维护或增益多数人的利益是侮辱少数人的尊严、对他们施以残忍的极刑、甚至剥夺他们生命之理所当然的缘由,这显然违背了公共道德的初衷。由此可见,"国家理由"的辩护力并非没有限度。当维护或增进公共善的行为将对无辜者造成严重伤害时——它可以被预见、且没有征得受害者的允诺,这是一种主动的伤害,是故意作"恶"。在康德那里,这不仅仅是一种恶,而且是根本恶。之所以称它为"根本恶",是因为它不是由无知而导致的恶,而是属于明知故犯的恶。故而,即便管理者是为实现更高的利益或者增进更多数人的福利而采用违反常规道德的手段,这仍旧是有意作恶。即便这是一种"高贵的腐化",它也仍然是腐化。故而,在不同程度上感到两难是应当的。更重要的是,两难反映了个体正在做一种优先性选择,而非否定性选择。他并不完全否定落选价值的重要意义,而是以愧疚或补偿等特殊方式从另一个角度肯定了此种价值。这暗示了,借助个体道德情感的方式,不同的价值之间的尖锐冲突或许能得到缓解,价值内部的深刻裂痕也许能在一定程度上得到弥合。

进一步而言,正是两难、厌恶或者不愿意等道德情绪,才体现出政治家真正是出于"迫不得已"或"不得不如此"而选择了不道德的行为方式,才真正体现他的责任意识。唯其如此,他才不会像马基雅维里所说的那样,为了实现好的目标而乐意作恶,并把它看作理所当然的;他才会更加充分地考虑各种可能性选择,并且尽量避免在不必要的时候采用、误用或滥用恶的方式。换句话说,政治家决定是否有必要把自己的手弄脏之前,应当经过深思熟虑,因为它必定会对某些人的正当权益造成损害。韦伯关于政治家应当对后果负责的说法,有时容易让人产生误解,以为政治家只需要对政治利益或公共福利负责,而无需顾及其他利益。其实,我们应当在更广泛的意义上来理解"责任"一词。在我看来，后果应囊括维护或增进公共善所带来的正反两方面的结果，而责任则体现在要对正反两方面的后果负责。既然促成好目的的行为也许会产生副作用，那么，就应当为这些负面后果承担相应的责任。即使政治家为了实现更高的目的而不得不采用违背一般社会道德的行为，但由于这些行为是对某些无辜者的主动伤害，因此，感到两难、愧疚、负有罪恶感，都是具有责任意识的表现。

强调政治"脏手"中的两难和愧疚还出于一种较为现实的考虑。在此有必要重申，权力的运用在某种意义上具有特殊的不透明性。这种不透明性让公众难以完全把握政治家的真实意图。对此，马基雅维里早已给出警示：统治者与民众之间存在着较大的距离，这使得民众多靠外表或言词来对治理者做出判断，因而难以真正摸透他是一个怎样的人。[1] 政治领域是一个道德高风险场域。如何判断所谓的"必然性"是一种真正的必然性情境，还是如马基雅维里所说的那样，有时只是一种人为创设的必然性情境，怎样判断作恶主要是基于公共善的考量，或是出于个人私利的考虑，对这些问题的解答往往是滞后的。有时候，它们甚至无法获得确切的答案，是"黑箱"式的问题。故而，通过外在的机制监督和防范那些以"国家理由"的名义以权谋私的行径，在实际操作层面会存在着许多晦暗不明的地方。这使得如何避免政治"脏手"被滥用成为了一个不容忽视的问题。显然，这正是马基雅维里等人无暇顾及的问题。与马基雅维里为了行善而推崇作恶的热情相比，康德更添了一份冷静。他认为，更重要的问题在于，要警惕那些打着"为了行善而不得不作恶"的旗号、实则为自己谋取私利的招摇撞骗者。如果说，马基雅维里的政治主张说明了，作恶需要勇气，一种为实现好的目标而弄脏自己双手的勇气；那么，在康德那里，对抗恶的勇气则更值得称道。"道德的真正勇气（根据这条原则：你不可向恶让步，而是要格外勇敢地反抗它）在当前的情况下倒不在于以坚定的决心去迎接为此所必需承受的灾祸和牺牲，反而在于要看清楚我们置身之中远为危险

---

[1] Niccolò Machiavelli, *The Prince*, Harvey Mansfield (tr.), Chicago: the University of Chicago, 1985, pp. 70—71.

的、狡诈的和欺骗而又诡辩的、炫弄人性的弱点在为一切违法侵犯权利的罪行进行辩护的那种恶的原则,并且要战胜它那阴谋。"[1] 在这一点上,韦伯以"权力的虚荣感"的方式,从另一侧面提醒世人。权力容易使意志力薄弱的人经受不住外界的诱惑。对此,也许会有人提出反驳。在他们看来,制度或程序足以监督和惩治政治家的不当行为。我并不否定制度在一定程度上能够对他们构成有效约束。但完全依赖于制度的做法掩盖了这样一个事实:这些制度的建构与完善本身就离不开具有专业技能和政治实践智慧的政治家。相对于普通民众而言,他们更清楚整个复杂的制度系统的运作过程,并且更能看出其中的漏洞,因而,也较其他人更懂得如何钻制度的空子。行业的专业性或者行业秘密使行业制度本身容易游离于公众视线之外。在此意义上,不论是对政治家个人还是不同层次的政治制度而言,外部约束力或多或少总是有限的。故而,在权力意识最为隐秘的内心深处,一般意义上的道德是监督和约束过度的权力欲望的、必要且重要的道德资源。

诚然,"脏手"是政治领域中的一种特殊现象。这种特殊现象对道德的权威性提出了巨大的挑战,是人们应当充分重视的问题。但是,"脏手"不是也不应当是政治生活的普遍现象。实际上,在很多情况下,把手弄脏并非如辩护者所说的那样真正是非如此不可。那些夸大政治"脏手"的范围、过度强化政治与道德之间的冲突的观点,很容易使人把政治和道德决然对立起来,甚至滑入去道德化的极端政治立场。这不仅会掩盖某些以权谋私的行为,而且会让人们轻率地把手弄脏,甚至乐意为了实现公共目标而不必要地把手弄脏。故而,任何对政治"脏手"的简单化辩护都有可能割裂甚至消解政治与道德的内在关联。作为一种迫不得已的做法,"脏手"应当是非常状况下才能采取的意外行径。这种非常规的情境意味着,政治"脏手"不能成为可普遍化的政治行为标准。政治家每一次把手弄脏都需要经过慎重的思量,而所谓的"必然性"并不能构成"脏手"免于道德审视的充足理由。在现实生活中,政治"脏手"所牵涉的政治诉求与道德诉求、公

---

[1] 康德:《道德形而上学原理》,苗力田译,第55页,上海:上海人民出版社,2005年。

共道德与私人道德之间的冲突以不同的形式表现出来。尽管它们不能以绝对统一的形式——我称之为"较强意义上的统一"——得到协调,但这并不意味着,在个体、特别是政治家那里,两者的冲突永远无法得到缓解。借助道德情感的方式,各种相互矛盾的价值在某种意义上得以兼顾,实现"较弱意义上的统一"。当政治家对其"脏手"感到犹豫时,我们才有可能相信他并不是愿意去伤害他人;当他感到遗憾或愧疚时,我们才有可能相信他仍然是一位好的政治家,或借用康德的话来说,一位"道德的政治家"[①]。这正是包括政治家在内的人追求整全性与完善性的重要体现。

---

① 康德:《永久和平论》,何兆武译,第45页,上海:上海人民出版社,2005年。

结　语

　　毋庸置疑，马基雅维里是一个以政治为志业的人。在写给维托利的信中，他曾写道："命中注定，我没有能力做好丝绸生意或经营羊毛贸易，也无法计算当中的利润或损失。我的生活方式是政治的。我或者必须保持沉默，或者必须关注这些（政治）事宜。"[①] 而他坎坷的政治生涯深刻地印证了这一执著追求的沉重和非凡。但是，他关注政治的方式，以及他对政治和道德之间的关系的理解有别于古典政治哲学，并深远地影响了现代政治哲学的发展。经历了从颠覆到重建的过程，马基雅维里摒弃了古典政治哲学的理论框架和思想根基，重新为政治确立了新的正当性基础。这种公然与传统决裂的勇气及其思想的原创性、新异性，使他在现代政治哲学中占据了极为重要的地位。[②] 他以独特的视角向世人提出了一些不容回避的

---

　　① Niccolò Machiavelli, *Machiavelli: The Chief Works and Others* (3 volumes), Allan Gilbert (tr. & ed.), Durham: Duke University Press, 1965.

　　② 马基雅维里的勇气使施特劳斯对他持有又爱又恨的复杂心理。对马基雅维里在其著作中所透露的勇敢无畏——特别是公然颠覆传统的胆识，目光之深邃和语言之雅致，施特劳斯曾赞赏不已。故而，在1953年4月29日写给沃格林（E. Voegelin）的信中，他表达了对马基雅维里的赞赏："我开始慢慢地写一本论马基雅维利的小书。我情不自禁地喜欢他——哪怕他有错误。"参见恩伯莱、寇普编：《信仰与政治哲学：施特劳斯与沃格林通信集》，谢华育、张新樟译，第139页，上海：华东师范大学出版社，2007年。

根本问题：应当在什么层面探讨政治？政治需要什么样的道德？好人能否有效地治理国家政务？前一个问题涉及政治和哲学之间的关系，它在很大程度上牵涉到对后两个问题的理解，即政治和道德的关系问题。透过马基雅维里的政治思想筹划，我们可以窥见政治哲学如何开始从古典向现代转型；透过他的政治道德主张，我们可以看到政治又是如何逐步从道德中剥离出来，获得自身的独立性和主导性，继而给后世遗留下难以解答的政治"脏手"难题的。

马基雅维里政治思想筹划的第一步，是以事实之"真"取代哲学之"真"。在考量政治时，他追求的是一种实然层面的政治真实，而非应然层面的道德真知。他宁可要现实生活的真实恶，也不要道德王国的虚幻善。能否在"实际如何"与"应当如何"两种追问方式之间做出正确抉择的问题，是一个关乎个人和国家生死存亡的根本问题。在马基雅维里看来，唯有立足于政治现实，统治者和国家才有生存的希望。这个道理不仅适用于处于生灵涂炭中的意大利，而且适用于一切国家政权。

对现实的张目使马基雅维里在宇宙观上以命运遮蔽了古典政治哲学中带有神圣性的自然或上帝，抛弃了传统目的论体系中井然有序的等级秩序，从而确立并放大了人在政治生活中的自主性。亚里士多德说，人是政治的动物。马基雅维里却告诉我们，政治只是人的政治——它无需以哲学家头脑中构想出来的至善理念为指向，也没有必要追求虚无缥缈的优雅生活。进一步地说，现实生活中的人有着各种各样的缺陷。由人这一具有局限性的主体所组成的政治生活无法达至最佳境界。因此，人必须从理想的高位退却下来，"两害相权取其轻"才是人应当确立的政治高度。假若人真的如康德所说的那样，只是一根不可能造出笔直东西的"曲木"(the crooked timber of humanity)，那么，政治怎么可能像传统政治哲学家所设想的那样，能够以完美与和谐的至善为终极目的呢？于此，马基雅维里巧妙地以现实的境况为由，逼退了哲学家对政治的理论干预。而这种干预恰恰是古典政治哲学所极力推崇的。

现实的诉求化解了理想的高度，同时也使政治脱离了传统哲学的视界。正如本书第三章所指出，阿里斯托芬曾以戏剧化的结局宣告了政治和古典哲学的决裂，并使政治最终以粗暴的方式获得了自身在城邦的主导权。这反衬出真实生活中苏格拉底之抉择的深刻意义。在我看来，苏格拉底不仅以生命捍卫了他对正义城邦的信念，而且捍卫了哲学对政治的尊严。如果说，逃走暗示了哲学向政治的退让或屈从，那么，死亡则意味着哲学仍旧能够以高雅的理论姿态同政治抗衡，以特殊而悲壮的受死方式使政治蒙羞。虽然哲学暂时无法获得城邦的普遍认同，但却迫使政治对其虚位以待。然而，马基雅维里所做的正是使政治从传统哲学中剥离出来。他注意到，哲学的批判性及其对完美理想的追求，极有可能成为政治秩序的绊脚石。他强调的是政治的稳定性和持久性。这要求政治家的决策和行动必须立足于"实际如何"而非"应当如何"。从实际状况来看，人的不完善不仅仅是伦理意义上的，同时也是存在论意义上的。如若世界真的像内格尔所说的那样，"不是一个好地方，它甚至似乎还可能是个罪恶的地方"，① 那么，还有必要沿着柏拉图等人所铺设的老路走下去么？在马基雅维里看来，对政治和道德等跟生活密切相关的期待应当降低到人可以触及的高度，否则，它们会因缺乏操作性和可行性而沦为无聊的谈资。因此，政治目标要从"追求好生活"降至"有效地维持生活"。

马基雅维里的视界和立场让人自然而然地联想到伯林从赫尔德那里获得的启示：那些生生不息地扰动着人们思想的重大传统问题并没有普遍有效的解决方案；诸如什么是生活的目的（或意义），或者是什么使得所有的事件都如其所是地发生，这些带有普遍性的问题原则上是无法回答的。其原因不是因为这些问题过于深涩，难以解答，而是因为它们本身构思不当。② 尽管言说的语境有着很大的差别，但马基雅维里同赫尔德都认识到，从特殊性和现实性的角度思考问题十分重要。任何想以抽象观念解释人类行为的企图，或试图使人类的存在屈从于抽象观念的企图——不论那些诸如正义、进步、民族性的观念多么崇高，"最终总是会导致生命的祭献与人

---

① Thomas Nagel, War and Massacre, *Philosophy and Public Affairs*, 1972, 1(2): p. 144.
② 里拉、德沃金、西尔维斯编：《以赛亚·伯林的遗产》，刘擎等译，第15页，北京：新星出版社，2006年。

性的牺牲"①。假如把这句话放在马基雅维里的语境下,那么,它可以具体表述为,实际怎样生活与应当如何生活之间有着相当大的距离,如果人只想着"应当如何"而忽视了"实际怎样",那么,他不仅无法保存自身,而且会招致毁灭;他的国家不仅无法长治久安,而且会分崩离析。正是意识到不同的政治思考方式将深远地影响国家的命运,因此,马基雅维里告诫统治者,那些混淆"应当如何"和"实际如何"、且以理想王国取代现实王国的做法,是出于天真和无知,就像韦伯和施密特所说的那样,是一种政治幼稚病。马基雅维里努力要做的就是要拆穿古典政治哲学的谎言,让统治者摆脱幻想,直面现实真相——即便真相是残酷的、黑暗的,令道德主义者瞠目结舌。对于塔西陀"人们必须尊重过往,但也必须屈从于现实"的忠告,他奉为金玉良言。②政治思考方式的转变体现了马基雅维里对政治生活与沉思生活两种不同生活方式和存在方式的抉择,同时也反映了他从彻底现实主义的立场来理解政治概念及其高度。

不可否认,马基雅维里对政治和道德的理解具有一定的现实启发性。他为政治哲学研究者提供了一个新的视角,引导他们的眼光从天上回落到地上人间,使得政治哲学更加关注现实生活。但与此同时,马基雅维里的政治现实感在可能世界和真实世界之间设置了一道难以逾越的鸿沟,消解了两者之间的关联,并以后者否定前者。与真实世界相对的可能世界是一个意义世界。"意义"指称的是某种相对持久和恒定的性质,蕴含着对内在价值的确认。不论它是否能被人找寻到或者能否被最终实现,它都不会因此而丧失自身的特性和深远的内在价值。③对意义世界的承认暗示了,我们相信某种超越现实的尺度,并认为有可能不断地趋向更好的生活状态。而对意义世界或可能世界的放弃,以及对流变的现实世界的倚重,使"理想"与"永恒"成为幻象。可以说,在马基雅维里的政治理论体系中,

---

① 伯林:《俄国思想家》,彭淮栋译,第108页,南京:译林出版社,2001年。
② 塔西陀:《历史》,王以铸、崔妙因译,第249页,北京:商务印书馆,1981年。
③ 阿伦特:《人的条件》,竺乾威译,第150页,上海:上海人民出版社,1999年。

不存在真正的永恒和不朽。①

对可能世界的消解,以及对政治高度的降格,使马基雅维里的政治概念表现出静态的特征。诚然,可能世界蕴含的各种理想在一定程度上彰显出它与现实生活的批判性距离。然而,理想同妄想(或空想)有着本质区别。前者涵盖了对未来的向往和憧憬,给人行动的希望和动力,意味着改进、完善和进步;而后者则建立在没有根据的想象基础上,其构筑的虚幻世界不仅永远无法实现,而且让人误入歧途。作为尚未实现的价值追求,理想包含着某些新异事物。在某一阶段尚不具备充分条件加以实现的理想,也许会被视为乌托邦。但这并不意味着它是毫无意义的空谈。所谓理想,是相对于它所处的生活境况,以及此时此地生活于其中的人的视阈而言的。它蕴含了对现实中不合理、不完善的现象的批判,能够为社会的发展和完善提供进步的动力。在动态社会中,人们对可能世界和现实世界之张力的认识不断发生转变。例如,废奴运动和女权运动曾经在专注现实境况的人眼中是不可能实现的幻想,但这并不意味着它们无法在尔后成为现实。②相反,缺乏理想的高度,生活将变成一种毫无活力且缺乏方向的静态睡眠。而马基雅维里在强调生活之是其所是的同时,却否弃了理想的维度,消解了可能世界的意义,使政治完全立足于现实而缺乏超越性的高度。他无意于改善现实社会,并不关注如何改变政治主体的劣根性,使人变得良善,也不寄望于改变呼唤邪恶的所谓政治"必然性"环境,而是把它们视

---

① 虽然马基雅维里曾提到"永恒"一词,但该概念并不涉及可能世界和意义世界,而只与现实世界的记忆有关。在现实世界中,似乎荣耀才可谈得上"永恒"。亦即说,荣耀是世俗的,"永恒"是一种显现的社会表象,实实在在地可见诸于具体言行。但实际上,记忆具有断层,它并非连贯的。依靠对个人或国家辉煌的记载以及世人的传颂来体现的荣耀无法持久长存。在他看来,语言的更新和宗派间的相互压制,使那些关于先贤事迹的记载极有可能被"彻底清除","宗派在五六千年里发生了两三次变化,此前的记载也随之消失";加之洪水或瘟疫等灭顶之灾的降临也会湮没历史,幸存者往往不仅不了解古已发生的史实,而且还会"为了树立自己的名望而隐瞒和篡改它"。故而,即便在现实世界,"永恒"也是不可能实现的。参见《论李维》第 2 卷第 5 章。

② Tony Coady, *Messy Morality: The Challenge of Politics*, New York: Oxford University Press, 2008, pp. 53, 74.

为政治考量的首要前提预设，专注于解决如何有效地管理具有劣根性的人的问题。

政治从传统哲学中退却下来的重大后果之一，是政治获得了相对于道德的自主性和优越性，相反，道德则失去其独立性和主导性。从至善的目的追求中解脱出来的政治概念，切断了自身与道德之间的形而上关联，道德不再是政治的先在基础或者内在需要。尽管马基雅维里并不否认道德在政治生活中的作用，但相对于政治诉求而言，道德诉求不再具有主导性和优先性。通过强调现实权力与恶的必然联系，以及"国家理由"的政治原则，他抽空了道德内在的价值，并以国家目的的无条件性设定了道德的条件性，限定了道德的适用范围。游离于古典政治哲学体系之外的政治不再以道德为基础，而转向专注于实效。能否有效地实现国家利益和政治目标，构成了政治决策或政治行动的首要考量。要有效地实现政治目的，就必须审慎地适应"必然性"的要求，并创造"必然性"的条件。对后果和现实效用的专注使马基雅维里滑入去道德化的险境。亦即说，政治无需像康德所理解的那样必须向道德效忠，而黑格尔称为"地上神物"的国家也已然脱掉了神圣的外衣。除祛神圣外衣的政治返归本然状态。当超验的必要性被某种经验的必要性所压倒时，善和恶之间的界线便不再清晰，善相对于恶的优先地位被最大限度地弱化或淡化。此时，"恶已获得了与善相并立的地位，尽管恶不具备善所拥有的力量，但至少它是实现善之不可或缺的手段。业已被基督教伦理所征服的原罪如今在本质上已赢得了局部胜利，恶魔已强行进入了上帝的王国"。① 在实效目标的主导下，政治为恶预留了广阔的道德赦免空间。

对意大利现实状况的专注使马基雅维里夸大了作恶的必然性，而对政治目的和行为实效的过分张目又使他肯定了作恶的必要性。在政治"必然性"的辩护下，那些为了推进目标而运用的邪恶行径似乎是"必要的"，是理所当然的，因此应当得到宽宥。从对"必然恶"的描述过渡到对"必要恶"的规范，马基雅维里消解了道德的独立性，使道德变相地成为了服从且仅

---

① 迈内克：《马基雅维里主义："国家理由"观念及其在现代史上的地位》，时殷弘译，第39页，北京：商务印书馆，2008年。

仅服从于国家利益的工具。显然，马基雅维里对道德持有庸俗化的理解。对他而言，道德不是整全的，它只是生活的一部分而已，而且是次于政治的工具性部分，并不具有内在意义。事实上，他的政治筹划的困难并不在于对目的或效用的强调——缺乏效用维度的行为或制度没有太大意义，而在于他把效用看作判断行为正当与否的唯一标准，认为它在任何时刻都处于无条件的优先地位。在目的—手段的因果链结中①，目的能证成手段的政治原则昭示了，任何邪恶在必要时都可以无止境地获得正当性说明。一旦道德失去自身的内在价值而成为纯粹政治性的工具，那么，道德对政治的约束便随之消解。在诸如政治"脏手"等情况下，道德将被悬置起来。就此而言，马基雅维里所理解的政治道德实质上是政治化的道德。

不应忽视的是，马基雅维里在政治领域把道德悬置起来的做法，在现代社会正以一种新的形式得到了强化。现代公共生活的结构性转型正不断弱化公私领域之间的关联。这种结构性转型"极大地左右了人们对现代政治生活和政治事务之本性与意义的理解"②。在当代自由主义哲学中，我们能较为清晰地看到这样一种倾向，即公共领域和非公共领域、政治领域和私人领域之间的界限不断被强化，并且出现公共领域挤压私人领域的趋势。在他们看来，传统政治哲学把关于"什么是好的生活"与"什么是好的社会"，以及"什么是好人"与"什么是好公民"混为一谈，必定会使政治研究误入歧途，如把家庭生活中的父权主义带入公共生活当中，而同讲求自由、民主、平等的现代社会格格不入。对美德或善的关注是道德哲学的任务，而非政治哲学的着眼点。因此，政治哲学应与那些"合乎理性的

---

① 现实的生活世界是流变的、具体的、特殊的，在此情境中，单单以实效为思维向度，将不可避免地使事物在目的与手段的角色变换中失去自身的内在价值和本真意义。在目的—手段的因果环节中，随着语境的变化，每一目的都有可能成为实现另一目的的手段。正如阿伦特所指出的那样，在功利的世界中，所有目的都注定稍纵即逝，并被转换为更高一级的目的之手段，由此导致的困境是，根本不存在任何终结目的和手段链结的方法，也不存在阻止所有目的最终再次成为手段的途径。参见阿伦特：《人的条件》，竺乾威译，第149—151页，上海：上海人民出版社，1999年。在这个由目的和手段构筑而成的政治因果关系中，个体随时有可能异化为实现所谓更高政治目的的手段。

② 万俊人：《政治如何进入哲学》，载《中国社会科学》，2008年第2期，第17—18页。

宗教学说、哲学学说和道德学说"分开来，正义应当是政治的正义。[①] 可见，正义首先被看作一个政治概念，而非亚里士多德所说的那样从属于美德的范畴。唯有超越美德这类情感——美德与一种较高层次的欲望所规范的气质、性情相关联，政治才能实现平等的正义。故而，国家不是完善论意义上的国家。对那些关涉什么是优质生活（或好生活），以及对不同生活观的排序问题，国家应当保持中立。它应当为这些相关判断和选择提供必要的尊重与保护，而非把某种或某些好的生活方式强加于他人。正如德沃金所指出的那样，有关善的生活的问题或人类生活的目的问题，在公共的立场上是无法解决的，这正是现代自由主义的核心观念。由此，诸如"我要成为什么人"、"什么样的生活是最值得过的"等古典政治哲学追问的问题在现代公共生活中已被搁置起来。完备性的道德也因其私人化或情感化等特征而被阻挡在政治的大门之外。这种强化政治领域和私人领域、政治道德和私人道德之区别的做法，同时也构成了论证政治"脏手"之正当性的重要依据。

屏蔽多元道德学说干扰的政治看似变得更加客观公正，或者在短期内有可能更快更有效地达成政治共识。但长远来看，这当中也存在着不容忽视的问题。那些试图以公私领域之分来隔离政治和道德的做法，极有可能像哈贝马斯所说的那样，使政治正义成为纯粹的程序正义——尽管罗尔斯强调他的差异原则仍包含着实质正义。而政治同道德疏离的严重后果之一，便是政治被还原为一系列具体的行政技术性问题，失去价值维度的政治事务"成为国家成员任意的事"。[②] 换言之，只要得到大众的投票或法律的认同，"正义就会支持抢劫、通奸和伪造遗嘱"等行为。[③] 即便可以说，公共理性能够避免参与政治的公民偏离正轨，然而，公共理性的确立离不开个体内在道德素养的支撑。实质上，形成和修正善观念的能力"正是形成和修正我们综合目的的能力，对这种能力的运用似乎必然会涉及我们的

---

① 罗尔斯：《政治自由主义》，万俊人译，第13页，南京：译林出版社，2000年。
② 黑格尔：《法哲学原理》，范扬、张企泰译，第253—254页，北京：商务印书馆，1961年。
③ 西塞罗：《国家篇、法律篇》，沈叔平、苏力译，第171页，北京：商务印书馆，2008年。

私人身份"。① 政治领域是人生活的其中一个场域。它既不能涵盖或取代其他领域,也无法不受其他领域的影响。尽管在多元化的社会中,不同领域的价值互相冲突、互不通约的情况会表现得更为突出,但总体而言,作为整全的个体,扮演不同社会角色的个体往往无法在公共领域(政治领域)与私人领域之间做出明确的划界。他需要整合相互交织、甚至是难以通约的价值诉求,从而形成自身判断和行为依据。因此,试图通过割裂政治和道德之间的关联来强化政治实效的做法,并不令人信服。

不可否认,在现实生活中,价值冲突并不罕见,好人与好公民、好生活与好社会之间的确存在着某种程度的不一致。然而,这些冲突在很多时候并不是无法调解的。在更多情况下,它们是相互统一和相互融贯的。但马基雅维里却并没有着眼于正常的政治生活,而是把他的政治秩序建立在某些极端情境之上。而建基于此的政治或道德凸显出强烈的对抗性和二分性特征。因此,政治和道德之间处于极度紧张的关系中。虽然马基雅维里正确地看到了政治诉求和道德诉求之间的矛盾,却把这种矛盾推向过度紧张和普泛的极端,进而过分夸大了作恶在政治中的必然性和必要性。实际上,政治诉求和道德诉求之间的冲突体现的是一种张力关系。尽管张力凸显出各自的独特性,但在许多情况下,它同时也意味着互补兼容的可能。在某些情况下,两者的妥协并不一定意味着作恶,更不意味着否定政治的道德维度。而马基雅维里过分强调了张力中的冲突,却消解了它所蕴含的互补关系,因此,使人对政治怀有悲观的看法。

政治是一个道德高风险的领域。在现代社会,权力具有公共性的同时,对它的运用有时也有着某种意义上的不透明性。权力的特殊性使得政治决策和政治行为应当受到道德的监督。而道德具有独立于政治的内在价值,它并不仅仅是实现政治目的的工具。从另一角度看,道德并非如马基雅维里所理解的那样是单纯表现为约束性的消极禁令,不应被看作纯粹限制性的。它所蕴含的理想性和批判性有助于改进与完善现有政治,是政治发展

---

① Will Kymlicka, *Contemporary Political Philosophy*, New York: Oxford University Press, 2001, p. 438.

的动力。故而,不论从政治的内在需要,还是从道德的推动作用来看,道德都应当是政治的必要资源。

尽管在诸如政治"脏手"等情境中,好的政治家可能迫不得已要为了保全国家利益或增进公共善而做出违背道德的决定或举措,但这并不意味着政治可以免受道德的约束。应当承认,在相互冲突的价值诉求背后,不排除存在着共同基础的可能性,或者说,在人类价值体系内部,始终存在着不论以什么方式或理由都无法完全逾越的道德底线。正是这些道德义务构成了人之存在的部分基本要素。另一方面,在人类的行动和信仰中,对义务的关顾与对后果的专注,对目的的重视与对手段的考量,在很多时候并非单独影响着人们的选择。在更多情况下,我们的行为或判断是两者共同作用的结果。因此,以目的或后果为行为作辩护并不是无懈可击的,其理由是不充分的。目的和手段、义务和后果一同影响着人们的价值判断,使他们在面对政治"脏手"的情境时,并不总是那么果断或心安理得,而是犹豫不决。犹豫或许可以尽可能地减少因武断而犯下的错误,而感到两难也可以让我们在预见行为或决策将对他人造成伤害时,三思后行、更加小心翼翼。即使恶的手段是为了成就好的目的,这仍不足以弥补它所造成的伤害和留下的道德缺陷,国家目的或多数人的利益难以构成肆无忌惮地侵害少数人利益的充分理由。不管在何种状况下,对无辜者施加致命性的伤害,都难以获得充分的道德正当性解释和辩护。因此,面对政治"脏手"情境时,感到道德的厌倦或烦恼是必要的。良心上的承重并不仅仅意味着某种心理状态,更重要的是,它以独特的方式体现了道德在政治领域中的内在价值。就政治家而言,这是弥合因价值冲突所导致的人格分裂、维护人格整全性的重要依据,同时也是避免政治权力私人化的重要防线。明乎于此,我们也就可以在周游了马基雅维里的政治思想王国——一个多少有些令人好奇又惊奇,同时又多少有些令人颤抖和深思的所在——之后,终于可以带着几许轻松、几许留恋、几许忧虑的心情,跟他说声"再见"了。

可是,"再见"不是永久的告别,毋宁说,它只是对未来重逢的期许。可是,我同马基雅维里这位非凡的政治思想家的思想重逢将会何时发生?又会为何发生呢?于是,我依旧充满着好奇和期待!

参考文献

外文文献

Achille, Norsa. *Il Principio della Forza nel Pensiero Politico di Nicclò Machiavelli*, Milan: Hoepli, 1936.

Alberti, Leon. *The Family in Renaissance Florence*, Renée Watkins (tr.), Columbia: University of South Carolina Press, 1969.

Alvarez, Leo. *The Machiavellian Enterprise: A Commentary on The Prince*, Dekalb: Northern Illinois University Press, 1999.

Aquinas, Thomas. *Disputed Questions on the Virtues*, E. Atkins & Thomas Williams (eds.), New York: Cambridge University Press, 2005.

Arendt, Hannah. *Essays in Understanding: 1930—1954*, Jerome Kohn (ed.), New York: Harcourt, 1994.

Aristotle. *The Nicomachean Ethics*, Hippocrates Apostle (tr.), Boston: D. Reidel Publishing Company, 1975.

Aristotle. *Politics*, Carnes Lord (tr.), Cambridge: Cambridge University Press, 1984.

Aristotle. *The Nicomachean Ethics*, David Ross (tr.), New York: Oxford University Press, 1998.

Barincou, Edmond. *Machiavelli*, H. Lane (tr.), New York and London: Grove Press and Evergreen Books, 1961.

Baron, Hans. *The Crisis of the Early Italian Renaissance: Civic Humanism and Republican Liberty in An Age of Classicism And Tyranny*, Princeton: Princeton University Press, 1955.

Baron, Hans. Machiavelli: The Republican Citizen and the Author of 'the Prince', *The English Historical Review*, 1961, 76 (299): 217—253.

Behuniak, Susan. The Significance of Lucrezia in Machiavelli's 'La Mandragola', *The Review of Politics*, 1989, 51 (2): 270—271.

Berlin, Isaiah. *Against the Current: Essays in the History of Ideas*, New York: Penguin Books, 1982.

Bock, Gisela & Skinner, Quentin & Viroli, Maurizio (eds.), *Machiavelli and Republicanism*, Cambridge: Cambridge University Press, 1993.

Bondanella, Peter. *Machiavelli and the Art of Renaissance History*, Detroit: Wayne State University Press, 1973.

Botero, Giovanni. *The Reason of State*, D. Waley (tr.), London: Routledge & Kegan Paul Ltd., 1956.

Brandt, Richard. Utilitarianism and the Rules of War, *Philosophy and Public Affairs*, 1972, 1 (2): 145—165.

Bruni, Leonardo. *History of the Florentine People*, James Hankins (ed. & tr.), Cambridge: Harvard University Press, 2001.

Burckhardt, Jakob. *The Civilization of the Renaissance in Italy*, G. Middlemore (tr.), New York: Harper and Brother, 1958.

Burke, H. Audience and Intension in Machiavelli's The Prince and Erasmus's Education of a Christian Prince, *Erasmus of Rotterdam Society Yearbook*, 1984 (4): 84—93.

Burke, Peter. *The Italian Renaissance: Culture and Society in Italy*, Oxford: Polity Press, 1986.

Burns, James (ed.), *The Cambridge History of Political Thought: 1450—1700*, Cambridge: Cambridge University Press, 1991.

Butterfield, Herbert. *The Statecraft of Machiavelli*, London: Colliter Macmillan Ltd., 1962.

Chabod, Federico. *Machiavelli and the Renaissance*, David Moore (tr.), London: Bowes & Bowes, 1958.

Cicero. *On the Commonwealth and On the Law*, James Zetzel (ed. & tr.), Cambridge: Cambridge University Press, 1999.

Cioffari, Vincenzo. The Function of Fortune in Dante, Boccaccio and Machiavelli, *Italica*, 1947, 24 (1): 1—13.

Coady, Tony. Messy Morality and the Art of the Possible, *Proceedings of the Aristotelian Society* (Supp), 1990, LXIV: 259—279.

Coady, Tony & James, Steven & Miller, Seumas (eds.), *Violence and Police Culture*, Melbourne: Melbourne University Press, 2000.

Coady, Tony. *Messy Morality: The Challenge of Politics*, New York: Oxford University

Press, 2008.

Coby, Patrick. *Machiavelli's Romans: Liberty and Greatness in The Discourses on Livy*, Lanham: Lexington Books, 1999.

Cochrane, Eric. Machiavelli: 1940—1960. *The Journal of Modern History*, 1961, 33 (2): 113—136.

Croce, Benedetto. *Politics and Morals*, Salvatore Castiglione (tr.), New York: Philosophical Library, 1945.

Croce, Benedetto. *History: Its Theory and Practice*, Douglas Ainslie (tr.), New York: Russell & Russell, 1960.

Dante. *Monarchy*, Prue Shaw (ed.), Cambridge: Cambridge University Press, 1996.

Edwards, Alistair (ed.), *Interpreting Modern Political Philosophy: From Machiavelli to Marx*, New York: Palgrave Macmillan, 2003.

Erasmus, Desiderius. *Education of a Christian Prince*, Lisa Jardine (ed.), Cambridge: Cambridge University Press, 1997.

Erlanger, Rachel. *The Unarmed Prophet: Savonarola in Florence*, New York: Mcgraw-Hill, 1988.

Fallico, A. & Shapiro, H. (ed.), *Renaissance Philosophy: The Italian Philosophers*, New York: Modern Library, 1967.

Femia, Joseph. *The Machiavellian Legacy: Essays in Italian Political Thought*, London: Macmillan Press, 1998.

Fiore, Ruffo. *Nicclò Machiavelli: An Annotated Bibliography of Modern Criticism and Scholarship*, New York: Greenwood Press, 1990.

Flaumenhaft, Mera. Comic Remedy: Machiavelli's Mandragola. *Interpretation*, 1978 (2): 33—74.

Forde, Stephen. Varieties of Realism: Thucydides and Machiavelli. *Journal of Politics*, 1992, 54 (2): 372—393.

Forster, E. *Two Cheers for Democracy*, Orlando: Harcourt Trade Publishers, 1962.

Frey, R. (ed.), *Utility and Rights*, Minneapolis: University of Minnesota Press, 1984.

Geerken, John. Machiavelli Studies since 1969, *Journal of the History of Ideas*, 1976, 37 (2): 351—368.

Germino, Dante. Second Thoughts on Leo Strauss's Machiavelli, *The Journal of Politics*, 1966, 28 (4): 794—817.

Gilbert, Allan. *Machiavelli's 'Prince' and Its Forerunners*, Durham: Duke University Press, 1938.

Gilbert, Felix. The Concept of Nationalism in Machiavelli's Prince, Studies in the Renaissance, 1954 (1): 38—48.

Gilbert, Felix. *Machiavelli and Guicciardini: Politics and History in Sixteenth-Century*

Florence, Princeton: Princeton University Press, 1965.

Godman, Peter. *From Poliziano to Machiavelli: Florentine Humanism in the High Renaissance*, Princeton: Princeton University Press, 1998.

Goodin, Robert & Pettit, Phillip (eds.), *Contemporary Political Philosophy: An Anthology*, Oxford: Blackwell, 1997.

Grant, Ruth. *Hypocrisy and Integrity: Machiavelli, Rousseau, and the Ethics of Politics*, Chicago: The University of Chicago Press, 1997.

Grazia, Sebastian. *Machiavelli in Hell*, New Jersey: Princeton University, 1989.

Guicciardini, Francesco. *The History of Italy*, Sidney Alexander (tr. & ed.), New York: The Macmillan Company, 1969.

Haber, Joram (ed.), *Absolutism and Its Consequentialist Critics*, Rowman & Littlefield Publishers, 1994.

Habermas, Jürgen. *The Structural Transformation of the Public Sphere: An Inquiry into a Category of Bourgeois Society*, Thomas Burger & Frederick Lawrence (trs.), Cambridge: MIT Press, 1991.

Hale, John. *Machiavelli and Renaissance Italy*, London: English Universities Press, 1961.

Hampshire, Stuart (ed.), *Public and Private Morality*, Cambridge: Cambridge University Press, 1978.

Hancock, William. Machiavelli in Modern Dress: an Enquiry into Historical Method, *History*, 1935, 20 (78): 97—115.

Hannaford, I. Machiavelli's Concept of Virtù in The Prince and The Discourses Reconsidered, *Political Studies*, 1972 (20): 185—189.

Hardy, Henry (ed.), *The Sense of Reality: Studies in Ideas and Their History*, New York: Farrar, Straus and Giroux, 1996.

Hare, R. (ed.), *Essays on Political Morality*, New York: Oxford University Press, 1998.

Haskins, Charles. *The Renaissance of the Twelfth Century*, Cambridge: Harvard University Press, 1927.

Hay, Denys. *The Italian Renaissance in Its Historical Background*, Cambridge: Cambridge University Press, 1977.

Herrick, Marvin. *Comedic Theory in the 16th Century*, Urbana: University of Illinois Press, 1950.

Hullium, Mark. Machiavelli's 'Mandragola': A Day and a Night in the Life of a Citizen. *The Review of Politics*, 1978, 40 (1): 32—57.

Hulliung, Mark. *Citizen Machiavelli*, Princeton: Princeton University Press, 1983.

Hume, David. *Political Essays*, Knud Haakonssen (ed.), Cambridge: Cambridge University Press, 1994.

Kahn, Victoria. Virtù and the Example of Agathocles in Machiavelli's Prince, *Representations, 1986 (13): 63—83.

Kraft, Joseph. Truth and Poetry in Machiavelli, *The Journal of Modern History*, 1951, 23 (2): 109—121.

Kraye, Jill (ed.), *Cambridge Translations of Renaissance Philosophical Texts: Political Philosophy*, Cambridge: Cambridge University Press, 1997.

Kristeller, Paul. *Studies in Renaissance Thought and Letters*, Rome: Edizioni di Storia e Letteratura, 1956.

Kymlicka, Will. *Contemporary Political Philosophy*, New York: Oxford University Press, 2001.

Langton, John & Deitz, Mary. Machiavelli's Paradox: Trapping or Teaching the Prince, *The American Political Science Review*, 1987, 81 (4): 1277—1288.

Levy, Marion. The Family in Renaissance Florence, *Journal of Interdisciplinary History*, 1972, 2 (3): 330—332.

Livy, Titus. *History of Rome*, B. O. Foster (tr.), Mass. : Harvard University Press, 1988.

Machiavelli, Niccolò. *Opere, A cura di Antonio Panella*, Milano: Rizzoli & C. Editori, 1938.

Machiavelli, Niccolò. *Machiavelli: The Chief Works And Others,* (3 volumes), Allan Gilbert (tr. & ed.), Durham: Duke University Press, 1965.

Machiavelli, Niccolo. *The Prince*, Harvey Mansfield (tr.), Chicago: the University of Chicago, 1985.

Machiavelli, Niccolò. *Florentine Histories*, Harvey Mansfield (tr.), Princeton: Princeton University Press, 1988.

Machiavelli, Niccolò. *The Prince*, Quentin Skinner & Russell Price (trs.), Cambridge: Cambridge University Press, 1988.

Machiavelli, Niccolò. *The Discourses of Niccolò Machiavelli*, Leslie Walker (tr.), London: Routledge, 1991.

Machiavelli, Niccolò. *Machiavelli and His Friends: Their Personal Correspondence*, James Atkinson & David Sices (trs. & eds.), Dekalb: Northern Illinois University Press, 1996.

Machiavelli, Niccolò. *The Discourses on Livy*, Harvey Mansfield & Nathan Tarcov (trs.), Chicago: University of Chicago Press, 1996.

Machiavelli, Niccolò. *The Art of War*, Ellis Farneworth (tr.), New York: Da Capo Press, 2001.

Machiavelli, Niccolo. *Discourses on the First Ten Books of Titus Livy*, James Atkinson & David Sices (trs.), Dakalb: Northern Illinois University Press, 2002.

Machiavelli, Niccolo. *The Prince*, Peter Bondanella (tr. & ed.), New York: Oxford University Press, 2005.

MacIntyre, Alasdair. *After Virtue*, Notre Dame: University of Notre Dame Press, 1981.

Malcolm, Noel. *Reason of State, Propaganda, and the Thirty Years' War: An Unknown Translation by Thomas Hobbes*, Oxford: Clarendon Press, 2007.

Mansfield, Harvey. Strauss's Machiavelli, *Political Theory*, 1975, 3 (4): 372—384.

Mansfield, Harvey. Reply to Pocock, *Political Theory*, 1975, 3 (4): 402—405.

Mansfield, Harvey. *Machiavelli's New Modes and Orders: A Study of the Discourses on Livy*, Ithaca: Cornell University Press, 1979.

Mansfield, Harvey. *Taming the Prince: The Ambivalence of Modern Executive Power*, New York: Free Press, 1989.

Mansfield, Harvey. *Machiavelli's Virtue*, Chicago: The University of Chicago, 1996.

Marcu, Valeriu. *Accent on Power: The Life and Times of Machiavelli*, Richard Winston (tr.), New York: Farrar and Rinehart, 1939.

Marlowe, Christopher. *The Jew of Malta,* David Bevington (ed.), New York: Manchester University Press, 1996.

Martines, Lauro. *Fire in the City: Savonarola and the Struggle for the Soul of Renaissance Florence*, NewYork: Oxford University Press, 2006.

McCormick, John. Machiavellian Democracy: Controlling Elites with Ferocious Populism, *American Political Science Review*, 2001, 95 (2): 297—313.

McCormick, John. Machiavelli against Republicanism: On the Cambridge School's Guicciardinian Moment, *Political Theory*, 2003, 31 (5): 615—643.

Morgenthau, Hans. The Evil of Politics and the Ethics of Evil, *Ethics*, 1945, 56 (1): 1—18.

Muir, Erskine. *Machiavelli and His Times*, New York: Dutton and Co., 1936.

Myerson, George. *Machiavelli's The Prince*, Hodder & Stoughton, 2002.

Nagel, Thomas. *Mortal questions*, New York: Cambridge University Press, 1979.

Najemy, John. *Between Friends: Discourses of Power and Desire in the Machiavelli-Vettori Letters of 1513—1515*, Princeton: Princeton University Press, 1993.

Newell, W. How Original is Machiavelli? A Consideration of Skinner's Interpretation of Virtue and Fortune, *Political Theory*, 1987, 15 (4): 612—634.

Niebuhr, Renhold. *Moral Man and Immoral Society: A Study in Ethics and Politics*, Louisville: Westminster John Knox Press, 2002.

Palmer, Michael. Machiavellian virtù and Thucydidean aretē: Traditional Virtue and Political Wisdom in Thucydides, *The Review of Politics*, 1989, 51 (3): 365—385.

Parel, Anthony (ed.), *The Political Calculus: Essays on Machiavelli's Philosophy*, Toronto: University of Toronto Press, 1972.

Parel, Anthony. The Question of Machiavelli's Modernity, *The Review of Politics*, 1991, 53 (2): 320—339.

Parel, Anthony. *The Machiavellian Cosmos*, New Haven: Yale University Press, 1992.

Patrick, Coby. *Machiavelli's Romans: Liberty and Greatness in The Discourse on Livy*, MD: Lexington Books, 1999.

Petti, Philip. *Republicanism: A Theory of Freedom and Government*, New York: Oxford University Press, 1997.

Plamenatz, John. *Man and Society: Political and Social Theories from Machiavelli to Marx*, London and New York: Longman Publishing Group, 1992.

Plato. *The Republic*, Allan Bloom (tr.), New York: Basic Books, 1968.

Post, Gaines. *Studies in Medieval Legal Thought*, Princeton: Princeton University, 1964.

Pocock, John. Prophet and Inquisitor: On a Church Built upon Bayonets Cannot Stand: A Comment on Mansfield's Strauss's Machiavelli. Political Theory, 1975, 3 (4): 385—401.

Pocock, John. *The Machiavellian Moment: Florentine Political Thought and the Atlantic Republican Tradition*, Princeton: Princeton University Press, 1975.

Pocock, John. Virtues, Rights, and Manners: A Model for Historians of Political Thought, *Political Theory*, 1981, 9 (3): 353—368.

Preus, Samuel. Machiavelli's Functional Analysis of Religion: Context and Object, *Journal of the History of Ideas*, 1979, 40 (2): 171—190.

Prezzolini, Giuseppe. *Machiavelli*, Gioconda Savini (tr.), London: Robert Hale Limited, 1968.

Price, Russell. The Senses of Virtù in Machiavelli, *European Studies Review*, 1973 (3): 315—345.

Primoratz, Igor (ed.), *Politics and Morality*, Basingstoke and New York: Palgrave Macmillan, 2007.

Rebhorn, Wayne. *Foxes and Lions: Machiavelli's Confidence Men*, Ithaca: Cornell University Press, 1988.

Richardson, Brian. The Structure of Machiavelli's Discorsi, *Italica*, 1972, 49 (4): 460—471.

Ridolfi, Roberto. *The Life of Niccolò Machiavelli*, Cecil Grayson (tr.), London: Routledge and Kegan Paul, 1963.

Ross, W. *The Right and the Good*, Philip Lake (ed.), New York: Oxford University Press, 2002.

Rousseau, Jean. *The Social Contract and Discourse*, G. Cole (tr.), New York: E. P. Dutton and Company, 1950.

Rubinstein, Nicolai. Florence and the Despots in the Fourteenth Century, quoted in *Transactions of the Royal Historical Society*, Cambridge: Cambridge University Press, 1952.

Rynard, Paul. & Shugarman, David (eds.), *Cruelty and Deception: The Controversy over Dirty Hands in Politics*, Ontario: Broadview Press, Australia: Pluto Press, 2000.

Sabine, George. *A History of Political Theory*, Hinsdale Illinois: Dryden Press, 1973.

Sartre, Jean. *Crime Passionnel*, Kitty Black (tr.), London: Methuen, 1949.

Saxonhouse, Arlene. *Women in the History of Political Thought*, New York: Praeger, 1985.

Scharfstein, Ben-Ami. *Amoral Politics: The Persistent Truth of Machiavellism*, Albany: State University of New York Press, 1995.

Schmitt, Charles & Skinner, Quentin. *The Cambridge History of Renaissance Philosophy*, Cambridge: Cambridge University Press, 1998.

Skinner, Quentin. *Foundations of Modern Political Thought* (vol. 1), Cambridge: Cambridge University, 1978.

Skinner, Quentin. *Machiavelli*, London: Oxford University Press, 1980.

Skinner, Quentin. *Visions of Politics*, Cambridge: Cambridge University Press, 2002.

Singer, Peter (ed.), *Companion to Ethics*, London: Blackwell, 1991.

Singleton, Charles. The Perspective of Art, *Kenyon Review*, 1953, 15 (2): 169—189.

Stocker, Michael. *Dirty Hands and Ordinary Life*, New York: Oxford University Press, 1990.

Strauss, Leo. *Thoughts on Machiavelli*, Illinos: The Free Press, 1958.

Strauss, Leo. *What Is Political Philosophy? And Other Studies*, Illiois: The Free Press of Glencoe, 1959.

Strauss, Leo. *Persecution and the Art of Writing*, Chicago: University Of Chicago Press, 1988.

Strauss, Leo. *An Introduction of Political Philosophy: Ten Essays by Leo Strauss*, Hilail Gildin (ed.), Detroit: Wayne State University Press, 1989.

Sumberg, Theodore. La Mandragola: An Interpretation, *The Journal of Politics*, 1961, 23 (2): 320—340.

Taylor, Charles. *Source of the Self: The Making of the Modern Identity*, Cambridge: Cambridge University Press, 1989.

Terence, Phormio. *The Mother-in-Law*, John Sargeaunt (ed.), Harvard: Harvard University Press, 1964.

Vickie, Sullivan. *Machiavelli's Three Romes: Religion, Human Liberty and Politics Reformed*, Dakalb: Northern Illinois University Press, 1996.

Vickie, Sullivan. *The Comedy and Tragedy of Machiavelli: Essays on the Literary Work*, New Haven: Yale University Press, 2000.

Vickie, Sullivan. *Machiavelli, Hobbes, and the Formation of a Liberal Republicanism in*

England, Cambridge: Cambridge University Press, 2004.

Villari, Pasquale. *The Life and Times of Niccolò Machiavelli*, New York: Charles Scribners, 1891.

Villari, Pasquale. *Life And Times of Girolamo Savonarola,* (Part Two), Linda Villari (tr.), Kessinger Publishing, 2005.

Viroli, Maurizio. Republic and Politics in Machiavelli and Rousseau, *History of Political Thought*, 1989, 10: 405—420.

Viroli, Maurizio. *From Politics to Reason of State: The Acquisition and Transformation of the Language of Politics 1250—1600*, Cambridge: Cambridge University Press, 1992.

Viroli, Maurizio. The Revolution in the Concept of Politics, *Political Theory*, 1992, 20 (3): 473—495.

Viroli, Maurizio. *Machiavelli*, New York: Oxford University Press, 1998.

Viroli, Maurizio. *Republicanism*, Antony Shugaar (tr.), New York: Hill and Wang, 1999.

Viroli, Maurizio. *Niccolo's Smile: A Biography of Machiavelli*, Antony Shugaar (tr.), New York: Hill and Wang, 2002.

Voegelin, Eric. Machiavelli's Prince: Background and Formation, The Review of Politics, 1951, 13 (2): 142—168.

Walzer, Michael. Exodus 32 and Theory of Holy War: The History of a Citation, *Harvard Theological Review*, 1968, 61 (1): 1—14.

Walzer, Michael. Political Action: The Problem of Dirty Hands, *Philosophy and Public Affairs*, 1973, 2 (2): 160—180.

Weber, Marx. *Politics as a Vocation*, H. Gerth & C. Mills (trs. & eds.), Philadelpia: Fortress Press, 1965.

White, Michael. *Machiavelli: A Man Misunderstood*, London: Baker & Taylor Books, 2004.

Whitfield, John. *Machiavelli*, New York: Russell & Russell, 1965.

Whitfield, John. *Discourses on Machiavelli*, Cambridge: Heffer, 1969.

Williams, Bernard. *Moral Luck*, Cambridge: Cambridge University Press, 1981.

Wolin, Sheldon. *Politics and Vision: Continuity and Innovation in Western Political Thought*, Princeton: Princeton University Press, 1960.

Wood, Neal. Some Reflections on Sorel and Machiavelli, *Political Science Quarterly*, 1968, 83 (1): 76—91.

Wood, Neal. Machiavelli's Concept of Virtù Reconsidered, *Political Studies*, 1967 (15): 159—172.

中文文献

阿尔都塞,《哲学与政治》,陈越编,长春:吉林人民出版社,2003年。
阿尔法拉比,《柏拉图的哲学》,程志敏译,上海:华东师范大学出版社,2006年。
阿伦特,《人的条件》,竺乾威译,上海:上海人民出版社,1999年。
奥古斯丁,《上帝之城》,王晓朝译,北京:人民出版社,2006年。
巴特,《罗马书释义》,魏育青译,上海:华东师范大学出版社,2005年。
鲍曼,《生活在碎片之中:论后现代道德》,郁建兴等译,上海:学林出版社,2002年。
边沁,《道德与立法原理导论》,时殷弘译,北京:商务印书馆,2002年。
宾克莱,《理想的冲突》,马文德、王太庆等译,北京:商务印书馆,1983年。
柏格森,《笑:论滑稽的意义》,徐继曾译,北京:中国戏剧出版社,1980年。
伯克,《自由与传统》,蒋庆、王瑞昌、王天成译,北京:商务印书馆,2001年。
柏拉图,《理想国》,郭斌和、张竹明译,北京:商务印书馆,1986年。
柏拉图,《政治家》,洪涛译,上海:上海人民出版社,2006年。
伯林,《俄国思想家》,彭淮栋译,南京:译林出版社,2001年。
伯林,《自由论》,胡传胜译,南京:译林出版社,2003年。
博洛尔,《政治的罪恶》,蒋庆等译,北京:改革出版社,1999年。
布克哈特,《意大利文艺复兴时期的文化》,何新译,北京:商务印书馆,1979年。
布鲁姆,《巨人与侏儒》,张辉选编,北京:华夏出版社,2003年。
查士丁尼,《法学总论:法学阶梯》,张企泰译,北京:商务印书馆,1989年。
陈奇猷,《韩非子新校注》,上海:上海古籍出版社,2000年。
慈继伟,《正义的两面》,北京:三联书店,2001年。
达尔,《现代政治分析》,王沪宁等译,上海:上海译文出版社,1987年。
但丁,《神曲》,王维克译,北京:人民文学出版社,1997年。
狄德罗,《拉摩的侄儿》,江天骥译,北京:商务印书馆,1981年。
恩伯莱、寇普编,《信仰与政治哲学:施特劳斯与沃格林通信集》,谢华育、张新樟译,上海:华东师范大学出版社,2007年。
费尔巴哈,《费尔巴哈哲学著作选集(上)》,荣振华等译,北京:商务印书馆,1984年。
斐洛,《论律法》,石敏敏译,北京:中国社会科学出版社,2007年。
冯克利,《政治思想笔记》,南京:江苏人民出版社,2004年。
哈林顿,《大洋国》,何新译,北京:商务印书馆,1996年。
贺照田主编,《西方现代性的曲折与展开》,长春:吉林人民出版社,2002年。
黑格尔,《法哲学原理》,范扬、张企泰译,北京:商务印书馆,1961年。
华尔兹,《人、国家与战争:一种理论分析》,倪世雄、林至敏、王建伟译,上海:上海译文出版社,1991年。
霍布斯,《利维坦》,黎思复、黎廷弼译,北京:商务印书馆,1985年。

贾汉贝格鲁,《伯林谈话录》,杨祯钦译,南京:译林出版社,2002年。
加林,《意大利人文主义》,李玉成译,北京:三联出版社,1998年。
卡西尔,《国家的神话》,范进等译,北京:华夏出版社,1990年。
康德,《历史理性批判文集》,何兆武译,北京:商务印书馆,1991年。
康德,《实践理性批判》,韩水法译,北京:商务印书馆,1999年。
康德,《永久和平论》,何兆武译,上海:上海人民出版社,2005年。
康德,《道德形而上学原理》,苗力田译,上海:上海人民出版社,2005年。
克里斯普斯,《喀提林阴谋 朱古达战争》,王以涛、崔妙因译,北京:商务印书馆,1995年。
里拉、德沃金、西尔维斯编,《以赛亚·伯林的遗产》,刘擎等译,北京:新星出版社,2006年。
刘小枫,《现代性社会理论绪论》,上海:上海三联书店,1998年。
刘小枫编,《施特劳斯与古典政治哲学》,上海:三联书店,2002年。
刘小枫、陈少明主编,《古典传统与自由教育》,北京:华夏出版社,2005年。
罗尔斯,《正义论》,何怀宏、何包钢、廖申白译,北京:中国社会科学出版社,1988年。
罗尔斯,《政治自由主义》,万俊人译,南京:译林出版社,2000年。
洛克,《政府论两篇》,赵伯英译,西安:陕西人民出版社,2004年。
马基雅维里,《佛罗伦萨史:从最早期到豪华者洛伦佐逝世》,李活译,北京:商务印书馆,1982年。
马基雅维里,《君主论》,潘汉典译,北京:商务印书馆,1985年。
马基雅维里,《君主论》,阎克文译,台北:台湾商务印书馆,1998年。
马基雅维里,《论李维》,冯克利译,上海:上海人民出版社,2005年。
马基雅维里,《兵法》,袁坚译,北京:解放军出版社,2006年。
迈尔,《隐匿的对话:施米特与施特劳斯》,朱雁冰等译,北京:华夏出版社,2002年。
麦金太尔,《伦理学简史》,龚群译,北京:商务印书馆,2004年。
迈内克,《马基雅维里主义:"国家理由"观念及其在现代史上的地位》,时殷弘译,北京:商务印书馆,2008年。
梅因,《古代法》,沈景一译,北京:商务印书馆,1996年。
摩根索,《国家间政治:权力斗争与和平》,徐昕等译,北京:北京大学出版社,2006年。
尼采,《偶像的黄昏》,卫茂平译,上海:华东师范大学出版社,2007年。
欧克肖特,《政治中的理性主义》,张汝伦译,上海:译文出版社,2004年。
钱穆,《先秦诸子系年》,石家庄:河北教育出版社,2002年。
萨尔瓦托雷利,《意大利简史》,沈珩、祝本雄译,北京:商务印书馆,1998年。
莎士比亚,《莎士比亚全集·史剧卷(上)》,孙法理译,南京:译林出版社,1998年。
舍斯托夫,《雅典和耶路撒冷》,张冰译,上海:上海人民出版社,2004年。
《圣经》,南京:中国基督教三自爱国运动委员会 中国基督教协会,2000年。

施密特,《政治的概念》,刘宗坤译,上海:上海人民出版社,2004年。
施米特,《政治的浪漫派》,冯克利等译,上海:上海人民出版社,2004年。
施特劳斯、约瑟夫·克罗波西,《政治哲学史》,李天然等译,石家庄:河北人民出版社,1998年。
施特劳斯,《自然权利与历史》,彭刚译,北京:三联书店,2006年。
施特劳斯、科耶夫,《论僭政:色诺芬〈希耶罗〉义疏》,何地译,北京:华夏出版社,2006年。
舒炜编,《施密特:政治的剩余价值》,上海:上海人民出版社,2002年。
斯宾诺莎,《政治论》,冯炳昆译,北京:商务印书馆,1999年。
斯金纳,《近代政治思想的基础》,奚瑞森等译,北京:商务印书馆,2002年。
泰勒,《现代性之隐忧》,程炼译,北京:中央编译出版社,2001年。
汤因比,《一个历史学家的宗教观》,晏可佳、张龙华译,成都:四川人民出版社,1998年。
塔西陀,《历史》,王以铸、崔妙因译,北京:商务印书馆,1981年。
万俊人主编,《20世纪西方伦理学经典(四卷)》,北京:中国人民大学出版社,2005年。
万俊人,《政治哲学的视野》,郑州:郑州大学出版社,2008年。
万俊人,《政治如何进入哲学》,载《中国社会科学》,2008年第2期,第16—28页。
维科,《新科学》,朱光潜译,北京:人民文学出版社,1986年。
沃格林,《希腊化、罗马和早期基督教》,谢华育译,上海:华东师范大学出版社,2007年。
韦政通,《中国思想史》,上海:上海书店出版社,2003年。
西塞罗,《国家篇、法律篇》,沈叔平、苏力译,北京:商务印书馆,2008年。
许纪霖主编,《共和、社群与公民》,南京:江苏人民出版社,2004年。
萧公权,《中国政治思想史》,沈阳:辽宁教育出版社,1998年。
肖雪慧,《复合人格:马基亚维利》,武汉:长江文艺出版社,2000年。
修昔底德,《伯罗奔尼撒战争史》,谢德风译,北京:商务印书馆,1960年。
徐国栋,《罗马法与现代意识形态》,北京:北京大学出版社,2008年。
亚里士多德,《物理学》,张竹明译,北京:商务印书馆,1982年。
亚里士多德,《政治学》,颜一等译,北京:中国人民大学出版社,2003年。
亚里士多德,《尼各马可伦理学》,廖申白译注,北京:商务印书馆,2003年。
雅斯贝斯,《时代的精神状况》,王德峰译,上海:上海译文出版社,2005年。
周春生,《马基雅维里思想研究》,上海:上海三联书店,2008年。
周枏,《罗马法原论》,北京:商务印书馆,1996年。
朱熹,《四书章句集注》,北京:中华书局,1983年。

人名索引

A

阿尔贝蒂（Leon Battista Alberti）38, 39, 57, 65
阿尔贝多（Frate Alberto）125
阿尔都塞（Louis Althusser）2, 6, 28, 70, 105
阿尔法拉比（Al Farabi）83
阿基里（Achille）143
阿加托克雷（Agatocle）11, 111, 119, 138, 141
阿奎那（Thomas Aquinas）45
阿拉贡的菲迪南（Ferdinand of Aragon）73, 74
阿里斯托芬（Aristophanes）90, 92, 93, 256
阿伦特（Hannah Arendt）5, 90, 135, 142, 235
安库斯（Ancus）75
奥古斯丁（Aurelius Augustinus）63, 171, 179
奥斯切基（Leonardo Olschki）17

B

巴里库（Edmond Barincou）18
巴伦（Hans Baron）18, 160

邦德内拉（Peter Bondanella）97
彼特拉克（Francesco Petrarch）8, 15, 16, 38, 40, 49, 51, 57, 64
边沁（Jeremy Bentham）212
柏格（Johnathan Berg）98
薄伽丘（Giovanni Boccaccio）8, 64
波焦（Poggio Bracciolini）39, 60, 102, 188
博儿亚（Cesare Borgia）13, 51, 69, 111, 141, 148, 195, 238
波考克（John Pocock）18, 20, 21, 28, 29, 70, 114, 158, 165, 167, 172, 203, 207, 233
柏拉图（Plato）4—6, 10, 13, 26, 41, 42, 63, 64, 68, 83—87, 91, 93, 95, 104, 106, 147, 189, 190, 198, 205, 227, 257
玻勒马霍斯（Polemarchus）4, 87, 147
伯　林（Isaiah Berlin）4, 6, 16, 19, 90, 96, 131, 148, 149, 180, 233—235, 241, 249, 257
伯纳尔多（Bernardo Machiavelli）8
博特罗（Giovanni Botero）128, 132, 140
波依修斯（Boethius）8, 195
布克哈特（Jakob Burckhardt）10, 17, 18, 48, 52, 114, 199
布兰特（Richard Brandt）224
布鲁尼（Leonardo Bruni）36, 37, 39
布鲁图斯（Junius Brutus）12, 77, 111, 127, 195, 220

C

查博德（Federico Chabod）44

D

大卫（David the Prophet）81
但丁（Dante Alighieri）8, 9, 15, 16, 34, 36, 49, 64, 65
德沃金（Ronald Dworkin）249, 262
狄德罗（Denis Diderot）213

F

法兰西斯（Saint Francis）81, 176
费奥列（Silvia Ruffo Fiore）16
斐狄庇得斯（Pheidippides）90, 92
费兰特（Gonsalvo Ferrante）73, 74
菲利普二世（Felipe II）141

腓特烈（Friedrich II）52
弗拉米尼乌斯（Titus Flaminius）185
弗洛伊德（Sigmund Freud）2
弗斯特（E. M. Forster）231

G

戈特曼（Peter Godman）17
格拉齐亚（Sebastian Grazia）20
葛兰西（Antonio Gramsci）6，27
格劳孔（Glaucon）84，85
哥伦布（Christopher Columbus）1
贡斯当（Benjamin Constant）239，240
圭奇阿迪尼（Francesco Guicciardini）14，16，34，44，61，124，159，163，167，168，183，192，203

H

哈贝马斯（Jürgen Habermas）262
哈姆雷特（Hamlet）231
海耶罗（Hiero of Syracuse）51
汉考克（William Keith Hancock）191
汉纳福德（I. Hannaford）114
汉尼拔（Hannibal）12，51，111，118，137，138，146
翰普歇尔（Stuart Hampshire）233，234
赫尔德（Johann Gottfried von Herder）257
黑尔（Richard Hare）224
黑格尔（Hegel）6，201，260
胡利安（Mark Hulliung）20
华尔兹（Kenneth Waltz）207
怀特菲尔德（John Whitfield）113，152，159
霍布斯（Thomas Hobbes）88，144，152，209，211，227
霍德勒（Hoederer）229

J

加德纳（Gardner）208
加林（Eugenio Garin）58
伽利略（Galileo Galilei）21
加缪（Albert Camus）223，226

吉尔肯（John Geerken）21，114
吉罗摩（Saint Jerome）81，176
居鲁士（Cyrus）11，94，111，141，182

K

卡尔（Edward Carr）207
卡拉法（Diomede Carafa）42
卡利马科（Callimaco）194—202
卡斯蒂里奥内（Baldesar Castiglione）42，43
卡西尔（Ernst Cassirer）3，17，26，191
坎佩内拉（Campanella）132
康德（Immanuel Kant）122，209，226，238—240，251，252，254，256，260
科迪（Tony Coady）217，230
克尔凯郭尔（Soren Kierkegaard）213
克莱门特七世（Pope Clement VII）14，166
克劳德（Inis Claude）207
克罗齐（Benedetto Croce）2—4，17，18，27，66，112，115，117，191
克伦威尔（Oliver Cromwell）213
科西莫·德·美第奇（Cosimo de' Medici）13，40，41
夸德里（Goffredo Quadri）18

L

莱布尼茨（Gottfried Leibniz）249
兰克（Ranke）112
雷慕斯（Remus）130
雷诺特（Augustin Renaudet）17
理查森（Brain Richardson）27
利库尔戈斯（Lycurgus）173
利普西尤斯（Lipsius）208
李维（Titus Livy）12，61，97，151，169，185，194，195
路德（Martin Luther）21
卢卡的托罗曼摩（Tolomeo of Lucca）45
卢克雷齐亚（Lucretia）194—199，201，202
卢克雷齐亚·博儿亚（Lucretia Borgia）194
卢梭（Jean-Jacques Rousseau）1，6，52，88，158，179，211
罗尔斯（John Rawls）4，5，237，262
洛克（John Locke）209，211

洛伦佐·德·美第奇（Lorenzo de' Medici） 8, 10, 13, 33, 40, 41, 44, 166
罗慕路（Romulus） 11—14, 75, 77, 111, 113, 127, 130, 139, 143, 176, 182, 198, 220
罗素（Bertrand Russell） 6
罗特（Lot） 130

M

马尔库（Valeriu Marcu） 17
马基雅维里（Niccolò Machiavelli）政治道德思想的重要概念：
    德能（virtù） 113—115, 116, 118, 119, 121, 136,
    国家理由（ragion di stato） 19, 21, 120, 127—133, 140, 152, 153, 160, 188, 216, 234, 238, 244, 251, 252, 260
    命运（Fortuna） 15, 19, 38, 39, 42, 56—70, 72
    政治"脏手"（dirty hands in politics） 2, 30, 208, 215—220, 222—227, 229—232, 234—236, 241—250, 252, 253, 256, 261, 262, 264
马库斯（Marcus） 143
马洛（Christopher Marlowe） 213
麦金太尔（Alasdair MacIntyre） 131, 148
麦柯米克（John McCormick） 166, 167
迈内克（Friedrich Meinecke） 19, 50, 70, 110, 114, 208
曼斯菲尔德（Harvey Mansfield） 19, 28, 57, 114, 120, 148, 149, 160
梅因（Henry Maine） 173
孟德斯鸠（Montesquieu） 6
孟德维尔（Bernard Mandeville） 84
摩根索（Hans Morgenthau） 207
墨索里尼（Benito Mussolini） 208
摩西（Moses） 11, 44, 111, 176, 177, 182

N

拿破仑（Napoléon Bonaparte） 208
内威尔（W.Newell） 56
尼采（Friedrich Nietzsche） 213
尼西亚老爷（Messer Nicia） 195—198, 200—202
尼西亚斯（Nicias） 195
努马（Numa） 14, 49, 75, 77, 78, 176, 198
诺萨（Norsa Achille） 16

P

帕多瓦的马西利奥（Marsilio of Padua）36

帕雷尔（Anthony Parel）60，64

帕特齐（Partizi）39，42，183

佩迪特（Philip Pettit）166，167，170，206

彭塔诺（Giovanni Pontano）42

皮科（Pico della Mirandola）41

珀佐（Ponzo）125

普拉蒂纳（Bartolomeo Platina）42

普拉蒙纳兹（John Plamenatz）6，29，31，97，114

普莱斯（Russell Price）114

普里穆斯（Antonius Primus）73，74

普鲁塔克（Plutarch）61

普斯特（Gaines Post）127

Q

奇洛内（Centauri è Chirone）143

R

冉森派（Jansenism）21

S

萨拜因（George Sabine）17

萨尔瓦托雷利（Luigi Salvatorelli）43

萨卢塔蒂（Coluccio Salutati）37，41

萨特（Jean-Paul Sartre）226，229

萨沃纳罗拉（Girolamo Savonarola）8，11，44—46，78，125，176，182，229

塞韦罗（Settimio Severo）51，145

莎士比亚（William Shakespeare）52，194，231

色拉叙马霍斯（Thrasymachus）4，92，94

色诺芬（Xenophon）6，94，159

舍斯托夫（Lev Shestov）91

森伯格（Theodore Sumberg）198

施勒格尔（Friedrich Schlegel）229

施密特（Carl Schmitt，也译为施米特）208，227—229

施特劳斯（Leo Strauss）3，4，6，19，27，28，52，57，62，74，80，82，86，90，91，120，131，133，143，179，193，203，210，211，226，255

斯宾诺莎（Spinoza）6，52
斯金纳（Quentin Skinner）4，20，25，28，29，47，112，114，115，159，167，170，206
斯瑞西阿得斯（Strepsiades）90，92
苏格拉底（Socrates）4，5，13，84—87，89，90—94，104，105，147，149，257
索德里尼（Piero Soderini）112，184
索德里尼（Giovan Battista Soderini）137
索斯塔拉塔（Sostrata）197，199

T

塔尔昆（Sextus Tarquin）195
塔科夫（Nathan Tarcov）77
塔提乌斯（Titus Tatius）111，130
塔西陀（Cornelius Tacitus）130，132，207，258
泰勒（Charles Taylor）249
特伦斯（Terence）66
特洛尔奇（E. Troeltsch）209
提莫窦（Frate Timoteo）196—198，201，202
忒修斯（Thesus）11，182
图门达（Anselm Turmeda）144
托勒密（Ptolemy）8
托罗曼摩（Tolomeo of Lucca）45

W

韦伯（Max Weber）208，212，218，227，229，232，233，238，241，250，251，253，258
维吉里奥（Pier Paolo Vergerio）102
维拉里（Pasquale Villari）3，17，112，191
威廉姆斯（Bernard Williams）215，218，233，242，249
维罗里（Maurizio Viroli）20，27，28，47，133，152，166，167，170，171，177，206，207，233
韦斯巴森（Vespasian）73，74
维托利（Francesco Vettori）9，10，14，15，49，185，225，255
温尼阿士奇（Warren Winiarski）203
沃尔泽（Michael Walzer）220—224，230，233，237，238，250
沃林（Sheldon Wolin）131
伍德（Neal Wood）71，114，180
乌尔比安乌斯（Ulpianus）172，173

X

西比阿（Scipio）12，51，137，138，146，148
希特勒（Adolf Hitler）1，208
西塞罗（Marcus Cicero）6，35，37，38，42，86，121，127，143，171—174
休谟（David Hume）107，129
叙拉古的海耶罗（Hiero of Syracuse）51

Y

雅各宾派（Jacobins）21
亚历山大（Andrew Alexandra）234，242，243
亚历山大六世（Alexander VI）69，111，141
亚里士多德（Aristotle）6，10，13，26，35，45，63，83，86，93，95，101，104，116，122，124，136，147，153，154，160，186，198，199，201，256，262
雅斯贝斯（Karl Jaspers）193
伊拉斯谟（Desiderius Erasmus）80，145

Z

詹诺蒂（Donato Giannotti）183
朱利阿诺（Giuliano de' Medici）9，10，33
祖克罗（Lodovico Zuccolo）132

后　记

本书是在博士论文基础上修改而成的。它集中反映了我在清华大学和墨尔本大学修学期间的兴趣点和关注点，部分地承载了我在伦理学和政治哲学领域探索的思想点滴。

本书得以成功出版，离不开家人、师长、友人和领导的支持，在此一一致谢！

在撰文过程中，我有幸得到恩师万俊人教授指导。从主题阐述、观点论证到语言表达，他都给予了悉心指导。与此同时，他严谨的治学精神、博大恢宏的学术风格、儒雅宽厚的品格性情也使我获益良多。是书出版，万师赐序，不胜感激。

另外，感谢清华大学哲学系 Daniel Bell 教授在写作思路方面提供的引导。感谢普林斯顿高等研究院终身研究员 Micheal Walzer 教授指点我从政治"脏手"方面切入马基雅维里问题。感谢澳洲两院院士、墨尔本大学应用哲学与公共伦理研究中心（CAPPE）合作导师 Tony Coady 教授在现代政治"脏手"研究方面给予的耐心指导。

今年初，承北京航空航天大学资助和学院领导支持，本书得以刊布。在出版过程中，北京大学出版社高秀芹女士给予了大力帮助，责任编辑黄敏劼女士为本书的编辑加工及出版尤付心力。于此谨表谢忱！

同时，本书是我主持的国家社科基金青年项目"伦理学视阈中的不正当行政行为问题研究"（10CZX038）的阶段性成果。诚望众方家予以教正。

谢惠媛

二〇一一年六月于北京航空航天大学